Arabistik

Yvonne Albers · Ines Braune ·
Christian Junge · Felix Lang ·
Friederike Pannewick

Arabistik

Eine literatur- und kulturwissenschaftliche Einführung

1682 J.B. METZLER

Yvonne Albers
Fachgebiet Arabistik, Philipps-Universität
Marburg, Deutschland

Ines Braune
Fachgebiet Arabistik, Philipps-Universität
Marburg, Deutschland

Christian Junge
Fachgebiet Arabistik, Philipps-Universität
Marburg, Deutschland

Felix Lang
Fachgebiet Arabistik, Philipps-Universität
Marburg, Deutschland

Friederike Pannewick
Fachgebiet Arabistik, Philipps-Universität
Marburg, Deutschland

ISBN 978-3-476-05680-1 ISBN 978-3-476-05681-8 (eBook)
https://doi.org/10.1007/978-3-476-05681-8

Die Deutsche Nationalbibliothek verzeichnet diese Publikation in der Deutschen Nationalbibliografie; detaillierte bibliografische Daten sind im Internet über http://dnb.d-nb.de abrufbar.

Umschlagabbildung: Street Art: Yazan Halwani | @Yazanhalwani, Foto: Yvonne Albers

Planung/Lektorat: Ute Hechtfischer/Ferdinand Pöhlmann
J.B. Metzler ist ein Imprint der eingetragenen Gesellschaft Springer-Verlag GmbH, DE und ist ein Teil von Springer Nature.
Die Anschrift der Gesellschaft ist: Heidelberger Platz 3, 14197 Berlin, Germany

Inhaltsverzeichnis

1 Einleitung 1
1.1 Arabistik gestern und heute – eine kurze Fachgeschichte 1
1.2 Ziele 5
1.3 Methoden kritischer Selbstpositionierung – vier Leitfragen 10
1.4 Aufbau und Verwendung 18
1.5 Wer sind wir? Versuch über unsere Positionalität 21
Literatur 24

Teil I Objekte: Literatur und andere Künste

2 Literatur 27
2.1 Geschichte der modernen arabischen Literatur 28
2.1.1 Die Nahḍa im langen 19. Jahrhundert 28
2.1.2 Literarische Moderne (1920er bis 1960er Jahre) 31
2.1.3 Neue Sensibilität (1960er bis 1990er Jahre) 35
2.1.4 Das 21. Jahrhundert 40
2.2 Beschreibung und Analyse 49
2.2.1 Text 50
2.2.2 Erzählung 53
2.2.3 Lyrik 57
2.2.4 Essay 61
2.2.5 Kontext 62
Literatur 67

3 Theater 75
3.1 Geschichte des arabischen Theaters (19. – 21. Jh.) 75
3.1.1 Theater – in Europa und der arabischen Welt 75
3.1.2 Debatten um Authentizität 76
3.1.3 Theatrale Traditionen und frühes arabisches Bühnentheater 77
3.1.4 Arabisches Theater seit den 1960er Jahren 78

3.1.5 Kulturelles Erbe und Politisierung im Theater des ausgehenden 20. Jahrhunderts 80
3.1.6 Arabisches Theater im 21. Jahrhundert 81
3.2 Theater: Beschreibung und Analyse 86
3.2.1 Elemente des Theaters 86
3.2.2 Dramenanalyse 90
3.2.3 Inszenierungs- / Aufführungsanalyse 92
Literatur 99

4 Visuelle Kunst 101
4.1 Geschichte 102
4.1.1 Was ist ‚islamische Kunst'? 102
4.1.2 Die Institutionalisierung der ‚schönen Künste' (1880–1930) 103
4.1.3 Künstlerische Bewegungen und die Frage der Moderne (1940–1980) 106
4.1.4 Globalisierung und der Aufstieg der ‚Contemporary Arts' (seit ca. 1990) 110
4.2 Beschreibung und Analyse 113
4.2.1 Bildbeschreibung und Bildanalyse 114
4.2.2 Ikonologie oder das Bild als Repräsentation 115
4.2.3 Bildsemiotik oder das Bild als Zeichen 117
4.2.4 Bild-Anthropologie und Körper-Bilder 120
Literatur 122

5 Musik 125
5.1 Geschichte 125
5.1.1 Klassische altarabische Musiktraditionen (ca. 7. Jh. – 19. Jh.) 126
5.1.2 Koloniale Einflüsse, technische Revolutionen (20. und 21. Jh.) 128
5.2 Beschreibung und Analyse 132
5.2.1 Formale Analyse 133
5.2.2 Musiksoziologische Analyse 135
5.2.3 Genres und Beispiele 139
Literatur 148

6 Film 151
6.1 Geschichte 152
6.1.1 Anfänge des arabischen Kinos in der Kolonialzeit (ca. 1890–1950) 152
6.1.2 Arabisches Kino nach der Unabhängigkeit (ca. 1950–1980) 153
6.1.3 Arabisches Kino nach 1980 155

6.2 Beschreibung und Analyse 158
6.2.1 Filmimmanente Analyse 159
6.2.2 Filmanalyse im Kontext 169
Literatur 174

Teil II Kulturelle Praktiken

7 Kulturelle Praktiken 179
7.1 Theoretischer Kontext 180
7.1.1 Bourdieus künstlerisches Feld und Beckers Art Worlds 181
7.1.2 Cultural Studies 185
7.2 Methodische Zugänge 189
7.2.1 Feldforschung 190
7.2.2 Interviews 192
7.2.3 Diskursanalyse 196
7.3 Beispiele aus der Forschungspraxis 199
7.3.1 Ines Braune: Geschlecht und Parkour in der arabischen Welt 199
7.3.2 Felix Lang: Libanesische Schriftsteller/innen und die Aufarbeitung des Bürgerkriegs (1975–1990) 200
Literatur 202

Teil III Konzepte der Literatur- und Kulturwissenschaft

8 Geschlecht 209
8.1 Geschichte 209
8.2 Arabistische Perspektiven 211
8.3 Beispiel: Das Lied „Aicha" von Khaled (1996) und Outlandish (2002) 213
Literatur 214

9 Erinnerung/Gedächtnis/Archiv 217
9.1 Geschichte 217
9.2 Arabistische Perspektiven 220
9.3 Beispiel: Das Projekt *Atlas Group Archive* von Walid Raad (1989–2004) 221
Literatur 222

10 Trauma 225
10.1 Geschichte 225
10.2 Arabistische Perspektiven 229
10.3 Beispiel: Der Film *al-Burāq / Pégase* von Mohamed Mouftakir (2010) 230
Literatur 231

11 Postkoloniale Identitäten ... 233
11.1 Geschichte ... 233
11.2 Arabistische Perspektiven ... 236
11.3 Beispiel: Das Buchcover der Studie *Orientalism* (1978) ... 238
Literatur ... 239

12 Klasse/Sozialstruktur ... 241
12.1 Geschichte ... 241
12.2 Arabistische Perspektiven ... 244
12.3 Beispiel: Libanesische Nachbürgerkriegsromane ... 246
Literatur ... 247

13 Raum ... 249
13.1 Geschichte ... 249
13.2 Arabistische Perspektiven ... 251
13.3 Beispiel: Der Roman *Zuqāq al-Midaqq* von Naǧīb Maḥfūẓ (1947) ... 254
Literatur ... 255

14 Emotion / Affekt ... 257
14.1 Geschichte ... 257
14.2 Arabistische Perspektiven ... 259
14.3 Beispiel: Der Erzählband *Tāksī* von Ḫālid al-Ḫamīsī (2007) ... 261
Literatur ... 262

15 Sprachdenken ... 265
15.1 Geschichte ... 265
15.2 Arabistische Perspektiven ... 267
15.3 Beispiel: Das Prosawerk *as-Sāq* von (Aḥmad) Fāris aš-Šidyāq (1855) ... 269
Literatur ... 270

16 Religion ... 273
16.1 Geschichte ... 273
16.2 Arabistische Perspektiven ... 275
16.3 Beispiel: Der islamische *inšād* ... 277
Literatur ... 278

17 Subversion ... 281
17.1 Geschichte ... 281
17.2 Arabistische Perspektiven ... 283
17.3 Beispiel: Die Inszenierung *ʿArḍ ġayr muḫaṣṣaṣ li-l-ǧumhūr al-ʿarīḍ/Not for Public* von Hisham Jaber (2009) ... 285
Literatur ... 286

18 Körper 287
18.1 Geschichte 287
18.2 Arabistische Perspektiven 289
18.3 Beispiel: Der Körper als Erinnerungsort und Mahnmal für Menschenrechte in Graffiti 291
Literatur 292

Forschungsbibliographie 295

Personenregister 303

Einleitung

1

Einführungen in ein Studienfach oder eine wissenschaftliche Disziplin geben sich gerne den Anschein der Selbstverständlichkeit. Als wäre es jeder Wissenschaftlerin und jedem Wissenschaftler in dem betreffenden Feld klar, was ‚die' Arabistik, oder ‚die' englische Literaturwissenschaft ist, und nur der beste Weg gefunden werden müsste, dies den Studierenden zu vermitteln. Tatsächlich sind gerade Einführungswerke weit davon entfernt, ein Fach nur abzubilden. Die Auswahl der Themengebiete, Methoden und Theorien, die Auswahl der Werke, die analysiert werden, und die Auswahl der Wissenschaftler/innen, auf die verwiesen wird, spiegelt die Position der Autorinnen und Autoren im wissenschaftlichen Diskurs wider. Durch das Verfassen einer Einführung wird Deutungshoheit über die Geschichte des Fachs erlangt und gleichzeitig werden die Leitlinien zukünftiger Forschung vorgeprägt. Unsere Positionen selbstkritisch sichtbar zu machen, ist eine zentrale Aufgabe dieser Einleitung.

1.1 Arabistik gestern und heute – eine kurze Fachgeschichte

Wenn man Mitte des 19. Jh.s im deutschsprachigen Raum vom Fach ‚Arabistik' sprach, meinte man damit vor allem Manuskript-Editionen, Philologie und Literaturgeschichtsschreibung. Erst im Jahr 1937 überlegte Gustav E. von Grunebaum erstmals, inwieweit der Begriff ‚Literaturwissenschaft' relevant für die deutschsprachige Arabistik sein könne. Nach dem Zweiten Weltkrieg öffneten sich dann die philologischen Disziplinen Europas interdisziplinären Diskursen und Methoden, wodurch ihre Arbeitsgebiete und Methoden erweitert und diversifiziert werden konnten. Es wurde rasch deutlich, dass Philologie und Literaturtheorie ihre Detailgenauigkeit bzw. Fähigkeit, Überblickswissen zu generieren, gewinnbringend kombinieren können. Die Arabistik definierte sich selbst aber nicht unbedingt als Disziplin, sondern hatte eher ein sprachlich-räumliches

Y. Albers et al., *Arabistik*, https://doi.org/10.1007/978-3-476-05681-8_1

Selbstverständnis und war meist historisch, sprachwissenschaftlich oder texteditorisch ausgerichtet.

Erst in der zweiten Hälfte des 20. Jh.s wurden neben Texten aus der islamischen Klassik auch moderne arabische Texte zum Untersuchungsgegenstand. Man bediente sich dabei des Strukturalismus oder der Dialektologie und Soziolinguistik, allmählich kamen auch literaturwissenschaftliche Studien hinzu. Bis ins späte 20. Jh. verstand sich die Arabistik aber weiterhin als vornehmlich historisch ausgerichtete Textwissenschaft bzw. Philologie (Gätje 1987), die sich in enger Überschneidung mit und in thematisch-methodischer Abgrenzung zu der Islamwissenschaft und Semitistik herausbildete. Erst allmählich wurden auch Texte politisch und sozial marginalisierter Gruppen wie Frauen, ethnischer oder religiöser Minderheiten oder nationalistischer sowie islamistischer Gruppen im Hinblick auf deren Entstehungsbedingungen und Kontexte untersucht (Ballas/Snir 1998).

In der deutschsprachigen Arabistik herrschte noch bis weit in die 1970er Jahre das ‚Exzeptionalismus-Verdikt' vor: „Es besagt, dass die arabische (persische, türkische) Literatur zu fremd und eigenartig sei, als daß sie mit den Begriffen und Methoden der europäischen Literaturwissenschaft analysiert und beschrieben werden könne; eine ästhetische Würdigung sei schlechterdings unmöglich" (Jacobi 2000, S. VII). Diesem Verdikt lag laut Renate Jacobi die Doktrin zugrunde, dass das Andere, Fremde immer das Minderwertige sei und dass sich jede fremde Kultur immer mit der griechischen Kultur messen lassen müsse, da diese die geistige Herkunft des Abendlandes darstelle.

Erst im Lauf der 1990er Jahre ergab sich ganz allmählich und dezentral eine Wende in der deutschsprachigen Arabistik. Unter dem programmatisch verstandenen Titel „Literaturen im Kontext" wurde im Jahr 2000 im Reichert Verlag Wiesbaden eine literaturwissenschaftliche Reihe für arabische, türkische und persische Literaturen gegründet, deren Mitherausgeberin, Friederike Pannewick, eine der Autorinnen des vorliegenden Bandes ist, welcher insofern als Fortführung dieser fachlichen Entwicklungen der Arabistik angesehen werden kann.

Vorausgegangen waren dieser Reihengründung einige Konferenzen am Orient-Institut der Deutschen Morgenländischen Gesellschaft in Beirut (OIB; heute Max Weber Stiftung) unter der Leitung Angelika Neuwirths (1994–1999). Neben Untersuchungen zu intertextuellen Bezügen zwischen klassischer und moderner arabischer Literatur oder auch zwischen verschiedenen nahöstlichen Literaturtraditionen (Neuwirth et al. 1996) war es vor allem eine erste, vorsichtige Öffnung zu den Kulturwissenschaften und insbesondere dem Konzept der kulturellen Erinnerung, die dem Fach Arabistik neue Perspektiven eröffnete, welche in der Marburger Arabistik konsequent erweitert und vertieft wurden. Zeitgleich versammelten sich unter dem Dach des 1992 gegründeten internationalen Verbands EURAMAL (European Association for Modern Arabic Literature; zunächst EMTAR genannt) zahlreiche Dozierende dieses Fachs an europäischen Universitäten, um aktuelle Themen und Ansätze auszutauschen.

In Deutschland kamen seit 1995 vor allem jüngere Fachvertreter/innen im Rahmen der Kongresse der Deutschen Morgenländischen Gesellschaft (DMG) unter dem Workshop-Titel „Theoretical Approaches to Arabic Literature: New Perspectives and Projects" zusammen. Diese Initiative mündete im Jahr 2000 in den Sammelband *Understanding Near Eastern Literatures: A Spectrum of Interdisciplinary Approaches*, herausgegeben von Verena Klemm und Beatrice Gründler. Dieser Band, der intertextuelle Bezüge zwischen klassischen und modernen Texten bearbeitet und komparatistische Perspektiven zwischen nahöstlichen Literaturen aufmacht, konnte den bisherigen Exzeptionalismusvorwurf an diese Literaturtraditionen eindrücklich zurückweisen. Die arabische Literatur verlor somit ihre Esoterik und die Beschäftigung mit ihr eröffnete der Komparatistik eine Chance zur Überwindung ihrer traditionellen Eurozentrik. Zum Zeitpunkt des Erscheinens dieses wichtigen Sammelbandes formulierten die beiden Herausgeberinnen das Postulat, dass die Arabistik ein neues, interdisziplinäres Selbstbild entwerfen müsse: „Only with theoretically and conceptually well-conceived underpinnings can an engagement with external discourses and strategies of research grow into a mutually beneficial process of exchange" (Klemm/Gründler 2000, S. 7 f.).

Aus heutiger Sicht wäre zu fragen: Was hat sich seit dem Jahr 2000 im Fach der deutschsprachigen Arabistik getan? Welche neuen Perspektiven und Debatten wurden seitdem aufgegriffen?

Ein wichtiger Wendepunkt im Selbstverständnis und in der Außenwahrnehmung dieses Fachs war sicher der 11. September 2001. Ob die Terroranschläge von 9/11, wie dieses folgenreiche Ereignis bald weltweit genannt wurde, für die Weltgeschichte eine historische Zäsur darstellten oder nicht, ist eher umstritten. Was aber als sicher gelten kann, ist eine deutliche Neu-Positionierung der Arabistik, ebenso wie der Islam- und Nahostwissenschaften im Zuge dieses Ereignisses. Das mediale Interesse an diesen Fächern war enorm. Plötzlich erwartete man von Fachvertreter/innen, die bis dato zu klassischer Dichtung oder islamischer Mystik geforscht hatten, eine terrorismusrelevante Einschätzung der Lage und Empfehlungen zum interkulturellen Miteinander in Europa. Dies hinterließ natürlich Spuren im Fach und in Forschungsschwerpunkten, ebenso wie auch in Studienplänen. Eine rein philologisch-historische Ausrichtung schien im Nachgang des 11. September undenkbar, eine stärkere Ausrichtung auf gesellschaftliche und politische Entwicklungen für die Nahost-bezogenen Fächer somit folgerichtig (Poya/Reinkowski 2008; Guth 2018).

Zugleich löste der 11. September auch eine grundsätzliche Kritik an der konzeptionellen Tauglichkeit des der Arabistik zugrundeliegenden Raumbegriffs aus. Arabistik wird seitdem zunehmend auch als Regionalwissenschaft verstanden und wurde beispielsweise so 2006 bei der Bildung von Regionalzentren in Hessen in das Centrum für Nah- und Mittelost-Studien (CNMS) eingegliedert. In neuerer Forschung wird dabei aber auch die Frage gestellt, wie wir eine regionalwissenschaftliche Forschung betreiben können, „die sich jenseits festgefügter ‚Raumcontainer' und anderer etablierter Raumstrukturen bewegt" (Wippel/Fischer-Tahir 2018, S. 13). So geht es nun darum, transnational und transregional offene Verflechtungsräume sowie (trans-)lokale Kontakte und Orte in den Fokus zu rücken.

Gleichzeitig wurden auch Ansätze wichtig, in denen die Exzeptionalität des Terroranschlags und seiner Folgen eher kritisch hinterfragt wurden und die auf die lange Tradition des US-amerikanischen Machtstrebens abhoben. Diese Ansätze erfolgten meist im Kontext der hegemoniekritischen *Postcolonial Studies,* die genauso wie kulturwissenschaftliche Ansätze auch für das Fach Arabistik zunehmend wichtig wurden. Zudem wurde in den 1990er Jahren und zu Anfang des 21. Jh.s auch in der Arabistik die Beschäftigung mit Aspekten der Postmoderne zentral. Zu nennen wäre hier im deutschen Kontext der programmatische Sammelband *Arabische Literatur, postmodern,* herausgegeben von Angelika Neuwirth, Andreas Pflitsch und Barbara Winckler im Jahr 2004 (erweitert und ins Englische übersetzt erschien der Band 2010 unter dem Titel *Arabic Literatures. Postmodern Perspectives* bei Saqi, London). Vier Jahre nach der Publikation von *Understanding Near Eastern Literatures* kamen hier substantielle arabistische Beiträge mit dezidiert literatur- und kulturwissenschaftlichem Anspruch dazu. Hierunter fiel auch die kritische Auseinandersetzung mit den umstrittenen Konzepten von ‚Moderne' und ‚Postmoderne', die in diesem Band ausführlich reflektiert wurden. Unter Zugrundelegung der Definition der Postmoderne „als Versuch eines Blicks auf die Moderne von außen" (Pflitsch 2004, S. 15) fragen die Beiträge nach den Merkmalen einer nicht-westlichen Postmoderne, loten die Gemeinsamkeiten und Unterschiede aus und nähern sich so der Frage nach der Universalität von Moderne (und Postmoderne) neu. Die arabische Literatur wird in diesem Band systematisch und programmatisch in einen weltliterarischen Kontext gestellt und mit Hilfe fachübergreifender theoretisch-methodischer Ansätze untersucht.

Die damit einhergehende literaturwissenschaftliche Spezialisierung und ansetzende kulturwissenschaftliche Weitung führte, wie dies auch bei den sogenannten großen Philologien, u. a. der Germanistik und Anglistik, der Fall ist, zu einer teilweisen Spaltung der Arabistik in eine auf die Klassik und eine auf die Moderne fokussierte Disziplin. Mit dem Wissen um historische Kontinuitäten und Brüche und der Diskussion um fachspezifische Methoden und Theorien steht die Arabistik doch seither in einem produktiven innerarabistischen Austausch (vgl. u. a. Gründler/Klemm/Winckler 2016). In den frühen 2000er Jahren war die Arabistik somit ein Fach, das sich in seinen literaturwissenschaftlichen Aspekten nicht mehr wesentlich von anderen Literaturwissenschaften unterschied.

Die vorliegende Einführung in eine Arabistik als literatur- und kulturwissenschaftliche Disziplin versteht sich einerseits als konsequente Fortsetzung, andererseits als Erweiterung dieser Entwicklung. Mit der Öffnung in Richtung der Kulturwissenschaft und der Sozialwissenschaften erhebt die Arabistik den Anspruch, mehr als eine arabistische Literaturwissenschaft zu sein, und erklärt die Hoch- und Populärkultur in ihren mannigfaltigen Formen zu ihrem Forschungsbereich. Dabei schließt sie, analog zur Bewegung der Cultural Studies in den 1980er Jahren, Produktions- und Rezeptionsprozesse mit ein. Die Notwendigkeit dieser Öffnung und des Abschieds von der reinen Textwissenschaft erwuchs aus unseren Erfahrungen als Studierende, Lehrende und Forschende in der deutschen Arabistik.

Die fachlichen Hintergründe der meisten von uns liegen außerhalb der Arabistik: Sie reichen von der Theater- und Literaturwissenschaft, über Philosophie und Medienwissenschaft bis zur Sozialanthropologie und Sozialgeographie. Die Methoden und Theorien, die Forschungsperspektiven und Schwerpunkte dieser Disziplinen spiegeln sich in unserer Lehre, der wissenschaftlichen Arbeit und letztlich auch in dieser Einführung. Wir teilen alle eine Perspektive, die über die unmittelbare textuelle Realität hinausgeht und unterschiedliche soziopolitische und historische Aspekte und die Produktion und Rezeption von künstlerischer Arbeit einschließen soll – etwa im Verständnis der Kunstproduktion als sozialer Praxis. Dieser Ansatz wurde durch die tiefgehenden Transformationsprozesse im Kontext des Arabischen Frühlings seit 2010 nachhaltig verstärkt. Die bereits in Gang gesetzte kulturwissenschaftliche Ausrichtung der Arabistik wurde durch die politischen Umbrüche bestärkt und legitimiert. Eine von der gesellschaftlichen Situation losgelöste Kunstbetrachtung erschien immer weniger zielführend und erwünscht (Winckler/Junge 2018).

Mit der von Friederike Pannewick geleiteten Leibniz-Preis-Forschungsgruppe unter dem Titel „Denkfiguren|Wendepunkte. Kulturelle Praktiken und sozialer Wandel in der arabischen Welt", die von 2012 bis 2020 mit Mitteln der Deutschen Forschungsgesellschaft (DFG) finanziert wurde, fand dieser Ansatz eine institutionelle Heimat am Centrum für Nah- und Mittelost-Studien (CNMS) an der Philipps-Universität Marburg. Viele der hier vorgestellten Themen und Debatten waren Bestandteil der Arbeit dieser Forschungsgruppe. Alle Autor/innen dieser Einführung sind Mitglieder dieser Forschungsgruppe, deren Konzept gemeinschaftlich auf Grundlage der verschiedenen disziplinären Zugänge der Mitglieder erarbeitet wurde (vgl. Pannewick/Khalil/Albers 2015; Jacquemond/Lang 2019; Ouaissa/Pannewick/Strohmaier 2020).

1.2 Ziele

Diese Einführung wendet sich an Studierende der Arabistik, aber auch an Lehrende, die Anregungen und Hilfestellungen für die Lehre suchen und diese Handreichung im Unterricht und bei der Betreuung von Haus- und Qualifikationsarbeiten einsetzen möchten. Zielpublikum der Einführung in die Arabistik sind aber durchaus auch Interessierte anderer Fächer wie etwa der Komparatistik. Sie möchte solide Theorie- und Methodenkenntnis mit dezidierter philologischer Quellenkunde verbinden, die Bedeutung der Erforschung kultureller Diversität herausstellen und die postkolonialen Aspekte der Arabistik sichtbar machen. Übergeordnetes Ziel ist damit die interdisziplinäre Öffnung der Arabistik zur Kulturwissenschaft, die sich auch im Aufbau dieses Buches spiegelt. Zwar beansprucht das Kapitel zur Literatur nach wie vor eine herausgehobene Stellung, die auch der aktuellen Position in der deutschen Arabistik entspricht. Die Kapitel Musik, Film, Theater und Visuelle Kunst erschließen jedoch neue Forschungsobjekte wie Graffiti, Performance oder außertextuelle Alltagspraktiken.

Die Notwendigkeit eines solchen Schritts zeigte sich insbesondere in Zusammenhang mit den Ereignissen des Arabischen Frühlings 2011: Während die Schriftsteller/innen und Intellektuellen sich lange kaum zu Wort meldeten, war stattdessen eine förmliche Explosion der künstlerischen Kreativität zu beobachten, die sich gerade nicht in Romanen oder Essays, sondern in Sprechchören, Graffiti und Protest-Musik – mit anderen Worten, in der Populärkultur – zeigte. Die einseitige Konzentration auf vermeintlich hochkulturelle Erzeugnisse, die in der Arabistik nach wie vor weit verbreitet ist, scheitert dabei nicht nur an der Erfassung gesellschaftlicher Wirklichkeit in der arabischen Welt, sondern betreibt auch aktiv eine Marginalisierung jener künstlerischen Praktiken, die für die Lebenswelt eines Großteils der Bevölkerung relevant sind.

In dieser Einführung geht es uns nicht darum, einen ‚Gegen-Kanon' zu entwerfen. Die Auswahl unserer Beispiele bleibt von einem Kanon geprägt, der als Produkt vergangener und gegenwärtiger gesellschaftlicher Machtverhältnisse nach Geschlecht, Hautfarbe und Klassenzugehörigkeit diskriminiert. Wir haben, wo möglich, versucht, die Diversität der Kulturschaffenden in der arabischen Welt sichtbar zu machen und so auch zu einer Öffnung des Kanons beizutragen.

Arabistik als Kulturwissenschaft: Mit der Öffnung zur Kulturwissenschaft wandelt sich auch das Fachverständnis von arabischer Literatur. Diese Einführung formuliert ein Verständnis von Literatur als kulturelle Praxis, die eine gründliche historische, gesellschaftliche und politische Kontextualisierung literarischer Texte notwendig macht. Spätestens seit den 2000er Jahren lesen Arabistinnen und Arabisten literarische Texte regelmäßig als Kommentar und Analyse politischer und gesellschaftlicher Verhältnisse. Die direkteste Verbindung zwischen Literatur und Gesellschaft, ihre Produktion und Rezeption in einem arbeitsteiligen Prozess, der politischen, ökonomischen und sozialen Logiken gehorcht, wird jedoch weitgehend ignoriert.

Diese Öffnung setzt die Etablierung eines weiten Kulturbegriffs, wie er in der Kulturwissenschaft oder auch in der Ethnologie gebraucht wird, voraus. Entgegen dem landläufigen Verständnis, das Kultur mit einem gesellschaftlichen Teilbereich wie Wirtschaft gleichsetzt, und sich meist auf hochkulturelle Wissens- und Kunstproduktion bezieht, erfasst ein weiter Kulturbegriff die Aushandlungen von Bedeutung auf verschiedensten sozialen Ebenen und in verschiedenen sozialen Bereichen – in diesem Sinn ist jedes Mitglied der Gesellschaft ‚kulturschaffend'. Mit diesem weiten Kulturbegriff geht einher, dass auch die Alltags- und Populärkultur Gegenstand der Forschung werden.

Durch die breite Auswahl der Forschungsobjekte in dieser Einführung soll die Leserschaft sowohl Einblick in etablierte Forschungstraditionen elitärer Kunst- und Kulturproduktion erhalten, als auch befähigt werden, darüber hinaus den Blick auf populäre Formen und Praktiken zu werfen.

Methodik diesseits und jenseits der Textwissenschaft: Diese Ausweitung des Untersuchungsbereichs ist mit den herkömmlichen, rein textbasierten

Forschungsmethoden der Arabistik nicht zu bewerkstelligen, weswegen wir es uns zum Ziel gesetzt haben, hierfür konkrete Hilfestellung bereitzustellen. So bietet dieser Band unter anderem kurze Einführungen in die Bild- und Dramenanalyse, die Analyse von Filmen und Musik als niederschwelligen Einstieg, sowie einen Überblick über die existierenden Methoden und einen Wegweiser zur Forschungsliteratur. Dieses Angebot entspringt unserer Erfahrung, dass Studierende sich häufig wenig mit objektspezifischen Analysemethoden auseinandersetzen. Wir wollen sie auf diesem Weg ermutigen, sich das methodologische Wissen anderer Spezialdisziplinen, wie der Filmwissenschaft oder Ethnomusikologie, in ähnlicher Weise nutzbar zu machen, wie es heute schon mit den Methoden und Konzepten der Literaturwissenschaft geschieht.

Das Verständnis all dieser verschiedenen Kunstformen als gesellschaftliche Praktiken macht, neben der Öffnung für die Methoden anderer ‚Kunstwissenschaften', eine Öffnung in Richtung sozial- und kulturwissenschaftlicher Methoden notwendig. Im Teil II „Kulturelle Praktiken" geben wir Einblick in Methoden der Feldforschung wie z. B. Interviews und teilnehmende Beobachtung, die notwendig sind, um neben Aspekten der ästhetischen Repräsentation auch die Bereiche kultureller Produktion und Rezeption erfassen zu können. Auch hier folgen wir einer Entwicklung innerhalb unseres Fachs: Immer mehr Studierende haben, etwa durch integrierte Auslandsaufenthalte, die Möglichkeit, mit arabischen Schriftsteller/innen und Künstler/innen direkt in Kontakt zu treten. Andererseits hat sich durch den Krieg in Syrien auch in Deutschland inzwischen ein arabischsprachiges Milieu gebildet, das ein wichtiges Forschungsgebiet für zukünftige Arabisten und Arabistinnen darstellt und einfache Zugänge bietet. Hinzu kommt, dass die persönliche Bekanntschaft, gerade mit Autorinnen und Autoren, deren Werke Gegenstand der eigenen Forschung sind, in der Arabistik seit langer Zeit Gang und Gäbe sind. Diese Beziehungen und die eigene Positionalität zu thematisieren, ist uns ein wichtiges Anliegen.

Die Anwendung dieser Methoden ist die Voraussetzung für eine fundierte Kenntnis des Untersuchungsgegenstands, soweit er über den Text hinausgeht. Sie stellen gewissermaßen das Pendant zur dezidierten philologischen Quellenkunde dar, die die Arabistik historisch ausgezeichnet hat. Die sorgfältige Analyse von Quellen in der Originalsprache zusammen mit fundierten Sprachkenntnissen bleiben jedoch auch bei einer Öffnung in Richtung der Kulturwissenschaften unabdingbar. Sie ermöglicht die solide Erfassung und Beschreibung von Inhalt, Sprache, Form und Geschichte der Primärtexte, die Grundlage für jede weiterführende, theoretisch ausgerichtete Untersuchung ist. In Bezug auf die akademische Sekundärliteratur stellt die fundierte Auseinandersetzung mit der arabischsprachigen Forschungsliteratur darüber hinaus einen wichtigen Schritt dar, um die eigene Forschungsperspektive zu erweitern.

Kulturelle Diversität in der arabistischen Forschung: Eine kulturwissenschaftliche Öffnung der Arabistik bedeutet jedoch nicht nur, das Kunstwerk als Element und Produkt einer kulturellen Praktik zu begreifen, sondern auch, den kulturellen und sozialen Zusammenhang, in dem sich diese Praktik entfaltet, zu berücksichtigen. Während die klassische Arabistik sich über die Sprache definierte, und sich damit auf das Studium arabischsprachiger Quellen beschränken konnte, sieht sich eine Arabistik als Kulturwissenschaft mit der Tatsache konfrontiert, dass sich die Kulturproduktion in der arabischen Welt auch zahlreicher anderer Sprachen bedient. Neben dem Französischen, das im Maghreb von der Literatur über das Kino bis zur Musik eine wichtige Rolle spielt und auch im Libanon eine eigene literarische Tradition hat, und dem Englischen, das als *lingua franca* der Performance- und Installationskunst auftaucht, schließt das auch Sprachen wie Tamazight bzw. Berbersprachen oder Kurdisch ein. Im Zuge der Migrationsbewegungen der vergangenen Jahrzehnte finden sich auch zahlreiche arabische Künstler/innen und Schriftsteller/innen, für die Englisch oder auch Deutsch die Sprache ihrer künstlerischen Arbeit geworden ist. Das Bewusstsein für die Existenz der sprachlichen Minderheiten in den Staaten der arabischen Welt einerseits und für die Existenz einer arabischen Kulturdiaspora andererseits halten wir für eine wichtige Dimension des arabischen kulturellen Feldes, die es mit vielen anderen postkolonialen Räumen der Kunst- und Kulturproduktion teilt.

In Europa ist die Entwicklung des Nationalstaats mit der Popularisierung von Literatur einhergegangen und die Etablierung der Literatur- und Kunstwissenschaften an den Universitäten war Teil eines nationalistischen politischen Projekts und der Vorstellung einer nationalen Kultur. Dagegen haben die Räume von Kunst und Kulturproduktion in der arabischen Welt einen häufig transnationalen Charakter und sind nicht durch (die teils scharf gezogenen) postkolonialen Nationalstaatsgrenzen definiert.

Postkoloniale Studien in der Arabistik: Postkoloniale Aspekte in der Forschung gebührend zu würdigen ist ein weiterer wichtiger Bestandteil einer Arabistik als Literatur- und Kulturwissenschaft. Die Wissenschaften haben in der Vergangenheit eine wichtige Rolle als koloniale Herrschaftsinstrumente gespielt: Ethnologen und Sozialwissenschaftler lieferten in ihrer Forschung über kolonisierte Gesellschaften wichtige Argumente für die Legitimation der Kolonialherrschaft und wurden gezielt eingesetzt, um Wissen über diese Gesellschaften zu sammeln, das zu ihrer Beherrschung genutzt werden konnte.

Auch die philologisch und historisch orientierten Fächer hatten, wie Edward Said ausführlich darlegt, durch die Konstruktion des Orients als ‚Anderes' eine wichtige Rolle für die Legitimierung der Herrschaft der europäischen Kolonialmächte, die bis in die Gegenwart fortwirkt, etwa im ‚Krieg gegen den Terror' oder der weitverbreiteten Islamfeindlichkeit. Die moderne Arabistik muss sich des Machtungleichgewichts bewusst sein, das entsteht, wenn wohlhabende, häufig weiße, Europäer/innen über Araber/innen schreiben. Bedingt durch die materielle Ausstattung europäischer und amerikanischer Universitäten und der hegemonialen Stellung des Englischen als Wissenschaftssprache stammt der ganz überwiegende Teil des zugänglichen Wissens über die Gesellschaften der arabischen Welt von Außenstehenden.

Noch deutlicher wird das Missverhältnis, wenn es um die Theoriebildung geht: Gerade in den Kultur- und Sozialwissenschaften spielen die Arbeiten von Forscher/innen in der Region kaum eine Rolle. Das Bewusstsein für diese Ungleichgewichte allein kann diese strukturellen Probleme nicht kurzfristig lösen – arabische Sekundärliteratur ist häufig schwer zu beschaffen, Sozialwissenschaften sind in den meisten arabischen Ländern als potentielle Gefahren für autokratische Herrscher systematisch vernachlässigt worden. Ziel kann es nur sein, im Rahmen des Möglichen die arabischsprachige Forschung miteinzubeziehen. In unserer Einführung wollen wir durch eine Auswahl arabischsprachiger Forschungsliteratur, die möglichst über das Fernleihsystem zu beschaffen ist, Studierende ermutigen, diese Literatur in ihre Arbeit mit einzubeziehen und damit einen Beitrag zum Erhalt des Arabischen als Wissenschaftssprache zu leisten.

Die postkoloniale Beschäftigung mit dem Stellenwert von Wissenschaftsarabisch in der ‚Auslandsarabistik' außerhalb der arabischen Welt bietet zugleich einen tiefen Einblick in die Weltlichkeit von Kritik im Sinn Edward Saids. So unternimmt die westliche Arabistik wenig Anstrengung, die arabischsprachige Forschung aufzuarbeiten oder zu übersetzen. In Auseinandersetzung mit der arabischsprachigen Forschung wird aber die Bedeutung von systematischer Forschungsförderung und akademischer Meinungsfreiheit deutlich, die in der arabischen Wissenschaftslandschaft mitunter fehlen. Ein postkolonialer Umgang mit diesen und weiteren Hindernissen sieht in der Förderung von Wissenschaftsarabisch in der deutschen Arabistik neben dem sprachlichen und wissenschaftlichen Nutzen aber auch einen ethischen Mehrwert. Indem die westliche Regionalwissenschaft ihr Wissen auch in der Regionalsprache zur Diskussion stellt, macht sie einen wichtigen Schritt hin zu einem offenen und (selbst-)kritischen Dialog auf Augenhöhe (Junge 2019).

Eine postkoloniale Sensibilisierung muss heute in wachsendem Ausmaß auch im digitalen Bereich stattfinden. Das wissenschaftspolitisch derzeit stark geförderte Feld der digitalen Geisteswissenschaften (*Digital Humanities,* DH) eröffnet zahlreiche neue Möglichkeiten in den Bereichen Quellenforschung (Digitalisierung großer Textkorpora, *Content Modelling, Harvesting* von Metadaten), Datenerhebung (virtuelle Interviewführung, Social Media) und Wissenschaftspublikation *(Open Access Publishing).* Das Versprechen neuer Forschungsmöglichkeiten im digitalen Zeitalter täuscht jedoch häufig darüber hinweg, dass es sich hierbei vor allem um die Entwicklung technischer Instrumente handelt, deren Einsatz selbst eine kritische methodologische Auseinandersetzung mit diesen Instrumenten voraussetzt. Neben diesem blinden Fleck im Bereich der Wissenschaftstheorie kommt in unserem Fach zudem noch ein zentraler politischer Aspekt hinzu. Hierfür ein Beispiel für den Bereich des wissenschaftlichen *Open Access Publishing:* Nicht nur findet dieses Publizieren in der Regel auf Englisch statt, sondern die mehrheitlich im angelsächsischen Wissenschaftssystem angesiedelten Verlage wälzen die anfallenden Kosten nun häufig auf die Autor/innen um. Hierdurch wird die ökonomische Benachteiligung von Wissenschaftsstandorten außerhalb der Industrienationen perpetuiert, deren Forschung auch im digitalen Zeitalter weiterhin unsichtbar bleibt. Dem Versprechen einer wahrhaftigen ‚Offenheit' im Sinn einer unbegrenzten Zugänglichkeit, die so nur aus Sicht einer westlichen Wissenschaftshegemonie behauptet werden kann, muss daher mit einer dekolonialen Forschungspraxis entgegengetreten werden, welche die kognitive und ökonomische Benachteiligung des globalen Südens berücksichtigt (Piron 2018).

Das besondere Augenmerk auf postkoloniale Dimensionen der Machtdynamiken zwischen Forschenden und Beforschten sollte aber nicht dazu führen, dass andere strukturelle Machtunterschiede ausgeblendet werden. So ist etwa die soziale Herkunft der Kulturschaffenden, mit denen sich die Arabistik beschäftigt, selten ein Thema ihrer Forschung. Im Wesentlichen beschränken sich die Arabistinnen und Arabisten nach wie vor auf Künstlerinnen und Künstler, die ihrem eigenen, liberalen, gebildeten Mittelschichtsmilieu am nächsten stehen. Das hat zur Folge, dass etwa die religiös gefärbte Kunst, die in traditionelleren, konservativeren Milieus verbreitet ist, wenig Beachtung findet.

1.3 Methoden kritischer Selbstpositionierung – vier Leitfragen

Ebenso wie die Künstlerinnen und Künstler wirken auch wir als Lehrende, Forschende, Studierende von einer bestimmten Position aus und sind eingebunden in einen spezifischen kulturellen Kontext. Das soll im folgenden Abschnitt genauer beleuchtet werden.

Forschung und Weltlichkeit: Edward Said geht in der Einleitung zu seinem Werk *Orientalismus* davon aus, dass Wissenschaft niemals unpolitisch im Sinn von „akademisch wertfrei, unparteiisch" (Said 2010, S. 19) ist. Ganz im Gegenteil. Zum einen arbeiten und schreiben Wissenschaftler/innen mit diversen Weltanschauungen, Schichtzugehörigkeiten, ethnischen Hintergründen, eingebunden in spezifische nationale Bildungssysteme. Zum anderen können sie sich bestimmten z. B. literatur- oder sozialwissenschaftlichen Forschungsrichtungen übergeordneten machtpolitischen Interessen anpassen und diese unterstützen. Vor diesem Hintergrund lässt sich fragen, welche Fragestellungen in der Wissenschaft hauptsächlich bearbeitet und gefördert werden und welche nicht. Dabei sind methodologische Fragen von Bedeutung, denn die Wahl der Forschungsmethode formt die daraus resultierenden Forschungsergebnisse. Nicht zuletzt erwähnt Said die persönliche Dimension, die den Blick auf bestimmte Forschungsbereiche öffnen, schärfen, aber auch verstellen kann.

Diese Form der Positionierung von Wissenschaft ist Teil von Edward Saids Konzept der ‚Weltlichkeit' *(worldliness),* wie er es in seinem Essayband *The World, the Text, and the Critic* (dt. *Die Welt, der Text und der Kritiker*) entwickelt (vgl. Ashcroft/Ahluwalia 2001, S. 13 f.). Hier spricht er in einem Doppelschlag von der Weltlichkeit des Texts und des Kritikers. Mit Weltlichkeit beschreibt Said die ökonomische, politische, soziale und kulturelle Situiertheit sowohl des zu untersuchenden Texts wie auch des untersuchenden Kritikers bzw. der Kritikerin, die Teil der Analyse sein müssen (Said 1997, S. 47 ff.). Weder Literatur noch Literaturwissenschaft finden also in einem weltvergessen(d)en Elfenbeinturm statt, vielmehr sei es die Aufgabe, neben einer genauen Kritik des Texts die Weltlichkeit von Text und Kritik offenzulegen.

Writing Culture: Vor allem die in der Ethnologie seit den späten 1970er Jahren geführte *writing culture* Debatte reflektiert das Verhältnis zwischen Wissenschaftler/in und Gegenstand (Clifford/Marcus 1986). Es wird aufgezeigt, dass erst durch das Beschreiben der untersuchten Gesellschaften und Kulturen der ‚Andere' entsteht, was historisch u. a. zum Ziel hatte, koloniale Ausbeutungsmechanismen zu rechtfertigen (Fabian 1983). Lila Abu-Lughod fordert daher auf, „gegen Kultur" zu schreiben, da die Beschreibung von Kultur oft auf deren Festschreibung hinauslaufe, die darauf abziele, Grenzen Geltung zu verschaffen, die nicht nur Differenzen, sondern auch Ungleichheiten und Hierarchien etablieren. Als Gegenkonzept dazu entwickelt Abu-Lughod die „Ethnographien des Partikularen". Mit dieser Hinwendung zum Partikularen bzw. Alltäglichen werden globale Prozesse keineswegs übersehen, vielmehr wird die Einschreibung globaler Prozesse in den lokalen Alltag untersucht. Das Wertvolle dieser Perspektive besteht darin, dass gegen die Setzung des ‚fremden Anderen' die Ähnlichkeiten im Anderen aufgezeigt werden und dass das Partikulare oder die Alltäglichkeit die Kohärenz und Homogenität aufbricht und die Kategorie der Zeit einführt. Diese nämlich verweist auf das Entstehen und wehrt sich dagegen, schon immer so gewesen zu sein (Abu Lughod 1996, S. 32).

Selbstpositionierung: Kurzum, als Studierende und Forschende schreiben und beschreiben wir immer von einer bestimmten Position aus, die wir uns nicht unbedingt selbst ausgesucht haben und derer wir uns – vielleicht zu selten – bewusst sind. Dennoch beeinflusst diese Position unser wissenschaftliches Arbeiten und Schreiben. Eine produktive Auseinandersetzung mit der eigenen Positionalität lässt sich gut anhand folgender etwas zugespitzt formulierter Fragen führen:

- Wer bin ich?
- Wo und wann schreibe ich?
- Über wen und was schreibe ich?
- Mit wem und für wen schreibe ich?

Wer bin ich? Die Frage „Wer bin ich?" möchte anregen, darüber nachzudenken, inwiefern die eigene individuelle Position den Zugang zu Forschungsthemen strukturiert. Ausschlaggebend dafür sind Diversitätsmerkmale wie der sozioökonomische Hintergrund, die Herkunft, die Hautfarbe, das Geschlecht oder die Religion/Weltanschauung. Dabei ist jeder Mensch in verschiedene, sich überlagernde, offensichtliche und weniger offensichtliche Strukturen eingebunden.

So bleiben männlichen Studierenden spezifische Frauenräume als Untersuchungsgegenstand eher verschlossen. Im Gegenzug eröffnet grundsätzlich der Status des Studierenden oder Forschenden die Möglichkeit, an Lehrveranstaltungen teilzunehmen oder Interviewgespräche auf Grundlage eines Forschungsthemas zu führen.

Die Intensität, mit der sich Studierende dem Studium widmen, hängt auch von den zur Verfügung stehenden finanziellen Ressourcen ab. Wie viel Zeit ist notwendig, um den Lebensunterhalt zu verdienen? Kann man sich einen Auslandsaufenthalt leisten und vertiefende Sprachkenntnisse erwerben? Mit einem bereits etablierten Austauschprogramm oder im Rahmen eines selbst finanzierten Sprachkurses?

Gerade für das Studium der Arabistik sind Arabischkenntnisse von besonderer Bedeutung. Hier können sich Studierende mit Arabisch als Muttersprache besonders einbringen. Mit Blick auf die sprachliche Diversität in der arabischen Welt können andererseits Französischkenntnisse eine Rolle spielen, wenn ein verstärktes Interesse dem Maghreb gilt. Auf der anderen Seite können mangelnde Sprachkenntnisse in der Unterrichtssprache Deutsch (bzw. in deutschen Studiengängen mit Nah- und Mittelostbezug inzwischen auch verstärkt Englisch) solche Studierenden benachteiligen, die – etwa, weil sie einsprachig Arabisch aufgewachsen sind – diese Sprache nicht im selben Maß beherrschen wie ihre muttersprachlichen Kommiliton/innen, was ebenfalls auf die Wahl der Seminare einwirken kann.

Aber auch hinsichtlich der Inhalte des Studiums kann gefragt werden: Wer bin ich als Produkt meiner besuchten Lehrveranstaltungen der Arabistik mit den jeweils spezifischen Schwerpunkten an meiner Universität und meinen gewählten Nebenfächern? Wurden Lehrveranstaltungen zu gegenwartsbezogenen Themen angeboten? Liegen meine persönlichen Interessen und Stärken in der Auseinandersetzung mit historischen Themen oder habe ich in den frei zu wählenden Bereichen ausschließlich Module der Politikwissenschaft belegt?

Wo und wann schreibe ich? Diese beiden Fragen zielen auf die raumzeitliche Dimension der Wissensproduktion ab, die in ökonomischen, politischen, gesellschaftlichen und kulturellen Diskursen situiert ist und die die Wahl und Bearbeitung eines Studien- und Forschungsthemas entscheidend beeinflussen.

In Bezug auf den Raum betrifft das nicht nur eher offensichtliche Unterschiede, etwa zwischen der al-Azhar Universität in Kairo, der American University in Beirut und der Philipps-Universität in Marburg, sondern auch weniger offensichtlichere zwischen den unterschiedlichen Instituten innerhalb der deutschsprachigen Arabistik, die mal historisch-philologisch, mal literatur- und kulturwissenschaftlich, mal sozial- und politikwissenschaftlich ausgerichtet sind. In Bezug auf die Zeit betrifft dies historische Wendepunkte, wie den Arabischen Frühling 2010/11 oder die sogenannte ‚Flüchtlingskrise' 2015, ebenso wie wissenschaftliche Trends, wie gegenwärtig die Archiv- und Traumaforschung. Eine raumzeitliche Positionierung stellt damit die Frage nach der Diskursivität der eigenen Lehr- und Forschungsinstitution in ihrem historischen Kontext.

Als Beispiel für die Bedeutung von Raum und Zeit im Rahmen des Studiums mag die unterschiedliche Interpretation des 2008 veröffentlichten Romans *Yūtūbiyā* (dt. *Utopia*) von Ahmed Khaled Towfik (Aḥmad Ḫālid Tawfīq, 1962–2018) dienen. Diese Dystopie erzählt am Ende von einem gewaltsamen Aufbegehren der Armen gegen die Reichen, lässt den Ausgang des Konflikts aber offen. Auf einer Konferenz über die Literatur des Arabischen Frühlings in Paris 2012 wurde dieses Ende von europäischen Literaturwissenschaftler/innen, die das Werk während des Arabischen Frühlings gelesen hatten, meist als Vorzeichen eines erfolgreichen Aufstandes des Volks gedeutet. Arabische Literaturwissenschaftler/innen hingegen, die das Werk vor dem Arabischen Frühling gelesen hatten, verstanden es meist als Horrorszenario eines entfesselten Mobs. Im Sinn der Rezeptionsästhetik ist keine dieser Lesarten falsch, vielmehr verweisen sie auf die verschiedenen raumzeitlichen Erwartungshorizonte bei der Ausdeutung einer Leerstelle bzw. eines interpretationsoffenen Romanendes.

Über wen oder was schreibe ich? Bei dieser Frage geht es darum, die Themenwahl und Analyserichtung einer Forschungsarbeit in ihren verschiedenen Facetten zu reflektieren. Dabei ist die Wahl z. B. eines Hausarbeitsthemas jenseits institutioneller Vorgaben immer auch eine persönliche und politische Entscheidung. Welches Thema ist für mich ganz persönlich und als Teil einer bestimmten Gemeinschaft relevant? In diesem Zusammenhang spielen u. a. die ethnische Herkunft, politische Gesinnung, künstlerische Präferenzen, religiöse Zugehörigkeit und berufliche Wünsche sowie Sprachkenntnisse und Bildungsbiographien eine wichtige Rolle. Eine Hausarbeit über künstlerische Ausdrucksformen in der syrischen Revolution kann somit von ganz unterschiedlichen Positionen aus geschrieben werden, je nachdem, ob man selbst in der einen oder anderen Form in sie involviert war oder mit keinerlei eigenem Bezug über sie schreibt. Dabei muss ein enger persönlicher Bezug zum Forschungsgegenstand keineswegs einen Hinderungsgrund für eine Studienarbeit darstellen, so wie die Distanz zum Forschungsgegenstand keineswegs Unvoreingenommenheit garantiert. Um die Vorteile eines persönlichen Bezugs jedoch wissenschaftlich fruchtbar zu machen, bedarf es einer klaren Darstellung und selbstkritischen Hinterfragung der eigenen Position, die andere Perspektiven auslotet und zulässt. Gleichermaßen darf eine persönliche Distanz zum Forschungsthema nicht zu einer wissenschaftlich ummantelten Gleichgültigkeit verleiten, sondern sollte Anlass geben, im Rahmen einer postkolonial sensibilisierten Studien- und Forschungsethik auch nach der gelebten sozialen Bedeutung des Themas zu fragen. Dazu bietet es sich an, dass Studierende in Kolloquien oder Studientandems diese und weitere Dimensionen der Positionalität mit ihren Mitstudierenden diskutieren und im Sinn des *peer learning* voneinander lernen.

Die Wahl eines Themas und Ausrichtung der Analyse besitzt viele Facetten. Wenn über bestimmte Personengruppen geschrieben wird, z. B. Autor/innen, Lesende, Künstlerkollektive, ist die Frage nach deren Positionierung im sozialen Gefüge relevant. Schreibe ich als Teil einer akademischen Elite über andere, die Teil einer künstlerischen Elite sind, weil ich dazu einen Zugang habe? Und wer bleibt möglicherweise aufgrund intersektionaler Ausschlüsse – also aufgrund verschiedener, sich überschneidender Diskriminierungsformen – unsichtbar, weil sich der Zugang nicht bewerkstelligen lässt? Damit verbunden sind immer auch wichtige Fragen und Schritte im Forschungsprozess; nämlich worüber möchte ich gern schreiben, kann es aber (noch) nicht, weil es z. B. meine Sprachkenntnisse nicht zulassen oder weil ich keinen Zugang zu dem Material habe, da ich nicht in die Region reisen kann. Auch hier wird deutlich, dass es kein einheitliches Richtig oder Falsch gibt, sondern dass im Rahmen einer jeden Forschungsarbeit das Thema und die Wahl der Methode an die Ressourcen (Zeit für eine Hausarbeit, Geld für Auslandsaufenthalte etc.) angepasst werden müssen. Dementsprechend können bestimmte Perspektiven eingenommen werden, andere werden ausgeschlossen. Dazu gehört auch die Entscheidung, worüber man nicht schreiben möchte. Einer Forscherin, die zur Internetnutzung junger marokkanischer Menschen Anfang der 2000er Jahre arbeitet, könnte entgegnet werden, dass das Internet ja nur genutzt werde, um pornographische Inhalte zu konsumieren, und es könnten Tipps erfolgen, wie sie dem auf die Schliche kommen könne. Dieses Thema würde aber vielleicht weder im Fokus ihrer Forschung stehen noch wäre es von den Jugendlichen in den Interviews thematisiert worden.

Mit wem und für wen schreibe ich? Diese Frage zielt auf die Verortung im wissenschaftlichen Feld ab. Jede Studien- und Forschungsarbeit stützt sich auf Sekundärliteratur. Darunter fallen im engeren Sinn arabistische Fachstudien, im weiteren Sinn aber auch methodische Ansätze und theoretische Konzepte. Für die Auswahl spielen u. a. Sprachkenntnisse eine bedeutende Rolle. Während deutsche Studienanfänger sich meist mit deutscher und englischer Forschungsliteratur auseinandersetzen, können fortgeschrittene Arabist/innen auch arabischsprachige Fachliteratur miteinbeziehen. Einige Themen, etwa der frankophone algerische Film oder die arabische Literatur auf Hebräisch, legen die Einbeziehung von Forschungsliteratur in weiteren Sprachen nahe. Darüber hinaus spielt die methodische und theoretische Ausrichtung der gewählten Sekundärliteratur eine wichtige Rolle. Daran schließt sich die Frage an, für wen ich schreibe. Im engeren Sinn sind die Adressaten einer studentischen Haus- oder Abschlussarbeit die Dozierenden, im weiteren Sinn die akademische Fachgemeinschaft.

Die Relevanz dieser und weiterer möglicher Fragen zur Bestimmung der eigenen Studien- und Forschungsposition lässt sich wohl am besten an einem Gedankenexperiment illustrieren. Dabei stelle man sich vor, die nächste Hausarbeit nicht für eine deutschsprachige Universität zu verfassen, sondern für eine arabische oder englische Universität. Was würde sich dabei ändern? Was müsste man weniger und was mehr erklären? Welche Fragestellung und Forschungsliteratur würde mutmaßlich eher in einer deutschen und welche in einer arabischen und englischen Arabistik Sinn ergeben? Solche Fragen könnten auch zu den oben diskutierten Fragen führen, warum man etwa genau dieses Thema in einer Hausarbeit bearbeiten möchte, ob es zeitlich oder räumlich möglicherweise besonders relevant ist und welche Möglichkeiten einem etwa in Bezug auf Sprache, Zeit oder Auslandserfahrung bei der Verfassung der Hausarbeit zur Verfügung stehen.

Je länger man studiert und forscht und je öfter man an anderen Universitäten und im Ausland studiert und geforscht hat, desto mehr Unterschiede werden einem wahrscheinlich dazu einfallen. Bei einem Workshop der Marburger Arabistik mit der Kairiner Germanistik der ʿAyn-Šams-Universität im Jahr 2017 über Wendeprozesse in den Jahren 1989 und 2011 in der deutschen bzw. arabischen Literatur wurden solche Fragen explizit diskutiert. Warum gelten bestimmte Texte deutschen Arabist/innen als repräsentativ für den Arabischen Frühling? Warum gelten bestimmte Texte arabischen Germanist/innen als repräsentativ für die Deutsche Wende? Und decken sich diese arabistischen und germanistischen Einschätzungen mit denen der deutschen und arabischen Zeitzeug/innen? Dass es hierbei zu Irritationen in der Selbst- und Fremdwahrnehmung kommt, ist das große Potential dieser Art von Auseinandersetzung. Erst indem die scheinbaren Selbstverständlichkeiten des eigenen Standpunkts offengelegt und hinterfragt werden, kann man zu einer geschärften Selbstpositionierung gelangen.

Positionalität in der Hausarbeit: Wie aber geht man mit diesen Fragen konkret in einer Hausarbeit um? Darauf gibt es keine vorgefertigte Antwort. Während eine postkolonial-reflektierte Selbstpositionierung im Sinn von Saids Weltlichkeit in jedem Fall die arabistische Studien- und Forschungspraxis epistemisch und ethisch bereichert, muss diese nicht in jeder Hausarbeit explizit gemacht werden, schon gar nicht, indem man alle Fragen von oben bis unten abarbeitet.

Statt eines starren Fragebogens schlagen wir ein offenes Set an Fragemöglichkeiten vor, das den Blick auf die eigene Studien- und Forschungspraxis kritisch begleiten soll. Eine explizite Auseinandersetzung mit diesen und weiteren Fragen im Rahmen einer Hausarbeit ist in der Regel dann sinnvoll, wenn diese zu einem konkreten fachlichen Mehrwert führen. Dies gelingt meistens dann, wenn diese Fragen mit fachlich relevanten Theorien und Forschungsdiskussionen verknüpft werden.

In einer Hausarbeit über die libanesische Pop-Band Mashrouʻ Leila (Mašrūʿ Laylā), die für ihr queer-feministisches Engagement bekannt ist, könnte so eine Studentin ihre Selbstpositionierung offengelegen. Dabei könnte sie u. a. der Frage nachgehen, warum sie über eine in Europa bereits so bekannte queere Band schreibt (Frage: Über wen und was schreibe ich?) und wie sie als weiße europäische Frau machtsensibel über die arabische LGBTIQ-Community schreiben kann (Frage: Mit wem und für wen schreibe ich?). Dabei kann sie diese Fragen der Selbstpositionierung mit Forschungsdiskussionen über Mechanismen des internationalen Musikmarkts und den Logiken postkolonialer Repräsentation verbinden, sodass im Said'schen Sinn die Reflexion über die Weltlichkeit der Kritikerin mit der über die Weltlichkeit des Texts bzw. Musikvideos verbunden wäre.

Forschen mit statt Forschen über: Vor dem Hintergrund der Positionalität jedweder Forschung steht das Studium der Arabistik in Deutschland, also das

Studium über eine Sprache und Region in einer anderen Sprache und Region, vor besonderen Herausforderungen. Die von Wolf Lepenies Mitte der 1990er Jahre geforderte Schaffung interkultureller Lerngemeinschaften ist im Rahmen kultur- und sozialwissenschaftlicher Regionalstudien zu dem oft zitierten Schlagwort „Forschen mit" anstatt „Forschen über" geworden (Lepenies 1995). Es fordert Wissenschaftler/innen auf, den Elfenbeinturm deutscher Universitäten zu verlassen, da sie sich dort mit Schriften und Phänomenen anderer Kulturen auseinandersetzen, ohne das in diesen Kulturen produzierte Wissen zu berücksichtigen. Das „Forschen mit" möchte mit der Region und den Wissenschaftler/innen in den jeweiligen Regionen im Austausch stehen und regionale Wissensproduktion sichtbar machen und aufnehmen. Aber wie kann man dies in einen studentischen Studien- und Forschungsalltag integrieren?

Der wichtigste Schritt in diese Richtung ist der direkte Kontakt mit der erforschten Region. Dazu gehört zunächst die eigene Erfahrung mit der Lebenswelt vor Ort in Form von Auslandsaufenthalten. Beim Gespräch mit einem Taxifahrer, Besuch eines Kinos und Warten an einem Checkpoint kann man wichtige Einblicke in die Lebenswelt der Menschen gewinnen, die für das Verständnis der Kultur unablässig sind. In den Diskussionen mit Bekannten und Freund/innen über gemeinsame und unterschiedliche Werte und über Selbst- und Fremdbilder werden die eigenen Vorstellungen notwendigerweise verhandelt. Im Rahmen eines Auslandspraktikums und Auslandssemesters lässt sich darüber hinaus das ‚Arbeiten mit' und ‚Studieren mit' den Menschen aus der Region erproben. Wenn daraus etwa auf dem Campus oder in einem Café ein kritisches Gespräch auf Augenhöhe über Arbeitsweisen, Wissensinhalte, Forschungsfragen o. Ä. entsteht, dann findet hier eine studentische ‚Forschung mit' Kolleg/innen und Kommiliton/innen der Region statt.

Leider – und auch das ist die Forschungsrealität der Arabistik im Jahr 2021 – haben politische, ökonomische und gesellschaftliche Krisen und anhaltende Kriege in den Staaten der arabischen Welt die Möglichkeit eines Auslandsaufenthalts dramatisch reduziert. Studierenden dieses Fachs stehen zum Zeitpunkt der Publikation dieses Bandes weit weniger Auswahlmöglichkeiten im Hinblick auf das Ziel eines Sprach- oder Forschungssemesters zur Verfügung als den Autor/innen dieses Buches zum Zeitpunkt ihres Studiums. Kann unter diesen Umständen überhaupt ein ‚Forschen mit statt Forschen über' stattfinden? Glücklicherweise bieten digitale Formate und virtuelle Orte Möglichkeiten, diesem Ideal weiterhin zu folgen. Social Media eröffnen Einblicke in auch entfernte Lebenswelten – doch wie, durch wen und durch was werden diese Welten produziert?

Internettelefonie und Videocalls bieten die Möglichkeit, Interviews mit Gesprächspartnern auch über große Entfernungen zu führen – doch was beeinflusst und begrenzt die Gesprächssituation? Wie stellt man den Datenschutz seiner Gesprächspartnerin sicher? Und welche Interviewpartner werden durch die technischen Voraussetzungen ausgeschlossen? Digitalisierte Textkorpora in arabischen Bibliotheken ermöglichen eine Quellenrecherche, deren Zugriff früher nur eine Forschungsreise ermöglicht hätte – aber mit welchen veränderten Rezeptionsvoraussetzungen, die durch die ‚Übersetzung' der physischen

Dokumente in ihre digitale Repräsentation entstehen, sieht sich die/der Forschende konfrontiert, und wie beeinflussen sie die Resultate der Recherche? Es gilt für die digitalbasierte Forschung, was auch für die analoge Forschung gilt: Quellenkritik und Reflexion der eigenen Methodik bleiben notwendige Bedingungen guter Wissenschaft.

Postkoloniales Wissenschaftsarabisch: Sowohl im Hinblick auf einen Auslandsaufenthalt als auch auf die Berücksichtigung lokaler Wissenschaftsproduktion spielen die Sprachkenntnisse eine wichtige Rolle für eine Forschung über die arabische Welt. Vor diesem Hintergrund wird in der deutschsprachigen Arabistik der postkoloniale Mehrwert einer aktiven Verwendung von Arabisch als Wissenschaftssprache diskutiert (vgl. Junge 2019). Dabei lernen die Studierenden, ihre Studien- und Forschungsprojekte auf Arabisch mündlich und schriftlich vorzustellen, wissenschaftliche Vorträge zu halten, Sekundärliteratur zu erfassen und an Fachdiskussionen teilzunehmen.

Ziel ist dabei, die Studierenden sprachlich zu einem Dialog mit arabischsprachigen Studierenden und Forschenden zu befähigen. Neben besseren aktiven Sprachkenntnissen wird so auch die Auseinandersetzung mit der arabischsprachigen Wissenschaft intensiviert, die meist in nur geringem Umfang von der westlichen Arabistik wahrgenommen wird. Indem die Studierenden der deutschsprachigen Arabistik sich in arabischsprachige Fachdiskussionen einarbeiten, ermöglichen sie einen Austausch auf Augenhöhe. Die vorliegende Einführung in die Arabistik greift diese Herausforderung auf, indem sie neben deutscher, englischer und französischer Sekundärliteratur auch auf arabische Sekundärliteratur verweist. Damit sie jedoch für Studierende aller Arabischniveaus zugänglich ist, wird i. d. R. zuerst auf die deutsch- oder englischsprachige Sekundärliteratur verwiesen und für interessierte fortgeschrittene Studierende auch auf die arabischsprachige Sekundärliteratur.

Wissenschaft und Öffentlichkeit: Neben der Bedeutung einer arabistischen Forschung mit der arabischen Welt und arabischen Sprache möchten wir aber auch die Studierenden und Forschende für eine ‚Forschung für' die deutschsprachige Öffentlichkeit sensibilisieren. Für wen produziert man Wissen? Inwiefern kann man sein akademisches Wissen gesellschaftlich relevant machen? Diese Fragen sind wichtig, weil die Antworten darauf das Verhältnis von Wissenschaft und Öffentlichkeit mitgestalten. Dabei geht es darum, das Fachwissen in ein für die breitere Öffentlichkeit anschlussfähiges Wissen zu übersetzen, es in der Diskussion zu überprüfen und gesellschaftlich wichtige Fragen und Erfahrungen in das eigene Studium und die eigene Forschung einfließen zu lassen.

Für Dozierende gibt es hierbei Seminarformate, die Studierende für diesen Schritt aus dem Elfenbeinturm hinaus vorbereiten können, etwa das Verfassen von Wikipedia-Artikeln, das Rezensieren deutscher Übersetzungen von arabischen Romanen oder die Konzeption informativer Vorträge für Geflüchtete auf Arabisch. In diesem Kontext hat etwa die Marburger Arabistik mit der Kassler Globalgeschichte ein interdisziplinäres Seminar über das arabische 19. Jh. aus globalgeschichtlicher Sicht organisiert, bei dem Studierende an einem Marburger Gymnasium kleine Themen-Workshops mit Schüler/innen organisiert haben.

Doch auch unabhängig von den Dozierenden können Studierende ihr Wissen in die Gesellschaft einbringen. Ehrenamtliches Engagement etwa in der Arbeit mit Geflüchteten oder Praktika im Literatur- und Kulturbereich sind gute Möglichkeiten, das akademische Wissen gesellschaftlich relevant zu machen. Darüber hinaus kann man aber auch Hausarbeiten zu kleinen Artikeln für journalistische Medien und fachrelevante Blogs umschreiben, etwa für *Dis:orient, Qantara* und *Zenith.* Sinnvoll ist es zu bedenken, wie die eigene Publikation auch für Leser/innen aus und in der arabischen Welt sichtbar werden kann, etwa durch *Open Access*-Publikationen unter *Creative Commons*-Lizenz.

Im Rahmen einer Abschlussarbeit über ein Werk der Gegenwartsliteratur könnte ein/e Student/in etwa ein Interview mit dem Schriftsteller oder der Schriftstellerin führen und dieses Interview in überarbeiteter Form auf *Qantara,* dem Internetportal der Deutschen Welle, veröffentlichen. In diesem Sinn möchte diese literatur- und kulturwissenschaftliche Einführung in die Arabistik ihre Leser/innen für eine Forschung mit der arabischen Welt und arabischen Sprache wie auch für eine Forschung für die deutschsprachige Öffentlichkeit sensibilisieren.

1.4 Aufbau und Verwendung

Der vorliegende Einführungsband versteht sich als programmatische Neudefinition unseres Fachs und seiner Perspektiven wie Grenzen, vor allem aber als eine Handreichung für Studierende dieser ‚neuen' Arabistik. An den Bedürfnissen dieser studentischen Praxis orientieren sich Inhalt und Aufbau des Buches.

Der erste Teil „Objekte" vereint konzise historische Einzeleinführungen in die Gegenstände der arabistischen Kulturforschung sowie deren spezifische Forschungsmethodik. Seine Einzelkapitel umfassen die Objekte *Literatur, Theater, visuelle Kunst, Musik* sowie *Film.* Jedes dieser Objektkapitel setzt sich aus jeweils zwei Unterkapiteln zusammen: Das erste Unterkapitel enthält einen historischen Abschnitt, der die Geschichte eines jeden Gegenstands vom Beginn des 19. Jh.s bis zur Gegenwart rekonstruiert. Hierauf folgt ein zweiter Abschnitt zur Forschungsmethodik, der sich auf die Methoden der sogenannten ‚systematischen Disziplinen' (Literaturwissenschaften, Theaterwissenschaften etc.) und deren Fachliteratur stützt.

An dieser Stelle folgt der Einführungsband einem für die ‚kleinen Fächer' bzw. Regionalstudien klassischen Vorgehen, der nicht vor der berechtigten Kritik einer Erforschung des globalen Südens anhand eines im globalen Norden entstandenen Theorie- und Methodenapparats gefeit ist. Genau wie im Teil „Konzepte" versuchen wir daher im gegebenen Rahmen, in der arabischen Welt entstandene Methodendiskussionen und Theorieentwicklungen zu berücksichtigen. Der Abschnitt zur Forschungsmethodik wird jeweils durch mindestens ein Analysebeispiel abgeschlossen, das die Anwendbarkeit der vorgestellten Methoden am

Gegenstand illustrieren soll. Am Ende eines jeden Objektkapitels ermöglicht eine Liste zur verwendeten Literatur, den eigenen Kenntnisstand punktuell zu vertiefen.

Der zweite Teil „Praktiken" öffnet diese ‚klassischen' Objekte der geisteswissenschaftlichen Forschung für Fragestellungen der Kultursoziologie. Er erfüllt eine Scharnierfunktion zwischen den Buchteilen „Objekte" und „Konzepte" einer Arabistik als moderner Literatur- und Kulturwissenschaft. Im ersten Unterkapitel werden mit u. a. Pierre Bourdieus Feldtheorie oder den Cultural Studies führende Theorieansätze und -schulen vorgestellt. Es folgt eine praktische Einführung in Feldforschung, Interviewführung und Diskursanalyse als wichtigste Methoden für die Erschließung kultureller Praktiken. Den Abschluss bilden ein Einblick in die Forschungspraxis, der Herausforderungen und Chancen dieses Forschungsansatzes verdeutlicht, sowie auch hier eine Liste vertiefender Fachliteratur.

Im dritten Teil „Konzepte" wird schließlich eine Auswahl fachrelevanter Theoriebausteine vorgestellt, die bei der Entwicklung eines Forschungsdesigns im Rahmen von Seminar- und Abschlussarbeiten helfen sollen. Anders als Theorien, die tief in spezifischen Fachdisziplinen und deren Terminologie verwurzelt sind, ermöglichen es quer zu disziplinären Grenzen verlaufende Konzepte, einen Zugang zu unterschiedlichen Objekten zu bieten, sowie eine Brücke zwischen geistes- und sozialwissenschaftlichen Ansätzen zu bauen (Bal 2009).

Ein Konzept ist zudem ein selbstreflexives Instrument: Es dient einerseits dazu, eine Forschungsfragestellung engzuführen; andererseits wird es selbst, das heißt seine Definition und sein Wirkungsbereich, im Rahmen dieser Forschungsfrage und in Konfrontation mit deren Gegenstand neu verhandelt. Diese Eigenschaft prädestiniert es für ein selbstreflektiertes Forschungsverständnis, wie dieses Buch es vertritt. Die Wahl fiel dabei auf solche Konzepte, die wir in unserer Erfahrung als Lehrende und Forschende als aktuell fachrelevant erachten. Die Auswahl kann damit nur eine Momentaufnahme darstellen, da sich Relevanzen mit der Weiterentwicklung von Forschungsdiskursen und den ihnen zugrundeliegenden gesellschaftlichen Debatten sukzessive verschieben. Sie stellt damit auch eine Einladung dar, kritisch über den Rahmen dieses Katalogs hinauszudenken.

Unsere Auswahl umfasst die Konzepte *Geschlecht, Erinnerung, Trauma, Identität, Klasse, Raum, Emotion, Sprachdenken, Religion, Subversion* und *Körper.* Jedes dieser elf Kapitel setzt sich zusammen aus einem Abschnitt, in dem Forschungsfragen vorgestellt werden, die das Konzept ermöglicht; einer Einführung in die Diskursgeschichte des jeweiligen Konzepts und seiner theoretischen Grundlagen; einer Darstellung seiner Relevanz für die arabische Welt; und einem konkreten Analysebeispiel, in dem das Konzept auf eines der Objekte des ersten Buchteils angewendet wird, wie etwa einen Roman oder ein Musikvideo.

Eine umfassende Forschungsbibliographie am Ende des Bandes gibt die Möglichkeit, den Kenntnisstand in ausgewählten Bereichen zu vertiefen.

Wie nun kann das vorliegende Buch praktisch angewendet werden? Wir erhoffen uns seinen Nutzen in drei Bereichen:

Handreichung zur Entwicklung einer Forschungsfragestellung: Will man eine Haus- oder Abschlussarbeit konzipieren, so stehen in den seltensten Fällen Gegenstand, Fragestellung, sowie der theoretische und methodische Zugang vom ersten Moment an fest. Stattdessen steht am Anfang einer solchen Arbeit häufig eine diffuse Idee mit oft (zu) weit gestecktem Gegenstandsbereich und wenig präziser Fragestellung. Hier soll die Konsultation dieses Bandes Hilfestellung leisten.

Zum Beispiel im Falle eines klaren, jedoch noch nicht ausreichend eingegrenzten Forschungsinteresses. Will man etwa, noch etwas allgemein, „zu Genderfragen" arbeiten, kann ein Blick in das Kapitel „Konzepte: Geschlecht" helfen, die eigene Fragestellung zu schärfen; ein Blick in das Kapitel „Objekte", sich für einen geeigneten Forschungsgegenstand zu entscheiden; und ein Blick in das Kapitel „Praktiken", wie und ob das Vorhaben eine soziologische Perspektive erlaubt. Es kann zusätzlich dazu dienen, ein bereits gewähltes Konzept – z. B. Geschlecht – durch andere Konzepte – z. B. Identität, Klasse oder Raum – zu präzisieren, um dadurch die Forschungsfrage zu schärfen und/oder den Gegenstandsbereich weiter einzugrenzen.

Ein anderer Fall: Es steht bislang nur der Forschungsgegenstand fest, etwa ein besonders geschätzter Film. Nun aber bedarf es noch der Zuspitzung auf einen spezifischen Analyseaspekt und/oder einer grundlegenden Kenntnis, welche methodische Vorgehensweise nötig und möglich ist. Ein Blick in das Kapitel „Objekte: Film" verortet den Gegenstand in seiner Geschichte und gibt erste Einblicke in die spezifische Forschungsmethodik; eine Lektüre der Kapitel „Praktiken" und „Konzepte" kann Inspiration für einen Analyserahmen liefern und ermöglicht eine Einschätzung, welche Forschungsfragen im spezifischen Fall überhaupt operabel sind.

Nachschlagewerk: Der Einführungsband soll weiterhin dazu dienen, in verschiedenen Stadien des BA- und MA-Studiums einen umfassenden Kenntnisstand über das Fach Arabistik, seine Geschichte, seine Forschungsgegenstände und deren Methodik zu ermöglichen. Er versteht sich damit als ein generelles Nachschlagewerk, welches die Lehrveranstaltungen vorbereitend oder ergänzend begleitet und so Studierende darin unterstützt, nach Abschluss des Studiums über eine Grundkenntnis über sämtliche Bereiche des Fachs zu verfügen.

Navigationshilfe durch Fachliteratur: Nicht zuletzt soll der Band einen Ansatzpunkt bieten, um in unterschiedliche Themenbereiche des Fachs und seiner breiten Forschungsliteratur einen Einstieg zu finden bzw. diese zu vertiefen. Für einen vereinfachten Überblick enthalten daher die Einzelkapitel eine eigene Literaturliste, während die Forschungsbibliographie am Ende des Bandes die Standardwerke nochmals aufführt.

Sowohl die im Buch verwendete als auch unsere Vorschläge zur weiterführenden Literatur sind primär deutschsprachig, zu einem nicht geringen

Teil auch englisch- und arabischsprachig. Die dahinterliegende Absicht ist, Studierenden in verschiedenen Stadien ihres Studiums zu begegnen, sie aber gleichzeitig darin zu ermuntern, sich auch mit sprachlich schwieriger zugänglichen Quellen und Theorien auseinanderzusetzen.

1.5 Wer sind wir? Versuch über unsere Positionalität

Am Ende dieser Einleitung möchten wir den Blick auf uns selbst wenden und auf die unterschiedlichen Positionen, von denen aus wir uns im Lauf von knapp zwei Jahren eine gemeinsame Perspektive auf Arabistik erarbeitet haben.

Yvonne Albers: Ich studierte zunächst Philosophie und Theaterwissenschaft an der Universität Leipzig. Als ich 2005 in die Sprechstunde am Orientalischen Institut ging, hatte ich nur beabsichtigt, einen Arabisch-Grundkurs zu belegen. Mein syrischer Vater gehört zu einer Generation arabischer Migranten, die noch dachten, dass eine zweite Sprache das Kind nur verwirren würde. Kindheitsbesuche in Syrien unter Hafiz al-Assad und die Erfahrung, mit den eigenen Cousins und Cousinen nur in Bruchstücken sprechen zu können, zudem noch nie von Fayrouz, Umm Kulthum oder zumindest *Captain Maged* – ein damals populärer Kindercartoon in Syrien – gehört zu haben, ließen in mir ein Gefühl der Fremdheit meiner eigenen Herkunft gegenüber wachsen. Als ich mich dann spontan in den Studiengang Arabistik einschrieb, brachte mich das nicht nur meiner Familie näher, sondern es änderte auch meinen Blick auf die gesellschaftliche Relevanz von Wissenschaft: Ich gehörte zu jener Generation von Studierenden, die die Ereignisse von 9/11 zum Fach Arabistik gebracht hatten. Während meines Studiums konzentrierte ich mich vor allem auf die moderne arabische Literatur und Geistesgeschichte. Nach einem Studienjahr in Damaskus ging ich nach Beirut und schrieb dort meine Abschlussarbeit über die lokale zeitgenössische Theaterszene und die Rolle, der das Publikum als Repräsentanz der politischen Gemeinschaft zukommt. In meiner Doktorarbeit habe ich anhand der Beiruter Kulturzeitschrift *Mawāqif* (1968–1994) die Bedeutung dieses Genres für die Sozialfigur des arabischen Intellektuellen analysiert. Die Generation dieser Zeitschrift, die auch die meines Vaters ist, ist mir dadurch sehr nahe gekommen. Bis heute überraschen mich meine Forschungsinteressen durch eine oft unbewusste Nähe zu meiner Familiengeschichte.

Ines Braune: Ich studierte Arabistik und Orientalische Philologie ab Mitte der 1990er Jahre an der Universität Leipzig als Magisterstudiengang. Meine Nebenfächer waren Kommunikations- und Medienwissenschaft und Deutsch als Fremdsprache. Zu diesem Zeitpunkt bestand das Orientalische Institut aus vier Professuren: Die Professur für Arabische Literatur und Kultur war längere Zeit nicht besetzt; dahingegen bot die Professur für Wirtschafts- und Sozialgeographie am Orientalischen Institut viele gegenwartsbezogene Lehrveranstaltungen an, verbunden mit Einführungen in sozialwissenschaftliche Methoden, die ich zahlreich besuchte. Außerdem nahm ich an den Einführungsvorlesungen ins Islamische Recht und den verpflichtenden Sprachkursen teil. Am Ende des Studiums bedeutete Arabistik für mich gegenwartsbezogene Regionalforschung. Mein aktuelles Habilitationsprojekt beschäftigt sich mit Parkour und fragt, wie sich globale kulturelle Praktiken wie Parkour aus einer nordafrikanischen (marokkanischen) Perspektive lesen lassen. Dazu habe ich teilnehmende Beobachtung und viele Interviews mit Parkour-Akteuren in Marokko durchgeführt. Die Beobachtung und die Gespräche führe ich bis heute im digitalen Raum fort.

Christian Junge: Ich kam nur durch Zufall zur Arabistik. Ende der 1990er Jahre studierte ich an der Freien Universität Berlin Allgemeine und Vergleichende Literaturwissenschaft. Weil Weltliteratur damals aber hauptsächlich europäisch-nordamerikanische Literatur bedeutete, wählte ich zusätzlich arabische Literatur und wurde bald vom Komparatisten zum Arabisten. In meiner Promotion über arabische Literatur, Philologie und Gesellschaftskritik im 19. Jh. tauchte ich dann tief in die vormoderne arabische Literatur und Sprachwissenschaft ein, durch die ich einen neuen Blick auf die moderne arabische Kultur erhielt. Mit meinem Wechsel an das Marburger Centrum für Nah- und Mittelost-Studien (CNMS) rückte die Schnittstelle von Literatur- und Sozialwissenschaft in den Mittelpunkt meiner Forschung. In meinem Habilitationsprojekt über Emotionen und Affekte in der zeitgenössischen ägyptischen Literatur führe ich u. a. Interviews mit Leser/innen und werte Leserkommentare im Internet aus. Für mein Verständnis der Arabistik war mein Studienaufenthalt an der Kairo Universität sehr prägend. Der Schock darüber, dass ich mit meinen Arabischkenntnissen (fast) keine substanziellen fachlichen Gespräche mit arabischen Studierenden und Dozierenden führen konnte, sowie die Faszination für eine akademische Tradition, von der ich in Deutschland nichts mitbekommen hatte, ließen in mir den Wunsch nach einer integrativen und interkulturellen Arabistik in Deutschland reifen. Seitdem engagiere ich mich im Rahmen postkolonialer Studien für die aktivere Verwendung von Wissenschaftsarabisch in Lehre und Forschung, etwa in Form des Sommerschulprogramms „Arabische Philologien im Blickwechsel – *Naḥwā dirāsāt ʿarabiyya bi-ruʾā mutaʿaddida*".

Felix Lang: In meinem Studium war Arabisch nur ein Nebenfach, das ich in erster Linie aus sprachlicher Neugier belegt hatte. Ich wusste wenig über die arabische Welt und interessierte mich auch nicht sonderlich für die Region, als ich 2005 mein Studium der Sozialanthropologie an der University of St Andrews begann. Meine eigentliche wissenschaftliche Ausbildung fand in der Anthropologie statt, wo die arabische Welt kaum eine Rolle spielte. Nach vier Jahren Studium sprach ich nur leidlich Arabisch und verbrachte mehrere Monate als Praktikant am Orient Institut Beirut. Nicht zuletzt in der Hoffnung, die Sprache doch noch ‚richtig' zu lernen, begann ich die Arbeit an meiner Dissertation zum libanesischen literarischen Feld. Bourdieus soziologische Perspektive auf den Kunst- und Literaturbetrieb wurde dabei zur Grundlage meiner Auseinandersetzung mit gesellschaftlichen Machtverhältnissen, die in meinem politischen und biographischen Hintergrund angelegt ist. Kind eines klassischen Bildungsaufsteigers aus der Arbeiterschicht bin ich als Mittelschichtskind aufgewachsen, und habe mich nie mit meiner sozialen Herkunft auseinandergesetzt und meine Familie immer als relativ privilegiert begriffen. Erst durch meinen Besuch der britischen ‚Elite-Universität' St Andrews – nicht umsonst die Alma Mater des britischen Kronprinzen William – wurde mir das ganze Ausmaß der Privilegien gehobener gesellschaftlicher Schichten bewusst, deren Angehörigen ich in meinem Leben bis dahin kaum begegnet war. Bourdieu hätte in meiner wissenschaftlichen Arbeit sicherlich nicht dieselbe Bedeutung, wenn es nicht diese direkten Bezüge zu meiner Lebenswelt gäbe. Auch in meinem aktuellen Projekt zu syrischen Kunstschaffenden und der Rolle europäischer kulturdiplomatischer Institutionen für arabische Künstler/innen ist die Frage nach der gesellschaftlichen Position der geförderten Personen zentral.

Friederike Pannewick: Ich kam über die ehrenamtliche Sozialarbeit mit türkischen Jugendlichen zu meinem Studienfach der Diplomorientalistik. Während eines zweijährigen Auslandsstudiums in Paris erhielt ich faszinierende Einblicke in die Welt der *beurs*, der ursprünglich aus dem Maghreb stammenden Einwanderergenerationen – und wechselte von Türkisch zu Arabisch als erstem Hauptfach. In dieser Erfahrung ebenso wie später im Gaststudium an der Damaszener Theaterakademie lernte ich, wie entscheidend der kulturelle Kontext literarischer Texte ist. Eine rein textbasierte Analyse kam für mich seitdem nicht mehr in Frage. Auch für mich waren politische Ereignisse wie 9/11 oder der Arabische Frühling Wendepunkte in meinem Fachverständnis. Ein Modell von ‚Engagierter Wissenschaft/*Engaged Science*' wurde für mich angesichts weltweit dramatischer Menschenrechtsverletzungen immer mehr zum Leitbild für eine verantwortliche Lehre und Forschung. Am CNMS Marburg hatte ich die Chance, das Fach Arabistik neu zu begründen und zu gestalten. Die enge Zusammenarbeit mit anderen Fächern wie Romanistik, Filmwissenschaft, Konfliktforschung oder Politikwissenschaft war eine ideale Voraussetzung für das auch in dieser Einführung zugrundeliegende neue Fachverständnis der Arabistik.

Abschließend möchten wir noch all jenen danken, die dieses Buch möglich gemacht haben. Wir danken dem Metzler-Verlag und Ute Hechtfischer und Ferdinand Pöhlmann für ihr gründliches Lektorat und ihre Geduld, wenn wir Abgabefristen verschieben mussten. Besonderer Dank gilt unserer wissenschaftlichen Hilfskraft Anna Christina Scheiter, die das Projekt über Jahre begleitet hat und uns bei der Vereinheitlichung der Formalia eine unschätzbare Hilfe war. Auch zahlreiche andere Studierende der Arabistik am CNMS haben durch die Teilnahme an unseren Veranstaltungen und ihre Rückmeldungen zum Konzept dieser Einführung direkt oder indirekt zum Gelingen dieses Bandes beigetragen, wofür wir uns herzlich bedanken. Schließlich danken wir noch der DFG, über deren Gelder die Forschungsgruppe „Denkfiguren|Wendepunkte" (2012–2020) finanziert wurde, in der einige von uns in den vergangenen Jahren als Mitarbeiter/innen angestellt waren.

Literatur

Abu-Lughod, Lila: „Gegen Kultur Schreiben“. In: Ilse Lenz/Andrea Germer/Brigitte Hasenjürgen (Hg.): *Wechselnde Blicke. Geschlecht und Gesellschaft*. Wiesbaden 1996, 14–46.

Ashcroft, Bill/Ahluwalia, Pal: *Edward Said*. London ^{2}2001.

Bal, Mieke: „Working with Concepts“. In: *European Journal of English Studies* 13/1 (2009), 13–23.

Ballas, Shimon/Snir, Reuven: *Studies in Canonical and Popular Arabic Literature*. Toronto 1998.

Clifford, James/Marcus, George E. (Hg.): *Writing Culture: The Poetics and Politics of Ethnography*. Berkeley 1986.

Gätje, Helmut (Hg.): *Grundriß der arabischen Philologie*. Bd. 2 *Literaturwissenschaft*. Wiesbaden 1987.

Gründler, Beatrice/Klemm, Verena/Winckler, Barbara: „Arabische Literatur“. In: Rainer Brunner (Hg.): *Islam. Einheit und Vielfalt einer Weltreligion*. Stuttgart 2016, 349–378.

Guth, Stephan: „A Losing Battle? „Islamwissenschaft“ in Times of Neoliberalism, IS, Pegida. and Trump“. In: Florian Zemmin/Johannes Stephan/Monica Corrado (Hg.): *Islam in der Moderne, Moderne im Islam: eine Festschrift für Reinhard Schulze zum 65. Geburtstag*. Leiden 2018, 496–525.

Fabian, Johannes: *Time and the Other: How Anthropology Makes Its Object*. New York 1983.

Jacobi, Renate: „Geleitwort“. In: Verena Klemm/Beatrice Gründler (Hg.): *Understanding Near Eastern Literatures. A Spectrum of Interdisciplinary Approaches*. Wiesbaden 2000.

Jacquemond, Richard/Lang, Felix (Hg.): *Culture and Crisis in the Arab World. Art, Practice and Production in Spaces of Conflict*. London u. a. 2019.

Junge, Christian: „Touching Language! Postcolonial Knowledge Production, Language Practice and Arabic Studies in Germany”. In: Middle East - Topics & Arguments 13 (2019), 22–29.

Klemm, Verena/Gründler, Beatrice (Hg.): *Understanding Near Eastern Literatures. A Spectrum of Interdisciplinary Approaches*. Wiesbaden 2000.

Lepenies, Wolf: „Das Ende der Überheblichkeit“. In: *Die Zeit*, 48 (24. November 1995), www.zeit.de/1995/48/DasEnde_der_Ueberheblichkeit/seite-4 (09.04.2019).

Neuwirth, Angelika/Embaló, Birgit/Günther, Sebastian/Jarrar, Maher (Hg.): *Myths, Historical Archetypes and Symbolic Figures in Arabic Literature – Towards a New Hermeneutical Approach*. Beirut/Stuttgart 1996.

Neuwirth, Angelika/Pflitsch, Andreas/Winckler, Barbara (Hg.): *Arabische Literatur, postmodern*. München 2004; engl. *Arabic Literature: Postmodern Perspectives*. London 2010.

Ouaissa, Rachid/Pannewick, Friederike/Strohmaier, Alena (Hg.): *Re-Configurations. Contextualising Transformation Processes and Lasting Crises in the Middle East and North Africa*. Berlin/Heidelberg 2020.

Pannewick, Friederike/Khalil, Georges/Albers, Yvonne (Hg.): *Commitment and Beyond. Reflections on/of the political in Arabic literature since the 1940s*. Wiesbaden 2015.

Pflitsch, Andreas: „Das Ende der Postmoderne. Zur arabischen Postmoderne“. In: Angelika Neuwirth/Andreas Pflitsch/Barbara Winckler (Hg.): *Arabische Literatur, postmodern*. München 2004, 13–26.

Piron, Florence: „Postcolonial Open Access“. In: Ulrich Herb/Joachim Schopfel (Hg.): *Open Divide. Critical Studies in Open Access*. Sacramento/California 2018.

Poya, Abbas/Reinkowski, Maurus (Hg.): *Das Unbehagen in der Islamwissenschaft. Ein klassisches Fach im Scheinwerferlicht der Politik und der Medien*. Bielefeld 2008.

Said, Edward: *Die Welt, der Text und der Kritiker*. Übers. von Brigitte Flickinger. Frankfurt a. M. 1997.

Said, Edward: *Orientalismus*. Übers. von Hans Günter Holl. Frankfurt a. M. 2010.

Winckler, Barbara/Junge, Christian: „Opening Up the Text: Arabic Literary Studies on the Move“. In: Florian Kohstall/Carola Richter u. a. (Hg.): *Academia in Transformation. Scholars Facing the Arab Uprising*. Baden-Baden 2018, 69–92.

Wippel, Steffen/Fischer-Tahir, Andrea (Hg.): *Jenseits etablierter Meta-Geographien. Der nahe Osten und Nordafrika in transregionaler Perspektive*. Baden-Baden 2018.

Teil I
Objekte: Literatur und andere Künste

Literatur 2

Das literarische Feld der modernen arabischen Literatur: Kairo schreibt, Beirut publiziert, Bagdad liest – so lautet ein vielzitiertes Motto der modernen arabischen Literatur, das auf die transnationalen Verflechtungen des arabischen Literaturmarkts hinweist. Anstelle eines Nebeneinanders getrennter Nationalliteraturen zeichnet sich die arabische Literatur – zumindest bis zu einem gewissen Grad – durch transnationale politische Krisen, gesellschaftlich miteinander verknüpfte Entwicklungen und geteilte ideologische Erfahrungen aus wie die symbolträchtige Niederlage im Sechstagekrieg gegen Israel 1967 oder den Beginn des Arabischen Frühlings 2010/11. Diese transnationalen Prozesse sind Katalysatoren kultureller Veränderungen und haben sowohl Einfluss auf die literarischen Institutionen, etwa Verlagshäuser und Literaturpreise, als auch auf die symbolische Produktion in Form von literarischen Moden und kollektiven Deutungsmustern (Lang 2019a). In diesem Sinn ist hier von einer transnationalen arabischen Literatur die Rede, deren Werke zugleich in ihren jeweiligen nationalen und regional-lokalen Kontexten verstanden werden müssen. Zugleich sind diese Prozesse nicht nur für die Literatur, sondern auch für Theater, Film, Musik, Kunst und ihre Praktiken relevant (s. Kap. 3, 4, 5, 6, 7).

Vormoderne und moderne arabische Literatur: Die arabische Literatur blickt auf eine lange vormoderne Tradition zurück. Bereits in der vorislamischen Zeit des 6. Jh.s finden sich hochkomplexe Gedichte, die bis heute ästhetische Strahlkraft besitzen. Zu Zeiten des europäischen Mittelalters stand die arabische Dichtung und Prosa in vollster Blüte und war in den folgenden Jahrhunderten weit über die Grenzen der arabischen Kultur hinaus einflussreich. Der Begriff *adab* (Literatur) bezeichnete zunächst Sitte, Moral und Bildung und wurde später auf die Werke ausgedehnt, die zu diesen Werten verhalfen (vgl. Hämeen-Anttilla 2014). Innerhalb der vormodernen Literatur nahm die Poesie unangefochten eine Vorrangstellung ein, während die Prosa neben der Erzählkunst wie

Y. Albers et al., *Arabistik*, https://doi.org/10.1007/978-3-476-05681-8_2

in den Erzählungen von *Tausendundeiner Nacht* Wert auf Wissensvermittlung und Sprachkunst legte, wovon etwa die Adab-Kompilationen zeugen.

Mit dem Beginn der modernen arabischen Literatur im 19. Jh. verengte sich das Verständnis von Prosa zunehmend auf die Belletristik, d. h. auf schöngeistige fiktionale Texte und ab Mitte des 20. Jh.s vor allem auf Romane. Innerhalb der Literatur büßte die Poesie zwar ihre Vorrangstellung ein, blieb aber weiterhin einflussreich (vgl. u. a. Hallaq 2014; Gründler/Klemm/Winckler 2016; Sakkūt 2009). Der folgende geschichtliche Abriss unterteilt die moderne arabische Literatur (19.–21. Jh.) in unterschiedliche literarische Epochen der Moderne, nämlich die frühmoderne Nahḍa, die klassische literarische Moderne, die postmoderne Neue Sensibilität und die Gegenwartsliteratur.

2.1 Geschichte der modernen arabischen Literatur

2.1.1 Die Nahḍa im langen 19. Jahrhundert

Zwischen Faszination und Ablehnung: Im 19. Jh. schwankte die arabische Begegnung mit Europa zwischen Faszination und Ablehnung. Als Napoleon Bonaparte (1769–1821) 1798 bis 1801 mit einem Tross aus Soldaten und Wissenschaftlern die osmanische Provinz Ägypten besetzte, rief er bei der einheimischen Bevölkerung gemischte Reaktionen hervor, wie sie der Gelehrte Ḥasan al-ʿAṭṭār (1766–1835) in seiner 1799 entstandenen „Maqāmat al-Faransīs" (engl. „*Maqama* of the French", 2018) beschrieb. Die Makame ist eine klassische arabische Gattung, die im *sağʿ* (Prosareim) meist von sprachgewandten Spitzbuben erzählt wird, die ihren Zuhörern das Geld aus der Tasche ziehen.

In ʿAṭṭārs Makame begegnet nun ein ägyptischer Gelehrter in Kairo französischen Orientalisten, die fließend Arabisch sprechen und sich bestens in der arabischen Literatur und im Islam auskennen. Aus seiner anfänglichen Furcht entsteht eine Begeisterung, durch die er den Eindruck gewinnt, die französische Okkupation diene in erster Linie ägyptisch-muslimischen Zielen. Am Ende dieser Verzauberung schließt er sich jedoch nicht den Franzosen an, sondern „kommt zu Sinnen" (al-ʿAttar 2018, S. 123) und kehrt entzaubert zu seinen Leuten zurück. In dieser Makame sind die Franzosen „koloniale Trickster" (Tageldin 2018, S. 118), die den ägyptischen Gelehrten mit Sprachkenntnis und Wissensschatz die Sinne verdrehen.

Reiseberichte über Europa: Die eingehende Auseinandersetzung mit Europa war ein zentrales Thema der arabischen Nahḍa (‚Erwachen'), einer gesellschaftlich-kulturellen Erneuerungsbewegung, die sich in zahlreichen Publikationen mit Konzepten wie Emanzipation, Zivilisation und Freiheit auseinandersetzte (vgl. Di-Capua 2015; Faḫrī 1992). Je nach Definition und Region beginnt sie zwischen Anfang des 18. und Mitte des 19. Jh.s und endet Anfang des 20. Jh.s, sodass man hier von einem langen 19. Jh. spricht. Damit ist der oben erwähnte Napoleon-Feldzug, der oft als Beginn der Nahḍa gilt, keineswegs für alle arabischen Länder und nur bedingt für Ägypten als Anfang der Nahḍa zu verstehen.

Das neuerwachte Interesse an Europa ging mit einer Vielzahl von Handels- und Bildungsreisen vor allem nach Frankreich und England einher, die auch durch technologische Erfindungen (z. B. Dampfschiff) und politisch-ökonomische Verflechtungen (z. B. Kolonialismus) befördert wurden. Dies führte zu einem regelrechten ‚Boom' des Reiseberichts (*riḥla*), in dem sich Reisende und Migrierende mit den Traditionen und Ideen Europas auseinandersetzten (El-Enany 2006, S. 15 ff.).

Das bekannteste Beispiel ist der 1834 erschienene Reisebericht *Taḫlīṣ al-ibrīz fī talḫīṣ Bārīz* (dt. *Ein Muslim entdeckt Europa. Bericht über seinen Aufenthalt in Paris 1826–1831,* 1989) des ägyptischen Gelehrten Rifāʿa Rāfiʿ aṭ-Ṭahṭāwī (1801–1873). Darin beschreibt er die aktive Rolle der Pariserinnen im öffentlichen Leben, erwähnt die Vor- und Nachteile des Theaters und kritisiert die mangelnde Religiosität der Franzosen, die statt Gott der Vernunft huldigten.

Während ein Großteil der Reiseberichte der Nahḍa von ägyptischen und syrolibanesischen Autoren verfasst wurden, dürfen die der anderen arabischen Autoren nicht übersehen werden, etwa der Pariser Reisebericht des marokkanischen Gelehrten Muḥammad aṣ-Ṣaffār (gest. 1881) (vgl. Kilito 2008, S. 56 ff.). Zu den wenigen Autorinnen zählt die aus Sansibar stammende Salāma bint Saʿīd (1844–1924), die einen deutschen Kaufmann heiratete, mit ihm nach Hamburg zog und dort unter dem Namen Emily Ruete ihre *Memoiren einer arabischen Prinzessin* 1886 auf Deutsch veröffentlichte.

Selbstkritik: Die Beschreibung Europas diente in der Nahḍa häufig als Ausgangspunkt für eine kritische Selbstbetrachtung, die u. a. mit der Frage verbunden war, was die arabische Zivilisation aus der europäischen Zivilisation übernehmen solle. Sehr früh wurde dabei die blinde Nachahmung des ‚Okzidents' kritisiert, etwa im 1859 publizierten satirischen Roman *Way. Iḏan lastu bi-ifranǧī* (‚O weh, dann bin ich also doch kein Europäer?') des syro-libanesischen Literaten Ḫalīl al-Ḫūrī (1836–1907). Darin übernimmt ein Familienvater in Beirut als „Eurogeck" (Guth 2003, S. 13) unreflektiert und überheblich europäische Sitten, um möglichst zivilisiert zu wirken, sodass er sich der Lächerlichkeit preisgibt, was tragisch endet, als er seine Tochter beinahe mit einem französischen Betrüger vermählt.

Adaption und Wiederbelebung: Im Rahmen dieser Debatte stellten sich auch die arabischen Literat/innen die Frage, wie eine zeitgemäße arabische Literatur aussehen könnte, die sich mit der gegenwärtigen Realität auseinandersetzt, eine große Leserschaft erreicht und diese kritisch bildet (Al-Bagdadi 2010, S. 23 ff.). Die daraus entstehenden Werke werden von der Literaturwissenschaft häufig in die Strömungen von *iqtibās* (Adaption) und *iḥyāʾ* (Wiederbelebung) unterteilt (Hallaq/Toelle 2007, S. 115 ff.). Die Strömung des *iqtibās* adaptierte Gattungen der westlichen Literatur, die es so nicht in der arabischen Literatur gab, darunter Roman und Drama (s. dazu Kap. 3). Dies geschah u. a. durch Übersetzungen europäischer Werke in Form von Nach- und Umdichtungen oder durch literarische Anleihen und Umformungen.

So veröffentlichte der aus Beirut stammende und in Kairo wohnende einflussreiche Intellektuelle Ǧurǧī Zaydān (1861–1914) historische Romane über die islamische Geschichte. Sie zeigen Anklänge an die historischen Romane von Walter Scott (1771–1832) und Alexandre Dumas (1802–1870), unterschieden sich davon aber u. a. durch die Wahrung historischer Fakten, so Zaydān (Hamarneh 2010, S. 385). Die Strömung des *iḥyā'* griff dagegen auf klassische Formen der arabischen Literatur zurück, etwa auf den Reisebericht oder die Makame, und veränderte sie entsprechend des zeitgenössischen Geschmacks und Zeitgeists.

Der ägyptische Literat Muḥammad al-Muwayliḥī (1858–1930) verfasste mit dem 1898 bis 1902 zunächst als Fortsetzungsmakame in der Zeitung und 1907 als Buch erschienenen *Ḥadīṯ ʿĪsā ibn Hišām* (engl. *What ʿĪsā ibn Hishām told us or, A Period of Time,* 2015) ein panoramaartiges Porträt der ägyptischen Gesellschaft um 1900. Es kritisiert u. a. die britische Kolonialherrschaft in Ägypten, die Selbstkolonialisierung einheimischer Eliten sowie den modernen Kapitalismus, der neue Begehrlichkeiten weckte und Abhängigkeiten schuf (vgl. Allen 2010, S. 238 ff.; Darrāǧ 2002, S. 165 ff.). Auch wenn das Werk im gattungstypischen Prosareim verfasst und mit klassischen Versen durchsetzt ist, weist es Ähnlichkeiten mit dem zeitgenössischen, neu entstehenden arabischen Gesellschaftsroman auf.

Jenseits der Dichotomien: Die Begriffe *iḥyā'* und *iqtibās* können nur als Orientierungsmarken dienen, nicht als Klassifikationsschubladen. Die literarischen Werke der Nahḍa sind vielmehr Produkte komplexer Aushandlungsprozesse, die sich meist nicht mit der Dichotomie von westlicher Moderne vs. arabischer Authentizität erklären lassen. In dem 1855 in Paris veröffentlichten *as-Sāq ʿalā as-sāq fī mā huwa al-Fāriyāq* (engl. *Leg Over Leg or the Turtle in the Tree concerning The Fāriyāq What Manner of Creature Might He Be,* 2013–14) des syro-libanesischen Autors (Aḥmad) Fāris aš-Šidyāq (ca. 1805–1887) werden die progressiven und radikalen Ideen gerade aus dem *turāṯ* (kulturelles Erbe) gewonnen. So findet er in der altarabischen Sprache neue Anregungen für die gesellschaftliche Emanzipation der Frau und die Bedeutsamkeit der sexuellen Lust (Junge 2019, S. 109 ff.; ʿĀšūr 2009, S. 55).

Während *Leg Over Leg* ganz offensichtlich ein Werk „jenseits von *iḥyā'* und *iqtibās*" (Hallaq/Toelle 2007, S. 231) ist, lassen sich diese Aushandlungsprozesse oft auch in scheinbar klassizistischen Werken, die sich also stark an klassischen Vorlagen orientieren, finden, wie in der *badīʿiyya* des syro-libanesischen Dichters Nāṣīf al-Yāziǧī (1800–1871). Diese Gedichtform ist ein rhetorisch elaboriertes Lobgedicht auf den Propheten Mohammed, das der christliche Autor in eine „ökumenische *badīʿiyya*" (Bauer 2006, S. 66) umgewandelt hat. Diese kann als Ausdruck des beginnenden arabischen Nationalismus verstanden werden, bei der Gemeinschaft nicht mehr auf Religion, sondern auf der arabischen Sprache und Kultur basiert. So lassen sich in der neo-klassizistischen Dichtung, die in der Nahḍa dominierte, durchaus Auseinandersetzungen mit zeitgenössischen Themen und literarische Innovation finden (Somekh 1997, S. 59 ff.; Dāġir 2012).

Medien- und Öffentlichkeitswandel: Im 19. Jh. ereignete sich ein Medien- und Öffentlichkeitswandel, der die arabische Literatur tiefgreifend veränderte. Mit der Einführung des arabischen Buchdrucks entstand ab Mitte des 19. Jh.s eine blühende Zeitschriften- und Zeitungslandschaft, die über Debattenartikel und Leserkommentare eine neue Leserschaft und Öffentlichkeit schuf (Glaß 2004). Um diese zu bedienen, wurde die Sprache vereinfacht, Wissen unterhaltsam dargestellt und Feuilletonprosa verfasst. So veröffentliche Zaydān in seiner Zeitschrift *al-Hilāl* knapp zwanzig historische Romane in Fortsetzungen. In einer einfachen Sprache erzählt er von Schlüsselereignissen der islamischen Geschichte und verknüpft diese unterhaltsam mit einer Liebesgeschichte (Hamarneh 2010, S. 384 ff.).

Diese neue Medienlandschaft erleichterte Frauen die Publikation eigener journalistischer Texte und literarischer Schriften, besonders als Ende des 19. Jh.s die ersten Zeitschriften von und für Frauen erschienen, darunter die ägyptische Zeitschrift *al-Fatāt* von Hind Nawfal (1860–1920). Zudem gründeten Literatinnen wie Mayy Ziyāda (1886–1941) literarische Salons, die die Sichtbarkeit und den Einfluss der Schriftstellerinnen stärkten (Zeidan 1995, S. 41 ff.). Mit dem Siegeszug der Periodika entstand auch der moderne arabische Essay, der sich vor allem mit zeitgenössischen Fragen auseinandersetzte und damit zu einer wichtigen Gattung gesellschaftlicher Selbstverständigung der Nahḍa wurde.

2.1.2 Literarische Moderne (1920er bis 1960er Jahre)

Das ‚lange 19. Jh.' und seine intensive Auseinandersetzung mit Europa einerseits und dem eigenen kulturellen Erbe andererseits brachte vielfältige und oft gegenläufige Modernisierungs- und Annäherungsbestrebungen hervor, die nicht selten zu tiefgehenden Spaltungen der arabischen Gesellschaften führten. Während einige Teile der Gesellschaft mit aller Macht nach Europa strebten und sich als Vorreiter der Moderne verstanden, verblieben andere im konservativen Milieu und misstrauten ausländischen Einflüssen. Die politisch enttäuschenden Auswirkungen des Ersten Weltkriegs auf die arabische Welt verstärkten zudem noch den Eindruck einer gescheiterten kulturellen Erneuerungsbewegung.

Moderne vs. Authentizität – das war eine Frage, die in dieser Zeit die literarischen Werke dominierte: Welche Rolle sollten das lokale Erbe sowie nationale Identität und Eigenständigkeit in der Literatur spielen? Eine der bekanntesten Figuren der modernistischen literarischen Bewegung Ägyptens war Taha Hussein (Ṭāhā Ḥusayn, 1889–1973). Er war einer der führenden Befürworter einer kulturellen arabischen Erneuerung durch Nachahmung der modernen Errungenschaften Europas und zugleich einer verstärkten Beschäftigung mit dem mediterranen Kulturerbe. Seine zunächst 1926/27 in einer Zeitschrift erschienene und später in mehreren Bänden (1929 und 1973) publizierte fiktionalisierte Autobiographie *al-Ayyām* (dt. *Die Tage,* 1962, 1986, 1989) erzählt davon, wie ein junger Mann aus dem Umfeld einer traditionellen Erziehung an der renommierten ägyptischen Bildungsstätte al-Azhar zu neuen Ufern des Wissens nach europäischem Vorbild aufbricht und ein Studium in Paris beginnt. Dieser Lebensbericht ist eines der faszinierendsten Selbstzeugnisse der frühen arabischen Moderne und hatte einen nachhaltigen Einfluss auf die arabische Literaturgeschichte (Malti-Douglas 1988).

In dieser frühen Phase der modernen arabischen Literatur spielte Ägypten unangefochten eine zentrale Rolle. Ägypten ist der größte und älteste arabische Nationalstaat mit einem sehr einflussreichen und weit ausdifferenzierten künstlerischen Milieu. Die heutigen vor allem westlichen Literaturgeschichten neigen allerdings zu einem Ägyptozentrismus, der die arabische Literatur weitgehend auf die ägyptische Literatur reduziert (oder anhand ihrer modelliert). Dies ist jedoch besonders ab den 1950er Jahren nicht mehr gerechtfertigt, auch wenn Ägypten unter den arabischen Staaten im Zuge der anhaltenden Bevölkerungsexplosion die mit Abstand größte potentielle Leserschaft hat (Tresilian 2008, S. 13 f.). Zudem bedingte die zeitweilige Verdrängung des Arabischen als Literatursprache im Maghreb unter der Kolonialherrschaft eine Marginalisierung dieser Region in der Forschung zur arabischen Literaturgeschichte, die erst allmählich und derzeit noch punktuell wieder aufgehoben wird.

Die ‚Moderne Schule': Literatur der arabischen Moderne diente nicht nur der Unterhaltung, sondern auch der Wertevermittlung, Sozialkritik und Förderung von Nationalbewusstsein. Dies war auch in der in den 1920er Jahren in Ägypten gegründeten Bewegung der ‚Modernen Schule' (*al-madrasa al-ḥadīṯa*) der Fall. In den Romanen und Kurzgeschichten dieser Zeit wurde erstmals eine realistische Perspektive im literarischen Erzählstil entworfen. Neben Maḥmūd Taymūr (1894–1973) ist in der ‚Modernen Schule' vor allem Yaḥyā Ḥaqqī (1905–1992) bekannt, der Herausgeber ihrer Zeitschrift mit dem programmatischen Titel *al-Faǧr,* was so viel wie Morgendämmerung heißt. Ḥaqqīs Erzählung *Qindīl Umm Hāšim* (1944; dt. *Die Öllampe der Umm Haschim,* 1981) spiegelt die schwierige Entscheidung zwischen (westlicher) Wissenschaft und lokaler Tradition am Beispiel eines jungen Arztes wider, der nach seinem Medizinstudium aus Europa nach Ägypten zurückkehrt und schmerzlich erfahren muss, dass eine brüske Zurückweisung der heimischen Bräuche und Erfahrungen zugunsten rein westlicher Medizin auch kein Allheilmittel ist. Ḥaqqīs Novelle ist ein gutes Beispiel des Denkens seiner Generation, die eine Modernisierung der arabischen Kultur anstrebte, ohne deren essentiellen Charakter verändern oder ihre Wurzeln in der Tradition durchtrennen zu wollen (Tresilian 2008, S. 55 f.; Darrāǧ 2004, S. 68 ff.).

Ein weiterer Absolvent europäischer Universitäten, der großen Einfluss auf die frühe moderne Prosa und auch Theaterliteratur Ägyptens und darüber hinaus hatte, war der Rechtwissenschaftler Tawfīq al-Ḥakīm (1898–1987). Neben modernen Dramen brachte ihm vor allem sein Roman *Yawmiyyāt nā'ib fī al-aryāf* (1937; dt. *Staatsanwalt unter Fellachen,* 1982) internationalen Ruhm ein. Ein Staatsbeamter wird aus Kairo in die fremde Welt der ägyptischen Landbevölkerung geschickt, um dort das Rechtswesen auf Vordermann zu bringen. Der in der fernen Hauptstadt entwickelte Rechtsstaat ist den Dörflern aber zutiefst fremd, ja unverständlich, und sie hegen aufgrund ihrer Erfahrungen mit korrupten und skrupellosen Provinzbeamten ein tiefsitzendes Misstrauen dagegen.

Diese Autoren der ‚Modernen Schule' thematisierten also, neben dem Stadt-Land-Gefälle, das Dilemma der sich rasch modernisierenden Gesellschaft, deren traditionelle Verankerung verlorenzugehen droht und kritisieren damit einhergehende soziale Ungerechtigkeiten. In Werken wie al-Ḥakīms *ʿAwdat ar-rūḥ* (1933; dt. ‚Rückkehr des Geistes'), in dem der Autor das Leben einer ägyptischen Familie während des Ersten Weltkriegs schildert, werden mögliche Unterschiede zwischen arabischer und europäischer Gesellschaft beispielhaft zugespitzt. Ein beliebter Topos ist in solchen Werken der vermeintlich seelenlose Materialismus der westlichen Gesellschaft im Gegensatz zu den spirituellen Vorzügen der arabischen Welt.

Antikoloniale Qaside: Die interkulturellen Begegnungen des frühen 20. Jh.s waren zudem nicht immer nur bereichernd, sondern oft gewaltsam. Im europäischen Kolonialismus zeigte sich das unschöne Gesicht Europas in Form von rücksichtslosem Machtstreben und Überlegenheitsdünkel. Eine Auseinandersetzung damit fand nicht nur im modernen Roman statt, sondern auch in neo-klassischen Gedichten, zum Beispiel des ägyptischen ‚Dichterfürsten' Aḥmad Šawqī (1868–1932). Šawqī – ebenso wie sein berühmter, auch „Dichter des Nils" (*šāʿir an-Nīl*) genannter Zeitgenosse Ḥāfiẓ Ibrāhīm, der zwischen 1869 und 1872 geboren wurde und 1932 verstarb – schrieb viele Gelegenheitsgedichte zu öffentlich wichtigen Anlässen und drückte darin politische, meist nationalistische Kritik mit den Stilmitteln der klassischen arabischen Dichtung aus. Als der britische Prokonsul Lord Cromer (1841–1917) im Jahr 1907 nach nationalistischen Protesten sein Amt niederlegen musste und eine zutiefst kolonialistische Abschiedsrede zu dem in seinen Augen undankbaren ägyptischen Volk hielt, erwiderte Šawqī diesen Affront mit einer flammenden antikolonialen Gegenrede in Form einer Qaside (*qaṣīda*, einem Gedicht in der traditionellen arabischen Versform) (vgl. Kadhim 2004).

Wie solcher Dissens in der Kunst Eingang in öffentlichen Protest auf der Straße finden kann, zeigt die Rezeption eines tunesischen Dichters der Romantik, Abū al-Qāsim aš-Šabbī (1909–1934). Die ersten Zeilen seines in den 1930er Jahren verfassten Gedichts „Der Wille zum Leben" („Irādat al-ḥayāt", vgl. Speight 1973) erlebten im Zuge der arabischen Umbrüche seit 2010 eine neue Popularität, die weit über die tunesischen Staatsgrenzen hinausging.

Romantik: In der klassischen arabischen Dichtung hatten geschliffene Verse eine ganze Reihe von sozialen und kommunikativen Funktionen. Dichtung war oft zweckgebunden, was ihren ästhetischen Wert aber keineswegs schmälerte. Auch in der Epoche der literarischen Moderne verstanden sich arabische Dichter/innen als Stimme des Kollektivs, oft aber auch als mahnendes Gewissen und Aufklärer ihres Volkes. In der arabischen Romantik, die sich in den ersten Jahren des 20. Jh.s aus der neo-klassischen Dichtung entwickelte und ihre größte Popularität zwischen den beiden Weltkriegen erlebte, kombinierten viele arabische Dichter die altarabische Vorstellung des Poeten mit dem in der europäischen Romantik zentralen Konzept des poetischen Genies. Weltberühmt wurde in dieser Hinsicht der libanesische Dichter Khalil Gibran (Ǧibrān Ḫalīl Ǧibrān, 1883–1931), dessen in der nordamerikanischen Diaspora (*mahǧar*) und auf Englisch verfasstes Werk *The Prophet* (1923; dt. *Der Prophet*, 1973) zu einem Bestseller wurde.

Freier Vers: Die Vorgaben der übermächtigen Autorität klassischer arabischer Dichtung stellten erstmals zwei Iraker in Frage: Badr Šākir as-Sayyāb (1926–1964) und seine Dichterkollegin Nāzik al-Malā'ika (1923–2007). Sie begründeten in den späten 1940er Jahren die ‚Freie Dichtung' (*aš-ši'r al-ḥurr*) und verließen damit endgültig das seit vielen Jahrhunderten tradierte System der klassischen Metrik. Viele Einflüsse aus internationalen Literaturen, z. B. das Prosagedicht (*qaṣīdat an-naṯr*) hielten nun in der arabischen Welt Einzug. Soziale und politische Umbrüche und existentialistisches Ideengut spielten eine zentrale Rolle. Irakische, libanesische und auch syrische Dichter adaptierten altorientalische Mythen und religiöse Symbolik wie Christus am Kreuz oder Hiob, um tiefgreifende Kultur- und Gesellschaftskritik zu äußern (z. B. as-Sayyāb in „Die Regenhymne" („Unšūdat al-maṭar", 1960)). Die Suche nach einer im steten Wandel befindlichen und sich aus sich selbst heraus erneuernden arabischen Moderne ist dagegen ein wichtiges Charakteristikum der symbolschweren und oft surrealistischen Gedichte des syro-libanesischen Dichters Adonis (Adūnīs, geb. 1930). In der 1957 von Yūsuf al-Ḫāl (1917-1987) gegründeten und zeitweise von Adonis mit herausgegebenen libanesischen Zeitschrift *aš-Ši'r,* die sich ausschließlich Dichtung und Dichtungstheorie widmete, wurden diese Ideen der Moderne und des Wandels mit großem Nachdruck verfolgt.

Sozialer Realismus: Mitte des 20. Jh.s erschütterten zwei wichtige politische Wendepunkte die arabischen Gesellschaften, die auch in der Literatur neue Denkanstöße und Erzählweisen initiierten: Zum einen mussten im Zuge des auf Arabisch als *nakba*/Katastrophe bezeichneten Wendepunktes 1948 infolge der Staatgründung Israels Tausende Palästinenser ihre Heimat verlassen. Zum anderen löste die Revolution Nassers in Ägypten 1952 eine Welle des Optimismus für eine bessere Zukunft aus. In den frühen 1950er Jahren entstand so in der Literatur ein neuer sozial-realistischer Trend. In Ägypten waren es vor allem Romane von Nagib Mahfuz (Naǧīb Maḥfūẓ, 1911–2006) wie z. B. seine international gefeierte Trilogie (*aṯ-ṯulāṯiyya*), die vom Leben einer Familie der unteren Mittelschicht zwischen den beiden Weltkriegen handelt. In seinen Gesellschaftsromanen schildert Mahfuz die ägyptische Realität mit all ihren Unzulänglichkeiten. Grundthemen sind neben Religion versus Macht vor allem Menschen zwischen Tradition und Moderne oder zwischen Schicksal und Selbstbestimmung. Im sozialen Realismus geht es häufig um dynamisierende Wendepunkte wie die ägyptische Revolution von 1919, die Auswirkungen der Weltkriege auf die arabische Welt, die Nasseristische Revolution 1952 oder den Junikrieg 1967 (arabisch als *naksa*/Rückschlag bezeichnet). Typisch gerade für die in der gesamten arabischen Literatur stilbildenden Romane Mahfuz' ist ein humanistischer Erzähler, der seine Figuren mit ihren guten und schlechten Eigenschaften darstellt und dabei ihre Menschlichkeit betont, sie also nicht dämonisiert oder karikiert, sondern sie in ihrer inneren Logik oft liebevoll-spöttisch schildert.

Iltizām al-adab: Im Libanon dagegen prägte 1953 Suhayl Idrīs (1925–2008) in der von ihm geleiteten Literaturzeitschrift *al-Ādāb* den Begriff des „Engagements der Literatur". Er war von einem Konzept des französischen Philosophen und Schriftstellers Jean-Paul Sartre (1905–1980) abgeleitet und für mehrere Jahre in der arabischen Literatur stilbildend. Der palästinensische Literat und politische Vordenker Ghassan Kanafani (Ġassān Kanafānī, 1936–1972), der sein leidenschaftliches Engagement für die Befreiung Palästinas von der israelischen Besatzung mit seinem Leben bezahlte, bezeichnete die Widerstandsdichtung (*šiʿr al-muqāwama*) um Mahmud Darwish (Maḥmūd Darwīš, 1941–2008) als ideales Modell einer engagierten Literatur (vgl. Kanafānī 1968). Aber auch in palästinensischen Kurzgeschichten von Kanafani selbst oder von der palästinensischen Autorin Samīra ʿAzzām (ca. 1927–1967) wurden traumatische Erfahrungen wie Flucht und Vertreibung und die Aussichtslosigkeit des jahrzehntelangen Lagerlebens thematisiert und angeklagt.

Eine solche gesellschaftliche Verantwortung der Kunst wurde von den revolutionären postkolonialen Regierungen der 1950er Jahre geradezu eingefordert. Man erwartete von arabischen Autoren – genauso wie auch von Filmemachern oder Dramatikern – einen aktiven Beitrag zur nationalen Einheit und Modernisierung. Im Gegensatz zum sozialen Realismus der Mahfuzischen Prägung war die Stilrichtung des *Iltizām* aber von einem deutlichen Imperativ zur gesellschaftspolitischen Veränderung geprägt: Es ging hier um den – oft ideologiegetragenen – Glauben an die Veränderbarkeit der Realität durch die Kunst (vgl. Klemm 1998). Dieses Anliegen prägte auch maghrebinische Initiativen der zweiten Hälfte des 20. Jh.s wie die marokkanische Zeitschrift *Anfās/Souffles* (1966–1972), die sich mit dem postkolonialen Erbe auch in ästhetischen Formen auseinandersetzte.

2.1.3 Neue Sensibilität (1960er bis 1990er Jahre)

Desillusionierung und Selbstkritik: Mit der verheerenden Niederlage Ägyptens und der arabischen Welt im Junikrieg gegen Israel markierte das Jahr 1967 einen Wendepunkt, der symbolisch für die einsetzende Selbstkritik als Ideologiekritik und die damit einhergehende ästhetische Neuausrichtung der Generation der 1960er Jahre steht. Bereits ein Jahr zuvor legte Nagib Mahfuz mit seinem experimentellen Roman *Ṯarṯara fawq an-Nīl* (dt. *Das Hausboot am Nil,* 1982) ein eindringliches Porträt dieser Zeit vor. Auf einem Hausboot in Kairo trifft sich regelmäßig eine Gruppe von Intellektuellen, die dem Alkohol- und Drogenkonsum frönen und sich dabei in einem teils absurden ‚Geschwätz auf dem Nil' – so die wortwörtliche Übersetzung des Titels – verlieren. Als die Gruppe bei einer nächtlichen Autofahrt im Rausch einen Passanten überfährt, begeht sie Fahrerflucht, was sie anschließend in langen Diskussionen zu rechtfertigen versucht. Dieser Roman schildert die Verantwortungslosigkeit und den Werteverlust der gesellschaftlichen Elite, die letztendlich zum Scheitern ihrer hochgesteckten

Ziele führen, was als vorweggenommener Kommentar auf die Niederlage von 1967 gedeutet wurde (vgl. Wielandt/Pflitsch 2009).

Die neue Sensibilität: Der daraus resultierende Schock ging mit „einem Zusammenbruch des totalisierenden Diskurses und einem Aufstieg von Diskursen des Marginalisierten bzw. der Minderheit“ (Abu-Deeb 2000, S. 335) einher. In diesem Sinn setzte sich die Generation der 1960er Jahre mehrheitlich von den literarischen Verfahren der Romantik, des Realismus und des Engagements der vorhergehenden Generationen ab (Hafez 1994, S. 96). Daraus formierte sich keine einheitliche Bewegung, sondern eine Vielzahl unterschiedlicher Strömungen, die oft zu einem Nebeneinander z. B. von politisch engagierter und nicht-engagierter Literatur führte. In Bezug auf die ägyptische Literatur sprach der Schriftsteller Edwar al-Charrat (Idwār al-Ḫarrāṭ, 1926–2015) von einer ‚neuen Sensibilität‘ (*ḥassāsiyya ǧadīda*), die u. a. dem Individuum, dem Traum und der Volkskultur einen größeren Platz einräumte (vgl. Pflitsch 2000, S. 15 ff.; al-Ḫarrāṭ 1993). In der gesamten arabischen Literatur bildete sich in dieser Zeit eine neue Sensibilität in Bezug auf Ideologie und Ästhetik heraus, die sich in ihren verschiedenen soziopolitischen Kontexten unterschiedlich ausdifferenzierte und damit eine chronologische Literaturgeschichtsschreibung unmöglich macht. Um die ästhetische Bandbreite dieser Strömungen zu erfassen, werden wichtige Entwicklungsformen von Kurzgeschichte, Essay, Roman und Gedicht vorgestellt.

Minimalistische Kurzgeschichten und poetische Essays: Im Zuge der neuen Sensibilität wandelte sich die ausführliche Erzählung (*qiṣṣa*) zur verknappten Kurzgeschichte (*qiṣṣa qaṣīra*) (vgl. Hafez 1993; Rizq 2001) bis hin zur rudimentären Kürzestgeschichte (*qiṣṣa qaṣīra ǧiddan*), die Leser/innen mit Leerstellen konfrontieren und zum Nachdenken zwingen (vgl. Taha 2009, S. 20 ff.). In lakonisch-absurden bis satirisch-übersteigerten Kurzgeschichten zeigt vor allem der syrische Autor Zakariyya Tamer (Zakariyyā Tāmir, geb. 1931) das große ästhetische und zugleich gesellschaftskritische Potential dieser kleinen literarischen Form, die u. a. politische Korruption und Doppelmoral anklagt, aber auch gesellschaftliche Sexualvorstellungen und Ehrvorstellungen durchleuchtet (vgl. Stehli-Werbeck 2010). Der Essay, der von der Literaturwissenschaft bislang kaum untersucht wurde, zeigt vor allem im Kunstessay seine poetische Ausdruckskraft. In sprachlich klaren, poetisch schillernden und inhaltlich provokativen Essays unternimmt der syrische Dichter Adonis Neueinschätzungen von Kunst und Welt. Sie erkunden u. a. den Sufismus als Geistesverwandten des Surrealismus und verstehen die Modernität als poetisch-revolutionäres Dynamisierungsprinzip, wodurch diese Essays immer wieder die Dichotomie kulturelles Erbe vs. westliche Moderne gegen den Strich bürsten (vgl. Pflitsch 2009a).

Der postkoloniale Roman: In der zweiten Hälfte des 20. Jh.s entfaltete sich der arabische Roman zur vollen Blüte. Zu seinen zahlreichen thematisch-stilistischen Ausprägungen, die sich untereinander überlappen können, zählen beispielsweise postkoloniale, historiographische, autobiographische und feministische

Romane. Der postkoloniale Roman entstand nach dem Zweiten Weltkrieg, als viele arabische Staaten zumindest formell ihre Unabhängigkeit gegenüber den europäischen Kolonialmächten erlangten. Dadurch bildete sich ein schärferes Bewusstsein für ambivalente Identitäten heraus, das den postkolonialen Roman prägte. Während die antikoloniale Literatur eine klare Grenze zwischen Kolonialmacht und Kolonialisierten zog und allein erstere kritisierte, hinterfragte die postkoloniale Literatur diese Dichotomie und unternahm eine differenzierte Kritik, indem sie Phänomene wie verinnerlichte Abhängigkeiten und kulturelle Hybridität in der Zeit während und nach der Kolonialherrschaft untersuchte (vgl. al-Musawi 2003).

Der sudanesische Autor Tajjib Salich (aṭ-Ṭayyib Ṣāliḥ, 1929–2009) etwa schrieb mit seinem 1966 zunächst in einer Zeitschrift publizierten Roman *Mawsim al-hiǧra ilā aš-šimāl* (dt. *Zeit der Nordwanderung,* 1998) einen kanonisch gewordenen Roman über die innere Zerrissenheit und kulturelle Entwurzelung eines sudanesischen Intellektuellen, der in der ersten Hälfte des 20. Jh.s nach England zieht, ins Land der Kolonialherren, und dort im Beruf und bei den Frauen reüssiert. Dabei erleidet er allerdings eine Persönlichkeitsspaltung, die ihn zum Mörder werden lässt, was ihm einen Neuanfang im Sudan, der 1956 die Unabhängigkeit erlangt, unmöglich macht. Mit der Erzähltechnik des Bewusstseinsstroms und dem Perspektivwechsel zwischen älterem Protagonisten und jüngerem Erzähler inszeniert dieser Roman die psychische Zerrissenheit als Resultat politischer Machtverhältnisse und kultureller Ambivalenz in kolonialen und postkolonialen Lebenswelten (vgl. al-Musawi 2003, S. 195 ff.).

Diese Ambivalenz findet sich in dem 1974 veröffentlichten Roman *al-Waqāʾiʿ al-ʿaǧība fī iḫtifāʾ Saʿīd Abī an-Naḥs al-Mutašāʾil* (dt. *Der Peptimist oder Von den seltsamen Vorfällen um das Verschwinden Saids des Glücklosen,* 1992) des palästinensisch-israelischen Schriftstellers Emil Habibi (Imīl Ḥabībī, 1921–1996) wieder. Im Zuge einer schelmenhaft-hintersinnigen „Entmythisierung von Geschichte" (Neuwirth 2010, S. 197) durchlebt ein naiver Anti-Held die gesamte israelisch-palästinensische Geschichte und entlarvt dabei den biblischen Landanspruch Israels und den Märtyrerkult Palästinas als Farce. Am Ende wartet er als Peptimist – halb Pessimist, halb Optimist – darauf, durch Außerirdische von der Realität erlöst zu werden (vgl. Kesrouany 2018).

Der historiographische Roman: Mitunter eng mit dem postkolonialen Roman verbunden sind historiographische Romane, die die kollektive bzw. nationale Geschichte als Form der kulturellen Selbstaneignung und sozialer Machtkritik umschreiben oder überhaupt erst sichtbar machen (vgl. Mehrez 2005; Darrāǧ 2004). Die frankophone algerische Autorin Assia Djebar (1936–2015) macht in ihrem 1985 veröffentlichten Roman *L'amour, la fantasia* (dt. *Fantasia,* 1993) die Rolle der starken Frauen im Widerstand während der 1830 einsetzenden französischen Kolonialisierung Algeriens und dem späteren Unabhängigkeitskrieg, der 1962 zur Staatsgründung führte, sichtbar. In multiperspektivischer und autobiographisch assoziativer Form zeigt sie, wie algerische Frauen im doppelten Schatten der französischen Kolonialmacht und der algerischen Männer standen, und reflektiert über die postkoloniale Zwiespältigkeit, „[i]n der Sprache des Gegners zu schreiben" (Djebar 1993, S. 313), nämlich auf Französisch. Dabei entsteht ein postmoderner Roman, der die historische und narrative Chronologie zertrümmert und die Splitter aus Fakt und Fiktion assoziativ-autobiographisch neu anordnet (vgl. Winckler 2010).

Der historiographische Roman mündet dabei häufig auch in einen metahistoriographischen Roman, der über die Bedingungen und (Un-)Möglichkeiten der Geschichtsschreibung in und als Literatur nachdenkt. Dies zeigt sich vor allem in der libanesischen Literatur, die sich mit den Erfahrungen des Bürgerkriegs von 1975 bis 1990 auseinandersetzt. Die leidvolle Zersplitterung der Gesellschaft, die eine einheitliche Geschichtsschreibung unmöglich macht, mündet etwa in Elias Khourys (Ilyās Ḫūrī, geb. 1948) Romanen über den Bürgerkrieg zu einem Schreiben von „Geschichten über Geschichten" (Mejcher 2001, S. 1). Andere Romane, wie etwa von Hoda Barakat (Hudā Barakāt, geb. 1952), beschreiben räumliche, körperliche und psychische Transgressionen, die in polyphone und ambigue Narrative des Bürgerkriegs münden (vgl. Winckler 2014; Darrāǧ 2004, S. 289 ff.).

Der autobiographische Roman: Die neue Sensibilität führte auch zu einer Fülle autobiographischer bis autofiktionaler Texte, die die Möglichkeiten des Selbst ausloten und diese oft mit einer nationalen oder postkolonialen Emanzipation verbanden (vgl. Abdel Nasser 2017; Anishchenkova 2014). Einblick in eine von der bourgeoisen Literatur häufig übersehene Lebenswelt bietet der 1972/1973 auf Arabisch entstandene und zuerst in englischer Übersetzung publizierte Roman *al-Ḫubz al-ḥāfī. Sīra ḏātiyya riwāʾiyya 1935–1956* (dt. *Das nackte Brot,* 1986) des marokkanischen Schriftstellers Mohamed Choukri (Muḥammad Šukrī, 1935–2003), dessen Familie in Tanger ums nackte Überleben kämpfen musste. Als der arbeitslose Vater seinen Bruder umbringt, schlägt sich der Protagonist mit Prostitution, Drogen und Diebstahl alleine durch, bis im Gefängnis durch die Verse des tunesischen Dichters aš-Šābbī sein „Wille zum Leben" – so der Titel von aš-Šābbīs berühmten Gedicht – erwacht, der ihn zum Schreiben führt. Symbolisch bedeutsam endet dieser autobiographische Bildungsroman mit der Unabhängigkeit Marokkos 1956 und verbindet damit die persönliche Entwicklung mit der nationalen Emanzipation. In einer mal brutalen, mal poetischen Sprache schildert er soziale Nöte und sexuelle Praktiken mit derart unerhörter Offenheit, dass dieses Werk in Marokko lange Zeit verboten war (vgl. Ezli 2010).

Der feministische Roman: Die zweite Hälfte des 20. Jh.s zeichnete sich durch eine starke Frauenbewegung aus, die vehement für die Rechte der Frauen eintrat und ihnen durch die Literatur eine Stimme verlieh. Eine der zentralen und zugleich kontroversesten Vertreterinnen ist die Ägypterin Nawal El Saadawi (Nawāl as-Saʿdāwī, 1931–2021), die durch ihren 1975 erschienenen und vor allem im Westen rezipierten Roman *Imraʾa ʿinda nuqṭat aṣ-ṣifr* (dt. *Ich spucke auf euch. Bericht einer Frau am Punkt Null,* 1984) bekannt wurde. Im dokumentarischen

Stil lässt sie darin eine Prostituierte im Gefängnis zu Wort kommen, die ihren brutalen Zuhälter getötet hat und nun ohne Reue auf ihre Hinrichtung wartet (vgl. Balaa 2018). Eine differenzierte feministische Perspektive auf die Intifada bietet die palästinensische Schriftstellerin Sahar Khalifa (Saḥar Ḫalīfa, geb. 1941) in ihrem 1990 erschienen *Bāb as-sāḥa* (dt. *Das Tor,* 1994). Darin schildert sie die aktive Rolle der Frauen während der Intifada und kritisiert zugleich die patriarchalischen Strukturen des politischen Widerstands, der ohne Emanzipation und gesellschaftlichen Wandel letztendlich nicht erfolgreich sein könne (vgl. Klemm 1993).

Die Revolution der Poesie: In der Lyrik vollzog der syrische Dichter Adonis mit seinem 1961 erschienen Gedichtband *Aġānī Mihyār ad-dimašqī* (dt. *Die Gesänge Mihyārs des Damaszeners,* 1998) eine regelrechte Revolution der poetischen Sprache. Dabei nutzt der dichterische Akt „die schillernde Metaphorik der (arabischen) Wörter zur Generierung neuartiger, epiphanisch sich einstellender Sinnzusammenhänge" (Weidner 2009). In dieser bilderstürmerischen Umformung der arabischen Hochsprache schafft er das Ideal eines revolutionären Dichters, der aus sich heraus radikal mit allen Ideologien bricht: „Beginnend bei sich, schafft er seinesgleichen – er hat keine Vorfahren, und seine Wurzeln sind in seinen Schritten" (Adonis 1998, S. 10). Mit seinen komplexen Anspielungen auf die arabische und westliche Literatur und Kultur schuf er eine tiefgründige Dichtung, die die arabische Poesie nachhaltig prägte, abseits der arabischen Bildungselite aber wenig Anklang fand.

Exildichtung im Zeichen einer anwesenden Abwesenheit: Ganz anders verhält es sich mit dem palästinensischen Dichter Mahmud Darwish, der auch nach der Abkehr von einer im klassischen Sinn engagierten Dichtung bei seiner großen Leserschaft äußerst beliebt blieb. Im mittleren und späten Werk, das im Exil entstand, übersetzte er die menschliche Dimension der Palästina-Frage in andere zeitliche und kulturelle Kontexte, etwa in das tragische Schicksal der indigenen amerikanischen Bevölkerung. In einer feinsinnigen Auseinandersetzung mit Leben und Werk des von den Nationalsozialisten verfolgten deutschsprachigen Lyrikers Paul Celan (1920–1970) verbindet er die jüdische mit der palästinensischen Exilerfahrung. Die Abwesenheit der Geliebten und des Landes sind für das lyrische Ich schmerzhaft präsent, sodass es sich immer wieder fragen muss: „Wer bin ich? Wer bin ich nach deiner Nacht, / der letzten Winternacht?" (Darwish 1999, zit. nach Milich 2005, S. 11).

Dichtung und Alltagssprache: Der libanesische Dichter Nizār Qabbānī (1923–1998), der über die *naksa* ein politisches Langgedicht verfasste, wurde ab den 1970er Jahren vor allem durch seine eingängig-melodiöse, an die Alltagssprache angelehnte und dennoch nicht dialektale Liebesdichtung bekannt, die in zahlreiche Popsongs etwa von Kāẓim aẓ-Ẓāhir (geb. 1957) Eingang fand (vgl. Milich 2009). Der ägyptische Mundartdichter Aḥmad Fuʾād Naǧm (1929–2013) verfasste explizit politische Gedichte, häufig vom legendären Šayḫ Imām (1918–1995) gesungen, die im 20. Jh. ein großes Publikum fanden und später im Arabischen Frühling 2011 in zahllosen Interpretationen aufgegriffen und umgedeutet wurden (vgl. Botros 2015). Diese Dichtung jenseits der Hochsprache und der hohen Diktion fand erst spät Eingang in die arabische Literaturgeschichte, wenngleich sie sich von Anfang an einer großen Leser- und Hörerschaft erfreute.

Neue Sensibilität und Postmoderne: Mit dem Begriff ‚neue Sensibilität' wird hier die ästhetisch äußerst heterogene Epoche der arabischen Literatur in der zweiten Hälfte des 20. Jh.s verstanden, die Ausdruck der Krise von Sprache, Repräsentation und Ideologie ist, einer Krise also, die auch die Postmoderne prägte. Die Frage, ob diese Literatur damit als die der arabischen Postmoderne bezeichnet werden kann, ist in der Arabistik umstritten. Im Gegensatz zum politischen *laissez-faire* der europäisch-nordamerikanischen Postmoderne setzen sich viele arabische Werke dieser Zeit weiterhin eng mit der Politik und Gesellschaft auseinander. In politisch unfreien und gesellschaftlich prekären Ländern wie denen der arabischen Welt, so die Meinung vieler arabischer Literaturschaffender, könne man sich schlicht nicht den westlich-postmodernen Luxus leisten, die Kunst gänzlich von Politik und Gesellschaft abzukoppeln (Pflitsch 2010, S. 27 ff.). Mit der Generation der 1990er Jahre entstand vor allem in Ägypten jedoch eine neue Avantgarde-Literatur, die in Abgrenzung zur Generation der 1960er Jahre jegliche politische, gesellschaftliche und geschichtliche Verantwortlichkeit ablehnte und im „neuen Roman" (Ḥāfiẓ 2001, S. 184) mit einem radikalen Schreiben des Subjekts experimentierten. Diese lässt sich als „zweite Welle der Neuen Sensibilität" (Junge 2010, S. 444) verstehen, die zugleich den Weg für die neuen Begriffe des Literarischen und des Politischen im 21. Jh. ebneten.

2.1.4 Das 21. Jahrhundert

Kultureller Umbruch und Arabischer Frühling: Die Literatur des 21. Jh.s steht im Zeichen des Arabischen Frühlings, der politischen Transformationsprozesse, die in vielen arabischen Staaten ihren Höhepunkt 2010 bis 2013 fanden. Vorbereitet und begleitet wurde diese Entwicklung durch einen kulturellen Transformationsprozess, der sich bereits Anfang der 2000er Jahre abzeichnete und durch die politischen Proteste verstärkt wurde und der auch nach den politischen Rückschlägen und Verhärtungen ab 2013 weithin sichtbar die gegenwärtige arabische Literaturlandschaft prägt. Wichtige Faktoren für diesen kulturellen Umbruch sind u. a. der Medienwandel durch das Internet, der neue literarische On- und Offline-Öffentlichkeiten schuf und damit die Sichtbarkeit und Akzeptanz von Populär- und Subkultur förderte, die bei den politischen Protesten einen Nährboden für kreative Ausdrucksformen bot. Als Resultat daraus änderte sich auch in den kulturellen und literarischen Institutionen, wie etwa der Arabistik, das Verständnis von Literatur. Im Rahmen einer „Öffnung des Texts" (Winckler/Junge

2018, S. 71) interessiert sich die arabistische Literaturwissenschaft nun auch verstärkt für neue Gattungen, Schreibweisen und Praktiken, die kleine und hybride Literaturformen wie Graffiti, Parolen und Witze umfassen und neue Gattungen wie Blogs, Science-Fiction und Graphic Novels untersuchen.

Populärliteratur jenseits des offiziellen Kanons: Das Phänomen einer Populärliteratur, die von weiten Teilen der Bevölkerung gelesen wird, häufig mit vermeintlich trivialen ästhetischen Stilmitteln arbeitet und daher im elitären Kanon nicht berücksichtigt oder bewusst ausgeschlossen wird, ist in der arabischen Literatur nicht neu. In der ägyptischen Literatur schrieb etwa Iḥsān ʿAbd al-Quddūs (1919–1990) mit seinen sozialromantischen Romanen ab den 1950er Jahren und Nabīl Fārūq (1956–2020) mit seiner Spionagereihe *Raǧul al-mustaḥīl* (1984–2008, ‚Der Mann fürs Unmögliche') ab den 1980er Jahren wichtige Klassiker außerhalb des literarischen Kanons. Für die arabische Literatur des 21. Jh.s besonders einflussreich war der ägyptische Autor Ahmed Khaled Towfik (Aḥmad Ḫālid Tawfīq, 1962–2018). In seiner mehr als 80 Romane umfassenden Serie *Mā warāʾ aṭ-ṭabīʿa* (1993–2014, ‚Das Übernatürliche'), die besonders bei der jüngeren Leserschaft äußerst erfolgreich war, erzählt er von Vampiren und Werwölfen, Zeitreisen und Horrorszenarien und etabliert damit viele neue Untergattungen, Schreibweisen und Motive in der modernen arabischen Literatur, wie etwa den Horrorroman und die Dystopie.

Mit dem 2008 erschienenen Roman *Yūtūbiyā* (dt. *Utopia*, 2015) verfasste Towfik eine Dystopie von Ägypten, d. h. eine negative Utopie, die die Folgen der realen gesellschaftlichen Spaltung in der nahen Zukunft im Jahr 2023 in bewusst drastischen Farben überzeichnet. Die Reichen leben in abgeschirmten Luxussiedlungen und jagen zum Zeitvertreib die Armen, die in verwahrlosten Stadtruinen ums Überleben kämpfen. Durch Vergewaltigung und Mord wird am Ende der Zorn der Armen angefacht und mündet in einer blutigen Revolte gegen die Reichen, deren Ausgang völlig offen ist. Mit dem ästhetischen Instrumentarium der Populärliteratur vermag der Roman eine ungewöhnlich scharfe und direkte Kritik an der ägyptischen Politik und Gesellschaft zu formulieren, die vor dem Hintergrund der Proteste von 2011 auch vom Feuilleton wahrgenommen und wertgeschätzt wurde (vgl. Junge 2015, S. 260 ff.).

Die Entstehung von Bestsellern: Zeitgleich war auf dem arabischen Buchmarkt erstmals die Rede von Bestsellern, die sich mehrere hunderttausend Mal beim arabischen Publikum verkauften und auch in Übersetzung ein überwältigend großes Publikum fanden. Dazu zählt der 2005 publizierte Roman *Banāt ar-Riyāḍ* (dt. *Die Girls von Riad*, 2007) der saudischen Autorin Rajaa Alsanea (Raǧāʾ aṣ-Ṣāniʿ, geb. 1981). In einer saloppen Sprache und in Form von E-Mails bietet die Erzählerin Einblick in das Lebensgefühl von vier jungen saudischen Frauen und wie diese etwa mit Hilfe von Chatforen die Geschlechtertrennung unterlaufen und sich mit Männern daten (Martinez-Weinberger 2011, S. 163 ff.). Der ägyptische Autor Alaa al-Aswani (ʿAlāʾ al-Aswānī, geb. 1957) schuf mit seinem 2002 erschienenen Roman *ʿImārat Yaʿqūbiyān* (dt. *Der Jakubijân-Bau*, 2007) einen bahnbrechenden Bestseller, der auch in der prominent besetzten Kinoverfilmung große Erfolge feierte. Anhand kaleidoskopartiger Geschichten über die Bewohner eines Hauses bietet der Roman Einblick in die Bedürfnisse und Nöte der verschiedenen ägyptischen Gesellschaftsschichten (vgl. Guth 2011; Ḥamūda 2013, S. 75 ff.). Diese Bestseller wenden sich von der Ästhetik der neuen Sensibilität ab und erzählen stattdessen in einer leicht lesbaren Sprache ereignis- und spannungsreiche Geschichten aus der unmittelbaren Gegenwart. Ihre erzählerisch oft gut gemachten, aber ästhetisch wenig experimentierfreudigen Erzählungen sind häufig gewürzt mit deftigen Passagen über Sex, Politik und Religion, die das Tabudreieck der arabischen Literatur bilden.

Bestseller in der literarischen Bewertung: Die Literaturwissenschaft tat sich anfänglich recht schwer mit der Würdigung von Bestsellern, selbst wenn diese einen renommierten Literaturpreis erhielten. Als etwa der 1993 veröffentlichte Bestseller *Ḏākirat al-ǧasad* (engl. *Memory in the Flesh,* 2000) der algerischen Autorin Ahlam Mosteghanemi (Aḥlam al-Mustaġānimī, geb. 1953) im Jahr 1998 mit dem Naguib Mahfouz Award ausgezeichnet wurde, rief dies scharfe Kritik im literarischen Feld hervor (vgl. Mehrez 2008, S. 50 ff.). Doch auch die westliche Kritik bezeichnete Alsaneas Roman *Die Girls von Riad* anfangs häufig als *chick lit,* als wenig anspruchsvolle Mädels-Literatur, und al-Aswanis Romane als spannende, aber letztendlich triviale Schmöker.

Andererseits lobten manche westliche Literaturkritiker/innen diese Bestseller, die auch in Übersetzung beim westlichen Lesepublikum sehr erfolgreich waren, geradezu überschwänglich für ihre vermeintlich realistische Darstellung der arabischen Welt, was bei einigen arabischen Literaturschaffenden als eine Art Orientalismus gewertet wurde. Statt für ambitionierte Erzählkunst, so der ägyptische Schriftsteller Youssef Rakha (Yūsuf Raḫā, geb. 1976), interessiere sich das westliche Feuilleton eher für skandalheischende Klischeeliteratur, die westliche Vorurteile bestätige (Rakha 2012, S. 162). Mittlerweile hat die arabische und westliche Literaturkritik die Berührungsängste mit Bestsellern weitgehend verloren, sodass etwa al-Aswanis *Der Jakubijân-Bau* heute zu den bedeutenden Werken der zeitgenössischen Literatur gezählt wird (vgl. Ḥamūda 2013, S. 75 ff.).

Ranglisten, Preise und Buchmarkt: Doch die Entstehung von Bestsellern verdankt sich nicht nur einem neuen Schreibstil, sondern ist auch das Resultat eines sich wandelnden arabischen Buchmarkts in den 2000er Jahren. Besonders die großen arabischen Verlage bemühten sich nun verstärkt um die kommerzielle Vermarktung der Bücher. Dazu erstellten sie erstmals Bestsellerlisten, die es möglich machten, Bücher als Bestseller zu deklarieren, was u. a. dazu führte, dass bei vielen Büchern die Anzahl der Auflagen auf dem Cover ausgezeichnet wird. Zugleich änderte sich der Vertrieb und Verkauf durch neue Buchladen-Ketten und Online-Versandhändler, die eine bessere Such- und Sichtbarkeit der Bücher ermöglichten, während sich die arabischen Buchmessen vor allem auf der arabischen Halbinsel professionalisierten und internationalisierten (vgl. Rooke 2011).

Mit der Einführung des International Prize for Arabic Literature (IPAF), der gemeinhin als Arabic Booker Prize bekannt ist, wurde ein wichtiges Instrument zur Sichtbarkeit der Neuerscheinungen im arabischen und globalen Literaturmarkt eingeführt. Die in die engere Auswahl kommenden Werke erscheinen auf *long* bzw. *short lists,* was in den meisten Fällen auf dem Cover erwähnt wird, während das preisgekrönte Werk ins Englische übersetzt wird. Dieser von Abu Dhabi finanzierte Preis verschafft der zuvor weitgehend ignorierten Literatur der arabischen Halbinsel mehr Aufmerksamkeit. Zugleich dient er aber auch, so die Kritik, als ein kulturelles Machtwerkzeug der Golfstaaten. Neben der elitären Literaturkritik von ‚oben' hat sich in den sozialen Medien auch eine Form der populären Literaturkritik von ‚unten' entwickelt. Auf Goodreads, einem Social-Cataloging-System für die Literatur, bewerten und kommentieren etwa zwei Millionen arabische Leser/innen ihre Bücher (Fāyiz 2019, S. 40 f.) und schaffen somit ein alternatives Bewertungssystem zu den kommerziellen und institutionellen Ranglisten.

Kultromane und Blogliteratur: In Abgrenzung zu den großen Bestsellern werden nun auch Kultromane sichtbar(er), die nicht in der breiten Leseöffentlichkeit Erfolg haben, für eine kleinere Leserschaft, meist urbane Mittelschichtsjugendliche, aber zum Kult werden, weil sie ihr Lebensgefühl einfangen. Dazu zählt u. a. der 2003 veröffentlichte Roman *An takūn ʿAbbās al-ʿAbd* (engl. *Being Abbas el Abd,* 2006) des ägyptischen Schriftstellers Ahmed Alaidy (Aḥmad al-ʿĀyidī, geb. 1974). In einem an Chuck Palahniuks *Fightclub* (1996) angelehnten Plot erzählt er von den alltäglichen Depressionen und Exzessen zweier Freunde im neoliberal entfesselten und politisch repressiven Kairo und baut dabei die SMS- und Chatsprache sprachlich und typographisch avantgardistisch in den Text mit ein (vgl. Jacquemond 2008, S. 232 ff.).

Bei der Entstehung und Vernetzung dieser Generation spielt das Internet eine wichtige Rolle und das schon lange vor den großen Protesten. Denn hier entsteht eine junge, internetaffine Online-Öffentlichkeit, die sich über zeit- und generationstypische Probleme oft in Jugendsprache und mit großer Offenheit austauscht. So spricht Ghada Abdelaal (Ġāda ʿAbd al-ʿĀl, geb. 1978) in ihrem zunächst als Blog und später als Buch veröffentlichten Werk *ʿĀyiza itgawwiz* (dt. *Ich will heiraten! Partnersuche auf Ägyptisch,* 2010) offen, locker und humorvoll über ihren Wunsch zu heiraten und über die absurden Aspekte der Salonheirat, bei der eine Eheanbahnung über das Elternhaus stattfindet. Die Online-Literatur in Form von literarischen Blogs ist ein fester Bestandteil der *šabāb*-Literatur geworden, d. h. die Literatur von und für die jüngere Generation, deren oft umgangssprachliche Texte ihr Lebensgefühl und ihre Weltsicht transportieren (Chahanovic 2009, S. 90), so etwa in Ägypten, im Libanon und in den Golfstaaten (vgl. Pepe 2019; Lenze 2019).

Comics und Graphic Novels: Im Zuge der sich anbahnenden kulturellen Transformation entwickelt sich in den 2000er Jahren ebenfalls die Gattung der Graphic Novel, d. h. des Comicromans. Während die Karikatur seit dem 19. Jh. und der

Comic-Strip seit Anfang des 20. Jh.s in der arabischen Literatur existierte (vgl. Douglas/Malti-Douglas 1994), entstehen zu Beginn des 21. Jh.s anspruchsvolle Graphic Novels, die sich dezidiert an Erwachsene richten und auch ‚ernste' Themen aufgreifen. Als eine der ersten gilt Magdy El Shafees (Maǧdī aš-Šāfiʿī, geb. 1961) 2008 veröffentlichte Graphic Novel *Mitrū* (dt. *Metro. Kairo Underground,* 2012), die den ägyptischen Comic-Stil entscheidend prägte (vgl. Høigilt 2019, S. 31 ff.). Es erzählt von zwei Programmierern, die im korrupten neoliberalen Kairo mit ihrer Firma nicht Fuß fassen können und deshalb einen Banküberfall durchziehen, um sich ihr Glück zu erzwingen. Während der eine Protagonist ganz der Logik des Egoismus verfällt, besinnt sich der andere Protagonist auf alternative Formen des Widerstands. In einem an die französisch-iranische Comic-Autorin Marjane Satrapi (geb. 1969) erinnernden schwarz-weißen Federstrich setzt die libanesisch-frankophone Comic-Autorin Zeina Abirached (geb. 1981) ihre flächigen Personen in durchkomponierten Panels eindrucksvoll in Szene. In ihrem 2015 veröffentlichten *Le piano oriental* (dt. *Piano Oriental,* 2016) entwirft sie die Geschichte eines Pianisten, der sich ein Klavier bauen lässt, das sowohl die europäischen wie auch arabischen Tonharmonien spielen kann. Es handelt von der Sehnsucht im Pariser Exil, den ‚Orient' und den ‚Okzident' musikalisch zusammenzubringen.

Zensur und Politik: Ganz gleich, welche Textart arabische Literaten wählen, ihr Schreiben bewegt sich immer vor dem Hintergrund des Tabu-Dreiecks Politik-Religion-Sex. Ein eklatanter Fall, dessen sich PEN International angenommen hat, ist ʿUmar Ḥāḏiq (geb. 1978), ein ägyptischer Dichter, der 2007 den Titel „Poet der Romantik" in einem TV-Duell für hochsprachliche Dichtung verliehen bekam. Er wurde im Dezember 2013 zu zwei Jahren Gefängnis verurteilt, weil er an einer friedlichen Demonstration gegen Polizeigewalt teilgenommen hatte (vgl. PEN 2014). Dass dies kein Einzelfall ist, zeigen einschlägige Studien zum literarischen Feld z. B. in Ägypten (Jacquemond 2008, S. 35 ff.) oder Syrien (Wedeen 1999; Cooke 2007). Das Genre der sogenannten Gefängnisliteratur (*adab as-suǧūn/ as-siǧn),* das durch Klassiker wie ʿAbdarraḥmān Munīfs (1933-2004) 1975 publizierten Romans *Šarq al-mutawassiṭ* (dt. *Östlich des Mittelmeers,* 2007) internationale Beachtung fand, spiegelt diese Thematik anschaulich wider. Aber nicht nur in der arabischen Welt, sondern weltweit und über die Jahrhunderte hinweg, lässt sich die Wirkmacht von Kunst und Literatur in der Gesellschaft auch daran ablesen, wie intensiv politische und religiöse Autoritäten und Institutionen versuchen, kritische Künstler und Intellektuelle zum Schweigen zu bringen, indem sie sie belauschen, verhaften, foltern und ihre Werke zensieren. Doch auch staatliche Versuche, die Literatur in den Dienst der eigenen Sache zu stellen, um ihre kritisch-diskursive Wirkmacht in den jeweiligen Herrschaftsdiskurs zu integrieren, zeigen eindrücklich die gesellschaftliche Brisanz der Kunst.

Tabu und Geschlecht: Nicht nur politische Tabus, sondern auch geschlechtliche Identität, darunter vor allem männliche Homosexualität, sind in der arabischen Gesellschaft skandalträchtig. Auch in interkulturellen Begegnungen mischen

Klischees in der gegenseitigen Wahrnehmung oft mit. Dies zeigt ein „Buch gewordenes Mißverständnis" (Pflitsch 2009b) des libanesischen Autors Rashid al-Daif (Rašīd ad-Daʿīf, geb. 1945) und des deutschen Schriftstellers Joachim Helfer (geb. 1964) im Rahmen des Berliner Literaturaustauschprogramms „West-Östlicher Diwan". Dieses Programm initiierte einen Austausch zwischen deutschen und nahöstlichen Autor/innen. Der libanesische Autor, der, wie er sagt, aus einer Gesellschaft stammt, die „Männlichkeit feiert und verehrt und sie bei jeder Gelegenheit stolz demonstriert" (al-Daif in Helfer/al-Daif 2006, S. 15), traf in Berlin auf einen offen seine Homosexualität lebenden jüngeren Kollegen, der mit einem jüdischen Mann zusammenlebt. Für den libanesischen Schriftsteller bedeutete dieser Austausch ein Alltagserleben der Thematik geschlechtlicher Identität und gesellschaftlicher Tabus, die er für die libanesische Gesellschaft seit den 1990er Jahren immer wieder in seinen Romanen behandelt hat. Als der libanesische und der deutsche Autor ihr Alltagsleben dann miteinander teilten und diese Erfahrung essayistisch und literarisch aufarbeiteten, erwies sich, mit welcher emotionalen und sozialen Sprengkraft die Themen Geschlechterverhältnis und Sex behaftet sind und wie viele hartnäckige und unreflektierte Klischees über die jeweils anderen damit verbunden sind.

Zwischen den Autoren selbst und in einer Flut an öffentlichen Kommentaren, Essays und Rezensionen entspann sich ein Streitgespräch über den ‚orientalisierenden' Blick der Deutschen auf den angeblich so archaischen ‚Orient', über fehlende Kritikfähigkeit in arabischen Gesellschaften, aber auch über die (durchaus auch problematische) Rolle von Literaturprogrammen und die potentielle Vermarktung kultureller Differenzen (vgl. al-Daif/Helfer 2015). Zugleich zeigte sich am Beispiel dieses Austauschs, wie sehr die Themen Sexualität und Geschlecht ein Reizthema in beiden Gesellschaften auf je eigene Weise sind – und dies umso mehr in Momenten, in denen Fiktion und gelebter Alltag plötzlich ineinander übergehen. Zahlreiche weitere Autor/innen wie Hoda Barakat, Saleem Haddad Guapa, Abdallah Taïa oder Rabih Alameddine haben in ihren Werken Tabuthemen wie Homosexualität und geschlechtliche Gewalt behandelt.

***Documentary Turn*:** Politische Umbrüche führen häufig auch zu neuen Wahrnehmungsmustern und demzufolge auch zu neuen Ausdrucksformen und einer neuen Selbstverortung von Künstler/innen in der Gesellschaft. Die syrische Romanschriftstellerin und Journalistin Samar Yazbak (geb. 1970) beschreibt in der Einleitung zu der Anthologie *Writing the Revolution* (2013), in der Autor/innen aus verschiedenen arabischen Ländern ihre Erfahrungen mit den Auswirkungen des Arabischen Frühlings reflektieren, ein solches Übergangsstadium, das auf eine verstärkte Bedeutung des Dokumentarischen in der Literatur hinzuweisen scheint und das ihrer Einschätzung nach das Ende der bisherigen Vorstellung vom Schriftsteller einläutet. Der „Beruf des Schreibens" sei in den 2000er Jahren immer mehr mit politischem Aktivismus verbunden worden, besonders seitdem die sozialen Medien, Blogs und Online-Plattformen Schreiben so viel effektiver gemacht hätten: „Dieses neue Umfeld formte diese Revolutionen von Beginn an und deutet auf das Ende der klassischen Konzeption des Schriftstellers, der ihm traditionell zugestandenen Rolle und seines Einflusses hin." (Yazbek 2013, S. 1 f.). Dieses veränderte Selbstverständnis ist zu einem Charakteristikum der Post-2011-Literaturen geworden und in vielen arabischen Ländern zu beobachten.

Offene Kritik: Diese neue Selbstverortung von Autor/innen in der Gesellschaft ging in der frühen Umbruchphase nach 2011 mit zwei weiteren wichtigen Verschiebungen in der arabischen Literatur einher: Erstens, eine Verlagerung vom privaten zum öffentlichen Raum, kombiniert mit einer Vernachlässigung des literarischen Texts zwischen zwei Buchdeckeln zugunsten des Bildes, der Visualität und medialen Dokumentation; zweitens, eine Verschiebung von subversiver, indirekter Kritik hin zu einer direkten, öffentlichen Konfrontation, die die Schuldigen klar benennt.

Am Beispiel Syrien wird ersichtlich, wie sich diese Verschiebungen, die neben Syrien auch in mehreren anderen arabischen Ländern vorkommen (vgl. z. B. die Graffiti-Szene in Ägypten), konkret beobachten lassen. Seit 2011 hat sich die politische Situation mehrfach dramatisch verändert; die jahrzehntelange Vorherrschaft der Assad-Regierung geriet ins Wanken und stabilisierte sich dann wieder. In Ländern mit augenscheinlich stabilen, autokratischen Herrschaftssystemen wie im Syrien der Assad-Ära schrieben viele Autoren unter dem Deckmantel mythischer oder historischer Figuren. Erzählungen und Geschichten waren voll von schwarzem Humor und subversiver Satire (z. B. Zakariyya Tamer, Nihad Siris (Nihād Sīrīs, geb. 1950)). Widerständisches Denken artikulierte sich auf indirekte Weise, es war eher Überlebenstaktik in einer erdrückenden Diktatur als offener Widerstand, der lebensgefährlich wäre (Cooke 2007).

Dies änderte sich radikal zu Beginn des Arabischen Frühlings durch die neuen Ausdrucksmöglichkeiten im öffentlichen Raum des Internets und ‚der radikalen Straße'. Satire gegen Herrscher und autokratische Systeme wurde z. B. in dem Online-Puppentheater namens „Massasit Matti" in den „Top Goon: Tagebücher eines kleinen Diktators" betitelten Folgen nun offen und unverschleiert geäußert, der zu stürzende Diktator direkt adressiert (https://www.masasitmati.org). Die Formensprache der arabischen Ästhetik hat sich verändert. Sicher hat dies neben neuen digitalen Möglichkeiten aber auch damit zu tun, dass zahlreiche syrische Künstler/innen inzwischen außerhalb des Landes publizieren und leben. Es gab also eine Verschiebung von subversiver, indirekter Kritik im Schutz der Privatsphäre (z. B. in einem Buch, im Ausland fern der Zensur publiziert) hin zu einer direkten, öffentlichen Konfrontation: Das Tabu der konfrontativen Herrscherkritik ist gefallen, der gottähnliche Diktator wird zu Bišū, dem kleinen, weinerlichen Diktator-Püppchen – und dies vor Tausenden von Internetnutzer/innen, die die Videos „Top Goon" begeistert anklicken. Diese offene Kritik fand zunächst in dokumentarischen und visuellen Genres statt (*documentary turn*), im Lauf der Post-2011-Phase entwickeln sich – vor allem im breiten Feld der neuen Exilliterat/innen wie Dima Wannous (Dīma Wannūs, geb. 1982) oder Rosa Yassin Hassan (Rūzā Yāsīn Ḥasan, geb. 1974) – ebenfalls Formen politischer Kritik in literarischen Texten.

Horror und Gewalt: Nicht nur revolutionäre Umbrüche, sondern auch der gesellschaftliche Alltag, wirtschaftliche Notlagen und gewaltsame Konflikte haben direkten Einfluss auf die jeweilige Literaturproduktion, was die Produktionsbedingungen betrifft, aber auch in Bezug auf Themenwahl und stilistische Vorlieben. Am Beispiel der irakischen Literatur seit den Sanktionen in den 1990er Jahren und der amerikanischen Invasion von 2003 lässt sich gut ersehen, wie alltägliche Gewalterfahrungen auch in der Literatur zu weit verbreiteten Themen wurden. In einer Situation, in der es keine politische, legale oder historische Verlässlichkeit gibt, intervenieren irakische literarische Narrative, um die unaussprechlichen, verlorenen, unterdrückten oder gezielt zum Schweigen gebrachten historischen Narrative der Opfer dieser strukturellen Gewalt zu artikulieren.

Haytham Bahoora zeigt in einer Studie zur Ästhetik des Horrors in irakischen Kriegserzählungen nach 2003, wie dieses Terrain unvorstellbarer Brutalität und ihrer Nachwirkungen in literarischen Texten durch metaphysische Momente erkundet wird, im Bereich des Unbewussten, in Alpträumen oder im Übernatürlichen (Bahoora 2015, S. 185). Bahoora untersucht Romane der irakischen Autoren Ahmed Saadawi (Aḥmad Saʿdāwī, geb. 1973), Ḥassān Blāsim (geb. 1973) und Luʾay Ḥamza ʿAbbās (geb. 1965). Er nennt diese stilistischen und thematischen Bearbeitungen der Post-2003-Erfahrungen eine Art postkolonialen Schauerroman ("a kind of postcolonial gothic fiction"), "ein literarisches Genre, das sich ausdrücklich mit Fragen von Geschichte und der Rückkehr des Unterdrückten durch dunkle Narrative beschäftigt, die Horrorspektakel durch die Verwendung des Übernatürlichen, Unheimlichen und Monströsen repräsentieren" (Bahoora 2015, S. 188). Diese postkoloniale *gothic novel* kommt in Momenten nationaler Krise auf, argumentiert Bahoora. Sie mobilisiere das Übernatürliche, um den Status Quo zu durchbrechen und dadurch den zum Schweigen gebrachten oder verschütteten historischen Narrativen eine Stimme zu verleihen (ebd., S. 205).

Arabisch-amerikanische Literatur: Zuletzt richtet diese Einführung den Blick auf die zeitgenössische arabische Literatur außerhalb der arabischen Welt. Seit ihren Anfängen im 19. Jh. war die arabische Literatur in Teilen immer auch eine transregionale Literatur jenseits primär arabischsprachiger Gesellschaften. Anfang des 20. Jh.s trat in Nord- und Südamerika eine einflussreiche Gruppe von *mahǧar*-Literaten bzw. Diasporaliteraten in Erscheinung, die auf Arabisch und Englisch schrieb (vgl. Hassan 2011, S. 38 ff.), während spätere Einwanderer und Generationen der Arab-Americans auch auf Französisch, Spanisch und Portugiesisch publizieren (vgl. Ette/Pannewick 2006). Zu den zeitgenössischen Themen der arabisch-amerikanischen Literatur zählt die Darstellung transnationaler Identitätsverflechtungen wie in Rabih Alameddines (geb. 1959) 2001 publiziertem Roman *I, The Divine: A Novel in First Chapters* oder die Auseinandersetzung mit antiarabischen und antiislamischen Ressentiments in den USA, wovon Mohja Kahf (geb. 1967) in ihrem 2006 erschienenen Roman *The Girl in the Tangerine Scarf* erzählt (Fadda 2017, S. 702 f.).

Arabisch-französische Literatur: In Frankreich bildete sich im Vorfeld des 1954 bis 1962 dauernden algerischen Unabhängigkeitskriegs die sogenannte „Generation der 52er", die auf Französisch und in Frankreich offen gegen die französische Kolonialpolitik schrieb (Reek 2017, S. 607). Ab den 1980er Jahren entstand die Literatur der *beurs,* eine jugendsprachliche Bezeichnung für Araber. In ihren Texten beschreibt die zweite bzw. dritte Generation arabischer Migrant/innen vor allem die jugendlichen Identitätsentwürfe aus den Vororten der Metropolen, so etwa Faïza Guènes (geb. 1985) 2004 erschienenes *Kiffe Kiffe demain* (dt. *Paradiesische Aussichten,* 2006), oder sie erzählt von den Schicksalen der *harkis*, nämlich der Algerier/innen, die im Krieg gegen Frankreich sich Frankreich angeschlossen haben und danach unter doppelter Stigmatisierung litten, wovon Dalila Kerchouches (geb. 1973) 2006 publiziertes *Leïla: Avoir dix-sept ans dans un camp de harkis* handelt (vgl. Reek 2017, S. 612 ff.).

Arabisch-deutsche Literatur: Eine der frühesten Vertreter/innen der arabisch-deutschen Literatur ist die sansibarisch-hanseatische Schriftstellerin Salāma bint Saʿīd alias Emily Ruete, die Anfang des 20. Jh.s auf Deutsch publizierte. Diese Literaturrichtung lässt sich grob in drei Phasen einteilen und beginnt maßgeblich in den 1960er bis 1980er Jahren vor allem mit Autor/innen aus Syrien wie dem Lyriker Adel Karasholi (geb. 1936) und dem Prosaautor Suhayl Fāḍil (geb. 1946) alias Rafik Schami (‚Damaszener Gefährte'). Schami wurde beim deutschen Publikum zunächst durch seine modernen ‚orientalischen' Märchen des 1989 erschienenen Bandes *Erzähler der Nacht* bekannt, in den letzten Jahren jedoch vermehrt durch Romane wie den 2004 veröffentlichten Roman *Die dunkle Seite der Liebe.* Aus vielen einzelnen Geschichten von der Mitte des 19. bis in die Mitte des 20. Jh.s webt er ein breites Panorama der syrischen Gesellschaft (vgl. Mohammad 2017, S. 624 ff.).

Die zweite Phase begann ab den späten 1990er Jahren und wurde vor allem von Autoren aus dem Irak dominiert, darunter Sherko Fatah (geb. 1964) und Abbas Khider (geb. 1973). Letzterer erzählt in seinem autobiographisch inspirierten Debütroman *Der falsche Inder,* der 2008 erschien, von traumatischen Erfahrungen des Protagonisten Rasul Hamid im Irak und während seiner Flucht nach Deutschland. Als der Ich-Erzähler der Rahmenhandlung in Deutschland durch Zufall auf das Romanmanuskript von Hamids Lebensgeschichte stößt, erkennt er darin auf unheimliche Weise seine eigene Lebensgeschichte wieder. Damit stellt der Roman die für die ganze Generation wichtige Frage, was es für diese Autor/innen bedeutet, intime und schmerzhafte Details des eigenen Lebens als Roman vor einer unbekannten Leserschaft offenzulegen (vgl. Mohammad 2017, S. 631 f.). Mit diesem Werk gewann er 2010 den Adelbert-Chamisso-Preis, eines der wichtigen Förderinstrumente des deutschen Literaturmarkts, um deutschsprachige Schriftsteller/innen zu fördern, „die aus ihrer je persönlichen Erfahrung eines Sprach- oder Kulturwechsels heraus neue, eigenständige literarische Antworten auf den Wandel unserer modernen, pluralen und globalisierten Welt zu geben vermögen" (Chamisso-Preis/Hellerau). Im Gegensatz zu den auf

Deutsch schreibenden arabisch-deutschen Autor/innen erlangten die auf Arabisch schreibenden arabisch-deutschen Autor/innen, wie etwa Najem Wali (Naǧm Wālī, geb. 1956) aus dem Irak, der seit den 1980er Jahren in Deutschland lebt, deutlich weniger Sichtbarkeit im deutschen Literaturbetrieb.

Dies änderte sich – zumindest zeitweilig – in der dritten Phase ab 2015, als im Zeichen der sogenannten Flüchtlingskrise vor allem syrische Autor/innen nach Deutschland kamen, darunter etablierte Autor/innen wie Nihad Siris und Rosa Yassin Hassan. Durch Förderprogramme und Übersetzungsprojekte werden nun auch unbekanntere Autor/innen gefördert und übersetzt, wie etwa in der 2016 erschienenen Anthologie *Weg sein – hier sein. Texte aus Deutschland.* Und Rasha Abbas‘ (Rašā ʿAbbās, geb. 1984) humorvoll-beschwingter Erzählband *Kayfa tamma iḫtirāʿ al-luġa al-almāniyya* (dt. *Die Erfindung der deutschen Grammatik*) wurde 2016 erst in deutscher Übersetzung und dann im arabischen Original publiziert (Lang 2019b, S. 431). Durch die vielseitige Vernetzung dieser Autor/innen mit dem deutschen, arabischen und europäisch-amerikanischen Literaturbetrieb ist die deutsch-arabische Literatur gerade der dritten Phase nicht einfach ein Teil des literarischen Felds in Deutschland, sondern vielmehr ein transnationales Phänomen (Lang 2019b, S. 434 ff.).

2.2 Beschreibung und Analyse

Was ist ein literarischer Text? Der literarische Text ist formal betrachtet ein Text, der aufgrund bestimmter textueller oder kontextueller Markierungen, etwa durch die Gattungsbezeichnung ‚Roman‘ oder die Verleihung eines Literaturpreises, von vielen Konventionen und Erwartungen befreit ist, denen ein Sachtext unterliegt. So kann ein Roman nicht der Lüge bezichtigt werden und ein Gedicht muss nicht in vollständigen Sätzen verfasst sein. Sprachlich betrachtet, zeichnet sich der literarische Text durch seine Literarizität aus, die in besonderer Weise auf die sprachliche Form oder Beschaffenheit des Texts verweist. In literarischen Texten finden sich so Klang- und Wortfiguren wie Lautmalereien (Onomatopöie) und Auslassungen (Ellipsen), im übertragenen Sinn gebrauchte Wendungen (Tropen) wie etwa die Metapher oder der Vergleich, aber auch andere Formen der Abweichung und Verfremdung alltags- und hochsprachlicher Kommunikation. Literarische Texte loten damit die Bedeutungsvielfalt von sprachlichen Zeichen und Interpretationsmöglichen von sprachlichen Aussagen aus, die für das Verständnis des literarischen Texts entscheidend sind.

Damit verknüpft die literaturwissenschaftliche Beschreibung eines literarischen Texts zwei Fragen, die nicht voneinander getrennt beantwortet werden können: Was wird dargestellt und wie wird es dargestellt? (Klausnitzer 2012, S. 17 ff.). Auf dieser literaturwissenschaftlichen Analyse aufbauend, kann mit Hilfe der in Teil III dargestellten Konzepte eine kulturwissenschaftlich ausgerichtete Frage nach dem Bedeutungsgehalt gestellt werden: Welche Aussage(n) trifft ein literarischer Text z. B. in Bezug auf Körper, Geschlecht oder Erinnerung?

Welche Hauptformen hat der literarische Text? Klassischerweise wird die europäische Literatur in Epik (d. h. Erzähltexte), Lyrik und Dramatik unterteilt, die arabische Literatur hingegen in Prosa (*naṯr*) und Poesie (*naẓm*) (vgl. Bettini 2012; Yaqṭīn 1997, S. 127 ff.). Unter Prosa versteht man die ungebundene Rede, die ohne Reim, Metrum und Verse auskommt, wohingegen die moderne Poesie zwar auf Reim und Metrum verzichten kann, nicht aber auf die Versform, auch wenn hier Überschneidungen wie beim Prosagedicht (*qaṣīdat naṯr*) und beim Erzählgedicht (*qiṣṣat qaṣīda*) vorkommen (vgl. Muwāfī 2004, S. 183 ff.; al-Ḫarrāṭ 1994). Die literaturwissenschaftliche Forschung zur modernen arabischen Prosa fokussiert sich weitgehend auf die narrativ-fiktionalen Texte, allen voran auf den Roman, wodurch die moderne nicht-narrative Kunstprosa wie etwa der Essay übersehen und die Prosa auf Epik reduziert wird (Junge 2019, S. 2). Um dieser Engführung entgegenzutreten, werden hier neben Analyseformen für die Erzählung und das Gedicht auch Analyseformen für den Essay vorgestellt.

Was ist ein Text für die Literaturwissenschaft? Zu Beginn werden literaturwissenschaftliche Analyseformen von Texten dargestellt. Dies betrifft zunächst mediale und paratextuelle Formen wie etwa das Medium Buch und seinen Klappentext. Danach wird die Struktur literarischer Texte anhand von Gattungen, Untergattungen und Schreibweisen analysiert und zuletzt auf Phänomene der Intertextualität und Intermedialität eingegangen. Neben dem klassisch literaturwissenschaftlichen Instrumentarium einer textimmanenten Analyse stellt diese Einführung abschließend ein kultur- und sozialwissenschaftlich geöffnetes Instrumentarium für eine kontextorientierte Analyse vor, die, mit Edward Said gesprochen, die „Weltlichkeit" (Said 1997, S. 51) der Texte in den Blick nimmt, d. h. ihre Situiertheit in ökonomischen, politischen, sozialen und kulturellen Strukturen.

2.2.1 Text

Was ist eigentlich ein Text? Einer basalen Auffassung nach lässt sich unter einem Text „eine durch Regeln der sprachlichen Kohäsion und Kohärenz zusammenhängende […] Äußerung von mehr als einem Satz bestimmen, in der Sinneinheiten aufgebaut werden, zu deren Konstitution aber zugleich eine Konstruktionsleistung der Rezipienten erforderlich ist und die verschiedene kommunikative Funktionen erfüllt" (Winko 2007, S. 760). In der literaturwissenschaftlichen Textanalyse untersucht man die Struktur oder Teilstruktur eines Texts, die den Aufbau, den Umgang und die Aussage eines Texts mitbestimmen. Jedoch zeichnen sich moderne und vor allem postmoderne literarische Texte gerade durch ihre große Freiheit in Bezug auf die Struktur aus, sodass Strukturkonventionen ständig in Bewegung sind.

Ein literarischer Text liegt uns meist als Buch vor, doch lässt sich ein Text keinesfalls auf das gedruckte Buch reduzieren. Vielmehr begegnen uns Texte auch in anderen Medien wie Zeitschrift, Internet und Film. Unter dem Begriff ‚Medialität' untersucht die Literaturwissenschaft die medienspezifischen Eigenschaften literarischer Texte. So passt sich etwa der Vortragende epischer Werke wie der *Sīrat Banī Hilāl* (‚Volksepos des Stammes der Hilal') interaktiv dem jeweiligen Publikum an (Reynolds 1995, S. 210 f.), während im literarischen Blog eine Erzählung durch die Kommunikation mit der Leserschaft mitbestimmt ist (Pepe 2019, S. 123 ff.). Doch auch die Medialität des gedruckten Buches kann unterschiedliche Formen annehmen. In Hilal Choumans (Hilāl Šūmān, geb. 1982) 2013 veröffentlichtem Erzählband *Līmbū Bayrūt* (engl. *Limbo Beirut,* 2016) beteiligen sich die Zeichner/innen durch ihre Illustrationen mit an der Erzählung der Geschichten, während in Fāris aš-Šidyāqs *Leg over Leg* die Schriftbildlichkeit, d. h. die visuelle Anordnung des Drucktexts, den Leser bzw. die Leserin gezielt durch die Erzählung führt (Junge 2019, S. 60).

Paratexte: Jeder Text besitzt sogenannte Paratexte, die die Leserschaft wie über eine „Schwelle" (Genette 1992, S. 10) in den Text führen und die Lektüre leiten. Gérard Genette (1930–2018) unterscheidet zwischen Peritexten, die Bestandteile des materiellen Buchkorpus sind wie Titel, Motto, Klappentext, und Epitexten, die keine Bestandteile des materiellen Buchkorpus sind wie Verlagswerbung, Rezensionen und Leserkommentare. Da Paratexte nicht nur bei Büchern vorkommen, kann die medienübergreifende Leitfrage lauten: „Welche Formen rahmengebender Paratextualität machen in welchen Medien die Kommunikation von Texten möglich?" (Stanitzek 2007b, S. 201). Für den literarischen Blog untersucht Teresa Pepe etwa Profilbilder, Blogtitel und Usernames der Autor/innen (Pepe 2019, S. 48 ff.). Wie alle Strukturen des Texts sind auch Medialität und Paratextualität in ihren jeweiligen historischen und soziokulturellen Kontexten zu interpretieren.

Beispiel Paratexte

Ahmed Khaled Towfiks *Utopia,* das erstmals 2008 beim Avantgarde-Verlag Mīrīt in Kairo veröffentlicht wurde, erhielt in seiner zweiten Auflage 2009 beim kommerziellen Verlag Bloomsbury Qatar Foundation in Doha einen Peritext, der genretypisch für die Horrorliteratur ist. Zeigte das erste Cover zwei übereinandergelegte Hände, so wartet das zweite Cover mit einer blutrot gefärbten Nillandschaft und einem blutleeren Arm mit Blutstropfen auf, die die Lesenden auf den Horror einstimmen. Dieser Horror ist auch in den anderen Paratexten angelegt. So ist dem Text als Motto Bertolt Brechts (1898–1956) 1939 publiziertes Gedicht „An die Nachgeborenen" vorangestellt, wodurch Ägypten 2023 in eine Reihe mit Deutschland 1939 gestellt wird. Und in der paratextuellen Vorbemerkung erklärt der reale Autor den im Text beschriebenen Ort Utopia zwar für fiktiv, „wenn sich der Autor auch der baldigen Existenz dieses Ortes gewiss ist" (Towfik 2015, S. 5). Diese Paratexte inszenieren die Erzählung als eine Dystopie, d. h. eine negative sozialkritische Utopie in der Zukunft. Darauf aufbauend könnte man mit z. B. dem Konzept der Emotion (s. Kap. 14) u. a. die paratextuellen Emotionalisierungsstrategien unterschiedlicher Ausgaben und Übersetzungen untersuchen.

Gattungen, Untergattungen und Schreibweisen: Grundsätzlich dienen „literaturwissenschaftliche Gattungs- und Schreibweisenzuschreibungen der Bestimmung von verständnisleitenden Rahmendaten, der Interpretation und Bewertung von einzelnen Texten und Textkorpora und nicht zuletzt allgemein der Kartografierung der Literatur" (Zymner 2007, S. 26). In der modernen arabischen Literatur nehmen Romane eine übergeordnete Stellung ein, die sich auch in den vielfältigen Studien zum arabischen Roman niederschlägt (vgl. u. a. Allen 1995; Darrāǧ 2002). In einer Minimaldefinition versteht man darunter „umfangreiche fiktionale Erzähltexte in Prosa" (Zymner 2007, S. 39). Für die Analyse von Romanstrukturen ist es daher sinnvoller, diese innerhalb von Untergattungen wie autobiographischer oder historischer Roman (vgl. Enderwitz 2002; Bushnaq 2002) oder Gefängnisroman (vgl. Elimelekh 2014; Qārat Bībān 2013) zu analysieren. Neben Makro- und Mesostrukturen wie Gattungen und Untergattungen lassen sich im Text auch Mikrostrukturen wie Schreibweisen untersuchen. Darunter kann man etwa Schreibweisen des Komischen (Zipfel 2010) und Satirischen (Franke-Ziedan 2013, S. 79 ff.) untersuchen, die punktuell eingesetzt werden und ausgewählte Formelemente der Komödie bzw. Satire übernehmen.

Intertextualität und Intermedialität: Intertextualität beschreibt die Beziehung von Texten untereinander. Laut Aczel (2013, S. 241 ff.) ist der Begriff ‚Intertextualität' „derzeit als Bezeichnung für eine Vielzahl möglicher Bezugsformen von Texten in Gebrauch, seien sie intentional oder unbewusst, zufällig oder von theoretischer Notwendigkeit" (Aczel 2013, S. 242). Das oben erwähnte Gedicht „Abschied für Lord Cromer" des ägyptischen Dichters Aḥmad Šawqī (s. Abschn. 1.2) bezieht sich etwa auf die Abschiedsrede des britischen Generalkonsuls Lord Cromer zum Ende seiner Amtszeit in Ägypten (1883–1907). Ohne Kenntnis dieser Rede ist weder die antikoloniale Aussage von Šawqīs Gedicht noch die enthusiastische Rezeption des Gedichts nachvollziehbar (Kadhim 2004, S. 1 ff.).

Bezieht sich ein literarischer Text auf andere Medien, spricht man von Intermedialität (Rajewksy 2002). Ein bekanntes Beispiel in der arabischen Literatur ist das Werk der libanesischen Autorin und Künstlerin Etel Adnan (Ītīl ʿAdnān, geb. 1925). Als Tochter einer Griechin und eines Syrers wuchs Adnan mit einer Vielzahl von Sprachen, Kulturen und Religionen in Beirut auf. Zu Hause wurde Türkisch und Griechisch gesprochen, in der Schule Französisch, wobei Arabisch ein „verbotenes Paradies" blieb, da es in der Schule zu sprechen strikt untersagt war (Mejcher-Atassi 2004, S. 256). So kam es, dass diese Autorin auf Französisch und Englisch schreibt, während ihr die arabische Hochsprache verwehrt blieb. Doch in ihrer abstrakten Malerei, z. B. in den *livres d'artiste,* hat sie arabische

Handschrift integriert und sich damit „auf künstlerische Weise die arabische Schrift und damit einen Teil ihrer Identität zu eigen gemacht, die ihr als Schriftstellerin verschlossen geblieben ist" (Mejcher-Atassi 2004, S. 254).

2.2.2 Erzählung

Was ist Erzählen? Erzählen ist eine kulturelle Praktik des Menschen, die unverbundene Ereignisse zu einer Geschichte verbindet und in vielen Bereichen menschlichen Lebens zur Anwendung kommt. In künstlerischer Form wird in der literarischen Erzählung erzählt, aber auch z. B. in der Graphic Novel (vgl. Abel/Klein 2016, S. 77 ff.), im Spielfilm (s. Kap. 6) oder Computerspiel (vgl. Jagoda 2018). Anders als beim alltäglichen Erzählen praktiziert literarisches Erzählen oft, aber keineswegs immer, ein fiktionales Erzählen, das sich durch den fehlenden Wahrheitsanspruch vom faktualen Erzählen unterscheidet. Die Narratologie als Lehre vom Erzählen bietet analytisches Handwerkszeug, um einen literarischen Erzähltext präzise zu beschreiben, was Voraussetzung für die Analyse seiner kulturellen Aussagen ist. Aufbauend auf Klassikern wie Gérard Genette (vgl. Genette 2010), bietet gerade die deutschsprachige Narratologie um Matías Martínez (vgl. Martínez 2011) und Wolf Schmid (vgl. Schmid 2014) ein breites Instrumentarium mit teils abweichenden Begrifflichkeiten an, sodass Fachtermini immer zu definieren sind. Für die Terminologie der arabischsprachigen Arabistik, die sich intensiv mit der Narratologie (*sardiyyāt*) auseinandersetzt (vgl. Yaqṭīn 2012; al-Fayṣal 2003), stellen literaturwissenschaftliche Wörterbücher eine große Hilfe dar (vgl. Zaytūnī 2002). Diese Einführung orientiert sich weitgehend an Silke Lahns und Jan Christoph Meisters Überblicksdarstellung (Lahn/Meister 2016). Ältere Begrifflichkeiten, wie Franz Stanzels Er-Erzähler, Ich-Erzähler und allwissender Erzähler, die als unpräzise kritisiert wurden (vgl. ebd., S. 88 ff.), können dann verwendet werden, wenn ihre terminologische Unschärfe nicht zu einer analytischen Unschärfe führt.

Was ist eine Erzählung? Ein fiktionaler Erzähltext besitzt drei zentrale Dimensionen, nämlich Geschichte, Erzählinstanz und Erzählung (oder Diskurs). In idealtypischer Form wählt dabei eine ordnende Erzählinstanz (Leitfrage: Wer erzählt?) aus einer Menge ungeordneter Geschehnisse wichtige Ereignisse aus und verknüpft diese durch eine kausal-logische Handlung zu einer chronologisch-strukturierten Geschichte (Leitfrage: Was wird erzählt?). Die Erzählinstanz formt diese Geschichte nun in erzählkünstlerischer Weise (Leitfrage: Wie wird erzählt?) zu einer Erzählung um, die die Erzählinstanz dann als Erzähltext präsentiert, den die reale Leserschaft liest (vgl. Lahn/Meister 2016, S. 71 f.). Dabei kann eine Erzählung, etwa aus Gründen des Spannungsaufbaus, auf ein chronologisches Erzählen der Geschichte verzichten und in der Mitte oder am Ende beginnen. In Tajjib Salichs *Zeit der Nordwanderung* wird die Geschichte von Mustafa Said erzählt, der nach England geht, dort seine Frau umbringt, woraufhin er in den Sudan zurückkehrt und sich ein neues Leben aufbaut. Die Erzählung setzt mit

Saids Neuanfang im Sudan ein, sodass die Leser erst nach und nach die Details über seinen Mord in England erfahren. Generell können an einen fiktionalen Erzähltext also drei große Fragen gestellt werden: Wer erzählt? Wie wird erzählt? Was wird erzählt?

Wer erzählt? In einer fiktionalen Erzählung erzählt nicht der reale Autor die Geschichte, sondern eine fiktive Erzählinstanz (Lahn/Meister 2016, S. 73 f.). In diesem Sinn ist Nagib Mahfuz der Autor der Kairo-Trilogie, aber nicht identisch mit deren Erzähler. Zwar können gerade postmoderne Romane mit einer Ähnlichkeit zwischen realem Autor und fiktivem Erzähler spielen, solange der literarische Text aber als Fiktion markiert ist, bleibt auch die Erzählinstanz fiktiv. In Assia Djebars *Fantasia* ist die Erzählerin wie die Autorin eine frankophone algerische Schriftstellerin und Historikerin, aber die paratextuelle Gattungsangabe ‚Roman' legt nahe, dass es sich um eine fiktive Erzählerin handelt. Eine Erzählinstanz kann in unterschiedlicher Deutlichkeit außerhalb der erzählten Welt (Exegesis) oder innerhalb der erzählten Welt (Diegesis) in Erscheinung treten. Es werden hierbei drei repräsentationslogische Formen unterschieden:

- Die heterodiegetische Erzählinstanz ist keine Figur der erzählten Welt (vgl. Kairo-Trilogie),
- die homodiegetische Erzählinstanz ist eine Figur der erzählten Welt (vgl. *Zeit der Nordwanderung*),
- die autodiegetische Erzählinstanz ist die Hauptfigur der erzählten Welt (vgl. *Fantasia*) (Lahn/Meister 2016, S. 78 ff.).

Häufig taucht neben dem primären Erzähler eine oder weitere Erzählinstanzen in der erzählten Welt auf (ebd., S. 93 ff.). In *Zeit der Nordwanderung* fungiert neben dem primären Erzähler, einem jüngeren Sudanesen, der gerade aus Europa zurückkommt, die Hauptfigur Mustafa Said als sekundärer Erzähler, der über sein Leben berichtet. In dieser Weise dient der Lebensbericht des älteren sekundären Erzählers dem jüngeren primären Erzähler am Ende als eine Art Reflexionsspiegel für seinen eigenen Lebensweg, sodass die gemeinsamen (post-)kolonialen Herausforderungen der Generation vor und nach der Unabhängigkeit des Sudans deutlich werden.

Wie wird erzählt? Mit dieser Leitfrage analysiert man die Beschaffenheit der Erzählung (Diskurs) und fragt nach der Erzählperspektive, der Wiedergabe der Rede und Gedanken der Figuren und die Beziehung zwischen Erzählung und Geschichte.

Erzählperspektive: In einem fiktionalen Erzähltext ist die Erzählinstanz nicht notwendigerweise den Wahrnehmungsbeschränkungen eines Menschen unterworfen. Damit ist die Erzählinstanz auch nicht zwangsläufig an die Wahrnehmungsmöglichkeiten der Erzählerfigur gekoppelt. Mit anderen Worten:

Wer der Erzähler ist, kann davon losgelöst sein, wie der Erzähler wahrnimmt. In *Fantasia* ist die Erzählerin eine Schriftstellerin des 20. Jh.s, die aber die französische Eroberung Algeriens 1830 detailliert wahrnimmt und erzählt. Die Erzählperspektive ist „der von inneren und äußeren Faktoren gebildete Komplex von Bedingungen für das Erfassen und Darstellen eines Geschehens" (Schmid 2014, S. 285). Dazu lassen sich fünf Perspektiven für die Analyse einsetzen, die Lahn und Meister wie folgt beschreiben (Lahn/Meister 2016, S. 121 f.):

- Perzeptive Perspektive: Wie und aus welcher epistemologischen Position wird wahrgenommen?
- Ideologische Perspektive: Wie und aus welcher Position wird das Wahrgenommene moralisch, ethisch, philosophisch bewertet?
- Räumliche Perspektive: Aus welcher räumlichen Position wird das Geschehen wahrgenommen?
- Zeitliche Perspektive: Ist das ‚Jetzt' an eine der Figuren gebunden, oder drückt es eine autonome zeitliche Position der Erzählinstanz aus?
- Sprachliche Perspektive: Wessen Sprache spricht der Erzähler – die einer der Figuren oder seine Eigene?

Beispiel Erzählperspektive

Diese fünf Perspektiven, so überkomplex sie scheinen mögen, ermöglichen eine präzise Analyse verschachtelter Erzählperspektiven, wie sie bei der Beschreibung der Eroberung Algiers in *Fantasia* vorliegen. Die Erzählerin berichtet, wie die französischen Schiffe in der Morgendämmerung des 13. Juni 1830 vor Algier liegen. Mit diesen und weiteren historisch belegten Informationen nimmt die Erzählerin die Perspektive einer versierten Historikerin des 20. Jh.s ein. Dennoch sind ihre ideologischen, räumlichen, zeitlichen und sprachlichen Perspektiven auf das Ereignis alles andere als wissenschaftlich neutral. Aus zeitlicher und räumlicher Perspektive der Franzosen berichtet sie von dem Ereignis, indem sie darauf verweist, dass es „der Tag des Fronleichnamsfestes im christlichen Kalender" (Djebar 1993, S. 13) ist und sich die Stadt Algier vor der Flotte „enthüllt" (S. 13).
Die sprachliche und ideologische Perspektive verweist zunächst auf die Franzosen, da hier orientalistische Begrifflichkeiten mit kolonialistischem Gedankengut reproduziert werden: „Die Stadt […] erscheint in der Rolle einer in ihrem Geheimnis erstarrten Orientalin" (S. 13). Diese jedoch wird immer wieder durch die sprachlich-ideologische Perspektive der a posteriori schreibenden postkolonial-algerischen Historikerin des 20. Jh.s durchbrochen: „Die Stille dieser ersten Begegnung, ein feierlicher Augenblick, auf einer Wolke der Erwartung schwebend wie vor der Ouvertüre einer Oper. Wer gibt nun das Schauspiel, auf welcher Seite befindet sich das Publikum wirklich?" (ebd., S. 13). Aufbauend auf dieser narratologischen

Analyse changierender Perspektivierungen könnte man z. B. mit Hilfe des Konzepts postkolonialer Identität (s. Kap. 11) das historische und sprachliche *writing back* der Erzählerin untersuchen, die die Sprache und Ideologie des französischen Kolonialismus aus der französischen (und französischsprachigen) Innenperspektive heraus dekonstruiert.

Wiedergabe von Rede und Gedanken: Bei der Wiedergabe der Rede und Gedanken von Figuren unterscheidet man drei Hauptkategorien (Lahn/Meister 2016, S. 126 ff.):

- Zitierte Rede und Gedanken: Hierbei werden Rede und Gedanken einer Figur wortwörtlich wiedergegeben, was den Eindruck von Unmittelbarkeit erzeugt.
- Transponierte Rede und Gedanken: Hierbei werden Rede und Gedanken einer Figur in die indirekte Form transponiert oder übertragen, was den Eindruck einer Mittelbarkeit der Information erzeugt.
- Erzählte Rede und Gedanken: Hierbei werden Rede und Gedanken einer Figur vollständig von der Erzählinstanz wiedergegeben, wodurch für den Lesenden der Wortlaut der Rede oder Gedanken nicht mehr zu erkennen ist, was eine Distanz zur Figur aufbaut.

Beispiel Gedankenwiedergabe

In Nagib Mahfuz‘ psychologischem Roman *al-Liṣṣ wa-l-kilāb* (dt. *Der Dieb und die Hunde,* 1980), der 1961 publiziert wurde, wird der Übergang von erlebter Gedankenrede (transponierte Gedanken) zum inneren Monolog und Bewusstseinsstrom (zitierte Gedanken) als ein ‚Reinzoomen‘ in die Gedanken- und Gefühlswelt des Protagonisten inszeniert. Darauf aufbauend, könnte man z. B. mit dem kognitionswissenschaftlichen Konzept von Emotion (s. Kap. 14) die Rachegedanken und Hassgefühle des Protagonisten untersuchen.

Beziehung zwischen Erzählung und Geschichte: Während die Ereignisse in der Geschichte chronologisch geordnet sind, können sie in der Erzählung (Diskurs) in unterschiedlicher Reihenfolge, Genauigkeit und Häufigkeit erzählt werden. In Bezug auf die Zeitrelation zwischen Erzählung und Geschichte kann man drei Grundformen unterscheiden (Lahn/Meister 2016, S. 147 ff.):

- Ordnung: Wie werden die Ereignisse in der Erzählung angeordnet?
- Dauer: Wie viel Zeit beansprucht ein Ereignis in Relation zum Umfang seiner Wiedergabe im Erzähltext?
- Frequenz: Wie oft findet ein Ereignis statt und wie oft wird es erzählt?

Beispiel Dauer

In Mahfuz' Kairo-Trilogie wird zu Beginn der Familienalltag an einem Tag im November 1917 auf ca. 140 Seiten ausführlich erzählt, während die restlichen 27 Jahre bis 1944 auf ca. 1600 Seiten gerafft dargestellt werden, sodass hier einem Tag nur durchschnittlich 0,2 Seiten zur Verfügung stehen. Zu Beginn übersteigt damit die Erzählzeit also deutlich die erzählte Zeit, sodass dieser Novembertag durch seine hyperbolisch-detaillierte Darstellung zum archetypischen Beispiel für den Alltag einer ägyptischen Familie Anfang des 20. Jh.s stilisiert wird. Aufbauend auf dieser Analyse könnte man anhand des Tagesablaufs z. B. mit dem Konzept Geschlecht (s. Kap. 8) und dem Konzept Klasse (s. Kap. 12) die patriarchalen Strukturen einer Mittelschichtsfamilie in Kairo Ende des Ersten Weltkriegs untersuchen.

Was wird erzählt? Mit dieser Frage kann man die erzählte Geschichte hinsichtlich ihrer Thematik, Handlung, Figuren, Zeit und ihres Raums analysieren und dabei die Darstellungsmodi von *telling* (von etwas ‚erzählen') und *showing* (etwas direkt ‚zeigen') unterscheiden (Lahn/Meister 2016, S. 309).

2.2.3 Lyrik

Was ist arabische Lyrik? Im Gegensatz zu Romanen oder Filmen hat die Dichtkunst in der arabischen Kultur eine jahrhundertelange Tradition. Die Anfänge lassen sich aufgrund der erst im 8. Jh. einsetzenden arabischen Geschichtsschreibung nicht genau datieren, aber in der mündlichen Überlieferung zur vorislamischen Zeit finden sich Hinweise z. B. auf Aufmunterungsgesänge an nomadische Kameltreiber, von Frauen vorgetragene Totenklagen und Unterhaltungsmusik auf Basis von Gedichten in Kreisen von Sesshaften. Zur besseren Übermittlung waren diese frühen arabischen Gedichte mit Reim und Metrum verfasst. Die arabische Kunsttheorie ordnet Dichtung den sogenannten „Künsten des Denkens und Fühlens" zu (*funūn al-ʿaql wa-š-šiʿr*), womit Dichtung zum „Ausdruck rationaler Lebensäußerung und der vom Islam geforderten Suche nach Wissen (*ṭalab al-ʿilm*)" wird (Stock 2016, S. 11; vgl. Bauer 2012; Dāġir 2014).

Noch heute hat Dichtung in der arabischen Gesellschaft einen großen öffentlichen Stellenwert: Dichtung erhebt in Fortführung einer langen arabischen Tradition immer noch den Anspruch, die öffentliche Meinung nicht nur widerzuspiegeln oder zu kritisieren, sondern sie auch entscheidend mitzugestalten (Jayyusi 1977). Lyrik war dank ihrer bedeutenden mnemotechnischen Vorteile vor anderen Gattungen stets ein Medium schneller und weitreichender mündlicher Verbreitung. Deswegen ist sie in der Moderne gerade in solchen Gesellschaften die bedeutendste literarische Gattung, in denen das politische Geschehen einschneidende Konsequenzen auf weite Bevölkerungskreise hatte und dadurch zu einer Beteiligung oder zumindest Parteinahme motivierte.

Davon zeugt nicht nur die einflussreiche palästinensische Widerstandsdichtung seit den 1930er Jahren (vgl. Embaló/Neuwirth/Pannewick 2001), sondern auch das Beispiel des berühmten tunesischen Rappers El Général (Ḥamāda b. ʿUmar, geb. 1989), dessen am 7.11.2010 veröffentlichtes Lied „Raʾīs Lebled" (‚Der Staatschef') einen Einfluss auf den Sturz des tunesischen Präsidenten gehabt haben soll (Stock 2016, S. 159).

Aber auch in islamistischen Kreisen entfaltet Dichtung ihre hoch emotionale und motivierende Wirkung, wo z. B. im Umfeld des sogenannten IS/*Dāʿiš* die syrische „Dichterin des Islamischen Staates" Aḥlām an-Naṣr die Gemüter der Kämpfer mit flammenden Versen beflügelt (vgl. Creswell/Haykel 2015; Gatt 2020). Im arabischen Kontext lässt sich also die literarische Funktion von Dichtung nicht von deren öffentlichkeitswirksamer Funktion trennen.

Was ist ein Gedicht? Folgt man einer knappen Bestimmung von Lamping (1989), so sind lyrische Texte Einzelreden in Versen. Es gibt nach Klausnitzer (2012, S. 167 ff.) drei Eigenschaften, die ein Text aufweisen sollte, um der literarischen Gattung Lyrik zugeordnet werden zu können. Sie ergeben sich aus der Beantwortung der Frage nach der Rede-Instanz („Wer spricht?"), der Rede-Form („Wie wird gesprochen?") und dem Rede-Inhalt („Warum und zu welchem Zweck wird gesprochen?"). Im Gegensatz zu narrativen Texten weisen lyrische Texte drei Charakteristika auf (ebd., S. 168):

- die Präsenz einer Einzelrede
- eine versförmig gebundene Sprache
- die Beschreibung von Zuständen, Einstellungen, Emotionen

Gattung ohne Handlung: Lyrik wird zuweilen als ein Genre beschrieben, in dem keine Handlung geschieht, denn im Gegensatz zu Erzähltexten gibt es keine zeitliche Organisation, in der verschiedene Entwicklungen zu einer kohärenten Abfolge verbunden werden. Auch spricht im Gedicht ein Einzelsubjekt, keine narrative Instanz in Form eines medialen Vermittlers dieser Handlungsabläufe, wie in einer Erzählung. Außerdem fehlen im Gedicht handelnde Figuren bzw. Akteure, die für Erzählungen charakteristisch sind. Wenn in einem Gedicht ein Mensch auf einer Reise Abenteuer erlebt, dann sind diese Handlungen Auslöser für innere Stimmungen und Emotionen, um die es im Eigentlichen geht. Im Gegensatz zu narrativen und dramatischen Texten, wo Handlungen von konstitutiver Bedeutung sind, haben sie in der Lyrik nur auslösende, katalysierende oder retardierende Funktionen (vgl. Klausnitzer 2012, S. 168).

Neben der Überordnung von Stimmungen und Emotionen über Handlungsabläufe zeichnet außerdem ein sogenannter Möglichkeitsmodus die Lyrik aus. Laut Aristoteles ist „es nicht Aufgabe des Dichters […] mitzuteilen, was wirklich geschehen ist, sondern vielmehr, was geschehen könnte, d. h. das nach den Regeln der Wahrscheinlichkeit oder Notwendigkeit Mögliche" (Aristoteles: *Poetik* 1451a). Das bedeutet, dass Dichtung im Gegensatz zur Geschichtsschreibung über das wirklich Geschehene hinausgehen und auch nicht realisierte, aber mögliche

Handlungen thematisieren kann. In späteren literaturgeschichtlichen Debatten wurde diese mimetische Vorstellung von Dichtung aber immer mehr ersetzt durch die Ansicht, dass im Kunstwerk eine subjektive, mit der Alltagswelt keineswegs immer übereinstimmende Welt geschaffen würde (z. B. durch Grotesken oder übernatürliche Phänomene). Man spricht hier auch von „Fiktion als Freiraum“ (Burdorf 2015, S. 166), wobei Fiktionalität eine spezifische Form der Nicht-Wirklichkeit bezeichnet. In Fiktionen gilt somit der z. B. in Geschichtsschreibung vorausgesetzte Wahrheitsanspruch nicht, denn der Autor/die Autorin postuliert gar nicht, dass seine/ihre Erzählung tatsächlich stattgefunden hat. Auch die darin getroffenen Werturteile und Positionen sind nicht notwendigerweise ernst gemeint (ebd., S. 168). Vielmehr zeichnet Fiktionen eine Art Modellcharakter aus, und dadurch ergeben sich für Autor/in wie Leserschaft Freiräume im Umgang mit der fiktionalen Literatur. Die Fiktion macht ein Angebot, sich mit diesem Wirklichkeitsmodell zu beschäftigen. Der Erfahrungshintergrund der Lesenden bestimmt dabei deren Verständnis des Texts mit.

Denotationen und Konnotationen: Ein Gedicht verwendet besonders viele bildliche Ausdrücke, Symbole, Metaphern u. ä., die über die reine Wortbedeutung hinausgehen und auf sinnbildliche Bedeutungen hinweisen. Ein Gewitter mit Blitz und Donner kann eine bestimmte Gefahrensituation, einen politischen Umbruch oder eine Gemütslage versinnbildlichen (vgl. das Gedicht „Unšūdat al-maṭar“ des irakischen Dichters Badr Šākir as-Sayyāb). Lyrische Texte sind sprachliche Zeichensysteme, die sich zum einen auf der Ausdrucksebene (sprachliche Signifikanten) und zum anderen auf der Bedeutungsebene (sprachliche Signifikate) untersuchen lassen. Dabei unterscheidet man zwischen Denotationen (Bezeichnungen) im Sinn von feststehenden Bedeutungen der im Text enthaltenen Signifikanten, d. h. Worten und Wortverbindungen, und konnotativen Ebenen, in denen aus mehreren möglichen Bedeutungen unter Berücksichtigung des Kontexts eine bestimmte ausgewählt wird, um das Gedicht zu analysieren (für eine ausführliche Interpretationsanleitung vgl. Klausnitzer 2012, S. 175 ff.).

Beispiel Mimesis und Fiktionalität

Das Gedicht „Der Sänger und der Mond“ („al-Muġannī wa-l-qamar“) des irakischen Dichters ʿAbdalwahhāb al-Bayyātī (1926–1999) ist mit einem real existierenden Ort und einer genauen Datumsangabe unterschrieben: „Moskau, 26.01.1961“. Ein Blick in die Biographie des Dichters zeigt, dass er von 1959 bis 1961 Kulturattaché der irakischen Botschaft in Moskau war, bevor ihm 1963 nach einem Machtwechsel in seiner Heimat die Staatsbürgerschaft entzogen wurde und er das Land verlassen musste. Ein autobiographischer Kontext scheint also diesem lyrischen Text vom Dichter selbst eingeschrieben zu sein; es scheint nahezuliegen und vom Autor intendiert zu sein, dass man die Ereignisse im Gedicht in Moskau zu der angegebenen Zeit verortet. Dennoch muss vor dem Hintergrund des oben erläuterten Spannungsfelds zwischen Fakt und Fiktion eine klare Trennung zwischen historischer Realität und lyrischem Text bestehen bleiben, wenn er seine Geschichte erzählt:

> 1
> Ich sah ihn mit Herzen und Rubinen spielen
> 2
> Ich sah ihn sterben
> 3
> Sein maulbeerbeschmiertes Hemd
> und ein Dolch in seinem Herzen
> und ein Spinnwebfaden
> sponn sich um seine zerbrochene, stumme Flöte
> und in seinen Augen war ein grüner Mond
> der über den Veranden der Häuser und denen der Nacht versank
> während er lautlos am Wegesrand starb (al-Bayyātī 2003, S. 87)

Das Gedicht wird präsentiert als Rede eines Sprechers bzw. eines lyrischen Ichs, das im Moment des Sprechens vor einer bestimmten Szenerie steht. Doch selbst wenn dieser offensichtliche Anspruch biographisch wahr sein sollte, wird er von der poetischen Konvention absorbiert und transformiert, um eine gewisse Form von thematischer Entwicklung zu erlauben. Die hier angedeutete Handlung ist im Gegensatz zu einer Romanerzählung nicht von konstitutiver Bedeutung, sondern eher Auslöser für die Stimmung im Gedicht, für die Tragik und Emotionen, die das eigentliche Zentrum des Gedichts ausmachen. Diese Stimmung kann analysiert werden, indem zunächst Stilmittel wie Wort- oder Farbwahl oder Symbolebenen beschrieben werden, um dann Rückschlüsse auf die intendierte Stimmungslage (z. B. Trauer, Angst, Hoffnung) zu ziehen.

Auch das im Gedicht präsentierte ‚Ich' ist nicht wie in einem Brief ein empirisches ‚Ich'. Anders als ein Brief, der als ein spezifischer zeitlicher und individueller Akt gelesen wird, ist das Gedicht nicht in derselben Weise auf die Zeit bezogen und hat auch nicht denselben interpersonalen Status wie ein Brief. Um ein Gedicht zu verstehen, schafft der Lesende sich oft eine empirische Geschichte (wie „ein Dichter starb am Straßenrand"), aber wir sind uns bewusst, dass solche Geschichten fiktionale Konstruktionen sind, die wir als interpretatorische Mittel einsetzen. Und wir sind uns auch bewusst, dass unser Interesse an dem Gedicht von der Tatsache abhängt, dass es etwas anderes ist als der Bericht eines empirischen Sprechakts (Culler 2002, S. 193).

2.2.4 Essay

Was ist ein Essay? Anders als für die Erzählung und das Gedicht gibt es für den Essay kaum kanonisierte Analyseformen. Dies liegt einerseits am relativ geringen literaturwissenschaftlichen Interesse an dieser kleinen Prosaform, andererseits an changierend-hybriden Gattungsmerkmalen, durch die der Verstoß gegen Konventionen gewissermaßen selbst eine Konvention des Essays ist. Formal ist der literarische Essay eine nicht allzu lange Prosaabhandlung eines realen Autors bzw. einer realen Autorin über einen kulturellen oder gesellschaftlichen Gegenstand, „dessen Aspekte durch subjektive Erfahrung erschlossen worden sind und für den gleichwohl das allgemeine Interesse gebildeter Laien gewonnen werden soll" (Heinz Schlaffer nach Zymner 2007, S. 77). Stilmerkmale sind u. a. „[a]ssoziative und intuitive Gedankenführung, das experimentelle und spielerische Durchprobieren von Denkmöglichkeiten, häufiger Perspektivenwechsel sowie einkalkulierte Widersprüche, absichtliche Übertreibungen und provokative Aussagen bei gleichzeitiger kompositioneller Ausgefeiltheit" (Ostermann 1994).

Die vormoderne arabische Literatur verfügt über eine Bandbreite an Gattungen, aus denen sich, zusammen mit westlichen Vorläufern, der moderne arabische Essay speiste, der von Beginn an eine „Echo-Gattung" (Goddi 2014, S. 74) war, die das Zeitgeschehen literarisch pointiert reflektierte und bis heute als eine wichtige Ausdrucksform der arabischen Kulturkritik gilt (Weidner 2012, S. 8). In der Arabistik wurde der Essay als wichtige Gattung der arabischen Literatur bis auf wenige Ausnahmen (z. B. Goddi 2014; Šaraf 1999) marginalisiert.

Wie analysiert man einen Essay? Zwei unterschiedliche Aspekte werden hier in den Mittelpunkt der Analyse gestellt, nämlich Experiment im elitären Kunstessay und Kommunikation im öffentlichen Debattenessay. Damit wird das Gattungsverständnis des Essays geweitet, um auch alltäglichere Formen des Essayismus wie Leserbriefe einzuschließen.

Der Kunstessay erscheint meist als ein elitärer Kunstessay, in dem sich der reale Autor bzw. die reale Autorin über eine „suchende Schreibhaltung" (Zymner 2007, S. 75) eine zumindest ungewöhnliche bis geradewegs provokative Perspektive auf die Kultur und Gesellschaft erschließt, die der gebildeten Leserschaft einen Denkanstoß geben möchte. Beispiel dafür ist etwa der 1992 veröffentlichte Essay „aṣ-Ṣūfiyya wa-s-sūrīyāliyya" (dt. „Sufismus und Surrealismus", 2012) des Dichters Adonis, der im islamischen Sufismus und künstlerischen Surrealismus eine Wesensverwandtschaft entdeckt, die ein neues Denken ermögliche, das jede Form von Antagonismus überwinde (Pflitsch 2009a). Bei der Analyse des experimentorientierten Essays ist dabei sowohl das „*Gedanken*experiment" in seiner Prozessualität herauszuarbeiten als auch das damit verbundene „*Form*experiment" (Stanitzek 2007a, S. 165; kursiv im Original) nachzuzeichnen: Was ist der Kerngedanke des Essays und wie kommt die Autorinstanz über die essayistische Form zu diesem Kerngedanken? Warum ist der Kerngedanke für die Autorinstanz persönlich wichtig und warum ist er für die Leserschaft relevant und neuartig?

Beispiel Kunstessay

Der libanesische Schriftsteller Elias Khoury publizierte 2014 in *Maǧallat ad-dirāsāt al-filasṭīniyya* den Essay „Nūn al-insān" (‚Der Buchstabe n des Menschen'). Darin reflektiert Khoury ausgehend vom arabischen Buchstaben *nūn* im Wort *insān* (‚Mensch') über die sprachlich-kulturellen Bedeutungsschattierungen dieses Buchstaben. Im *nūn,* so der Kerngedanke, verkörpere sich eine tiefgründige Philosophie der Menschlichkeit. Um diese zu entfalten, untersucht die Autorinstanz als engagierter Schriftsteller in philologisch-meditativer Form die Poetik des *nūn* in Gedichten, Romanen und Wörterbüchern sowie in Koran und Bibel. Aufbauend auf dem grammatikalischen Dual bzw. der numerischen Zweizahl der arabischen Sprache sei der Mensch zu einem radikalen Dual verpflichtet: „Menschsein bedeutet, mit den Unterdrückten unterdrückt zu sein, mit den Fremden fremd" (Ḫūrī 2014, S. 43).

Vor dem Hintergrund der zeitgenössischen Gräueltaten des sogenannten Islamischen Staates, der auf die Haustüren von Christen den Buchstaben n für *naṣrānī* (‚Christ') schrieb, entwickelt dieser Essay aus dem ‚Geist' des arabischen Buchstabens *nūn* einen engagierten Humanismus. Damit stilisiert der Kunstessay die Auseinandersetzung mit der arabischen Sprache und Kultur als Gegengift zum Fundamentalismus und Terrorismus. Darauf aufbauend, könnte man z. B. mit dem Konzept des Sprachdenkens (s. Kap. 15) die kulturgeschichtliche und sprachideologische Dimension dieser modernen Buchstabenmystik untersuchen (vgl. Junge 2019, S. 304 f.).

Der Debattenessay ist als Teil direkt oder indirekt aufeinander bezogener Essays mehrerer Autor/innen zu einem Thema in einem größeren Medien- und Kommunikationszusammenhang zu untersuchen. Dazu gehört die Analyse u. a. der Medialität, Redaktion und Leserschaft eines Publikationsmediums, der Standpunkte und Bekanntheit der Kommunikationsteilnehmenden sowie des Verlaufs und der Argumente der Debattenbeiträge (vgl. Haist 2000; Glaß 2004, Bd. 2). Die Aufgabe der Analyse eines kommunikationsorientierten Essays innerhalb einer solchen Debatte lautet „weniger den literarischen Autonomiewert zu ermitteln als die konkrete Strategie herauszuarbeiten, mit denen [sic] der Text sich innerhalb der journalistischen Erzählmaschine positioniert" (Porombka 2007, S. 197) bzw. in einem Medien- und Kommunikationszusammenhang inszeniert.

2.2.5 Kontext

Repräsentation der Welt im Text: Literarische Texte beschreiben Ausschnitte unserer Welt in Raum und Zeit und nehmen zugleich aktiv an ihr teil. Neben einer Textanalyse bedarf es daher immer auch einer Kontextanalyse, die sowohl die Repräsentation der Welt als auch die Weltlichkeit des Texts untersuchen kann. Ähnlich wie im Verständnis von Literatur als Praktik (s. Kap. 7) wird in der Kontextanalyse der Blick über den Text hinaus geweitet und das, was jenseits des Texts ist, sichtbar gemacht. Der Unterschied zwischen Kontextanalyse und Analyse von Praktiken besteht darin, dass in der Kontextanalyse bildlich gesprochen vom literarischen Text in die Welt geblickt wird, wohingegen bei der Analyse von Praktiken von der Welt auf den literarischen Text geblickt wird.

Eine Darstellungsanalyse beschäftigt sich mit der narrativen, lyrischen und essayistischen Repräsentation der Welt im Text. Sie stellt Fragen wie: Was wird wie erzählt? Was wird wie beschrieben? Was wird wie diskutiert? Dazu bedarf es einer genauen Kenntnis der relevanten historischen, politischen, sozialen und kulturellen Umstände. So lässt sich etwa Ahmed Saadawis *Frānkištāyin fī Baġdād* (dt. *Frankenstein in Bagdad,* 2019), der 2013 veröffentlicht wurde, nicht ohne den Kontext des irakischen Bürgerkriegs nach der amerikanischen Invasion 2003 verstehen. Eine solche kontextorientierte Herangehensweise sollte sich jedoch nicht in einer Analyse von Repräsentation erschöpfen, die etwa in Saadawis Roman im Sinn einer Imagologie bzw. interkulturellen Hermeneutik lediglich das irakische Bild vom Bürgerkrieg oder den Konfessionalismus im Spiegel der arabischen Literatur untersucht. Literarische Texte sind niemals unbeteiligte Abbilder einer den Texten vorgängigen Realität, sondern „immer in Lebensverhältnisse, Zeit, Ort und Gesellschaft eingebettet – kurz, [sie sind] in der Welt und daher weltlich" (Said 1997, S. 52).

Die Weltlichkeit des Texts: Mit dem Begriff der Weltlichkeit (*worldliness*) beschreibt Edward Said in seinem 1983 veröffentlichtem Essayband *The World, the Text, and the Critic* (dt. *Die Welt, der Text und der Kritiker,* 1997) die ökonomische, politische, soziale und kulturelle Situiertheit literarischer Texte. Es ist der Versuch, „mit einem Text und zugleich mit seinen weltlichen Bedingungen angemessen umzugehen" (Said 1997, S. 53). Die Analyse der Weltlichkeit literarischer Texte untersucht die Praktiken, mit denen der Text und seine Akteure (z. B. Autor/innen, Leser/innen, Verleger/innen) an der Welt teilhaben. Dafür gibt es eine Vielzahl von Herangehensweisen, die unterschiedliche Fragen stellen, darunter: Welche Ideologie affirmiert, transformiert oder subvertiert der Text? Welche gesellschaftliche Funktion hat der Text? Wie positioniert sich der Text und seine Akteure im literarischen Feld? In Bezug auf Saadawis *Frankenstein in Bagdad* untersucht etwa Haytham Bahoora die gesellschaftlich-politische Funktion der Horror-Ästhetik für die traumatisierte irakische Bürgerkriegsgesellschaft (Bahoora 2015). Im Sinn von Edward Said sollte eine kontextorientierte Textanalyse nicht nur die Repräsentation der Welt im Text, sondern auch die Weltlichkeit des Texts untersuchen. Um diese Weltlichkeit zu erfassen, bieten sich unterschiedliche Herangehensweisen an (vgl. Jannidis 2007; Köppe/Winko 2007). Darüber hinaus bietet das Verständnis von Kunst als kulturelle Praxis eine wesentliche Erweiterung von Saids Weltlichkeit (s. Kap. 7).

Marxistische Ideologiekritik: Für die marxistisch inspirierte Literaturwissenschaft sind geistige Produktionen wie etwa die Literatur von den materiellen Lebensverhältnissen, also Gesellschaft, Kultur und vor allem Ökonomie, abhängig. Während Karl Marx (1818–1883) und Friedrich Engels (1820–1895) von den Schriftstellern eine „treue Schilderung der wirklichen Verhältnisse" (Marx/Engels 1967, S. 156) forderten, entwickelten Literaturtheoretiker wie Georg Lukács (1895–1971), Theodor W. Adorno (1903–1969) oder Terry Eagleton (geb. 1943) die marxistische Literaturwissenschaft weiter. In den 1960er Jahren verlangte die an Adorno und Max Horkheimer (1895–1973) orientierte kritische Theorie eine konsequente Ideologiekritik, die die herrschaftsstabilisierenden bis herrschaftszersetzenden Aspekte der Literatur offenlegt. „Ideologiekritik will deutlich machen, wie in literarischen Texten, auch in scheinbar harmlosen, Ideen formuliert und somit wirksam werden, die ‚affirmativ' zur Stabilisierung der – verkehrten – Herrschaftsverhältnisse beitragen und die richtige Einsicht in sie verhindern" (Jannidis 2007, S. 340). So wird in Nabīl Fārūqs für junge Leser/innen geschriebener populärer Spionagereihe ‚Der Mann fürs Unmögliche' (1984–2008) das Bild einer ‚militärischen' Männlichkeit entworfen, die alle Hindernisse überwinden kann und die damit Ägyptens militärische Macht- und Wirtschaftselite indirekt legitimiert.

Politisches Engagement und das neue Politische: In der arabischen Welt entwickelte sich seit Ende des 19. Jh.s ein Konzept politisch engagierter Literatur, nach dem Autor/innen Verantwortung für ihr Volk übernehmen sollten. Ein zündender Impuls war Taha Husseins Übersetzung von Jean-Paul Sartres Schriften zur engagierten Literatur, die fortan als *iltizām al-adab* (oder *al-adab al-multazim*) diskutiert und in unterschiedliche Richtungen weiterentwickelt wurde. Autor/innen wurde demnach u. a. eine emanzipatorische Aufgabe bei der Bildung von Nationalstaaten zugeschrieben (vgl. Klemm 1998). In diesem Sinn untersucht etwa Ghassan Kanafani, der selbst als engagierter Literat in Erscheinung trat, die palästinensische Dichtung als Widerstandsliteratur (Kanafānī 1968). Eine kontextorientierte Analyse engagierter arabischer Literatur verortet Text und Autor/in innerhalb dieser Debatten. In der zweiten Hälfte des 20. Jh.s wurde dieses Konzept von einer neuen Autorengeneration jedoch heftig kritisiert, was mitunter zu einer radikalen Ablehnung des *iltizām*-Konzepts und seiner Ästhetik führte (vgl. Halabi 2017). Im 21. Jh. zeigt sich vor allem in der Populärliteratur und *šabāb*-Literatur für jüngere Menschen wieder eine Hinwendung zu politischen Themen, jedoch unter neuen Vorzeichen. Mit einem postideologischen Fokus auf Alltagserfahrung und Subkulturen wird der Begriff des Politischen neu gefasst (z. B. El-Ariss 2013, S. 145 ff.). In diesem Sinn ist auch eine kontextorientierte Analyse des Engagements arabischer Literatur jenseits des klassischen *adab al-iltizām* möglich, die Präfiguration, Gegenpositionierung oder Neukonzeptualisierung des Politischen in den literarischen Texten im Zusammenhang mit öffentlichen Debatten und der Selbstpositionierung der Autor/innen untersucht (vgl. Albers/Khalil/Pannewick 2015; ʿAṣfūr 2016).

Diskursanalyse: Unter einem Diskurs versteht Michel Foucault (1926–1984) „eine Menge von Aussagen, die einem gleichen Formationssystem zugehören" (Foucault 1973, S. 156). Diskurse sind Bestandteile von Machtpraktiken, insofern Macht eine ordnungsstiftende Größe in Diskursen ist, die durch Ausgrenzung bzw. Förderung bestimmter Wissensformen und Redeweisen in Erscheinung tritt. Indem Foucault Roland Barthes' (1915–1980) These vom ‚Tod des Autors' weiterführt, versteht er literarische Texte „nicht als eigenständige, Bedeutung tragende Größen, sondern als ‚Knotenpunkte' im Netz verschiedener Diskurse" (Jannidis 2007, S. 351). Allerdings weist Foucault in den 1960er Jahren der Literatur die Funktion eines Gegendiskurses zu, der die Art und Weise der Wahrnehmung und Erkenntnis von Wirklichkeit in Frage stellt. In der literaturwissenschaftlichen Diskursanalyse werden direkte Querbezüge zwischen literarischen und nicht-literarischen Aussagen eines Diskurses hergestellt, indem die Analyse von Wissensinhalten und Aussagelogiken z. B. von politischen, wissenschaftlichen und juristischen Texten in die literarische Textanalyse miteinfließen, wie dies bei Edward Saids Analyse des Orientalismus der britischen und französischen Literatur der Fall ist (Said 1995, S. 166 ff.).

Mit der Kritischen Diskursanalyse hat Siegfried Jäger auf Foucaults Diskursbegriff aufbauend ein praktisches Handwerkszeug entwickelt, um Diskurssegmente zu analysieren (Jäger 2015), mit dem etwa literarische Blogs analysiert werden können (Lenze 2019, S. 8). Darüber hinaus beschäftigt sich die Literaturwissenschaft auch mit dem Diskurs von Literatur und Literaturwissenschaft (vgl. Allan 2016; al-Masaddī 2004; s. dazu Kap. 7).

New Historicism und dichte Beschreibung: Der von Stephen Greenblatt (geb. 1943) begründete New Historicism rückt die Frage nach der gesellschaftlichen Funktion von historischen Kunstwerken in den Mittelpunkt der Analyse. Aufbauend auf Clifford Geertz' (1926–2006) ethnologischem Ansatz einer „dichten Beschreibung" (*thick description*) und der Vorstellung von „Kultur als Text" wird der literarische Text in Zusammenhang mit nicht-literarischen Texten gelesen, um narrativ-rhetorische Grundmuster der Vertextung von Kultur zu verstehen. „Auf diese Weise untersucht der New Historicism als Kulturpoetik kulturelle Praktiken, als deren eine die Literatur aufgefasst wird, und die Beziehungen dieser Praktik zueinander" (Köppe/Winko 2007, S. 357). Um dabei die „soziale Energie" (Greenblatt 1990, S. 12 f.) von Literatur besser zu erfassen, stützt sich die Analyse häufig auf Anekdoten, die etwa Praktiken des Schreibens oder Lesens offenlegen. Eine neuere Spielart dieser Herangehensweise ist die „dichte Übersetzung" (*thick translation*), ein auf Kwame Anthony Appiah (geb. 1954) zurückgehendes Konzept, das die soziale Funktion von Texten anhand einer kulturell-kontextualisierenden Übersetzung vornimmt (Appiah 1993). In diesem Rahmen hat Samia Mehrez etwa mit ihren Studierenden eine Kulturpoetik der ägyptischen Tahrir-Demonstrationen 2011 vorgelegt, indem sie, aufbauend auf einer teilnehmenden Beobachtung, Slogans, Lieder und Graffiti einer dichten, d. h. kulturell-ausdeutenden Übersetzung ins Englische unterzogen hat (Mehrez 2012).

Postkoloniale Literaturwissenschaft: Als Weiterentwicklung von Edward Saids Orientalismuskritik interessieren sich die Postkolonialen Studien vor allem für die Auseinandersetzungen der Peripherie mit dem Zentrum (s. Kap. 11). Am Beispiel der postkolonialen englischsprachigen Literatur haben Bill Ashcroft, Gareth Griffiths und Helen Tiffin das Konzept des *writing back* geprägt, nach dem die Literatur der (ehemaligen) Kolonialgebiete gegen die (ehemalige) Kolonialmacht „zurückschreibe", indem sie sich etwa ihren Literaturkanon und ihre Historiographie und Sprache aneigne und sie umforme (vgl. Ashcroft/Griffiths/Tiffin 2002). In dieser Weise unternimmt der frankophone algerische Autor Kamel Daoud (geb. 1970) in seinem 2013 publizierten Roman *Meursault, contre-enquête* (dt. *Der Fall Meursault – eine Gegendarstellung,* 2016) ein postkoloniales Rewriting (vgl. Osthues 2017) des 1942 erschienenen französischen Klassikers *L'Étranger* (dt. *Der Fremde,* 1948) von Albert Camus (1913–1960). Darin entblößt er die rassistische Rhetorik von Camus' Roman und dekonstruiert zugleich seinen Stil und seine Sprache. Bei einer kontextorientierten Herangehensweise sind Texteigenschaften, hier Intertextualität und Parodie, innerhalb (post-)kolonialer Machtungleichheit zwischen Zentrum und Peripherie, in diesem Fall Paris und Algerien, zu analysieren.

Das literarische Feld: Der französische Soziologe Pierre Bourdieu (1930–2003) untersucht, wie Soziales in literarischen Texten vermittelt wird. Dabei geht er nicht so sehr auf die gesellschaftlichen Strukturen im Ganzen ein, sondern auf den sozialen Kontext der Autor/innen. Auf ihn gehen die einflussreichen Begriffe des ‚Feldes' bzw. ‚sozialen Raums' und des ‚Habitus' zurück (s. Kap. 12 und 7). Grundlegend für Bourdieus Ansatz ist zudem die Beobachtung, dass Autor/innen durch ihre Texte, die Wahl der ästhetischen Stilmittel und literarischen Themen sich immer im literarischen Feld positionieren (s. Kap. 7). In diesem Sinn untersucht etwa Felix Lang die libanesische Nachbürgerkriegsliteratur, bei der die Thematisierung von Traumata wichtig für die Sichtbarkeit eines Werks im literarischen Feld ist (Lang 2016).

Rückkehr der Autor/innen und Leser/innen: In Abgrenzung zum ‚Tod des Autors' und in enger Anbindung an die Feldanalyse rücken Autor/innen und Leser/innen wieder ins Rampenlicht einer soziologisch-ethnographisch geöffneten Literaturwissenschaft. Diese Herangehensweise bedient sich Methoden der qualitativen empirischen Forschung, darunter vor allem der teilnehmenden Beobachtung und des Interviews. So untersuchen Samuli Schielke und Mukhtar Saad Shehata Praktiken des autobiographisch inspirierten *Life Writing* bei Hobbyautor/innen in Alexandria anhand von Interviews, Beobachtungen und Textanalysen (Schielke/Shehata 2016). Gerade in der Populär- und *šabāb*-Literatur rücken vor allem die Leser/innen in den literaturwissenschaftlichen Fokus. Sāmiḥ Fāyiz untersucht das Phänomen der Bestsellerliteratur etwa anhand des „digitalen Kritikers" (Fāyiz 2019, S. 103), bei dem normale Leser/innen in sozialen Netzwerken wie Goodreads und YouTube zu Laienkritiker/innen werden.

Literatur

Abdel Nasser, Tahia: *Literary Autobiography and Arab National Struggles*. Edinburgh 2017.

Abel, Julia/Klein, Christian: „Leitfaden zur Comicanalyse". In: Julia Abel/Christian Klein (Hg.): *Comic and Graphic Novels. Eine Einführung*. Stuttgart 2016, 77–106.

Abu-Deeb, Kamal: „The Collapse of Totalizing Discourse and the Rise of Marginalized/ Minority Discourses". In: Kamal Abdel-Malek/Wael Hallaq (Hg.): *Tradition, Modernity and Postmodernity in Arabic Literature*. Leiden 2000, 335–366.

Aczel, Richard: „Intertextualitätstheorien und Intertextualität". In: Ansgar Nünning (Hg.): *Metzler Lexikon Literatur- und Kulturtheorie*. Stuttgart/Weimar 2013, 349–351.

Adonis: *Die Gesänge Mihyârs des Damaszeners. Gedichte 1958–1965*. Übers. von Stefan Weidner. Zürich 1998.

Al-Bagdadi, Nadia: *Vorgestellte Öffentlichkeit. Zur Genese moderner Prosa in Ägypten, 1860–1908*. Wiesbaden 2010.

Albers, Yvonne/Georges Khalil/Friederike Pannewick: „Introduction: Tracks and Traces of Literary Commitment–On *Iltizām* as an Ongoing Intellectual Project". In: Friederike Pannewick/Georges Khalil/Yvonne Albers: *Commitment and Beyond. Reflections on/of the Political in Arabic Literature since 1940s*. Wiesbaden 2015, 9–25.

Al-Daif, Rashid/Helfer, Joachim: *What Makes a Man? Sex Talk in Beirut and Berlin*. Übers. von Ken Seigneurie und Gary Schmidt. Austin 2015.

Allan, Michael: *In the Shadow of World Literature. Sites of Reading in Colonial Egypt*. Princeton 2016.

Allen, Roger: *The Arabic Novel. An Historical and Critical Introduction*. Syracuse [2]1995.

Allen, Roger: „Muhammad al-Muwaylihī". In: Roger Allen (Hg.): *Essays in Literary Arabic Biography*. Bd. 3: *1850–1950*. Wiesbaden 2010, 236–243.

Anishchenkova, Valerie: *Autobiographical Identities in Contemporary Arab culture*. Edinburgh 2014.

Appiah, Kwame Anthony: „Thick Translation". In: *Callaloo* 16/4 (1993), 808–819.

Aristoteles: *Poetik*. Übers. von Manfred Fuhrmann. Stuttgart 1994.

ʿAṣfūr, Ǧābir: *al-Muqāwama bi-l-kitāba. Qirāʾa fī ar-riwāya al-muʿāṣira*. Kairo 2016.

Ashcroft, Bill/Griffiths, Gareth/Tiffin, Helen: *The Empire Writes Back. Theory and Practice in Post-Colonial Literature*. London 2002 [1989].

Āšūr, Raḍwā: *al-Ḥadāṯa al-mumkina. aš-Šidyāq wa-s-Sāq ʿalā as-sāq. ar-Riwāya al-ūlā fī al-adab al-ʿarabī al-ḥadīṯ*. Kairo 2009.

ʿAttar, Hasan al-: „*Maqama* of the French". Übers. von Shaden M. Tageldin. In: Tarek El-Ariss (Hg.): *The Arab Renaissance. A Bilingual Anthology of the* Nahda. New York 2018, 119–124.

Bahoora, Haytham: „Writing the Dismembered Nation: The Aesthetics of Horror in Iraqi Narratives of War". In: *Arab Studies Journal* 23/1 (2015), 184–208.

Balaa, Luma: „El Saadawi Does Not Orientalize the Other in Woman at Point Zero". In: *Journal of International Women's Studies* 19/6 (2018), 236–253.

Barthes, Roland: „Der Tod des Autors". In: Fotis Jannidis et al. (Hg.): *Texte zur Theorie der Autorschaft*. Stuttgart 2000 [1968], 185–193.

Bauer, Thomas: „Die *badīʿiyya* des Nāṣīf al-Yāziǧī und das Problem der spätosmanischen arabischen Literatur". In: Angelika Neuwirth/Christian Islebe (Hg.): *Reflections on Reflections. Near Eastern Writers Reading Literature*. Wiesbaden 2006, 49–118.

Bauer, Thomas: „S̲h̲āʿir". In: *Encyclopaedia of Islam. Second Edition*. Hg. von P. Bearman et al. 2012. https://doi.org/10.1163/1573-3912_islam_COM_1447 (03.01.2020).

Bettini, Lidia: „Nat̲h̲r". In: *Encyclopaedia of Islam. Second Edition*. Hg. von P. Bearman et al. 2012. http://dx.doi.org/https://doi.org/10.1163/1573-3912_islam_COM_1439 (20.12.2019).

Botros, Atef: „Rewriting Resistance: The Revival of Poetry of Dissent in Egypt after January 2011 (Surūr, Najm and Dunqul)". In: Friederike Pannewick/Georges Khalil/Yvonne Albers (Hg.): *Commitment and Beyond. Reflections on/of the Political in Arabic Literature since 1940s*. Wiesbaden 2015, 45–62.

Burdorf, Dieter: *Einführung in die Gedichtanalyse*. Stuttgart u.a. [3]2015.
Bushnaq, Abier: *Der historische Roman Ägyptens. Eine literaturwissenschaftliche Untersuchung am Beispiel der Mamlukenromane*. Berlin 2002.
Chahanovic, W. Scott: „Mostafa Fathi's The World of Boys: The Shabab Literature Movement of Egypt and Breaking Taboos". In: *Middle East Viewpoints* 3 (2009), 90–92.
Chamisso-Preis/Hellerau: „Über den Preis", https://www.chamissopreishellerau.de/ (31.12.2019).
Cooke, Miriam: *Dissident Syria. Making Oppositional Arts Official*. Durham/London 2007.
Creswell, Robyn/Haykel, Bernard: „Battle Lines". In: *New Yorker*, 08.06.2015. https://www.newyorker.com/magazine/2015/06/08/battle-lines-jihad-creswell-and-haykel (09.03.2020).
Culler, Jonathan: *Structural Poetics. Structuralism, Linguistics and the Study of Literature*. London/New York 2002 [1975].
Dāġir, Šarbil: *aš-Šiʿr al-ʿarabī al-ḥadīṯ. al-Qaṣīda al-ʿaṣriyya*. Beirut 2012.
Dāġir, Šarbil: *aš-Šiʿr al-ʿarabī al-ḥadīṯ. Kiyān an-naṣṣ*. Beirut 2014.
Darrāğ, Fayṣal: *Naẓariyyat ar-riwāya wa-r-riwāya al-ʿarabiyya*. Casablanca [2]2002.
Darrāğ, Fayṣal: *ar-Riwāya wa-taʾwīl at-tārīḫ: naẓariyyat ar-riwāya wa-r-riwāya al-ʿarabiyya*. Beirut 2004.
Di-Capua, Yoav: „*Nahda*: the Arab Project of Enlightenment". In: Dwight F. Reynolds (Hg.): *The Cambridge Companion to Modern Arab Culture*. Cambridge 2015, 54–74.
Douglas, Allen/Malti-Douglas, Fedwa: *Arab Comic Strips. Politics of an Emerging Mass Culture*. Bloomington u.a. 1994.
El-Ariss, Tarek: *Trials of Arab Modernity. Literary Affects and the New Political*. New York 2013.
El-Enany, Rasheed: *Arab Representations of the Occident. East-West Encounters in Arabic Fiction*. London 2006.
Elimelekh, Geula: *Arabic Prison Literature. Resistance, Torture, Alienation, and Freedom*. Wiesbaden 2014.
Embaló, Birgit/Neuwirth, Angelika/Pannewick, Friederike: *Kulturelle Selbstbehauptung der Palästinenser. Survey der Modernen Palästinensischen Dichtung*. Würzburg/Beirut 2001.
Enderwitz, Susanne: *Unsere Situation schuf unsere Erinnerungen. Palästinensische Autobiographien zwischen 1967 und 2000*. Wiesbaden 2002.
Ette, Ottmar/Pannewick, Friederike (Hg.): *ArabAmericas. Literary Entanglements of the American Hemisphere and the Arab World*. Frankfurt a.M. 2006.
Ezli, Özkan: „Transgression, or the Logic of the Body. Mohamed Choukri's Work: A Fusing of Eros, Logos and Politics". In: Angelika Neuwirth/Andreas Pflitsch/Barbara Winckler (Hg.): *Arabic Literature: Postmodern Perspectives*. London 2010, 461–470.
Fadda, Carol N.: „The United States". In: Waïl S. Hassan (Hg.): *The Oxford Handbook of Arab Novelistic Traditions*. New York 2017, 691–708.
Faḫrī, Māğid: al-*Ḥarakāt al-fikriyya wa-ruwwāduhā al-lubnāniyyūn fī ʿaṣr an-nahḍa, 1800–1922*. Beirut 1992.
Fāyiz, Sāmiḥ: *Bestseller. Ḥikāyāt ʿan al-qirāʾa*. Kairo 2019.
Fayṣal, Samar Rūḥī al-: *ar-Riwāya al-ʿarabiyya. al-Bināʾ wa-r-ruʾyā. Muqārabāt naqdiyya*. Damaskus 2003.
Foucault, Michel: *Archäologie des Wissens*. Frankfurt a.M. 1973 [1969].
Franke-Ziedan, Claudia: *Satire und Kontext: Gesellschaftskritik in den Dramen des ägyptischen Autors Ali Salem*. Wiesbaden 2013.
Gatt, Kurstin: *Decoding Dāʿiš. An Analysis of Poetic Exemplars and Discursive Strategies of Domination in the Jihadist Milieu*. Wiesbaden 2020.
Genette, Gérard: *Paratexte. Das Buch vom Beiwerk des Buchs*. Übers. von Dieter Hornig. Frankfurt a.M. 1992.
Genette, Gérard: *Die Erzählung*. Paderborn [3]2010.
Glaß, Dagmar: *Der* Muqtaṭaf *und seine Öffentlichkeit. Aufklärung, Räsonnement und Meinungsstreit in der frühen arabischen Zeitschriftenkommunikation*. 2 Bde. Würzburg 2004.

Goddi, Maria Antonietta: *Der moderne arabische Essay. Die Entstehungsgeschichte einer literarischen Gattung*. Berlin 2014.

Greenblatt, Stephen: *Verhandlungen mit Shakespeare. Innenansichten der englischen Renaissance*. Chicago 1990 [1988].

Gründler, Beatrice/Klemm, Verena/Winckler, Barbara: „Arabische Literatur". In: Rainer Brunner (Hg.): *Islam. Einheit und Vielfalt einer Weltreligion*. Stuttgart 2016, 348–378.

Guth, Stephan: *Brückenschläge. Eine integrierte ‚turkoarabische' Romangeschichte (Mitte 19. bis Mitte 20. Jahrhundert)*. Wiesbaden 2003.

Guth, Stephan: „Between *ʿAwdat ar-rūḥ* and *ʿImārat Yaʿqūbiyān*: What has Changed in Community Narratives?". In: Stephan Guth/Gail Ramsay (Hg.): *From New Values to New Aesthetics. Turning Points in Modern Arabic Literature*. Bd. 2: *Postmodernism and Thereafter*. Wiesbaden 2011, 95–107.

Hafez, Sabry: *The Genesis of Arabic Narrative Discourse. A Study in the Sociology of Modern Arabic Literature*. London 1993.

Hafez, Sabry: „The Transformation of Reality and the Arabic Novel's Aesthetic Response". In: *Bulletin of the School of Oriental and African Studies* 57/1 (1994), 93–112.

Ḥāfiz, Ṣabrī: „Ǧamāliyyāt ar-riwāya al-ǧadīda. al-Qaṭʿiyya al-maʿrifiyya wa-l-nazʿa al-muḍādda li-l-ġināʾiyya". In: *Alif. Journal of Comparative Poetics* 21 (2001), 184–246.

Haist, Andrea: *Der ägyptische Roman. Rezeption und Wertung von den Anfängen bis 1945*. Wiesbaden 2000.

Halabi, Zeina: *The Unmaking of the Arab Intellectual: Prophecy, Exile and the Nation*. Edinburgh 2017.

Hallaq, Boutros: „Adab e) modern usage". In: *Encyclopaedia of Islam. Third Edition*. Hg. von Kate Fleet et al. 2014. https://doi.org/10.1163/1573-3912_ei3_COM_23653 (22.02.2020).

Hallaq, Boutros/Toelle, Heidi (Hg.): *Histoire de la littérature arabe moderne*. Bd. 1: *1800–1945*. Arles 2007.

Hamarneh, Walid: „Jurjī Zaydān". In: Roger Allen (Hg.): *Essays in Literary Arabic Biography*. Bd. 3: *1850–1950*. Wiesbaden 2010, 382–392.

Hämeen-Anttila, Jaakko: „Adab a) Arabic, early developments". In: *Encyclopaedia of Islam. Third Edition*. Hg. von Kate Fleet et al. 2014. https://doi.org/10.1163/1573-3912_ei3_COM_24178 (22.02.2020).

Ḥamūda, Ḥusayn: *Mayādīn al-ġaḍab. Qirāʾāt fī riwāyāt miṣriyya*. Kairo 2013.

Ḫarrāṭ, Idwār al-: *al-Ḥassāsiyya al-ǧadīda. Maqālāt fī aẓ-ẓāhira al-qiṣaṣiyya*. Beirut 1993.

Ḫarrāṭ, Idwār al-: *al-Kitāba ʿabra an-nawʿiyya. Maqālāt fī ẓāhirat "al-qiṣṣa – al-qaṣīda" wa-nuṣūṣ muḫtāra*. Kairo 1994.

Hassan, Waïl S.: *Immigrant Narratives. Orientalism and Cultural Translation in Arab American and Arab British Literature*. Oxford 2011.

Helfer, Joachim/al-Daif, Rashid: *Die Verschwulung der Welt: Rede gegen Rede, Beirut – Berlin*. Übers. von Günther Orth. Frankfurt a.M. 2006.

Høigilt, Jacob: *Comics in Contemporary Arab Culture. Politics, Language and Resistance*. London 2019.

Hoops, Wiklef: „Fiktionalität als pragmatische Kategorie". In: *Poetica* 11 (1979), 281–317.

Ḫūrī, Ilyās: „Nūn al-insān". In: *Maǧallat ad-Dirāsāt al-Filasṭīniyya* 100 (2014), 29–44.

Jacquemond, Richard: *Conscience of the Nation. Writers, State, and Society in Modern Egypt*. Übers. von David Tresilian. Kairo/New York 2008 [2003].

Jäger, Siegfried: *Kritische Diskursanalyse. Eine Einführung*. Münster ^{7}2015.

Jagoda, Patrick: „Digital Games and Narrative". In: Matthew Garret (Hg.): *The Cambridge Companion to Narrative Theory*. Cambridge 2018, 231–247.

Jannidis, Fotis: „Kontextorientierte Theorien und Methoden". In: Thomas Anz (Hg.): *Handbuch Literaturwissenschaft*. Bd. 2: *Methoden und Theorien*. Stuttgart/Weimar 2007, 338–347.

Jayyusi, Salma Khadra: *Trends and Movements in Modern Arabic Poetry*. Leiden 1977.

Junge, Christian: „I Write, Therefore I Am. Metafiction as Self-Assertion in Mustafa Dhikri's *Much Ado About a Gothic Labyrinth*". In: Angelika Neuwirth/Andreas Pflitsch/Barbara Winckler (Hg.): *Arabic Literature: Postmodern Perspectives*. London 2010, 444–460.

Junge, Christian: „On Affect and Emotion as Dissent. The Kifāya Rhetoric in Pre-Revolutionary Egyptian Literature". In: Friederike Pannewick/Georges Khalil/Yvonne Albers (Hg.): *Commitment and Beyond. Reflections on/of the Political in Arabic Literature since 1940s*. Wiesbaden 2015, 253–271.

Junge, Christian: *Die Entblößung der Wörter. aš-Šidyāqs literarische Listen als Kultur- und Gesellschaftskritik im 19. Jahrhundert. Mit historischen Paratexten im Anhang*. Wiesbaden 2019.

Kadhim, Hussein N.: *The Poetics of Anti-Colonialism in the Arabic Qaṣīdah*. Leiden/Boston 2004.

Kanafānī, Ġassān: *Adab al-muqāwama fī Filasṭīn al-muḥtalla. 1948–1966*. Beirut 1968.

Kesrouany, Maya Issam: „Between Revision and Return: Emile Habiby's Pessoptimistic Response to Postcolonial Theory". In: *Interventions* 20/2 (2018), 210–228.

Kilito, Abdelfattah: *Thou Shalt Not Speak My Language*. Übers. von Waïl S. Hassan. Syracuse 2008 [Orig. 2002].

Klausnitzer, Ralf: *Literaturwissenschaft. Begriffe – Verfahren – Arbeitstechniken*. Berlin ²2012.

Klemm, Verena: „Saḥar Ḫalīfas *Bāb as-sāḥa* – eine feministische Kritik der Intifada". In: *Die Welt des Islams* 33/1 (1993), 1–22.

Klemm, Verena: *Literarisches Engagement im arabischen Nahen Osten. Konzepte und Debatten*. Würzburg 1998.

Köppe, Tilmann/Winko, Simone: „Theorien und Methoden der Literaturwissenschaft". In: Thomas Anz (Hg.): *Handbuch Literaturwissenschaft*. Bd. 2 *Methoden und Theorien*. Stuttgart/Weimar 2007, 285–337 und 348–371.

Lahn, Silke/Meister, Jan Christoph: *Einführung in die Erzähltextanalyse*. Stuttgart ³2016.

Lamping, Dieter: *Das lyrische Gedicht. Definitionen zu Theorie und Geschichte der Gattung*. Göttingen 1989.

Lang, Felix: *The Lebanese Post-Civil War Novel: Memory, Trauma, and Capital*. New York 2016.

Lang, Felix: „Beauty, Goodness and Bombs: The Role of Political Crisis in Structuring the Arab Field(s) of Cultural Production". In: Richard Jacquemond/Felix Lang (Hg.): *Culture and Crisis in the Arab World. Art, Practice and Production in Spaces of Conflict*. London 2019a, 13–37.

Lang, Felix: „Bourdieu, Latour and Rasha Abbas: The Uses of Actor-Network Theory for Studying the Field(s) of Cultural Production in the Middle East and North Africa". In: *Cultural Sociology* 13/4 (2019b), 428–443.

Lenze, Nele: *Politics and Digital Literature in the Middle East. Perspectives on Online Text and Context*. Cham 2019.

Malti-Douglas, Fedwa: *Blindness and Autobiography. Al-Ayyām of Ṭāhā Ḥusayn*. Princeton 1988.

Martínez, Matías (Hg.): *Handbuch Erzählliteratur. Theorie, Analyse, Geschichte*. Stuttgart 2011.

Martinez-Weinberger, Elga: *Romanschauplatz Saudi-Arabien: Transformationen, Konfrontationen, Lebensläufe*. Würzburg 2011.

Marx, Karl/Engels, Friedrich: *Über Kunst und Literatur*. Bd. 1. Hg. von Manfred Kliem. Berlin 1967.

Masaddī, ʿAbd as-Salām al-: *al-Adab wa-ḫiṭāb an-naqd*. Bengazi 2004.

Mehrez, Samia: *Egyptian Writers between History and Fiction: Essays on Naguib Mahfouz, Sonallah Ibrahim, and Gamal al-Ghitani*. Kairo ²2005.

Mehrez, Samia: *Egypt's Culture Wars. Politics and Practice*. London 2008.

Mehrez, Samia (Hg.): *Translating Egypt's Revolution: The Language of Tahrir*. Kairo 2012.

Mejcher, Sonja: *Geschichten über Geschichten. Erinnerungen im Romanwerk von Ilyās Ḫūrī*. Wiesbaden 2001.

Mejcher-Atassi, Sonja: „Das verbotene Paradies. Wie Etel Adnan lernte auf Arabisch zu malen". In: *Arabische Literatur, postmodern*. München 2004, 254–265.

Milich, Stephan: *Fremd meinem Namen und meiner Zeit. Identität und Exil in der Dichtung von Mahmud Darwisch*. Berlin 2005.

Milich, Stephan: „Qabbānī, Nizār". In: *Munzinger Online/KLfG – Kritisches Lexikon zur fremdsprachigen Gegenwartsliteratur.* 2009, https://www.munzinger.de/document/18000000575 (25.02.2020).
Mohammad, Yesemin: „Germany". In: Waïl S. Hassan (Hg.): *The Oxford Handbook of Arab Novelistic Traditions.* New York 2017, 623–636.
Musawi, Muhsin Jassim al-: *The Postcolonial Arabic Novel: Debating Ambivalence.* Leiden 2003.
Muwāfī, ʿAbd al-ʿAzīz: *Qaṣīdat naṯr. Min at-taʾsīs ilā l-marǧaʿiyya.* Kairo 2004.
Neuwirth, Angelika: „Traditions and Counter-Traditions in the Land of the Bible. Emile Habibi's De-Mythologizing of History". In: Angelika Neuwirth/Andreas Pflitsch/Barbara Winckler (Hg.): *Arabic Literature: Postmodern Perspectives.* London 2010, 197–219.
Ostermann, Eberhard: „Essay". In: Gert Ueding (Hg.): *Historisches Wörterbuch der Rhetorik Online.* Berlin 1994. https://www.degruyter.com/view/HWRO/essay (23.12.2019).
Osthues, Julian: „Rewriting". In: Dirk Göttsche/Axel Dunker/Gabriele Dürbeck (Hg.): *Handbuch Postkolonialismus und Literatur.* Stuttgart 2017, 216–219.
PEN 2014: "Egypt: Poet Omar Hazek imprisoned" (21.03.2014), https://www.pen-international.org/newsitems/egypt-poet-omar-hazek-imprisoned/ (27.03.2020).
Pepe, Teresa: *Blogging from Egypt. Digital Literature, 2005–2016.* Edinburgh 2019.
Pflitsch, Andreas: *Gegenwelten. Zur Literaturtheorie Idwār al-Ḫarrāṭs.* Wiesbaden 2000.
Pflitsch, Andreas: „Adūnīs – Das essayistische Werk". In: *Munzinger Online/Kindlers Literatur Lexikon.* ³2009a, https://www.munzinger.de/document/22000006800_010 (23.12.2019).
Pflitsch, Andreas: „'The Importance of Being Earnest'. Anmerkungen zu einem Buch gewordenen Missverständnis zwischen Joachim Helfer und Rašīd aḍ-Ḍaʿīf". In: Georges Tamer (Hg.): *Humor in der arabischen Kultur.* Berlin u.a. 2009b, 347–366.
Pflitsch, Andreas: „The End of Illusions. On Arab Postmodernism". In: Angelika Neuwirth/Andreas Pflitsch/Barbara Winckler (Hg.): *Arabic Literature: Postmodern Perspectives.* London 2010, 25–37.
Porombka, Stephan: „Journalistische Texte und ihre Kontexte". In: Thomas Anz (Hg.): *Handbuch Literaturwissenschaft.* Bd. 2: *Methoden und Theorien.* Stuttgart 2007, 196–198.
Qārat Bībān, Munya: *Riwāyat al-qamʿ fī Tūnis.* Tunis 2013.
Rajewsky, Irina O.: *Intermedialität.* Tübingen 2002.
Rakha, Youssef: „In Extremis: Literature and Revolution in Contemporary Cairo (An Oriental Essay in Seven Parts)". In: *The Kenyan Review* 34/3 (2012), 151–166.
Reek, Laura: „France". In: Waïl S. Hassan (Hg.): *The Oxford Handbook of Arab Novelistic Traditions.* New York 2017, 603–622.
Reynolds, Dwight Fletcher: Heroic Poets, Poetic Heroes. *The Ethnography of Performance in an Arabic Oral Epic Tradition.* Ithaca 1995.
Rizq, Ṣalāḥ: *al-Qiṣṣa al-qaṣīra. Dirāsa naṣṣiyya li-taṭawwur aš-šakl al-fannī.* Kairo ³2001.
Rooke, Tetz: „The Emergence of Arabic Bestseller: Arabic Fiction and World Literature". In: Stephan Guth/Gail Ramsay (Hg.): *From New Values to New Aesthetics. Turning Points in Modern Arabic Literature.* Bd. 2: *Postmodernism and Thereafter.* Wiesbaden 2011, 201–213.
Said, Edward W.: *Orientalism. Western Conceptions of the Orient.* London ⁴1995 [1978].
Said, Edward W.: *Die Welt, der Text und der Kritiker.* Übers. von Brigitte Flickinger. Frankfurt a.M. 1997 [1983].
Sakkūt, Ḥamdī (Hg.): *Qāmūs al-adab al-ʿarabī al-ḥadīṯ.* Kairo ²2009.
Šaraf, ʿAbd al-ʿAzīz: *Adab al-maqāla fī al-ḥaḍāra al-ittiṣāliyya.* Kairo 1999.
Schielke, Samuli/Shehata, Mukhtar Saad: „The *writing of lives.* An Ethnography of Writers and their Milieus in Alexandria". In: *ZMO Working Papers* 17 (2016), 1–25.
Schmid, Wolf: *Elemente der Narratologie.* Berlin ³2014.
Somekh, Sasson: „The Neo-Classical Arabic Poets". In: M. M. Badawi (Hg.): *Modern Arabic Literature.* Cambridge ²1997, 36–81.
Speight, R. Marston: „A Modern Tunisian Poet: Abu al-Qasim al-Shabbi (1909–1934)". In: *International Journal of Middle East Studies* 4/2 (1973), 178–198.

Stanitzek, Georg: „Essay". In: Thomas Anz (Hg.): *Handbuch Literaturwissenschaft.* Bd. 2: *Methoden und Theorien.* Stuttgart 2007a, 160–166.

Stanitzek, Georg: „Paratextanalyse". In: Thomas Anz (Hg.): *Handbuch Literaturwissenschaft.* Bd. 2: *Methoden und Theorien.* Stuttgart 2007b, 198–203.

Stehli-Werbeck, Ulrike: „The Poet of the Arabic Short Story: Zakariyya Tamer". In: Angelika Neuwirth/Andreas Pflitsch/Barbara Winckler (Hg.): *Arabic Literature: Postmodern Perspectives.* London 2010, 220–230.

Stock, Kristina: *Basiswissen Arabische Dichtung.* Leipzig 2016.

Tageldin, Shaden M.: „Hasan al-ʿAttar". In: Tarek El-Ariss (Hg.): *The Arab Renaissance. A Bilingual Anthology of the* Nahda. New York 2018, 117–118.

Taha, Ibrahim: *Arabic Minimalist Story: Genre, Politics and Poetics in the Self-Colonial Era.* Wiesbaden 2009.

Tresilian, David: *A Brief Introduction to Modern Arabic Literature.* London u.a. 2008.

Wedeen, Lisa: *Ambiguities of Domination. Politics, Rhetoric, and Symbols in Contemporary Syria.* Chicago/London 1999.

Weidner, Stefan: „Adūnīs. Das lyrische Werk". In: *Munzinger Online/Kindlers Literatur Lexikon.* ³2009, https://www.munzinger.de/document/22000006800_020 (25.02.2020)

Weidner, Stefan: „Der Dichter als Essayist. Mit Adonis denken." In: Adonis: *Wortgesang. Von der Dichtung zur Revolution.* Frankfurt a.M. 2012, 7–25.

Wielandt, Rotraud/Pflitsch, Andreas: „Maḥfūẓ, Naǧīb – Ṯarṯara fauq an-Nīl». In: *Munzinger Online/Kindlers Literatur Lexikon.* ³2009, https://www.munzinger.de/document/22000432000_030 (24.02.2020).

Winckler, Barbara: „On Writing in the ‚Language of the Enemy'. Assia Djebar and the Buried Voices of Algerian History". In: Angelika Neuwirth/Andreas Pflitsch/Barbara Winckler (Hg.): *Arabic Literature: Postmodern Perspectives.* London 2010, 429–443.

Winckler, Barbara: *Grenzgänge: Androgynie, Wahnsinn, Utopie im Romanwerk von Hudā Barakāt.* Wiesbaden 2014.

Winckler, Barbara/Junge, Christian: „Opening Up the Text: Arabic Literary Studies on the Move". In: Florian Kohstall/Carola Richter/Sarhan Dhouib/Fatima Kastner (Hg.): *Academia in Transformation. Scholars Facing the Arab Uprising.* Baden-Baden 2018, 69–92.

Winko, Simone: „Text". In: Dieter Burdorf/Christoph Fasbender/Burkhard Moennighoff (Hg.): *Metzler Lexikon Literatur.* Stuttgart/Weimar ³2007, 760.

Yaqṭīn, Saʿīd: *al-Kalām wa-l-ḫabar. Muqaddima li-s-sard al-ʿarabī.* Beirut 1997.

Yaqṭīn, Saʿīd: *as-Sardiyyāt wa-t-taḥlīl as-sardī. aš-Šakl wa-d-dalāla.* Beirut 2012.

Yazbek, Samar: „Introduction". In: Layla Al-Zubaidi/Matthew Cassel (Hg.): *Writing Revolution: The Voices from Tunis to Damascus.* London 2013.

Zaytūnī, Laṭīf: *Muʿǧam muṣṭalaḥāt naqd ar-riwāya: ʿarabī – inklīzī – faransī.* Beirut 2002.

Zeidan, Joseph T.: *Arab Women Novelists. The Formative Years and Beyond.* Albany 1995.

Zipfel, Frank: „Theorien des Komischen". In: Rüdiger Zymner (Hg.): *Handbuch Gattungstheorie.* Stuttgart 2010, 321–323.

Zymner, Rüdiger: „Texttypen und Schreibweisen". In: Thomas Anz (Hg.): *Handbuch Literaturwissenschaft.* Bd. 1: *Gegenstände und Grundbegriffe.* Stuttgart 2007, 25–80.

Primärtexte

ʿAbbās, Rašā: *Kayfa tamma iḫtirāʿ al-luġa al-almāniyya.* O.O. 2016/Abbas, Rasha: *Die Erfindung der deutschen Grammatik.* Übers. von Sandra Hetzl. Berlin 2016.

ʿAbd al-ʿĀl, Ġāda: *ʿĀyiza itgawwiz.* Kairo 2008/Abdelaal, Ghada: *Ich will heiraten! Partnersuche auf Ägyptisch.* Übers. von Kristina Bergmann. Basel 2012.

Abirached, Zeina: *Le piano oriental.* Tournai 2015/Abirached, Zeina: *Piano Oriental.* Übers. von Annika Wisniewski. Berlin 2016.

Adūnīs: *Aġānī Mihyār ad-dimašqī*. Beirut 1961/Adonis: *Die Gesänge Mihyārs des Damaszeners*. Übers. von Stefan Weidner. Zürich 1998.

Alameddine, Rabih: *I, The Divine: A Novel in First Chapters*. London 2001.

Aswānī, ʿAlāʾ al-: *ʿImārat Yaʿqūbiyān*. Kairo 2002/Aswani, Alaa al-: *Der Jakubijân-Bau*. Übers. von Hartmut Fähndrich. Basel 2007.

ʿĀyidī, Aḥmad al: *An takūn ʿAbbās al-ʿAbd*. Kairo 2003/Alaidy, Ahmed: *Being Abbas el Abd*. Übers. von Humphrey Davies. Kairo/New York 2006.

Bayyātī, ʿAbdalwahhāb al-: *Aischas Garten. Ausgewählte Gedichte*. Übers. von Khalid Al-Maaly und Heribert Becker. Berlin 2003.

Camus, Albert: *L'Étranger*. Paris 1942/Camus, Albert: *Der Fremde*. Übers. von Georg Goyert und Hans Georg Brenner. Düsseldorf 1948.

Daoud, Kamel: *Meursault, contre-enquête*. Arles 2013/Daoud, Kamel: *Der Fall Meursault*. Übers. von Claus Josten. Köln 2016.

Djebar, Assia: *L'Amour, la Fantasia*. Paris 1985/Djebar, Assia: *Fantasia*. Übers. von Inge M. Artl. Zürich 1993.

Fārūq, Nabīl: *Rağul al-mustaḥīl*. Kairo 1984–2008.

Fatah, Sherko, et al.: *Weg sein – hier sein. Texte aus Deutschland*. Berlin 2016.

Gibran, Kahlil: *The Prophet*. New York 1923.

Ġiṭānī, Ǧamāl al-: *az-Zaynī Barakāt*. Kairo 1974/Ghitani, Gamal: *Seini Barakat. Diener des Sultans, Freund des Volkes*. Übers. von Hartmut Fähndrich. Basel 1996.

Guène, Faïza: *Kiffe Kiffe demain*. Paris 2004/Guène, Faïza: *Paradiesische Aussichten*. Übers. von Anja Nattefort. Berlin 2006.

Ḥabībī, Imīl: *al-Waqāʾiʿ al-ʿağība fī iḫtifāʾ Saʿīd Abī an-Naḥs al-Mutašāʾil*. Beirut 1974/Habibi, Emil: *Der Peptimist oder Von dem seltsamen Vorfällen um das Verschwinden Saids des Glücklosen*. Übers. von Ibrahim Abu Hashhash, Hartmut Fähndrich, Frank Griffel, Angelika Neuwirth, Friederike Pannewick, Joachim Paul und Saleh Srouji. Basel 1992.

Ḥakīm, Tawfīq al-: *ʿAwdat ar-Rūḥ*. Kairo 1933.

Ḥakīm, Tawfīq al-: *Yawmiyyāt Nāʾib fī al-Aryāf*. Kairo 1937/al-Hakim, Taufiq: *Staatsanwalt unter Fellachen*. Übers. von Horst Lothar Teweleit. Zürich 1982.

Ḫalīfa, Saḥar: *Bāb as-sāḥa*. Beirut 1990/Khalifa, Sahar: *Das Tor*. Übers. von Regina Karachouli. Zürich 1994.

Ḥaqqī, Yaḥyā: *Qindīl Umm Hāšim*. Kairo 1944/Hakki, Yahya: *Die Öllampe der Umm Haschim*. Berlin 1981.

Ḫūrī, Ḫalīl al-: *Way. Iḏan lastu bi-ifranğī*. Beirut 2008 [1859].

Ḥusayn, Ṭāhā: *al-Ayyām*. 3 Bde. Kairo 1929, 1973/Hussein, Tâhâ: *Kindheitstage*. Übers. von Marianne Lapper. Berlin 1962/Hussain, Taha: *Jugendjahre in Kairo*. Übers. von Mustafa Maher. Berlin 1986/Hussain, Taha: *Weltbürger zwischen Kairo und Paris*. Übers. von Mustafa Maher. Berlin 1989.

Kahf, Mohja: *The Girl in the Tangerine Scarf*. New York 2006.

Kerchouche, Dalila: *Leïla: Avoir dix-sept ans dans un camp de harkis*. Paris 2006.

Khider, Abbas: *Der falsche Inder*. Hamburg 2008.

Maḥfūẓ, Nağīb: *al-Liṣṣ wa-l-kilāb*. Kairo 1961/Machfus, Nagib: *Der Dieb und die Hunde*. Übers. von Doris Erpenbeck. Berlin 1980.

Maḥfūẓ, Nağīb: *Bayn al-qaṣrayn*. Kairo 1956/Machfus, Nagib: *Zwischen den Palästen*. Übers. von Doris Kilias. Zürich 1992.

Maḥfūẓ, Nağīb: *Qaṣr aš-šawq*. Kairo 1957/Machfus, Nagib: *Palast der Sehnsucht*. Übers. von Doris Kilias. Zürich 1993.

Maḥfūẓ, Nağīb: *as-Sukkariyya*. Kairo 1957/Machfus, Nagib: *Zuckergässchen*. Übers. von Doris Kilias. Zürich 1994.

Maḥfūẓ, Nağīb: *Ṯarṯara fawq an-Nīl*. Kairo 1966/Machfus, Nagib: *Das Hausboot am Nil*. Übers. von Nagi Naguib. Berlin 1982.

Mustaġānimī, Aḥlam al-: *Ḏākirat al-ğasad*. Beirut 1993/Mosteghanemi, Ahlam: *Memory in the Flesh*. Übers. von Baria Ahmar Sreih. Kairo 2000.

Munīf, ʿAbdarraḥmān: *Šarq al-mutawassiṭ*. Beirut 1975/Munif, Abdalrachman: *Östlich des Mittelmeers*. Übers. von Larissa Bender. Basel 2007.

Muwayliḥī, Muḥammad al-: *Ḥadīṯ ʿĪsā ibn Hišām*. Kairo 1907/Muwayliḥī, Muḥammad al-: *What ʿĪsā ibn Hishām told us or, A Period of Time*. Übers. von Roger Allen. New York 2015.

Ruete, Emily: *Memoiren einer arabischen Prinzessin*. 2 Bde. Berlin 1886.

Saʿdāwī, Aḥmad: *Frānkištāyin fī Baġdād*. Beirut 2013/Saadawi, Ahmed: *Frankenstein in Bagdad*. Übers. von Hartmut Fähndrich. Berlin 2019.

Saʿdāwī, Nawāl as: *Imraʾa ʿinda nuqṭat aṣ-ṣifr*. Beirut 1975/El Saadawi, Nawal: *Ich spucke auf euch. Bericht einer Frau am Punkt Null*. Übers. von Anna Kamp. München 1984.

Šabbī, Abū l- Qāsim aš-: *Dīwān aġānī al-ḥayāt*. Beirut 2002; für eine englische Teilübersetzung dieses Gedichts vgl.: https://www.jadaliyya.com/pages/index/1381/al-shabbis-the-will-to-life (21.08.2018)

Ṣāliḥ, aṭ-Ṭayyib: *Mawsim al-hiǧra ilā aš-šimāl*. Beirut 1966/Salich, Tajjib: *Zeit der Nordwanderung*. Übers. von Regina Karachouli. Basel 1998.

Šāfiʿī, Maǧdī aš-: *Mitrū*. Kairo 2008/El Shafee, Magdy: *Metro. Kairo Underground*. Übers. von Iskandar Ahmad Abdalla und Stefan Winkler. Zürich 2012.

Ṣāniʿ, Raǧāʾ aṣ-: *Banāt ar-Riyāḍ*. Beirut 2005/Alsanea, Rajaa: *Die Girls von Riad*. Übers. von Doris Kilias. Zürich 2007.

Schami, Rafik: *Erzähler der Nacht*. Weinheim 1989.

Schami, Rafik: *Die dunkle Seite der Liebe*. München 2004.

Šidyāq, Fāris aš-: *as-Sāq ʿalā as-sāq fī mā huwa al-Fāriyāq*. Paris 1855/Al-Shidyāq, Aḥmad Fāris: *Leg Over Leg or the Turtle in the Tree concerning The Fāriyāq What Manner of Creature Might He Be*. Übers. von Humphrey T. Davies. New York 2013/2014.

Šukrī, Muḥammad: *al-Ḫubz al-ḥāfī. Sīra ḏātiyya riwāʾiyya 1935–1956*. Rabat 1982/Choukri, Mohamed: *Das nackte Brot*. Übers. von Georg Brunold und Viktor Kocher. Nördlingen 1986.

Šūmān, Hilāl: *Līmbū Bayrūt*. Kairo 2013/Chouman, Hilal: *Limbo Beirut*. Übers. von Anna Ziajka Stanton. Austin 2016.

Ṭahṭāwī, Rifāʿa al-: *Taḫlīṣ al-ibrīz fī talḫīṣ Bārīz*. Kairo 1834/Ṭahṭāwī, Rifāʿa al-: *Ein Muslim entdeckt Europa. Bericht über seinen Aufenthalt in Paris 1826–1831*. München 1989.

Tawfīq, Aḥmad Ḫālid: *Mā warāʾ aṭ-ṭabīʿa*. Kairo 1993–2014.

Tawfīq, Aḥmad Ḫālid: *Yūtūbiyā*. Kairo 2008/Towfik, Ahmed Khaled: *Utopia*. Übers. von Christine Battermann. Basel 2015.

3 Theater

Was ist Theater? Ist es eine universal zu verstehende Kunstform oder eine Erfindung Europas? Gibt es daher ein ‚authentisch arabisches' Theater? Welche Formen, Themen und Fragen finden sich im arabischen Gegenwartstheater und welchen Herausforderungen sieht es sich gegenüber? Und schließlich: Wie lässt sich ein Drama oder eine Inszenierung untersuchen? Das folgende Kapitel gibt einen Überblick über die Kulturgeschichte des arabischen Theaters, das seit seiner frühen Geschichte in einem Spannungsverhältnis, aber zugleich auch in einem regen Austausch mit dem ‚westlichen' Theater stand, und bietet gleichzeitig eine theaterwissenschaftliche Einführung in Gegenstand und Methodik.

3.1 Geschichte des arabischen Theaters (19. – 21. Jh.)

3.1.1 Theater – in Europa und der arabischen Welt

Ganz am Anfang der Geschichte des arabischen Theaters, in den letzten Jahrzehnten des 19. Jh.s, war von einem Spannungsverhältnis zu Europa noch nicht die Rede. Berühmte Theaterpioniere wie der syrische Dramatiker Aḥmad Abū Ḫalīl al-Qabbānī (1833–1902) waren begeistert von Theater- und Opernaufführungen, die sie auf ihren Reisen an französischen oder italienischen Bühnen erlebt hatten. Zurück in der Levante östlich des Mittelmeers, wollten sie genau solche Aufführungen auch in Syrien oder dem Libanon etablieren.

In den frühen 1870er Jahren wurde al-Qabbānī von dem osmanischen Gouverneur Ṣubḥī Pāšā und später von Miḍḥat Pāšā (gest. 1883), dem berühmten Reformer des osmanischen Reichs, ermutigt, Theaterstücke zu inszenieren. Doch als er in einer an *Tausendundeine Nacht* orientierten Inszenierung den Kalifen Hārūn ar-Rašīd als Bühnenfigur darstellen ließ, löste er einen Skandal im religiösen Establishment der Stadt Damaskus aus, was zur Schließung seines Theaters führte. Dieser Skandal geschah in einer Umbruchphase, die durch den

Y. Albers et al., *Arabistik,* https://doi.org/10.1007/978-3-476-05681-8_3

Regierungsantritt von ʿAbdülhamit II (1876–1909) eingeläutet wurde, der jegliche Opposition gleichschaltete und eine scharfe Zensur einrichtete. Die Reformbewegung fortschrittlicher Politiker und Denker kam nahezu zum Erliegen und mit ihr auch die Theaterbewegung in Damaskus. Im Jahr 1884 musste al-Qabbānī nach Ägypten auswandern, wo damals eine sehr viel offenere Atmosphäre westlichen Künsten gegenüber vorherrschte.

An diesem Beispiel wird deutlich, dass die Pioniere des arabischen Theaters wie al-Qabbānī, die Mitte des 19. Jh.s mit ersten Aufführungen an die arabische Öffentlichkeit traten, nicht nur auf spontane Begeisterung für diese neue Unterhaltungsform stießen, sondern vor allem auch auf die argwöhnische Kritik des geistlichen und politischen Establishments in Damaskus: Man verurteilte diese frühen Theaterleute als Vertreter liberaler Kreise, die mit den Prinzipien der Französischen Aufklärung zu progressiven Entwicklungen in der arabischen Welt beitragen wollten.

Öffentlichkeitscharakter von Theater: Dieser Widerstand gegen die neue Kunstform hängt aber auch damit zusammen, dass Theater, im Gegensatz z. B. zu Romanen, eine öffentliche Aufführung beinhaltet. Theater (im Arabischen *masraḥ* genannt), unterliegt generell, nicht nur in der islamischen Welt, meist strengeren Kontrollen als die rein literarischen Gattungen, die nicht in dem Maß eine öffentliche soziale Funktion haben. So sind Zensur- und Kontrollmaßnahmen ein ständiger Begleiter der Theatergeschichte, weltweit.

3.1.2 Debatten um Authentizität

Die Debatten um Theater innerhalb arabischer Kreise waren also ziemlich kontrovers. Und wie sahen europäische Forscher das neue Genre? „Das arabische Drama war eine Totgeburt" – so das Urteil des renommierten Orientalisten Hamilton A. R. Gibb (1968, S. 176) über die Theaterpioniere des 19. Jh.s. Er hatte den Begriff des Dramas, so wie er ihn aus seinem eigenen Kulturkreis kannte, zugrunde gelegt, um über dramatische Phänomene eines anderen Kulturraums zu urteilen. Und da er dort nicht genau das vorfand, was ihm bereits vertraut war, schloss er schlicht auf eine kulturbedingte Primitivität bzw. auf den defizitären Charakter jener außereuropäischen Kunst und Kultur. Dies zeigt einerseits, dass europäische Wissenschaftler oft mit einer kulturalistisch gefärbten Optik das Eigene im Fremden suchten, und andererseits macht es deutlich, wie problematisch Begriffsübertragungen von einer Kultur zur anderen sind.

Derartige orientalistische Positionen blieben in der arabischen Öffentlichkeit natürlich nicht unwidersprochen. Mitte des 20. Jh.s setzten sich viele Intellektuelle mit dem europäischen Kolonialismus kritisch auseinander und pochten auf die Eigenständigkeit des arabischen kulturellen Erbes *(turāṯ)*. Engagierte Dramatiker, Wissenschaftler und Theateraktivisten beschäftigten sich nun intensiv mit sogenannten authentisch arabischen Volkskünsten wie Festtagsprediger, Geschichtenerzähler oder Puppenspielen, um der europäischen

Behauptung entgegen zu treten, die arabische Kultur habe bei der Entwicklung dramatischer Künste versagt. Besonders spannend bei dieser engagierten ‚back-to-the-roots'-Bewegung in der Mitte des 20. Jh.s ist: Auch in Teilen europäischer Theaterkreise, vor allem in der sogenannten historischen Theateravantgarde, hatte man schon zu Beginn des 20. Jh.s nach einer ‚ursprünglichen Theatralität' im Fernen und Nahen Osten gesucht (Fischer-Lichte 1995). Wechselseitige, interkulturelle Verflechtungsprozesse dieser Art haben oft auch aufschlussreiche und nicht selten widersprüchliche Ausrichtungsprozesse. Während das Ziel im Westen eine experimentelle Reform des Theaters war, wobei es im Kern um eine Re-Theatralisierung des Theaters ging, strebten östliche Theaterleute nach einem Theater, das ‚das Leben widerspiegelt', also realistisches Theater (Fischer-Lichte 2010, S. 155 f.). In beiden Fällen ging es jedoch um dieselben theatralen Traditionen, die nur jeweils anders kontextualisiert und funktionalisiert wurden.

3.1.3 Theatrale Traditionen und frühes arabisches Bühnentheater

In der arabischen Welt haben theatrale Traditionen eine lange Geschichte. Sowohl die von den kulturellen Errungenschaften Europas begeisterten Theaterpioniere des 19. Jh.s als auch postkolonial und europakritisch argumentierende Dramatiker des 20. Jh.s griffen immer wieder in ihren Werken auf dieses lokale Erbe *(turāṯ)* zurück. Ähnlich wie der schon erwähnte syrische Theaterpionier al-Qabbānī ließen sich die beiden als Gründerväter des modernen arabischen Dramas betrachteten Dramatiker Mārūn an-Naqqāš (1817–1855) aus dem Libanon und Yaʿqūb Ṣanūʿ (1839–1912) aus Ägypten auf Reisen durch Italien und Frankreich von französischen Theaterstücken inspirieren. Dabei interessierten sie vor allem solche Aufführungsformen, die wie die heimischen Volkskünste viel Musik, Gesang und Slapstick enthielten: Opern und Komödien. Für lange Zeit blieben Gesang und Musik wichtige und sehr populäre Bestandteile des arabischen Theaters. Der arabische Publikumsgeschmack erwies sich hier als deutlich geprägt von lokalen Traditionen wie Reimprosa und Versdichtungen oder auch Satire und Slapstick im mittelalterlichen nahöstlichen Schattentheater.

Im europäischen Theater hatten sich seit dem 16. Jh. sukzessive vier unterschiedliche Sparten herausgebildet, die je nach Rolle und Funktion des Darstellers – überwiegend sprechend, singend, tanzend oder durch eine künstliche Figur ersetzt – als Schauspiel- bzw. Sprechtheater, Musiktheater, Theatertanz bzw. Körpertheater und Figurentheater bezeichnet werden (Balme 2008, S. 19 ff.). In arabischen Aufführungen war der Übergang von Sprech- zu Musiktheater hingegen oft fließend, ohne dass man sich an feste Genregrenzen, wie sie im europäischen Theater vorherrschten, gehalten hätte.

Aufgrund dieser Problematik einer nicht selten als religiöse oder politische Provokation wahrgenommenen Publikumswirksamkeit des Theaters verließ Mārūn an-Naqqāš bald seine Heimat und ließ sich in Ägypten nieder. Der Khedive Ismāʿīl, der das Land seit 1863 regierte, wollte so viele westliche Formen wie möglich adaptieren und damit die ägyptische Gesellschaft modernisieren. Er ließ im Jahr 1869 ein eigenes Opernhaus erbauen und förderte die Aufführungen zahlreicher ausländischer Theaterensembles. In diesen Zirkeln reiften dann auch die ersten Experimente eines weiteren arabischen Theaterpioniers heran, Yaʿqūb Ṣanūʿ. Ṣanūʿ, Sohn eines sephardischen Juden, der von Livorno nach Ägypten gekommen war, hatte mit seinen scharfzüngigen Texten zunächst großen Erfolg, doch im Jahr 1872 ließ der Khedive diesen Hort potentieller Regimekritik schließen und zwang Ṣanūʿ, ins Exil nach Paris zu gehen.

Wie sind nun diese ‚theatralen Traditionen' zu bewerten? Eine Art Sammelbegriff für diese Phänomene ist der Terminus *fann al-furǧa* oder ‚Unterhaltungskunst'. Darunter werden eine bunte Reihe dramatischer Spielarten gefasst, die vom musikalischen Slapstick über Steckenpferdespiele bis zur Maqāmen-Literatur oder dem Schattenspiel reichen. Wesentliches Charakteristikum dieser Formen ist ein Fehlen jeglicher dramatischen Illusion und Identifizierung des Darstellers mit seiner Rolle. Weiteres Kennzeichen ist eine tiefe Verwurzelung im Alltagsleben eines gesellschaftlichen Mikrokosmos: Die Sprache ist einfach, die Witze sind direkt und aktuell, die Figuren allen bekannt. In Ägypten experimentierte Yūsuf Idrīs mit diesen Darstellungsformen, in Marokko aṭ-Ṭayyib aṣ-Ṣiddīqī (vgl. Pannewick 2000).

Im Schattenspiel *(ḫayāl aẓ-ẓill)* werden Handpuppen aus Leder verwendet, die durch Dirigierstäbe von einem nicht sichtbaren Puppenspieler bewegt werden. Durch indirekte Beleuchtung hinter den Puppen erscheinen die Schatten der Figuren auf einer hellen Leinwand in zweidimensionaler Abbildung. Es sind für diese Schattenspiele bis auf wenige Ausnahmen kaum vollständige Texte erhalten. Die wohl berühmteste Ausnahme bilden die Texte des in Mosul geborenen ägyptischen Augenarztes Ibn Dāniyāl (1248–1311). Sie geben einen lebhaften Eindruck von diesem Genre, das Badawi überzeugend mit mittelalterlichen europäischen Dramen, mit Mysterienspielen und Moralitätendramen verglichen hat (Badawi 1988, S. 13 ff.).

3.1.4 Arabisches Theater seit den 1960er Jahren

Nach den ersten Experimenten eines arabischen Adaptionstheaters, in dem westliche Vorbilder mit lokalen Traditionen verbunden wurden, ohne aber die europäischen Dramenmodelle in Frage zu stellen, erlebte das moderne arabische Theater eine Blütezeit in der Mitte des 20. Jh.s in einer Phase allgemeiner politischer Bewusstseinsbildung im Zuge postkolonialer und nationaler Diskurse.

Nach der als *nakba* in die arabische Geschichtsschreibung eingegangenen, katastrophalen militärischen Niederlage und anschließenden Staatsgründung Israels im Jahr 1948 und dem Ausbruch der ägyptischen Revolution von 1952 kam es zu einer politischen Radikalisierung in den arabischen Gesellschaften. Unter vielen jungen Aktivisten dieser Zeit diente ein Geschichtsmythos mit einer meist glorifizierten Vergangenheit und stark nationalistischen Zügen als Identifikationsmodell. Während die gegenwärtige Schwäche und der Niedergang als Folge unglücklicher Geschehnisse in der nahen Vergangenheit gesehen wurde, betrachtete man die ferne Vergangenheit als Quelle von Stärke und Inspirationen sowie als Symbol der nationalen Größe, die wiedererlangt werden könne und müsse (Pannewick 2000, S. 51 f.).

In Theaterkreisen setzte man in dieser Zeit verstärkt populäre Formen wie *fann al-furǧa* bzw. volkstümliche Unterhaltungskunst mit viel Musik und Slapstick ein. Nicht selten machten Theaterleute sie sogar zum Ausgangspunkt einer ‚authentisch arabischen' Theatralität. Interessant ist, dass diese Formen, die nicht mit einer europäischen, bürgerlich-aristotelischen Dramendefinition zu erfassen sind, zeitgleich auch in Europa neu bewertet wurden. Hier war es gerade die Andersartigkeit der sogenannten dramatischen Volkskünste außereuropäischer Kulturen, die die europäischen Experimentalkünstler der 1960er und 1970er Jahre so faszinierte. Experimentelle westliche Theaterkünstler wie Hermann Nitsch (geb. 1938; *Orgien Mysterien Theater*) oder der britische Regisseur Peter Brook (geb. 1925; *Orghast*) arbeiten in ihren Inszenierungen, Happenings und Performances mit Schlüsselmomenten wie Ritus, Trance, Therapie, Katharsis oder Körperlichkeit, die auch für nordafrikanische und nahöstliche, oft kultische oder rituelle Ausdrucksformen wie *gnāwa, zār* oder *ta'ziya* zentral sind.

Theatrales Erbe/*Turāṯ*: In arabischen Theaterkreisen spielte bei der Hinwendung zum „theatralen Erbe" (*turāṯ masraḥī*) aber stets auch eine gewisse apologetische Tendenz eine wichtige Rolle: Es ging darum, die in westlichen Polemiken als minderwertig und nicht zur Moderne tauglich angesehene arabische Kultur zu verteidigen. Diese Defensivhaltung gegenüber innerarabischen ebenso wie europäischen Kritikern brachte verschiedene Argumentationsmuster hervor, die zeigen wollten, dass es keine kulturelle Minderwertigkeit sei, die ein Entstehen des literarischen Dramas verhindert habe. Um die kulturellen Grundlagen des arabischen Raums zu bestimmen, wurde zunächst einmal klargestellt, dass bestimmte Formen dramatischer Darstellungen tatsächlich existierten; die Frage, warum diese Darstellungen sich nicht zu einer eigenständigen literarischen Form entwickelten, wurde dabei ganz unterschiedlich beantwortet.

Eine speziell für arabische Theatralität geltende Definition entwickelte der syrische Literaturwissenschaftler und Dramatiker 'Alī 'Uqla 'Ursān Mitte der 1980er Jahre (1985, S. 15 ff.), indem er als Kriterien für theatrale Phänomene *(maẓāhir masraḥiyya)* folgende Elemente festlegt: eine bestimmte, reproduzierbare Handlung, einen festgelegten Ort und eine vereinbarte Zeit, zu der Zuschauer/innen kommen, um sich zu vergnügen. Wichtig sei eine Verbindung von Unterhaltung und Belehrung in Form einer Botschaftsübermittlung. Dieses Theaterverständnis weist eine enge Verwandtschaft zu experimentellen Theatermodellen in Europa auf, angefangen mit Bertolt Brechts Epischem Theater (Brecht 1957), über Peter Brook (s. unten), bis hin zur modernen Theatersemiotik.

3.1.5 Kulturelles Erbe und Politisierung im Theater des ausgehenden 20. Jahrhunderts

Die Verbindung von lokalen traditionellen Darstellungsformen mit dem modernen Genre des Dramas war also ein charakteristisches Kennzeichen für das arabische Theater schon seit der Gründungsphase Mitte des 19. Jh.s. Um dem Publikum die anfängliche Schwellenangst der Bühne gegenüber zu nehmen, hatten die ersten Theaterpioniere altbekannte Figuren wie z. B. den Geschichtenerzähler (*al-ḥakawātī* oder *ar-rāwī*) in das neue Genre des literarischen Dramas integriert.

Geschichtenerzähler: Seit Mitte des 20. Jh.s, im Zuge von künstlerischen Debatten über eine ‚Authentizität kultureller Formen' oder ein ‚Theater der Politisierung' *(masraḥ at-tasyīs),* erhielt die Figur des Geschichtenerzählers eine zentrale Rolle im arabischen Theater (vgl. Pannewick 2000, S. 269 f.). Der traditionelle Kaffeehauserzähler stellte durch die Darbietung von Stoffen aus dem kollektiven Gedächtnis eine Art kulturelle Institution der Erinnerung und Überlieferung dar. Im modernen Theater diente er der Aufgabe, dem noch jungen Genre dramatischer Bühnenkunst einen authentischen Platz in der arabischen Kunst zu sichern. Der *ḥakawātī* fungierte somit als Medium zur Erlangung von künstlerischer Authentizität *(al-aṣāla).* Außerdem sollte die Figur des Erzählers aber auch das Gemeinschaftsgefühl der Anwesenden im Sinn einer kulturellen Einheit stärken. Der Geschichtenerzähler wird hier als Teil eines bedrohten ‚authentischen' Erbes betrachtet, das es zu reaktivieren gilt. Er ist Garant für sogenannte Volksnähe, er vermittelt zwischen den verschiedenen Ebenen von Volksfest, politischer Intention und Ästhetik.

Ein berühmtes Beispiel hierfür sind die Produktionen des 1977 gegründeten *Masraḥ al-ḥakawātī* (Geschichtenerzähler-Theater) unter der Leitung des libanesischen Regisseurs Roger Assaf (Ruǧīh ʿAsāf), der nach alternativen Darstellungsformen suchte, um seine Vorstellungen von einer „Kunst vom Volk", nicht „für das Volk" zu verwirklichen. Seine Ideen zur Theaterarbeit entwickelten sich im Rahmen politischer und gesellschaftlicher Aktivitäten zur Unterstützung von Marginalisierten und Benachteiligten und war geprägt von einer kollektiven Produktionsarbeit, einer dicht am Zielpublikum orientierten, alltagsnahen Thematik und Bühnensprache sowie einer Inszenierung ohne vorher festgelegte schriftliche Textvorlage (vgl. zum Manifest des *ḥakawātī*-Theaters ʿAssāf 1984, S. 23 ff.).

Neben dieser gemeinschaftsstiftenden Funktion setzte man den Geschichtenerzähler aber auch als Mittel zur Politisierung der Gesellschaft ein, um das gesellschaftliche und politische Kollektiv kritisch in Frage zu stellen (*masraḥ at-tasyīs*). In der gesamten arabischen Welt bekannt und immer wieder neu inszeniert und gefeiert wurden die Theaterstücke des syrischen Dramatikers Saʿdallāh Wannūs (1941–1997). Er bediente sich in Dramen wie *Muġāmarāt raʾs al-mamlūk Ǧābir* (1969, ‚Die Abenteuer des Kopfes von Ǧābir, dem Mamluken') des *ḥakawātī* als einem Mittel zur Anregung des kritischen politischen Bewusstseins des Publikums. Es sollte dazu angeregt werden, sich bewusst mit den dargestellten

Bühnenhandlungen stellvertretend für gesellschaftliche Vorgänge auseinanderzusetzen.

Dieses Theater ist stark von Brechts Epischem Theater bzw. von seinem avantgardistischen Konzept der Lehrstücke beeinflusst. In seinen Dramen geht es darum, die Identifizierung mit der Bühne zu durchbrechen und eine kritische Distanz zum Dargestellten zu erreichen. Die Erzählerfigur will im Sinn eines kritischen historischen Bewusstseins eine künstlerische, und vor allem eine politische Botschaft übermitteln. Dieses gesellschaftskritische Bewusstsein, verbunden mit dem Anspruch, durch Kunst das politische Bewusstsein des Publikums zu schulen und im Endeffekt zu gesellschafts- und machtkritischem Handeln anzuspornen, zog sich als roter Faden durch die Mehrzahl der arabischen Theaterproduktionen in der zweiten Hälfte des 20. Jh.s. Eine deutliche Wende lässt sich erst in den 1990er Jahren ausmachen.

3.1.6 Arabisches Theater im 21. Jahrhundert

Über das ‚arabische Theater' im ‚21. Jahrhundert' zu sprechen, ist also einigermaßen abenteuerlich. Denn die Vielfalt dramatischer und theatraler Ansätze, Themen und Kontexte ist kaum in einem kurzen Überblick zu erfassen, geschweige denn schematisch zu kategorisieren. Zudem bedarf es einer kurzen Klarstellung der zeitlichen und lokalen Rahmung. Das ‚21. Jahrhundert' umfasst hier die Entwicklungen seit den 1990er Jahren bis heute. Eine bestimmte Formensprache und Ästhetik, die man gegenwärtig als Elemente eines zeitgenössischen Theaters bezeichnet, haben sich an einigen Orten der arabischen Welt bereits vor der Jahrtausendwende ausgeprägt. Zudem stellt sich die Frage, wen und was die Bezeichnung ‚arabisches Theater' ein- oder ausschließt. Die jüngste Phase der arabischen Geschichte bezeugt eine Fortsetzung an Exil und erzwungener Migration, von dem auch die kulturschaffenden Eliten stark betroffen sind. Als Teil eines arabischen Theaters im 21. Jh. müssen daher mehr als zuvor auch Theaterproduktionen diskutiert werden, die außerhalb der Grenzen der arabischen Nationalstaaten entstanden sind, bzw. Theaterschaffende berücksichtigt werden, die außerhalb ihrer arabischen Herkunftsstaaten arbeiten.

Obgleich von diesen Entwicklungen auch andere Bereiche arabischer Kulturproduktion, wie Literatur oder Film, betroffen sind, trifft es das Theater in besonderem Maße: Theater ist in seiner klassischen Form, dem Bühnentheater, aufgrund seines kollektiven Arbeitsprozesses und seinen materiellen Erfordernissen stark abhängig von institutionellen Rahmenbedingungen und hierin weit weniger ‚mobil' als andere Kunstformen.

Das anhaltende Problem restriktiver Zensurgesetze und einer mangelnden staatlichen Subventionierung verlangen auch von heutigen arabischen Theatermachern, sich neue Räume und Formen zu erschließen, die Theater auch unter eingeschränkten Produktionsbedingungen möglich machen. In der jüngeren politischen Ereignisgeschichte hält diese Situation an: In einigen Ländern, insbesondere in Irak und Syrien, haben lang anhaltende Bürgerkriege eine lebendige lokale Theaterszene zerstört. Andernorts, wie in Ägypten nach 2013, reduziert eine restriktive Politik die Kunstfreiheit aktuell auf einen minimalen Handlungsspielraum.

Angesichts dieser Entwicklungen überrascht es nicht, dass Krieg, Vertreibung und Exil nach wie vor zu den zentralen Themen zeitgenössischer arabischer Theaterarbeiten gehören. Viele Theatermacher nutzten in den vergangenen Jahren die Bühne, um aus dieser Lebensrealität erwachsene, außersprachliche Erfahrungen von Entfremdung, Perspektivlosigkeit und Tod mithilfe theatraler Mittel zu übersetzen.

Der irakische Regisseur Muhaned al-Hadi (Muhannad al-Ḥādī), der viele Jahre im syrischen Exil lebte, erzählt in Arbeiten wie *Riḥlat al-hubūṭ ilā al-ʿālā / Ḫubzunā al-yawmī* (‚Abstieg aufwärts / Unser täglich Brot', 2008) oder *Camp* (2010) Alltagsgeschichten von zur Flucht bereiten oder bereits geflüchteten Individuen, die sich unentwegt durch auf der Bühne montierte Türen und Fenster bewegen. Anstatt einen Ausweg aus ihrer Situation zu ermöglichen, überführt jeder dieser Schwellenübertritte die Figuren jedoch nur in einen weiteren ungewissen Moment.

Die palästinensische Gruppe Al-Harah (Al-Ḥāra) lässt in ihrem Stück *Al-Hašra* (englischer Titel: *Confinement,* 2010) drei Individuen die Frage stellen, wo die inneren und äußeren Grenzen ihres Lebens im Gaza-Streifen liegen, während sie sich zusammengepfercht über eine kleine, runde Bühne bewegen, die nur von einigen Flaschen begrenzt wird. Der Bühnenraum wird in diesen Beispielen zum Ort einer eingeschränkten oder erzwungenen Raumerfahrung, in der das Recht auf Heimat, Zugehörigkeit und Freizügigkeit als Menschenrecht verhandelt wird.

Muhaned al-Hadi nutzt für seine in der Regel selbst verfassten Dramentexte Erinnerungen aus eigenen Unterhaltungen oder auf der Straße aufgefangene Gesprächsfetzen, mit dem Ziel, das konkrete irakische oder syrische Alltagsleben zur Grundlage seiner Arbeiten zu machen. Diese Technik als auch das ihr zugrundeliegende Konzept, vorzugsweise mit dokumentarischem Material zu arbeiten, kann als eines der wesentlichen Merkmale zeitgenössischen arabischen Theaters aufgefasst werden.

Dass das Storytelling, repräsentiert durch die Figur des *ḥakawātī,* tief in der arabischen Theatergeschichte wurzelt sowie dessen Aktualisierung im politischen Theater der 1960er Jahre, wurde oben diskutiert. Die Annahme des Theaters als politischem Raum, als *agora* – das heißt als Ort des öffentlichen Meinungsstreits –, liegt sowohl diesen früheren als auch den zeitgenössischen dokumentarischen Ansätzen zugrunde, in denen Geschichten unterdrückter gesellschaftlicher Gruppen erzählt werden, um diesen Gehör zu verschaffen.

Man kann heute bezüglich dieser Ansätze von zwei Strömungen sprechen. Auf der einen Seite finden sich Theatermacher/innen, die neben dem streng künstlerischen Anspruch auch den pädagogischen bzw. therapeutischen Nutzen dokumentarischer Formen ins Auge gefasst haben. Hierunter fallen Institutionen wie das Masraḥ Dawār aš-Šams (Sunflower Theater), das Roger Assaf 2005 in Beirut gründete, um der Theaterjugend einen Ort des Selbstausdrucks zu schaffen; oder das Freedom Theater Jenin, gegründet 2006 vom israelisch-palästinensischen

Regisseur Juliano Mer-Khamis (Ǧūlyānū Mīr Ḫamīs), das sich als ein politischer und kreativer Freiraum im Camp-Alltag palästinensischer Kinder und Jugendlicher versteht. Auch einzelne Initiativen wie der 2007 von der ägyptischen Theatermacherin Nora Amin im Sudan veranstaltete Workshop für kriegstraumatisierte Frauen, denen eine kollektive Narration auf der Bühne bei der Verarbeitung ihrer Bürgerkriegserlebnisse helfen sollte, zählen unter diesen Ansatz. Amin hält hierzu in ihrer Arbeitsdokumentation fest: „Es zu erleben ist das eine, es öffentlich darzustellen ist das andere. Der Workshop half allen, mit der Wahrheit zu leben – und sie darzustellen" (Milich 2015, S. 297).

Auf der anderen Seite finden sich diejenigen arabischen Theaterkünstler/innen, bei denen in den späten 1990er und 2000er Jahren ein grundlegender Zweifel daran aufkam, dass am Theater und im Allgemeinen die Wahrheit überhaupt dargestellt werden könne. Sie haben in enger Auseinandersetzung mit medialen Formaten (wie Video und Fotografie) eine andere Form des dokumentarischen Theaters entwickelt. Dieser Zweifel geht einher mit einer von poststrukturalistischer Theoriebildung unterfütterten ‚Krise der Repräsentation' seit den 1980er Jahren, die das Selbstverständnis des Theaters als Repräsentationskunst im gleichen Zug miterschütterte.

Vor allem im Libanon war die experimentelle Theaterszene für diesen Diskurs besonders aufnahmebereit: Er eröffnete einen konzeptuellen Hintergrund für die künstlerische Aufarbeitung des libanesischen Bürgerkriegs (1975–1990) und bot ein Mittel gegen die kollektive Amnesie, in der jede Fraktion und konfessionelle Gruppe unterschwellig ihr je eigenes Erinnerungsnarrativ pflegte. Insbesondere das nach dem Krieg wiedereröffnete Masraḥ Beirut (Theater Beirut) und später die Organisation Ashkal Alwan (Aškāl Alwān) unterstützte Theatermacher wie Rabih Mroué (Rabīʿ Mrūwah) und Lina Saneh (Līnā Ṣaniʿ) (heute: Lina Majdalanie (Līnā Maǧdalānī)), die eine Hinterfragung historischer Wahrheit vor allem durch die Dekonstruktion des Wahrheitsgehalts historischer Dokumente vornahmen (Albers 2011; Bellan 2013).

In einer ihrer gemeinsamen Arbeiten *How Nancy Wished that Everything was an April's Fool Joke* (2007) erzählen vier ehemalige Bürgerkriegskämpfer verschiedener Fraktionen ihre Geschichte, illustriert durch Fotos und politische Poster, die sie in verschiedenen Phasen ihrer wechselvollen Karriere zeigen. Fiktion und Fakt werden hier auf eine Weise miteinander verschränkt, die das Publikum unablässig zu einer eigenen Glaubwürdigkeitsprüfung zwingen. Durch ein Changieren der Darsteller zwischen Rolle und realer Person und ein auf wenige Videoprojektionsflächen reduziertes Bühnenbild hat sich dieser Ansatz weit vom klassischen Bühnentheater entfernt und nähert sich stattdessen der *performance art* und Multimediakunst.

Einen ebenfalls dokumentarischen, wenn auch dem Schauspiel noch deutlicher verpflichteten Ansatz verfolgen der syrische Dramatiker Mohammad al-Attar (Muḥammad al-ʿAṭār) und der syrische Regisseur Omar Abu Saada (ʿUmar Abū Saʿda). In ihren Arbeiten geht es jedoch nicht um die Aufarbeitung eines vergangenen, sondern die Dokumentation eines noch immer andauernden Kriegs, dessen Gräueln das Theater ein Archiv der Gegenwart entgegensetzen kann.

In *Could you Please Look into the Camera?* (2011/12), der ersten gemeinsamen Arbeit, verschränken sie Äußerungen aus Interviews mit ehemaligen Insassen der syrischen Foltergefängnisse mit fiktiven Elementen. Der Dramatiker al-Attar sieht in diesem Ansatz die einzige Möglichkeit, die realen Geschichten einerseits öffentlich zu machen und sie gleichzeitig vor einer letztgültigen Interpretation zu schützen: „Ich habe herausgefunden, dass die Bedeutung dokumentarischen Theaters am Ende in der Art liegt, wie der Text die Vielschichtigkeit des unmittelbaren Moments transportiert. Er ist Ort für eine unbekannte Zukunft und ein unvollendetes Narrativ darüber, was sich bereits ereignet hat“ (Al-Attar 2014, S. 128 f.).

In diesem Geist haben das syrische Duo al-Attar und Abu Saada jüngst in einer Bearbeitung von Sophokles‘ *Antigone* syrische geflüchtete Frauen auf die Bühne gebeten, die dort dramaturgisch gerahmt unter dem Titel *Antigone of Shatila* (2014) von persönlichen Erfahrungen aus dem syrischen Kriegsalltag berichten. Auch die tunesische Gruppe Artistes Producteurs Associés um den Theater- und Filmregisseur Lutfi Achour (Luṭfī ʿAšūr) hat sich in einer ihren letzten Arbeiten der Interpretation eines klassischen Stückes angenommen, in der die Verschränkung von Zeitdokumenten und Schauspiel stilbildend ist: *Macbeth: Leila and Ben – A Bloody History* (2012) re- und dekonstruiert die Geschichte des tyrannischen Herrscherpaares, diesmal jedoch am Beispiel des tunesischen Präsidenten Ben Ali und seiner Frau (Hemke 2013).

In diesen Beispielen arabischen Gegenwartstheaters interagiert die Tradition des Geschichtenerzählens mit klassischen Stoffen der westlichen Theatergeschichte und einer derzeit die globale Theaterszene dominierenden Konzeption, Theater stelle ein Korrektiv der Gegenwartsgesellschaft und einen Ort des öffentlichen Widerstands dar. Die Auswahl der ästhetischen Mittel, seiner Themen und Stoffe, sowie seine Mehrsprachigkeit haben dieses arabische Theater für ein globales Publikum rezipierbar und anschlussfähig gemacht. Zudem hat es sich in seiner konzeptuellen Reduktion des Bühnenbilds auf einige wenige Medienträger einer internationalen Aufführungssituation angepasst, indem es ‚mobiler‘ geworden ist.

Diese Entwicklungen hängen nicht zuletzt zusammen mit der gewachsenen Rolle, die jenes internationale Publikum inzwischen für die arabische Kulturproduktion spielt. Internationale Festivals sowie die Förderstrukturen internationaler Kulturinstitutionen haben in den vergangenen 15 Jahren enorm an Wichtigkeit gewonnen. Diese „NGO-isierung“ (Toukan 2010, S. 131) gleicht in vielen arabischen Ländern eine mangelnde staatliche Kulturförderung aus, beeinflusst jedoch als Teil einer ausländischen Kulturpolitik die lokalen Kunstszenen und ihre Produktion. Internationale Sichtbarkeit garantieren heute entsprechend nicht mehr nur noch die großen arabischen Theaterfestivals, wie die renommierten Journées Theatrales de Carthage in Tunesien (seit 1983), sondern international agierende arabische Kunstfestivals wie Home Works (Libanon, seit 2000) oder Meeting Points (seit 2006), sowie die großen internationalen Theaterfestivals und Kunstbiennalen in Europa und den USA. In Deutschland führt seit einigen Jahren zudem das Interesse einzelner Spielstätten an arabischen Theaterproduktionen, wie das Theater an der

Ruhr (Mülheim), das Theater Hebbel am Ufer (Berlin) oder das Maxim Gorki Theater (Berlin), zu einer höheren Sichtbarkeit arabischen experimentellen Theaters.

Fast alle hier genannten arabischen Theatermacher/innen sind mit diesen Strukturen, die außerhalb ihrer lokalen Kulturfelder liegen und diese doch maßgeblich beeinflussen, bereits in Berührung gekommen; einige lediglich durch Förderung von Einzelprojekten, andere, weil sie sich dauerhaft außerhalb der arabischen Theaterszene angesiedelt haben. Dieser prekäre Status verlangt von ihnen, sich in Sprache und Habitus der jeweiligen Kulturszenen anzupassen und in die lokalen Strukturen der staatlichen Theater und freien Bühnen einzugliedern – ein Unterfangen, das nur den wenigsten unter ihnen gelingt. Insbesondere, da orientalistische und islamophobe Fremdzuschreibungen und eine allgegenwärtige Identitätspolitik das Behaupten eines eigenständigen, individuellen künstlerischen Standpunkts in einem internationalen Produktions- und Rezeptionskontext erschweren. Aus diesen Erfahrungen erwachsen oft neue Fragen, die Regisseur/innen und Schauspieler/innen in ihre Arbeiten hereintragen, und die heute genauso Teil eines arabischen Gegenwartstheaters sind, wie das Exil Teil der gegenwärtigen arabischen Lebensrealität. *Vice versa* hat diese Entwicklung auch einen nachhaltigen Einfluss auf die deutsche Theaterlandschaft: Durch Motivadaptionen, Dramenübersetzungen sowie der physischen Teilhabe (post)migrantischer arabischer Theatermacher/innen gehen Fragen von Transfer, Mehrsprachigkeit und Übersetzbarkeit heute auch in ästhetische Praxen und Diskurse des deutschen Gegenwartstheaters ein (Haakh 2019). Angesichts dieser neuen Formen einer globalisierten Theaterpraxis kann sich ein gegenwärtiges ‚arabisches Theater' nicht mehr rein entlang nationaler Grenzziehungen definieren lassen.

Am Ende aber macht dieser kurze Überblick selbst sichtbar, was er zu verbergen glaubt. Der Fokus lag auf zeitgenössischen Theaterarbeiten, die in westlichen Augen leicht als ‚politisch' bezeichnet werden können, da sie sich mit den Auswirkungen von Krieg und (islamistischem) Terrorismus auf das arabische Individuum und seine/ihre Gesellschaft auseinandersetzen. All dies sind Themen, die das westliche Publikum im Rahmen eines zeitgenössischen Orientalismus nach 9/11 mit der arabischen Welt assoziiert. Zudem sind vornehmlich solche Theatermacher/innen vorgestellt worden, die aufgrund ihrer relativen Bekanntheit außerhalb der arabischen Welt aktuell als Repräsentanten dieses ‚arabischen Theaters' gehandelt werden – ohne dass sie diese Rolle annehmen wollten oder sie überhaupt ausfüllen könnten.

So war hier nicht die Rede von den vielen lokalen staatlichen Theaterhäusern, Studiobühnen und freien Szenen in Tunesien, Libanon, Marokko oder Ägypten, die unbemerkt von internationalen Geldgebern ein solides bis hochklassiges Schauspieltheater praktizieren. Dessen Ästhetik mag dabei noch stärker klassischen Theaterkonventionen von dramatischem Text, Rollenschauspiel und vierter Wand entsprechen, und es adressiert in seinen Themen und seiner meist dialektalen Sprache vor allem ein lokales Publikum. Auch war hier nicht die Rede vom weiten Feld des Unterhaltungstheaters und Varietés, das sich auch heute großer Beliebtheit erfreut und die Theatererfahrung der meisten Menschen prägt. All diese Institutionen versuchen, Fragen aufzuwerten, die aus dem sozialen und politischen Lebenskontext ihres lokalen Publikums erwachsen.

3.2 Theater: Beschreibung und Analyse

Die nun folgenden Abschnitte zu Elementen sowie Beschreibungs- und Analysemöglichkeiten basieren hautsächlich auf Forschungsliteratur und theoretisch-methodischen Zugängen, die im Kontext einer europäischen Theatergeschichte erarbeitet wurden. Wer im Rahmen arabistischer Forschung zum Theater arbeiten möchte, muss sich darüber im Klaren sein, dass es hier möglicherweise erhebliche begriffliche oder historisch-kulturelle Differenzen geben kann. Wie bereits in dem Teilkapitel zu Debatten um Authentizität im arabischen Theater erwähnt, sind unreflektierte Begriffsübernahmen aus der europäischen Dramentheorie durchaus problematisch und können zu erheblich verfälschten Perspektiven besonders in Bezug auf die historischen Entwicklungen im arabischen Theater führen.

Erschwerend kommt hinzu, dass die Quellenlage für Inszenierungen auch zeitgenössischer arabischer Theatertexte ausgesprochen lückenhaft ist. Es gibt so gut wie keine Archive oder Bibliotheken mit gut zugänglichem Quellenmaterial (Videoaufzeichnungen, Strichfassungen, Aufführungsdokumentationen etc.), auf welche in der Forschung zurückgegriffen werden könnte. Das hat zuweilen auch mit dem restriktiven Umgang mit der Ausdrucks- und Meinungsfreiheit in vielen arabischen Ländern zu tun. Zensur und Verbote bis hin zur Gefährdung der persönlichen Sicherheit und Unversehrtheit der Künstler/innen sind im Nahen und Mittleren Osten und Nordafrika keine Seltenheit für die Autor/innen von Gedichten und Romanen. Bei Theaterproduktionen aber, ebenso wie etwa im Film oder in der Musik, greifen Zensurmaßnahmen deutlich schärfer durch. Hier spielt der bereits erwähnte besondere Öffentlichkeitscharakter von Theateraufführungen an einem öffentlichen Ort vor einem großen Publikum eine entscheidende Rolle.

Eine weitere Schwierigkeit für die Forschungsarbeit zum arabischen Theater besteht in der weitgehenden Diglossie der arabischen Sprache, d. h. einer faktischen Mehrsprachigkeit, bei der die arabische Hoch-/Schriftsprache eigentlich nur in vorbereiteten Redesituationen verwendet wird, wohingegen der Dialekt bzw. die regionale Umgangssprache in jeder Standardsituation des Mündlichen verwendet wird. Was also tun mit einem Genre, das mehrheitlich aus Dialogen besteht? Und wie, in welcher Sprachebene, sollte der dramatische Text am besten aufgeschrieben werden? Hierzu gab es in der jüngeren Geschichte des arabischen Theaters eine Reihe sehr unterschiedlicher Antworten und Lösungsansätze, die umfassend bisher nirgends erforscht wurden.

3.2.1 Elemente des Theaters

Theater stellt den analysierenden Betrachter vor eine große Herausforderung: Im Gegensatz zu anderen Kunstformen wie Literatur, Musik oder Malerei verbindet das Theater durch seine vielen Elemente nicht nur eines, sondern verschiedene Zeichensysteme, weshalb es als plurimediale Kunstform bezeichnet wird.

Historisch betrachtet hat die Neubewertung dieser verschiedenen Elemente des Theaters häufig auch zu einer Neubewertung der Definition von Theater selbst geführt.

Zwei Zitate über den Schauspieler zeigen eine grundsätzlich verschiedene Auffassung über eines der zentralen Grundelemente des Theaters. Das erste stammt vom britischen Theaterkritiker Eric Bentley, der in seinem Buch *The Life of the Drama* (1964) folgende Formel findet: „A verkörpert B, während C dabei zuschaut" (Bentley 1964, S. 150). Das zweite formulierte der ebenfalls britische Theaterregisseur Peter Brook in seinem theatertheoretischen Essay *Der leere Raum* (1968): „Ein Mann geht durch den Raum, während ihm ein anderer zusieht; das ist alles, was zur Theaterhandlung notwendig ist" (Brook 1983, S. 27).

Beide Definitionen stimmen in einem Punkt überein: Theater bedarf notwendig einer handelnden und einer zuschauenden Person. Bühne, Kostüm, ja selbst die Sprache und damit der dramatische Text werden nicht erwähnt und sind für Bentley als auch Brook nur noch hinreichende, nicht mehr notwendige Kriterien des Theaters. Aber Brook geht noch über Bentley hinaus: Während bei Bentley eine Person A noch eine Figur B „verkörpert", genügt für Brook der reine Blick des zuschauenden C auf den handelnden A, um Theater zum Theater werden zu lassen. Dabei ist irrelevant, ob A sich selbst als A zeigt oder eine Figur B darstellt.

Der Schauspieler, der nicht mehr notwendig ein anderer als er selbst sein muss, gehört zu den jüngsten Revolutionen des europäischen Theaters, durch die sich diese seit dem 18. Jh. rein ‚illusionäre' Kunstform immer stärker an die sie umgebende Alltagswirklichkeit angenähert hat. Das Neuverständnis nicht nur dieses einen, sondern sämtlicher theaterkonstitutiver Elemente haben heute, auch in der arabischen Welt, zu einer Vielzahl an parallel existierenden Theaterformen geführt. Jede Theateranalyse muss daher eine vergleichende Betrachtung dieser Elemente vornehmen, aus denen sich das ‚System Theater' als Gesamtheit konstituiert – unabhängig davon, wie konventionell oder experimentell diese Elemente verstanden und eingesetzt werden.

Der Schauspieler: Maßgeblich durch sie/ihn wird die theatrale Handlung in Sprache, Gestus und Mimik kommuniziert. Schauspiel als die Kunst der Einfühlung in eine andere Figur und deren ‚glaubhafter' Darstellung – sei es in Theater oder Film und Fernsehen – ist eine vom heutigen Publikum als normal empfundene Anforderung an diese Kunst. Dabei zeigt erst der Blick in die Theatergeschichte, dass diese Vorstellung historisch gewachsen ist. Die Aufgabe des Schauspielers hat immer schon unsere Vorstellung, welche Funktion Theater innerhalb der Gesellschaft zukommt, definiert. Sie schwankte, je nach Epoche, zwischen Einfühlung und Distanz, zwischen ‚Natürlichkeit' und ‚Künstlichkeit'.

Im 20. Jh. wurde der Anspruch an ein möglichst naturalistisches Schauspiel vor allem durch die Schauspieltheorie Stanislawskijs fortgeführt, dessen Ansatz auch in der arabischen Welt stark rezipiert wurde. Einen ebenfalls in der arabischen Welt stark rezipierten Gegenentwurf bietet zeitgleich Bertolt Brecht:

In dessen Epischem Theater steht ein sich selbst entfremdetes und dem Zwang gesellschaftlicher Strukturen unterworfenes Individuum im Zentrum, dem der Schauspieler nur mit einer deutlichen Distanz zu der von ihm dargestellten Figur begegnen könne, indem er sein Spiel als Schauspiel kenntlich macht.

Eine Fortsetzung des Brechtschen Ansatzes findet sich in heutigen Theaterformen, in denen der Schauspieler häufig zwischen Repräsentation einer Rolle und Präsentation seiner Selbst changiert (Kotte 2012, S. 194 f.). Ob der Schauspieler nun im klassischen Sinn ‚spielt' oder er aber auf der Bühne vermeintlich ‚er selbst' ist, wird teils ununterscheidbar. Hierdurch werden bewusst die Grenzen zwischen theatraler Fiktion und Alltagsleben verwischt (Von Brincken/Englhart 2008, S. 42).

Der Zuschauer: Der Rezipient ist in allen Künsten wichtig, jedoch ist er in seiner Funktion als Zuschauer nur im Theater auch Existenzbedingung dieser Kunst. Ohne sie oder ihn als Gegenüber, wie schon die Theaterdefinitionen von Bentley und Brook festhalten, kann weder Repräsentation noch Präsentation stattfinden. So ist der Zuschauer neben dem Schauspieler ein konstitutives Element, das Theater erst zum Theater als einer „leiblichen Ko-Präsenz" (Fischer-Lichte 2004) macht.

Im europäischen Theater war er lange Zeit vor allem zweierlei: Der passive Rezipient einer ihm durch die Aufführung übermittelten Botschaft und Teil des als homogen verstandenen Mengensingulars ‚Publikum'.

Eine Infragestellung dieser beiden Annahmen haben europäische Theatertheoretiker und -praktiker verstärkt seit den 1960er Jahren vorgenommen. Heute wird der Zuschauer häufig als aktiver Teil der Aufführungssituation und das Publikum als eine Ansammlung heterogener Individuen verstanden und angesprochen (Deck/Sieburg 2008, S. 9 ff.). Während das europäische Theater erst wieder an ein im 18. Jh. verlorengegangenes, interaktives Verhältnis von Darsteller und seinem Publikum anknüpfen musste, hat der arabische Zuschauer sein ‚Mitspracherecht' nie ganz aufgeben müssen: Ein Blick in die arabische Theatergeschichte zeigt, dass die Adressierung und Partizipation des Zuschauers in theatralen Frühformen üblich und in der Gründungsphase des modernen Theaters ein wichtiger Faktor zur erfolgreichen Etablierung dieses neuen Genres war (s. Abschn. 3.1.1). Erst im Lauf des 20. Jh.s ging dies allmählich verloren und wurde dann ab den 1960er Jahren wieder reaktiviert.

Der Bühnenraum: Ebenso wie der sich mit seiner Rolle identifizierende Schauspieler und der passive Zuschauer ist die an drei Seiten geschlossene und zum Zuschauerraum geöffnete Bühne ein historisch gewachsenes ‚Konstrukt'. Sowohl den antiken Amphitheatern als auch dem Theater des europäischen Mittelalters war diese Art der strikten räumlichen Trennung von Bühnen- und Zuschauerraum fremd (zu unterschiedlichen Theaterräumen vgl. Pfister 2001, S. 42). Diese architektonische Setzung ist der Etablierung des Hoftheaters im 16. Jh. zu verdanken. Das bürgerliche Theater hat diese Bühnenform erhalten und begonnen, eigenständige Gebäude dafür zu errichten, die sich im 19. Jh. auch in der arabischen Welt verbreiteten. Im Sinn einer maximalen Einfühlung des Publikums in die dramatische Handlung als auch zum Zweck seiner Disziplinierung ist diese sogenannte Guckkastenbühne nur noch zu einer Seite geöffnet, der Zuschauerraum abgedunkelt (Kotte 2012, S. 182). Die dem Publikum zugewandte, unsichtbare ‚vierte Wand' hält die Vorstellung aufrecht, dieses würde Zeuge einer von ihm unabhängig stattfindenden Bühnenhandlung.

Gegen diesen Illusionismus richtete sich im 20. Jh. unter anderem das Theater Bertolt Brechts: Die ‚vierte Wand' wurde durch die Unterbrechung der dramatischen Handlung eingerissen, was den Zuschauer an die ‚Gemachtheit' dieser Handlung und seine eigene Involviertheit erinnern sollte. In der arabischen Welt verfolgte der libanesische Regisseur Roger Assaf in den 1960er Jahren ein ähnliches Raumkonzept. Äquivalent zum Bühnenraum veränderte sich auch das Bühnenbild: Anstatt einer die Illusion unterstützenden naturalistischen Perspektivdekoration, wie in der europäischen Renaissance üblich, hat sich im 20. Jh. die Raumbühne durchgesetzt, die potentiell unbegrenzt abstrakt oder konkret ausgestaltet und bespielt werden kann (Balme 2008, S. 163). Zwar findet Theater in Europa und in der arabischen Welt heute noch immer größtenteils in Räumen statt, in der Bühne und Zuschauersaal getrennt sind. Aber es sucht auch wieder verstärkt Orte außerhalb des Theatergebäudes auf, um neue Wahrnehmungsräume und eine Begegnung zwischen Schauspielern und Zuschauern zu ermöglichen.

Der Theatertext: „Ein Theatertext schließt jede Art von Textvorlage ein, die auf einer Bühne zur Aufführung gelangt" (Balme 2008, S. 83): Eine derart breit gefasste Definition des Theatertexts ist heute dringend geboten, denn schon längst sind nicht mehr alle Texte, die am Theater gesprochen werden, dramatische Texte. Als ‚dramatisch' werden Texte charakterisiert, die einen Haupt- und einen Nebentext enthalten, das heißt einerseits eine Sprechvorlage für die Darsteller/innen (Dialoge), andererseits eine Gestaltungsvorlage für die Regie (Bühnenanweisungen).

Es handelt sich hierbei bereits um eine sehr reduzierte Definition, die insofern nötig ist, da seit der Dramentheorie Aristoteles' diese Textgattung einem starken Wandel unterworfen war. Wie schon erwähnt ist das Drama im Unterschied zu anderen literarischen Gattungen eine „plurimediale Darstellungsform" (Pfister 2001, S. 25), da es auf seine szenische Aufführbarkeit hingeschrieben ist, basierend auf einer dramatischen Handlung und getragen von einer oder mehreren sprechenden Personen.

Dabei ist die dramatische Form seit dem ausgehenden 20. Jh. keine selbstverständliche Arbeitsgrundlage mehr: Sowohl Theaterautoren als auch Regisseure wenden sich immer häufiger Theatertexten zu, die weder eine kohärente Handlung noch deutlich differenzierbare Handlungsträger beinhalten, und deren Ansätze entsprechend als „postdramatisches Theater" charakterisiert worden sind (Lehmann 2008).

Welche Form auch vorliegen mag, es muss analytisch zwischen drei Arten von Theatertexten unterschieden werden:

- Einer dramatischen (oder nicht dramatischen) literarischen Vorlage, die in der Regel von einem/einer Stückeschreiber/in verfasst wurde;
- einem Inszenierungstext, der ‚Strichfassung' dieser Vorlage, der in der Regel durch Regisseur/in und/oder Dramaturg/in angefertigt wurde; und
- einem Aufführungstext, also der jeweils durch die Schauspieler/innen in einer konkreten Vorstellung gesprochene Text, der vom Inszenierungstext abweichen kann (s. Abschn. 3.2.2 und 3.2.3).

Im arabischen Kontext muss diesbezüglich zudem Augenmerk auf das Verhältnis zwischen bzw. den Wechsel von Hochsprache zu Dialekt gelegt werden.

Ton, Licht, Ausstattung: Neben Schauspieler/innen, Zuschauer/innen, dem Bühnenraum und dem Theatertext umfasst die Aufführung eine Reihe weiterer sinnerzeugender Elemente. Auf audiovisueller Ebene kann der Einsatz von Musik, Ton und Klangteppichen sowie von verschiedenen Lichtstimmungen die Handlung kommentieren, eine spezifische Stimmung erzeugen oder eigene Räume schaffen. Ein Sonderfall ist der Einsatz von bildgebenden Medien, die eine parallele Ebene in die Aufführung einziehen. Der Bereich der Ausstattung, unter den Bühnenbild, Kostümbild und auch Requisite fallen – also alle sich auf der Bühne befindlichen nicht-menschlichen Objekte – schafft zusätzliche Symbolebenen, die auf die Rezeption des Gesamtereignisses einwirken (s. Abschn. 3.2.3).

3.2.2 Dramenanalyse

Wenn man im theaterwissenschaftlichen Zusammenhang von einer Analyse spricht, meint man meistens eine Aufführungs- bzw. Inszenierungsanalyse, dem Kernbereich des Fachs Theaterwissenschaft (s. Abschn. 3.2.3). Analysiert werden kann aber auch das Drama bzw. der dramatische Text selbst. Im Allgemeinen wird unter einem Drama ein, meist literarischer, Text verstanden, der sich durch bestimmte Differenzmerkmale von narrativen oder lyrischen Texten unterscheidet. Nach Manfred Pfister (2001) zeichnet sich ein dramatischer Text zunächst dadurch aus, dass es keinen indirekt berichtenden Erzähler wie in narrativen Texten gibt. Dies bedeutet, dass durch die Nicht-Besetzung der erzählenden Instanz ein Kommunikationssystem, welches zwischen Text und Rezipient vermittelt, fehlt. An die Stelle eines Erzählers tritt ein dramatischer Dialog, durch den die Handlung präsentiert wird. Nach Pfister handelt es sich bei diesem dramatischen Dialog um ‚performatives Sprechen', das heißt die Handlung entwickelt sich aus den gesprochenen Worten heraus. Worte sind im Drama also Handlungsträger, aus ihnen entwickelt sich die dramatische Aktion.

Wie oben schon angesprochen, erweist sich im Moment einer szenischen Realisierung der dramatische Text als plurimedial, da ein zur Aufführung gekommener Text sich nicht nur sprachlicher Codes, wie es bei einem literarischen Text der Fall ist, sondern auch außersprachlich-akustischer und optischer Codes bedient – Pfister nennt ihn deshalb auch einen „synästhetischen Text" (Pfister 2001, S. 24 f.). Dazu kommt, dass sowohl an Produktion als auch an Rezeption einer Bühnenrealisierung eines dramatischen Texts mehrere Personen beteiligt sind. Deswegen spricht man von einer Kollektivität bei Produktion und Rezeption und sieht darin ein Differenzmerkmal eines dramatischen Texts. Diese Kollektivität der Rezeption macht besonders deutlich, wie sehr das Theater und dramatische Texte an gesellschaftliche Gruppen gebunden sind. Deswegen wird dem Theater nicht nur ein besonderer Öffentlichkeitscharakter (s. Abschn. 3.1.1) zugesprochen, sondern es wird oft auch als gesellschaftliche Institution bezeichnet, in der wesentliche Belange verhandelt und reflektiert werden: „Im Theater sieht die Gesellschaft sich selbst beim Handeln zu", formuliert es Fischer-Lichte (1990, Bd. 1, S. 3 f.). Ein weiteres Charakteristikum der dramatischen Kommunikation ist, dass der Rezeptionsvorgang ein kollektiver ist, wodurch das Theater zu einer öffentlichen Angelegenheit wird (Fischer-Lichte 1983, S. 16). Denn ein Drama ist grundsätzlich für eine kollektive Rezeption, im Gegensatz etwa zur individuellen Rezeption beim Lektürevorgang, gedacht. Diese Intention des Genres Theater bedingt seine innere Struktur und den dramatischen Text wesentlich mit.

Wenn man sich diesen Eigenheiten des dramatischen Texts analytisch annähern möchte, könnten Leitfragen wie die hier beispielhaft aufgeführten hilfreich sein:

- Welche Informationen ergeben sich aus dem Dramentitel? Erlaubt die Art dieses Titels vielleicht Rückschlüsse auf die Art des Dramas?
- Welche Schauplatz- oder Personenwechsel und welche Redewechsel gibt es und in welchem quantitativen Verhältnis stehen diese zueinander? Und mit welcher Häufigkeit begegnen sich (oder eben nicht) bestimmte Dramenfiguren?
- Welche Informationen lassen sich aus den Nebentexten und Bühnenanweisungen ziehen (zur Stimmung, zum Licht, zu Charakteren etc.)?

Beispiel: Saʿdallāh Wannūs: *al-Iġtiṣb* (1989)

Der syrische Dramatiker Saʿdallāh Wannūs publizierte inmitten der ersten Intifada ein Theaterstück, das zahlreiche Tabus der arabischen Gesellschaft verletzte und deswegen heftig kritisiert, aber auch von vielen gefeiert wurde: *Die Vergewaltigung* (*al-Iġtiṣāb,* 1989) ist ein Drama über Folter und Gewalt im Nahostkonflikt, das wagt, auch die israelische Seite des Konflikts und dessen menschliche Dimension zu zeigen. Das Stück ist in zwei in etwa gleich lange Hälften unterteilt, in der jeweils eine palästinensische und eine israelische Familiengeschichte dargestellt werden, die sich im Lauf der Handlungsentwicklung immer mehr gewaltsam ineinander verstricken. Auf beiden Seiten wird jeweils eine Frau vergewaltigt, wobei die Täter beide Male Mitglieder der israelischen Besatzungsmacht sind. Die ausgeübte

politische Gewalt wird so auch im privaten Bereich fortgesetzt und setzt die Täter selbst einem Leidensdruck aus.
Bereits der Dramentitel enthält im Arabischen eine wichtige Information für eine mögliche Deutung des Stücks: *„al-Iġtiṣāb"* bedeutet sowohl politische Usurpation als auch körperliche Vergewaltigung. Damit wird schon durch den Titel auf die unausweichliche Fortführung politischer Gewalt und unrechtmäßiger Inbesitznahme/Besatzung auch im privaten bzw. familiären Bereich hingewiesen. Das Stück ist sehr symmetrisch aufgebaut. Die einzelnen Akte beleuchten einmal die Seite der Opfer und einmal die der Täter. Beide Seiten verfügen über eine jeweils symmetrische Gruppe von Familienangehörigen, und deswegen ist es zielführend für die Analyse, auch quantitative Erhebungen zur raumzeitlichen Verteilung der Handlungsabschnitte und zu den Auftritten der Figuren zu machen. Welche palästinensischen Figuren treffen in welcher Häufigkeit und Konstellation auf Vertreter der israelischen Familie und was sagt dies über die Dynamik des Handlungsverlaufs aus?
Auch eine eingehende Analyse der Bühnenanweisungen liefert in diesem Drama interessante Einsichten in die Autorenintention und Wirkabsicht dieses Werks: Der Autor Wannūs hat dem dramatischen Text einen ausführlichen Nebentext vorangestellt, in dem er genaue Spielanweisungen vor allem für die israelischen Figuren gibt, die von den – potentiell arabischen – Schauspielern möglichst ohne Hassgefühle oder Verachtung dargestellt werden sollten, um eine Reproduktion arabischer Feindbilder in Bezug auf Israel zu vermeiden.

3.2.3 Inszenierungs- / Aufführungsanalyse

Während die Dramenanalyse eine literaturwissenschaftliche Analyse ist, da sie sich ausschließlich mit der Textgrundlage der Aufführung auseinandersetzt, ist die Inszenierungs- bzw. Aufführungsanalyse eine theaterwissenschaftliche Analyse im eigentlichen Sinn. Denn erst im Aufführungsmoment des dramatischen Texts kommen all jene genuin theatralen Elemente zum Tragen. (Zur Einführung in die Aufführungsanalyse vgl. vor allem: Von Brincken/Englhart 2008; Weiler/Roselt 2017).

Inszenierung versus Aufführung: In ihrer *Einführung in die moderne Theaterwissenschaft* (2008), die im Folgenden maßgeblich herangezogen wird, lokalisieren Von Brincken und Englhart die besondere Herausforderung des Gegenstands in einer „spezifisch theatralen Strukturdynamik", in der „nicht nur verschiedene Elemente […] auf der Szene kombiniert", sondern auch „diese Konstellation während des zeitlichen Verlaufs einer Aufführung einem ständigen Rearrangement" unterliegt (Von Brincken/Englhart 2008, S. 107). Synthetisiert werden diese von verschiedenen Produktionsinstanzen bereitgestellten Elemente von einem übergreifenden Regiekonzept, bereitgestellt durch die Instanz des Regisseurs/der Regisseurin. Erarbeitet wird die Inszenierung in einem Probenprozess, an dessen Ende sich die Aufführungen anschließen.

Wichtig ist hier die begriffliche Trennschärfe: Während es sich bei der Inszenierung um eine von künstlerischer Seite intendierte Idealaufführung handelt, ist die Aufführung ein konkretes, einzigartiges und unwiederholbares Ereignis. Eine als wiederholbar behauptete „intentionale Organisation von Zeichen und Zeichensystemen" (Balme 2008, S. 87) steht somit der unwiederholbaren Performativität, die das Theater als Ko-Präsenz von Schauspielern und Publikum auszeichnet, gegenüber. Da beide Begriffe häufig synonym verwendet werden, schlagen Von Brincken und Englhart eine Differenzierung in einen produktorientierten bzw. einen ereignisorientierten Ansatz vor:

> Es bietet sich [...] an, den [Begriff Inszenierungsanalyse] vor allem auf die Auseinandersetzung mit den in der Aufführung gegebenen, jedoch von der Inszenierung vorab festgesetzten ästhetischen Strukturen zu beziehen. [Der Begriff Aufführungsanalyse] dagegen würde darüber hinaus besonders auf das Zusammenwirken und die Veränderung dieser Merkmale durch alle der Inszenierung nicht oder nur teilweise unterworfenen Sachverhalte im Hier und Jetzt der Aufführung fokussieren und damit auch die Zuschauerbeteiligung prononcierter in Rechnung stellen (Von Brincken/Englhart 2008, S. 108).

Materialbasis und Quellen: Ob nun eine Inszenierungs- oder eine Aufführungsanalyse durchgeführt werden soll, richtet sich zuletzt nicht ausschließlich nach den Wünschen und Interessen desjenigen, der sie durchführt. Allzu häufig – und dies trifft für die Erforschung des arabischen Theaters in besonderem Maße zu – entscheidet in erster Linie die Quellenlage, welche Art der Analyse überhaupt durchführbar ist. Im Fall älterer Theaterarbeiten, die nicht mehr zur Aufführung gebracht werden, ist man ausschließlich auf Archivmaterial zurückgeworfen. Aufführungsfotos und vor allem Videomitschnitte können hier zwar ein Surrogat für eine nicht besuchte Aufführung darstellen, jedoch muss deren spezifische Medialität in der Analyse berücksichtigt werden. Einen einmaligen oder mehrfachen Aufführungsbesuch und damit eine Teilnahme am Live-Ereignis Theater können sie jedoch nicht ersetzen. Besteht die Chance auf einen solchen Besuch, ist neben während der Aufführung verfasster Notizen das Erinnerungsprotokoll eine nützliche Methode, die flüchtigen subjektiven Eindrücke zu dokumentieren. Dies sollte am Besten in strukturierter Form und in unmittelbarem Anschluss an die Vorstellung stattfinden.

Theaterwissenschaftliche Studieneinführungen empfehlen hier noch immer einmütig den von Patrick Pavis aufgestellten Fragenkatalog, der sowohl einen Gesamteindruck als auch die künstlerische Setzung der einzelnen Aufführungselemente abfragt (Pavis 1988, S. 101 f.). Dieser Katalog eignet sich vor allem für klassische textbasierte Inszenierungen und weniger für performance-nahe Theaterformen, die in der Regel nicht von einer von dramatischen Figuren dargestellten Fabel (dramatische Erzählung) ausgehen:

- Globaler Diskurs der Inszenierung / Ästhetische Prinzipien
- Bühnenbild
- System der Beleuchtung
- Gegenstände: Art, Funktion, Verhältnis zu Raum und Körper
- Kostüme: ihr System, ihr Verhältnis zum Körper
- Spielweise
- Funktion der Musik, der Geräusche, des Schweigens
- Rhythmus der Aufführung
- Auslegung der Fabel durch die Inszenierung
- Der Text in der Inszenierung
- Die Zuschauer

Um einen tieferen Einblick in das Inszenierungskonzept zu erhalten, kann eine Berücksichtigung der Strichfassung – also die von Regie und Dramaturgie gekürzte bzw. ergänzte dramatische Textfassung einer Inszenierung – helfen, die einerseits mit der dramatischen Vorlage abgeglichen wird, andererseits Abweichungen innerhalb der einzelnen Aufführungen sichtbar werden lässt.

Programmhefte mit Hintergrundtexten zum Stück und Inszenierungskonzept enthalten in der Regel auch Angaben zur Besetzung und zum künstlerischen Team. Weitere Quellen sind Interviews mit den Produzent/innen zu Intention und Entstehungskontext sowie Rezensionen in Tageszeitungen und Zeitschriften, die den eigenen Rezeptionseindruck ergänzen (zur Problematik eigengeführter Interviews s. Kap. 7). Da es jedoch nur in den seltensten Fällen möglich ist, sämtliche Quellen einer Inszenierung bzw. Aufführung zu berücksichtigen, sollte beim Verfassen einer Analyse nicht versäumt werden, die jeweiligen Begrenzungen der Quellenlage eingangs kurz zu problematisieren.

Formen der Analyse: Nach der Auswertung der zur Verfügung stehenden Quellen schließt sich die strukturierte Analyse an. Dabei hat die begriffliche und methodische Unterscheidung in Inszenierungs- und Aufführungsanalyse auch maßgebliche Auswirkungen darauf, welche Fragen sich die theaterwissenschaftliche Analyse stellt und welche Analysemodelle sich hierfür anbieten. Theaterwissenschaftliche Einführungen bieten drei derzeit dominante Analyseformen an (Von Brincken/Englhart 2008; Balme 2008), die einen Einblick in unterschiedliche theaterwissenschaftliche Erkenntnisinteressen und ihre theoretischen Vorannahmen geben. Abhängig von sowohl der gegebenen Quellenlage als auch dem individuellen Forschungsinteresse können sie helfen, die eigene Fragestellung zu schärfen, ohne dass an dieser Stelle eine strenge Unterwerfung unter diese Modelle empfohlen werden soll.

Wichtig in allen Fällen bleibt daher, wie bei jeder Interpretation, zuallererst der eigene „Riecher": Welche Dinge fallen mir zuerst auf? Was ist nach der Vorstellung hängen geblieben? Wie verhält sich dieser auffällige Bestandteil zum Rest der Inszenierung? Was hat berührt, was hat abgeschreckt? Analytische Überlegungen sollten stets mit einer Reflektion der ganz persönlichen Eindrücke beginnen – eben, weil man als Zuschauer/in selbst Teil des Ereignisses Theater ist.

Vom Text zur Inszenierung: Die Transformationsanalyse (nach Guido Hiß 1993) fragt nach der Übertragung einer dramatischen Vorlage in die szenische Handlung. Wenn der Ansatz das Theater als ein System verschiedener Zeichen versteht, so ist er dennoch ein ‚logozentrischer' Ansatz: Im Zentrum steht der dramatische Text sowie die durch ihn beschriebene Handlung und Figurenkonstellation. Andere Elemente werden sekundär und im Abgleich mit dem dramatischen Text berücksichtigt. Die Inszenierungsanalyse ergibt sich in diesem Ansatz aus der vorgeschalteten Werkanalyse der literarischen Vorlage und ihrer Interpretationsangebote. Dieser Ansatz eignet sich vor allem, wenn man einen Vergleich von literarischer Fassung und einer Inszenierung vornehmen möchte, die sehr nah an dieser Textvorlage arbeitet.

- Inwiefern orientiert sich die Inszenierung an der dramatischen Textvorlage? Entspricht die Strichfassung dem Originaltext oder weicht sie von diesem ab? Welche dramaturgischen Schwerpunktsetzungen werden hierüber vorgenommen? (dramaturgische Textanalyse)
- Wie werden die dramatischen Figuren, ihre Eigenschaften, ihre Handlungsmotivation und ihre Beziehung zueinander szenisch umgesetzt? (Figurenanalyse)
- Welche Ebenen der literarischen Vorlage lässt die szenische Umsetzung aus, was fügt sie neu ein? Welche Konsequenzen hat dies auf Handlung und Figurenkonstellation? Welche Interpretation wird hierdurch nahegelegt?
- Im Rahmen welches historischen und ideologischen Kontexts agiert die Inszenierung (im Vergleich zur literarischen Vorlage)?
- Insofern es sich bei der Vorlage um eine Übersetzung handelt: Auf welche Stückfassung bezieht sich die Inszenierung? Welche Abweichungen von der Originalfassung finden sich bereits in der arabischen Fassung?

Beispiel: Jawad al-Assadi: *al-Iġtiṣāb* (*Die Vergewaltigung*, 1991)

In Saʿdallāh Wannūs' Drama *Die Vergewaltigung* stellt die letzte Szene eine besondere Provokation dar. Hier schreibt sich Wannūs mit der Figur eines syrischen Dramatikers selbst in die Handlung ein. Er diskutiert mit dem israelischen Psychiater Dr. Menuhim über die gewaltsame Praxis und die psychologischen Folgen auf beiden Seiten des Nahostkonflikts. Aufgrund politischer Empfindlichkeiten wurde das Stück in Syrien direkt nach Veröffentlichung verboten. Die für lange Zeit einzige Bühneninszenierung unternahm 1991 der irakische Regisseur Jawad al-Assadi (Ǧawād al-Assadī), der die Premiere in einem Privathaus in Beirut stattfinden ließ, bevor er mit seiner später preisgekrönten Arbeit auf internationale Tournee ging. Assadis Strichfassung nahm dabei einige eingreifende Änderungen vor, die das Interpretationsangebot des Originalstücks verlagerte: Er strich den palästinensischen Teil der Dramenhandlung und veränderte den Schlussteil. Der Autor Wannūs distanzierte sich anschließend von dieser

Inszenierung, die er um ihr selbstkritisches Potential beraubt sah. Der Ansatz der Transformationsanalyse eignet sich insofern für dieses Beispiel, da er ermöglicht, das Spannungsfeld zwischen einem Drama und seiner Inszenierung zu beschreiben, es ästhetisch und gesellschaftspolitisch zu kontextualisieren und zu interpretieren.
Neben Assadis vieldiskutierter Interpretation des Stücks sind auch deren Aufführungen in Europa der Analyse wert. Insbesondere, da hier nicht nur unterschiedliche politische Diskurse in Europa und dem Nahen Osten, sondern auch die Repräsentation des ‚Anderen' eine wichtige Rolle spielen. In Deutschland und Österreich wurde das Stück in den späten 1990er Jahren mehrfach inszeniert, nachdem eine deutsche Übersetzung erschienen war, die allerdings von einer späteren arabischen Stückfassung von 1996 ausging. Auch für diese Fälle ist die Transformationsanalyse ein sinnvoller Ansatz, wobei die Übertragung des Dramas aus dem Arabischen ins Deutsche sowie die hieraus entstehenden Setzungen in der Analyse Berücksichtigung finden müssen.

Inszenierung/Aufführung als Referenzsystem: Die Strukturanalyse (nach Erika Fischer-Lichte 1983) ist wie die Transformationsanalyse ein theatersemiotischer Ansatz, der jedoch nicht in erster Linie von der Textvorlage und der sich aus ihr ergebenden Interpretationsangeboten ausgeht, sondern sich auf die Inszenierung und ihre „Dominantenbildung" (Balme 2008, S. 98) konzentriert. Diese kann in jeder Inszenierung eine andere sein. Hier wird die Inszenierung zuerst in Segmentierungsebenen (Raum, Figuren, Handlung, Dekoration etc.) unterteilt und dann das in dieser Inszenierung dominierende Segment gewählt, um ausgehend von diesem die restlichen Segmente zu analysieren. Dieser Ansatz eignet sich vor allem für ‚nicht-klassische' Inszenierungen, die sich weit von ihrer Textvorlage entfernt haben bzw. sich auf keine Vorlage beziehen und/oder in denen nicht unbedingt Handlung oder Figuren das dominante Segment bilden (sondern vielleicht eher Videobild, Musik etc.).

- Welches ist das dominante Segment der Aufführung? Welche sind eher untergeordnet?
- Welcher Ästhetik folgt das dominante Segment? Welcher ‚kulturellen Codes' bedient es sich? Vollzieht es eine Wandlung während des Handlungsverlaufs oder bleibt es statisch?
- In welchem Verhältnis stehen die anderen Aufführungssegmente zu diesem dominanten Segment? Folgen sie demselben ‚Code' oder bilden sie einen Kontrast? Welche Widersprüche und Brüche bildet dies aus? (semantische Kohärenz)
- Welcher Gesamteindruck entsteht aus der Struktur der Einzelsegmente? Welche Interpretationsangebote ergeben sich hieraus?

Beispiel: Muhaned al-Hadi: *Riḥlat al-hubūṭ ilā al-ʿālā* (*Abstieg aufwärts*, 2008)

Von dem Theaterstück *Täglich Brot* der deutschen Dramatikerin Gesine Danckwart, das kurz zuvor ins Arabische übersetzt wurde, hat sich der irakische Regisseur Muhaned al-Hadi denkbar weit entfernt. In seiner eigenen Textfassung, die im April 2008 am Teatro Damaskus uraufgeführt wurde, ist aus den fünf am Neoliberalismus versagenden jungen Deutschen, die aus dem Korsett ihres Alltags ausbrechen wollen, die Erzählung eines irakischen Paares geworden, das aus dem Krieg fliehen will, es dabei aber nicht einmal schafft, das eigene Haus in Bagdad zu verlassen. Die Handlung ist zentriert um ein einzelnes Bühnenelement, eine drei Meter hohe rote Tür, die die erträumten und gefürchteten, jedoch nie realisierten Schwellenübertretungen der beiden Figuren symbolisiert. Der Bühnenraum, seine strukturierende Ausleuchtung und seine harte Farbgebung (rot und schwarz) beherrschen Bewegungen und Gesprächen der Figuren, die sich auf geometrischen Bahnen zwanghaft wie in einer Spieluhr bewegen. Erst am Ende, als der Türrahmen einstürzt und mit ihm das gesamte Bühnenbild, sind die Figuren befreit – wohl in den Tod, so mag man das trübe weiße Licht, die weißen Gazevorhänge und das weiße Kostüm deuten.
Für die Analyse von al-Hadis *Riḥlat al-hubūṭ* bietet sich eine Orientierung am Ansatz der Strukturanalyse an. Einerseits hat sich die Arbeit weit von der ursprünglichen Textfassung entfernt bzw. nutzt diese nur noch als Inspiration für einen völlig neuen Text. Andererseits spielen neben Text und Figurenkonstellation auch andere Zeichensysteme des Theaters eine gleichwertige Rolle. Als dominantes Segment kann der Raum, insbesondere das Bühnenbild, betrachtet werden. Ausgehend von diesen künstlerischen Setzungen lassen sich die anderen Segmente (Figuren, Handlung, Musik, etc.) untersuchen.

Von der Repräsentation zur Präsenz: Laut Hans-Thies Lehmann besteht seit dem Ende der 1990er Jahre ein zentrales Charakteristikum des Gegenwartstheaters darin, seine eigenen Struktureigenschaften auf der Bühne zum Thema zu machen (Lehmann 2008). Viele Inszenierungen sind heute in hohem Maß selbstreferentiell und nehmen eine Metaposition gegenüber ihrer eigenen Tätigkeit – der „Repräsentation" – ein, die sie im Rahmen der Aufführung dekonstruieren. In diesem Spiel mit der Form artikuliert sich häufig eine gesellschaftliche Diskurskritik. In der Regel ist der dramatische Text untergeordnet oder gar nicht vorhanden, die Grenzen zwischen Schauspiel und wirklicher Person verwischen, und häufig spielt das Aushandeln der Beziehung zwischen Darstellern und Publikum eine zentrale Rolle. Arbeiten wie diesen ist mit den beiden oben genannten Analyseansätzen nicht beizukommen, da sie das etablierte Zeichensystem des Theaters unterlaufen. An sie müssen andere, neue Fragen im Rahmen einer Analyse gestellt werden, die sich frei nach Lehmann als Präsenzanalyse bezeichnen ließe. Dieser Ansatz eignet sich für Performances oder performance-nahe Theaterformen.

- Was ist die ‚Situation' der Aufführung? Was ist materiell vorzufinden? Wer ist präsent? Was ist das Thema oder die Fragestellung(en)?
- Um was für einen Aufführungstext handelt es sich? Gibt es überhaupt einen Text im engen Sinn? Welche Diskurse werden verhandelt?
- Sind auch andere Medien oder Kunstformen Teil der Aufführung? Wie beeinflusst dies die Rezeption?
- Welche Haltung nehmen die Akteur/innen ein? Spielen sie eine Rolle, sind sie sie selbst oder spielen sie sich selbst? Sind die Sprecherpositionen überhaupt deutlich zu unterscheiden?
- Wie wird die Beziehung zwischen Bühne und Zuschauerraum, Akteur/innen und Publikum gestaltet? Gibt es direkte Interaktion oder indirekte Adressierung?
- Auf welche Arten und Weisen werden Seh- und Wahrnehmungskonventionen herausgefordert?

Beispiel: Lina Saneh: *Biokharaphia* (2002)

Auf einer Bühne steht, hinter einem Bilderrahmen, eine Frau (Lina Saneh). Neben ihr auf einem Hocker steht ein Tonbandgerät. Die Frau schaltet es ein – und es beginnt ein Künstlerinterview. Die Stimme auf dem Band (die Stimme der Frau selbst) befragt die Frau nach ihrem Leben als Schauspielerin, ihrem Privatleben, ihrer politischen Orientierung und ihrer Zukunftsplanung. Während sich die Frau anfangs vielen der immer indiskreter werdenden Fragen entzieht, geht das Interview bald in ein Verhör über, bei dem nach und nach die Stimme auf dem Band die Macht über die Situation gewinnt und deren Fragen kein noch so delikates oder intimes Reizthema aussparen. Während des Dialogs füllt sich der Bilderrahmen mit einer milchigen Flüssigkeit, durch die die Frau bald nur noch schemenhaft zu sehen ist. Am Ende der Vorstellung füllt sie die Flüssigkeit in kleine Fläschchen und verkauft diese am Ausgang gewinnbringend als eigenen „Schweiß" respektive Anisschnaps (*ʿaraq*) an die herausströmenden Zuschauer/innen.

Uraufgeführt in Beirut auf dem internationalen Kunstfestival Home Works ist *Biokharaphia* wie die meisten Arbeiten der libanesischen Theaterkünstlerin Lina Saneh (heute: Lina Majdalanie) zwischen Theater und Performance angelegt. Dies fordert eine analytische Perspektive, die sich nicht ausschließlich an den klassischen Elementen des dramatischen Bühnentheaters orientiert, sondern an der Art und Weise, wie diese Elemente im Rahmen der Aufführung verhandelt werden. Zentral ist in diesem Beispiel die Auflösung der klassischen Schauspielerfunktion durch eine mehrfache Brechung der Akteurin in Bühnenrolle, reale Person und mediale Repräsentation. Auch eine dramatische Handlung im engen Sinn existiert nicht. An deren Stelle steht der Versuch eines kohärenten biografischen Narrativs, das durch die multiplen Sprecherpositionen Sanehs permanent torpediert wird.

Literatur

Al-Attar, Mohammad: „Could You Please Look into the Camera?". In: *The Drama Review* 58/3 (Herbst 2014), 125–155.

Albers, Yvonne: *Scheiternde Zeugen, machtlose Wähler. Der Zuschauer im zeitgenössischen libanesischen Theater*. Wiesbaden 2011.

ʿAssāf, Roger: *Al-Masraḥa. Aqniʿat al-madīna*. Beirut 1984.

Badawi, Muhammad Mustafa: *Early Arabic Drama*. Cambridge 1988.

Balme, Christopher: *Einführung in die Theaterwissenschaft*. Berlin 2008 [1999].

Bellan, Monique: *Dismember remember. Das anatomische Theater von Lina Saneh und Rabih Mroué*. Wiesbaden 2013.

Bentley, Eric: *The Life of the Drama*. New York 1964.

Brecht, Bertolt: *Schriften zum Theater. Über eine nicht-aristotelische Dramatik*. Frankfurt a.M. 1957.

Brook, Peter: *Der leere Raum*. Berlin 1983 (engl. 1968).

Deck, Jan/Sieburg, Angelika: *Paradoxien des Zuschauens. Der Zuschauer im zeitgenössischen Theater*. Bielefeld 2008.

Fischer-Lichte, Erika: *Semiotik des Theaters*. Bd. 1. Tübingen 1983.

Fischer-Lichte, Erika: *Geschichte des Dramas*. Bd. 1 und 2. Tübingen 1990.

Fischer-Lichte, Erika (Hg.): *TheaterAvantgarde. Wahrnehmung – Körper – Sprache*. Tübingen/Basel 1995.

Fischer-Lichte, Erika: *Ästhetik des Performativen*. Stuttgart 2004.

Fischer-Lichte, Erika: *Theaterwissenschaft. Eine Einführung in die Grundlagen des Fachs*. Tübingen/Basel 2010.

Gibb, Hamilton A. R./Landau, Jacob M.: *Arabische Literaturgeschichte*. Zürich u. a. 1968.

Haakh, Nora: *Layla und Majnun in der Contact Zone. Übertragungen aus dem Arabischen ins Deutsche im Bereich des zeitgenössischen Theaters*. Dissertationsschrift. FU Berlin, 2019.

Hemke, Rolf C.: *Theater im arabischen Sprachraum*. Berlin 2013.

Hiß, Guido: *Der theatralische Blick. Einführung in die Aufführungsanalyse*. Berlin 1993.

Kotte, Andreas: *Theaterwissenschaft. Eine Einführung* [2005]. Böhlau ²2012.

Milich, Stephan: „Narrating, Metaphorizing or Performing the Unforgettable? The Politics of Trauma in Contemporary Arabic Literature". In: Friederike Pannewick/Georges Khalil/Yvonne Albers (Hg.): *Commitment and Beyond. Reflections on/of the Political in Arabic Literature since the 1940s*. Wiesbaden 2015, 285–302.

Lehmann, Hans-Thies: *Postdramatisches Theater*. Frankfurt a.M. ⁴2008 [1999].

Pannewick, Friederike: *Das Wagnis Tradition: arabische Wege der Theatralität*. Wiesbaden 2000.

Pavis, Patrick: *Semiotik der Theaterrezeption*. Tübingen 1988.

Pfister, Manfred: *Das Drama*. München ¹¹2001 [1977].

Toukan, Hanan: „On Being the Other in Post-Civil War Lebanon: Aid and the Politics of Art in Processes of Contemporary Cultural Production". In: *Arab Studies Journal* 18/1 (2010), 118–161.

ʿUrsān, ʿAlī ʿUqla: *Al-Maẓāhir al-masraḥiyya ʿinda l-ʿarab*. Damaskus 1985.
Von Brincken, Jörg/Englhart, Andreas: *Eine Einführung in die moderne Theaterwissenschaft*. Darmstadt 2008.
Wannūs, Saʿdallāh: *Al-Aʿmāl al-kāmila*. Bd. 1–3. Damaskus 1996.
Weiler, Christel/Roselt, Jens: *Aufführungsanalyse. Eine Einführung*. Böhlau 2017.

4 Visuelle Kunst

Die Macht des Bildes, die sich etwa in den Protestbewegungen seit 2011 gezeigt hat, ist für politische, soziale und kulturelle Aushandlungsprozesse in der arabischen Welt nicht zu überschätzen. Im Jahr 2005 begann in der dänischen Tageszeitung *Jyllands-Posten* eine als ‚Karikaturenstreit' bekannt gewordene heftige Debatte, die 2015 im Anschlag auf die Redaktion der Pariser Satirezeitschrift *Charlie Hebdo* eskalierte. Es ging hierbei vor allem um die Darstellung des Propheten Mohammed. Durch diesen ‚Karikaturenstreit' aktualisierte sich das hartnäckig haltende Narrativ einer islamischen Bilderfeindlichkeit. Dabei findet sich, wie Kunsthistoriker/innen innerhalb und außerhalb der arabischen Welt seit den 1980er Jahren unablässig betonen, in keinem Grundtext der islamischen Jurisprudenz ein solches ‚Bilderverbot' (Naef 2007). Das Vorurteil sagt somit weit mehr darüber aus, wie aus eurozentristischer Perspektive auf Kunst aus der arabisch-islamischen Welt geblickt wird, als über die tatsächliche zentrale Stellung visueller Kunstformen in diesen Gesellschaften und der Entwicklung ihrer Formen, Stile und Praxen.

Angesichts des zeitlichen und geographischen Rahmens dieser Einführung beschränkt sich der historische Teil des folgenden Kapitels auf eine Darstellung der Geschichte der bildenden Kunst in der arabischen Welt seit dem späten 19. Jh. und dem Aufkommen einer sogenannten modernen Kunst. Es fokussiert auf den Gegenstandsbereich der bildzentrierten *visual arts* – einem im zeitgenössischen Kunstdiskurs etablierten disziplinären Begriff –, vernachlässigt dabei Formen der Architektur und Skulptur als traditionelle Objekte des Bereichs der bildenden Kunst. Der zweite, methodische Teil orientiert sich am erweiterten Gegenstandsbereich der Bildwissenschaft. Hierdurch soll ermöglicht werden, neben hochkulturellen visuellen Kunstformen wie Malerei, Grafik und Fotografie auch popkulturelle Bildformen wie Graffiti und Karikatur beschreibbar zu machen.

Y. Albers et al., *Arabistik*, https://doi.org/10.1007/978-3-476-05681-8_4

4.1 Geschichte

4.1.1 Was ist ‚islamische Kunst'?

Arabische oder islamische Kunst? Anders als im Fall der arabischen Literatur werden Formen und Artefakte der bildenden Kunst aus der heutigen arabischen Welt mehrheitlich als Teil einer islamischen Kunst und damit als Gegenstand einer islamischen Kunstgeschichte bezeichnet. Der Grund hierfür liegt in der historischen Verankerung dieser Disziplin in der Tradition der europäischen Kunstgeschichte seit dem 19. Jh. Hierdurch ist dieser Wissenschaft ein kolonialer Blick auf die ‚vormoderne Kunst' in den nicht-westlichen Gesellschaften eingeschrieben, von dem diese sich heute emanzipieren will und muss (Meier 2010, S. 12 f.). Ein Überblick über visuelle Kunst in und aus der arabischen Welt darf daher nicht ohne eine kritische Reflexion auf die Bezeichnung ‚islamische Kunst' beginnen (Shaw 2012, S. 2).

Der Kunsthistoriker Lorenz Korn deutet in seiner *Einführung in die islamische Kunst* diese in den vergangenen 20 Jahren erhitzt geführte Debatte nur vorsichtig an: „So vielfältig sind die Formen, über so viele Gebiete und über eine so lange Zeitspanne erstreckt sich islamische Kunst, dass es unmöglich scheint, sie allgemein zu charakterisieren und ihre Grundlinien zu beschreiben" (Korn 2008, S. 8). Folgt man den Argumenten einiger stärker postkolonial sensibilisierter Kunsthistoriker/innen wie Silvia Naef, Wendy Shaw oder Avinoam Shalem, reicht die Frage jedoch weit über das Problem hinaus, die Gesamtheit der in der islamischen Welt hervorgebrachten ästhetischen Kulturgüter unter dem Sammelbegriff einer ‚islamischen Kunst' zu subsumieren, die in der Regel einen Zeitraum vom 7. bis 18. Jh. umspannt. Denn bereits diese Periodisierung ist Teil eines eurozentristischen Axioms: Sie basiert, so Shaw, im Wesentlichen auf der Annahme, dass um 1800 eine Verwestlichung und damit Hybridisierung einer bis dato authentischen regionalen Kunsttradition, die als ‚islamisch' bezeichnet wird, begonnen habe. Dagegen herrschte in Bezug auf Kunstproduktion nach ca. 1800 die Einstellung, dass mit dem Wandel in Richtung westlicher Kunstformen die Kunst nicht mehr einem ursprünglich religiösen Zweck, sondern einen ästhetischen, säkularen Selbstzweck verfolge (Shaw 2012, S. 2, S. 33; Meier 2010, S. 38).

Die Bewertung künstlerischer Ausdrucksformen auf Grundlage westlicher Kunstkategorien, Rezeptionsmodi und ästhetischer Theorie schaffte somit eine tiefgreifende Trennung: Auf der einen Seite findet sich ein vermeintlich vormodernes, religiös orientiertes, dekorativen Zwecken unterstehendes ‚Kunsthandwerk'; auf der anderen Seite entsteht ab dem 19. Jh. eine im engen und europäischen Sinn ‚moderne Kunst', die allein dem interesselosen Wohlgefallen dient, wie Kant das ästhetische Urteil beschrieb. Damit entspricht diese Kunst einem inhärent säkularen Verständnis der ‚schönen Künste' (franz.: *beaux-arts*, engl.: *fine arts*), wie man sie in Europa seit der Renaissance kennt (Shalem 2012, S. 17; Shaw 2012, S. 4). Diese Trennung legitimierte auch, dass kunsthistorische

Periodisierungen und Klassifizierungen aus dem europäischen Kontext auf die Kunst aus der islamischen Welt übertragen wurden, wie etwa ‚Klassik', ‚Moderne' oder ‚Renaissance' – eine heute zu Recht von vielen Kunsthistoriker/innen stark kritisierte Praxis.

Postkoloniale Kritik und Global Art History: In dieser kolonialen Lesart, die wir auch aus anderen Bereichen arabischer Kulturproduktion kennen, wurde die Kunstproduktion der arabischen Welt ab dem 19. Jh. lange Zeit als ein nachrangiges, die europäische Moderne nachahmendes Derivat betrachtet. Mit der postkolonialen Kritik am eurozentristischen Zentrum-versus-Peripherie-Denken wandelte sich jedoch auch der Blick auf die Kunst nichtwestlicher Gesellschaften. Der Kunsthistoriker Hans Belting initiierte die Debatte 1991 mit seiner Proklamation eines „Endes der Kunstgeschichte": Die globale künstlerische Moderne müsse als Gesamtheit multipler, parallel existierender und miteinander verwobener Modernen betrachtet werden (Belting 1991). Seitdem ist viel passiert: Bereits seit Mitte der 1990er, spätestens aber ab den frühen 2000er Jahren lässt sich ein wahrer Boom an kritischen wissenschaftlichen Publikationen zur modernen Kunst aus der arabischen Welt verzeichnen, der mit einem gestiegenen Interesse an Kunst aus der Region auf Seiten westlicher Museen, Kunstbiennalen und Kurator/innen einhergeht.

Im Zuge dieser postkolonial sensibilisierten Kunstgeschichtsschreibung und Kuration wurde vielfach versucht, durch neue, geographisch basierte Nomenklaturen – beispielsweise einer „Kunst aus der arabischen Welt" – sich vom kolonialen Erbe der islamischen Kunstgeschichte zu lösen, wobei solche regionalen Definitionen laut Shaw als nicht minder problematisch zu erachten seien (Shaw 2012, S. 10 f.). Gleichzeitig, so argumentiert Naef, sei der Begriff einer ‚modernen islamischen Kunst' unangemessen, da er den fundamentalen Bruch mit der eigenen Kunsttradition, der sich im 19. Jh. in der Region ereignete, verschleiere (Naef 2015, S. 103 f.).

4.1.2 Die Institutionalisierung der ‚schönen Künste' (1880–1930)

„Wenn wir von ‚moderner Kunst' (*al-fann al-hadith*) in der arabischen Welt sprechen, dann meinen wir Kunst in einer westlichen Erscheinungsform, die in den urbanen Zentren zwischen dem Ende des 19. und dem Anfang des 20. Jahrhunderts zu produzieren begonnen wurde" (Naef 2017, S. 111). Laut Naef markiert dieser Zeitraum eine kunsthistorische Phase, in der im Rahmen eines umfassenden Modernisierungsbestrebens nach europäischem Vorbild die traditionellen Kunstformen als rückständig und rein ornamental, die figurative europäische Malerei dagegen als progressiv bewertet wurden. 1887 etwa gibt der an der Pariser Kunsthochschule studierende Ägypter Ahmed Fahmi (Aḥmad Faḥmī) seinen Landsleuten in *Al-Muqtaṭaf*, einer wichtigen Zeitschrift der Nahḍa, zu bedenken: „Dass die schönen Künste [*al-funūn al-ǧamīla*] von höchster

Wichtigkeit im laufenden Fortschritt der Zivilisationen sind, wird nur von den Ungebildeten geleugnet“ (Fahmi 2018, S. 38).

Staatliche Förderung und kolonialer Einfluss: Jene ‚schönen Künste‘ – zuvorderst die Malerei – waren in der arabischen Welt vor allem durch die Anwesenheit orientalistischer Maler im Zuge des Kolonialismus bekannt geworden, welche der Exotismus des kolonialen Sujets in großen Zahlen nach Nordafrika, aber auch in den Nahen Osten gebracht hatte (Shabout 2007, S. 17 f.). Ähnlich dem Mäzenatentum in der europäischen Renaissance spielten lokale Machteliten eine treibende Rolle für die Etablierung und Ausbreitung dieser Kunstformen während der Nahḍa. Es habe sich, so Naef, damit mehrheitlich um eine „Top-Down-Initiative“ gehandelt (Naef 2017, S. 112), im Rahmen derer staatliche Ausbildungsinstitutionen errichtet wurden, die auf die reine Aneignung westlicher Techniken und Stile ausgerichtet waren. Als frühestes Zentrum moderner Kunst in der Region gilt Istanbul: In der Hauptstadt des Osmanischen Reichs öffnete bereits 1883 die erste Kunsthochschule, an der viele Maler aus den arabischen Provinzen ausgebildet wurden. 1908 folgte in Kairo die erste Kunsthochschule der arabischen Welt, in der, wie auch in fast allen anderen in den folgenden Jahrzehnten gegründeten arabischen Kunsthochschulen, mehrheitlich europäische Dozenten unterrichteten (Ali 1997, S. 23).

Zu den frühen Absolventen der Kairiner Kunsthochschule zählt Mahmud Mukhtar (Maḥmūd Muḫtār, 1891–1934), einer der sogenannten *ruwwād* (von *rāʾid,* dt.: Pionier) der arabischen Kunstgeschichte, Begründer der arabischen Plastik und Vertreter einer neopharaonistischen Strömung in der ägyptischen Kunst der Jahrhundertwende. Hatte Mukhtar sich in seiner Frühphase ausschließlich am westlichen Vorbild orientiert, brachte ihn sein Studienaufenthalt an der Kunsthochschule in Paris in Bekanntschaft mit Anhängern des ägyptischen Nationalismus. Mukhtars altägyptische Motivik seiner späteren Skulpturen, darunter die vor der Universität Kairo errichtete Statue *Nahḍat Miṣr* (*Das Erwachen Ägyptens,* 1928), der Einsatz von Hieroglyphenschrift und das Sujet des heroischen Widerstands des Volks gegen die britische Kolonialmacht markieren einen Umbruch im arabischen Verständnis einer nicht mehr rein adaptiven bildenden Kunst, die sich lokaler Ikonographie und Mythologie bedient.

Eine Ausbildung an einer der renommierten europäischen Kunsthochschulen in Rom oder Paris, wie sie auch Mukhtar zugekommen war, war das Ziel vieler angehender arabischer Künstler/innen dieser Frühphase. Dabei dürfte es den Studierenden im 19. Jh. kaum anders ergangen sein als noch in den 1960er Jahren dem algerischen Künstler Muhammed Issiakhem (Muḥammad Īsyāḫim, 1928–1985). Dieser erfuhr die unterschiedlichen Ausgangsvoraussetzungen zwischen ihm und seinen europäischen Kommilitonen in Paris als schmerzvolle Diskrepanz von Klasse und kultureller Herkunft: „Ich bin nicht zum Zeichnen gekommen wie die Franzosen, Spanier oder Italiener. […] Ihnen stehen Referenzen und Traditionen zur Verfügung. Sie sind [im Gegensatz zu mir] mit Musik und Künsten aufgewachsen“ (az-Zibāwī 1991, S. 88).

Issiakhem gilt als einer der Gründungsfiguren der modernen algerischen Malerei. Als Kind einer amazighischen (‚berberischen') Familie standen ihm jedoch kaum Ressourcen zur Verfügung: Algerien blickt auf die längste Geschichte moderner Malerei zurück und war als Teil Nordafrikas weit stärker kolonialen Einflüssen ausgesetzt als der Nahe Osten. Bereits kurz nach der französischen Okkupation 1830 siedelte sich der bekannte orientalistische Maler Eugène Delacroix und nach ihm zahlreiche weitere in Algerien an. Dabei nahm etwa die 1851 gegründete Sociéte des Beaux Arts lediglich die sogenannten Pied-noirs – jene im 19. Jh. aus Frankreich und anderen südeuropäischen Ländern nach Algerien ausgewanderten Siedler und deren Nachkommen – als Mitglieder auf. Die Institutionalisierung der modernen Kunst als Teil der Zivilisierungsmission französischer Kolonialpolitik schloss damit bewusst arabische und amazighische Künstler aus Algerien aus, die erst nach Ende des Ersten Weltkriegs eine Minderheit innerhalb der lokalen Kunstszene stellten. Die häufig autodidaktisch angeeigneten Fertigkeiten dieser indigenen Künstler/innen waren zu Beginn stark von der orientalistischen Tradition geprägt. Auf der anderen Seite brachte ihre Exklusionserfahrung im Zuge des algerischen Nationalismus schon früh sich von dieser europäischen Tradition emanzipierende Formen hervor, etwa die sogenannte naive Kunst (Vogl 2013, S. 205).

Ägypten und Algerien sind zwei sehr unterschiedliche, dennoch repräsentative Beispiele, wie moderne Kunst in den arabischen Ländern durch staatliche Maßnahmen und im Zuge des Kolonialismus etabliert wurde. Eine andere Genese zeigt sich im Libanon des ausgehenden 19. Jh.s: Aufgrund einer im Libanongebirge historisch ansässigen großen christlichen Gemeinschaft sowie der Anwesenheit europäischer Mission prägte die christliche Kunst Europas hier bereits seit dem 16. Jh. lokale Kunstformen weit stärker als in anderen Regionen der arabischen Welt. Daoud Corm (Dawūd Qurm, 1852–1930), einer der frühesten Vertreter der modernen libanesischen Ölmalerei, wurde maßgeblich von dieser christlichen Tradition geprägt (Rogers 2010, S. 50 f.).

Kunst und Nationalismus: Corms Porträtmalerei war dabei nicht nur von den großen europäischen Meistern inspiriert, sondern auch stark geprägt durch die Ästhetik der frühen Fotografie, die sich ebenfalls während der französischen Mandatszeit in Beirut, aber auch in anderen urbanen Zentren wie Istanbul, Kairo oder Haifa etablierte. Diese diente, ebenso wie die frühe Porträtmalerei, der Inszenierung des modernen *citoyen* (des Staatsbürgers im Sinn der europäischen Aufklärung) und eines im Entstehen begriffenen Bürgertums (Sheehi 2007, S. 202). Sowohl die in dieser Zeit und Schicht populären fotografischen Visitenkarten als auch das herrschaftliche Ölgemälde, angebracht im eigenen Salon, welches den Hausherren mit Tarbusch, dessen Ehefrau in Pariser Mode und die Kinder mit modernem Spielzeug zeigte, waren Ausdruck eines wachsenden bürgerlichen Klassen- und Nationalbewusstseins, das sich in seiner Selbstdarstellung maßgeblich am europäischen Vorbild orientierte.

Dieses wachsende Nationalbewusstsein zeigte sich nach dem Zerfall des Osmanischen Reichs nun unverkennbar in den Werken einer Folgegeneration libanesischer Maler: Künstler wie Mustapha Farroukh (Muṣṭafā Farūḫ, 1901–1951) oder Saliba Doueihi (Ṣalībā ad-Duayhī, 1915–1994) wendeten sich verstärkt der Landschaftsmalerei zu, wodurch sie die kollektive Vorstellung einer libanesischen Nation zwischen Libanongebirge und Mittelmeerküste maßgeblich mitgestalteten (Ali 1997, S. 39 f.). Stärker noch als ihre Vorläufer sah diese Generation ihre Aufgabe in der kulturellen Bildung eines nationalen Publikums, das heißt der Ausbildung moderner, säkularer Sehgewohnheiten. Farroukh etwa, der als Kunststudent in Paris regelmäßig den Louvre besucht hatte, fertigte zu diesem Zweck Kopien bekannter Werke der europäischen Meister an, die in Beirut in den 1920er und 1930er Jahren für ein lokales Publikum ausgestellt wurden (Scheid 2009).

Nicht nur im Libanon war die Ausübung künstlerischer Tätigkeit und ihre Ausbildung, die mehrheitlich an europäischen Institutionen erworben wurde, anfangs vor allem einer Oberschicht vorbehalten (Shabout 2007, S. 20). Aus ihr rekrutierten sich in allen arabischen Ländern jene ‚Pioniere' im Feld der bildenden Künste, die sich in den Techniken und der Bildsprache einer figurativen, die Natur nachahmenden Malerei, in der Regel in den Materialien Öl auf Leinwand, übten. Von dieser hegemonialen europäischen Tradition lösten sich arabische Künstler/innen verstärkt erst in den 1930er und 1940er Jahren durch die Entwicklung eigener Formsprachen im Rahmen einer kulturellen Dekolonisierung. Institutionell wurde diese Entwicklung durch die Gründung nationaler Kunsthochschulen in beinahe allen arabischen Staaten befördert, die nun auch anderen gesellschaftlichen Schichten einen Zugang zum künstlerischen Feld ermöglichten. Vor allem aber die Formierung künstlerischer Bewegungen abseits dieser staatlichen Ausbildungsstätten spielten, wie der folgende Abschnitt zeigt, eine wachsende Rolle.

4.1.3 Künstlerische Bewegungen und die Frage der Moderne (1940–1980)

Spätere Werke von Doueihi und Farroukh distanzieren sich in Farb- und Formsprache deutlich von der klassizistischen Tradition europäischer Malerei. Vielmehr zeigen sie den Einfluss des Impressionismus, jener Kunstbewegung, die im Europa des ausgehenden 19. Jh.s die akademische Lehrmeinung einer die objektive Wirklichkeit nachahmenden Malerei ablehnte und die Farbe und Licht der zeichnerisch exakten Linie überordnete. Der Impressionismus leitete eine Kette antagonistischer und sich gegenseitig ablösender Kunstbewegungen ein, die sehr unterschiedliche Definitionen vertraten, was ‚wahre Kunst' sei und zu leisten habe. Diese sogenannten historischen Avantgarden – Impressionismus, Expressionismus, Dadaismus, Surrealismus usw. – einte ihr Angriff auf eine überkommene Kunsttradition und eine zentrale Frage: Wie konnte die Kunst auf die gegenwärtigen Herausforderungen der Moderne reagieren? Was also hieß es, ‚modern' zu sein?

Arabischer Surrealismus: Ein Angriff auf die akademischen Ausbildungsstätten und deren Autorität im Bereich der Ästhetik formierte sich Ende der 1930er Jahre auch in Kairo: 1938 gründete der Dichter Georges Henein (Ǧūrǧ Ḥanīn, 1914–1973) gemeinsam mit unter anderen den Künstlern Ramses Younan (Ramsīs Yūnān, 1913–1966) und Kamel Telmisany (Kāmil at-Talmisānī, 1915–1972) die Gruppe Art et Liberté bzw. Al-Fann wa-l-Ḥurrīya, die sich lose dem Surrealismus zuordnete. Die Gruppe, die in engem Austausch mit dem Pariser Surrealisten André Breton stand, rief in ihrem Manifest „Lang lebe die entartete Kunst!" („Vive l'art dégéneré!/Yaḥyā al-fann al-munḥaṭṭ!") zu einer internationalen Solidarität im Kampf der Kunst gegen den Faschismus auf. Eine wahrhaft freie Kunst, so die Ansicht, dürfe die Natur nicht mehr nachbilden, sondern erschafft selbst Neues und gibt den Blick frei auf die Welt des menschlichen und gesellschaftlichen Unterbewussten. In ihren Werken verwarfen sie sämtliche herrschenden Konventionen und bedienten sich dabei folkloristischer Symbole und populärer Traditionen Ägyptens (Ramadan 2018, S. 73). Ihre Überzeugung, dass nur eine solche Kunst den sozialen Fortschritt Ägyptens herbeiführen könne, stieß im ägyptischen Establishment auf großen Widerstand, der durch eigene Ausstellungen, die die Autorität der offiziellen Kunstsalons untergruben (Bellan 2018, S. 140 f.), von den Surrealisten Kairos bewusst geschürt wurde (für eine Geschichte der Gruppe vgl. Bardaouil 2017).

Für Kamel Telmisany war der Surrealismus kein rein europäisches, sondern ein auch tief in der ägyptischen Zivilisation verwurzeltes Phänomen. In einer Selbstverteidigung gegen den Vorwurf, Art et Liberté praktiziere eine verwestlichte Kunst, schreibt er 1939: „Vieles in der pharaonischen Kunst ist Surrealismus. [...] Vieles in der koptischen Kunst ist Surrealismus. Wir imitieren keine ausländischen Schulen, sondern schaffen eine Kunst, die aus der braunen Erde dieses Landes erwächst und die unser Blut seit dem ersten Tag, an dem wir leben, durchströmt [...]" (Telmisany 2018, S. 102). Das Beispiel zeigt, dass trotz geteilter ästhetischer und politischer Positionen die Situation arabischer Künstler/innen im frühen 20. Jh. kaum der ihrer europäischen Zeitgenossen entsprach. Denn die arabische Auseinandersetzung um die Frage, was moderne Kunst sei, vollzog sich unter dem (post)kolonialen Paradigma, das Künstler/innen vor eine doppelte Herausforderung stellte: Der Emanzipation vom kolonialen Erbe einer europäischen Kunsttradition durch die Entwicklung einer authentischen Formsprache, die an die eigene ästhetische Tradition anknüpft; und die Anerkennung dieser authentischen, lokalen Kunst als Teil einer universalen Weltkunst (Shabout 2007, S. 25; s. auch Kap. 3).

Künstlerische Authentizität: Die postkoloniale arabische Kunst stand so nicht mehr unter dem Vorzeichen der Nachahmung. Vielmehr ging es nun um eine Wiederentdeckung lokaler Kunsttraditionen, die in der aufbrandenden Debatte um eine kulturelle Authentizität *(al-aṣāla)* intensiv diskutiert wurden. Ein Zentrum dieser Bestrebungen war Bagdad, wo sich 1951 die Gruppe Bagdad für Moderne Kunst (Ǧamāʿat Baġdād li-l-Fann al-Ḥadīṯ) gründete. Ihr gelang es als erster Kunstgruppierung in der arabischen Welt, einen eigenen lokalen Stil zu entwickeln, der sich prägend auf die irakische Kunst der Folgegenerationen auswirkte und weit in die Kunstszenen anderer arabischer Länder ausstrahlte (Shabout 2007, S. 27; Naef 1996, S. 235 f.). Ihr Mitbegründer Jawad Selim (Ǧawād Salīm, 1919–1961) verband in seiner Malerei mesopotamische und sumerische Bildtraditionen mit modernen Prinzipien der Abstraktion und geometrischen Reduktion. Die von Selim mitgegründete „neue Kunstschule" wollte so eine moderne irakische Kunst erschaffen, „die ihre Quelle aus den Zivilisationen des gegenwärtigen Zeitalters bezieht, mit allen Stilen und Kunstschulen, die ihm entsprungen sind, sowie dem einzigartigen Charakter der östlichen Zivilisationen" (Baghdad Group for Modern Art 2018, S. 151). Vergleichbare künstlerische Zusammenschlüsse, die die bildende Kunst als zentrale Transformationskraft ihrer sozialen Wirklichkeit begriffen, konstituierten sich auch andernorts in der arabischen Welt, wie etwa 1953 in Algier die Algerische Gruppe der Lettristischen Internationale (Groupe Algérien d'Internationale Lettriste) oder 1961 die Bewegung Bildender Kunst in Syrien (Ḥarakat at-Taškīliyya fī Sūriyā).

Ḥurūfiyya-Bewegung: Die kritische Revision nicht nur des antiken, sondern auch des islamischen visuellen Erbes, das charakterisiert ist durch geometrische, repetitive, nichtfigürliche Formen, führte in den 1960er Jahren zu weiteren fruchtbaren Auseinandersetzungen mit Stilen und Techniken abstrakter Kunst. Hierunter fiel auch eine künstlerische Strömung, die sich einer modernen Interpretation der traditionellen arabischen Kalligraphie zuwandte und in der arabischen Kunstgeschichte als *al-ḥurūfiyya* (von *ḥarf, ḥurūf;* dt.: Buchstabe) bezeichnet wird. Naef bewertet sie als einzige originär in der arabischen Welt entstandene Kunstbewegung, deren Vertreter/innen sich in der ganzen arabischen Welt fänden und die bis in die 1980er Jahre die arabische Kunstszene dominiert habe (Naef 2015, S. 99). Im Rahmen ihrer modernen Interpretationen adaptierten und kombinierten Künstler/innen dieser Strömung traditionelle Schriftstile, andere dekonstruierten sie, um neue Bedeutungsebenen zu schaffen. Der irakische Künstler Rafa Nasiri (Rāfiʿ an-Nāṣirī, 1940–2013) etwa schuf in seinen farbintensiven Lithografien Brückenschläge zwischen der nah- und fernöstlichen Zivilisation (Ali 1997, S. 172 f.; Mejcher-Atassi/Muzaffar 2016), der libanesische Künstler Samir Sayigh (Samīr aṣ-Ṣāyiġ, geb. 1945) zeitgenössische Interpretationen sufischer Mystik und der palästinensische Künstler Kamal Boullata (Kamāl Bullāṭa, 1943–2019) abstrakte Repräsentationen des palästinensischen Widerstandskampfs.

Die Ḥurūfiyya-Bewegung zeugt von einer sich intensivierenden Begegnung von Wort und Bild bzw. Literatur und Malerei ab den 1960er Jahren, insbesondere im wirtschaftlich und kulturell zu dieser Zeit blühenden Beirut. So integrierte etwa die libanesische Dichterin und Künstlerin Etel Adnan (Ītīl ʿAdnān, geb. 1925) Gedichte in ihren kalligraphischen Gemälden und Kunstbüchern (Mejcher-Atassi 2012). Gallery One, eine der ersten Galerien für zeitgenössische arabische Kunst, gegründet 1963 vom Dichter Yussuf Khal (Yūsuf al-Ḫāl, 1917–1987) und der Malerin Helen Khal (Hilin al-Ḫāl, 1923–2009), befand sich ebenfalls hier und wurde zum lebendigen Austauschort der literarischen und künstlerischen arabischen Moderne.

Revolutionäre Kunst: Das revolutionäre Klima der 1960er und 1970er Jahre politisierte arabische Literat/innen und Künstler/innen gleichermaßen. Bereits vor, verstärkt aber nach der Niederlage im Juni-Krieg 1967 stellten sich bildende Künstler/innen die Frage, welchen Beitrag die Kunst zum revolutionären Kampf der unterdrückten Völker leisten könne. Die Solidarisierung mit dem palästinensischen Widerstandskampf spielte auch hier, im Feld der Kunst, eine zentrale Rolle, sowohl im Nahen Osten als auch im Maghreb (Davies 2015; Harrison 2016). Die PLO (Palestinian Liberation Organisation), die in der Anfangsphase ihres Bestehens der Kunst kaum Interesse zollte, erkannte in den 1970er Jahren deren zentrale Rolle für die Vorstellung einer palästinensischen Nation: Ihr kulturpolitischer Kurswechsel zeigt sich vor allem in der wachsenden Zahl propagandistischer Plakatkunstwerke (Maasri 2020) und der Eröffnung der Palästinensischen Filmeinheit (Waḥdat as-sinīmā at-tābiʿa li-qism at-taṣwīr al-fūtūġrāfī) (Yaqoub 2018).

Ähnlich wie in der Literatur wurde jedoch nach 1967 eine engagierte Kunst, die ihren ästhetischen dem politischen Wert unterordnet, von vielen arabischen, darunter auch palästinensischen Künstlern abgelehnt: „Die Mehrheit dessen, was man von der palästinensischen Kunst sieht, ist Ausdruck einer traditionellen Kunst, die sich der Revolution bedient. [...] Sie ist eine künstlerische Erscheinung, aber keine künstlerische, revolutionäre, transformierende Tätigkeit, die Kunst und Gesellschaft umfasst" (Bullāṭa 1971, S. 176). Im Zuge einer umfassenden „Selbstkritik nach der Niederlage", wie Sadiq Jalal al-Azms (Ṣādiq Ǧalāl al-ʿAẓm, 1934–2016) berühmter Essay von 1968 titelt, wurde der revolutionäre Künstler somit verstärkt als derjenige gehandelt, der sich nicht nur den richtigen politischen Zwecken verschrieb, sondern sich auch auf ästhetischer Ebene gegen westliche Hegemonie und eigene, überkommene Traditionen zur Wehr setzte.

Die Aufgabe der Kunst wurde in dieser Phase einer globalen linken Politisierung nicht nur in der Ausbildung eines revolutionären Bewusstseins, sondern auch als Bindeglied eines transnationalen kulturpolitischen Netzwerks gesehen, für das die Ideologie des *Third Worldism* eine entscheidende Rolle spielte. Dieses internationalistische Projekt, das aus der politischen Frontbildung des Kalten Kriegs hervorgegangen war, hatte auch infrastrukturelle und ökonomische Auswirkungen auf das Feld der Kunst: Waren bis dato die nationalen Kunstfelder der arabischen Welt weitgehend zersplittert, formierten sich im Nachgang von 1967 und eines verstärkten Rufs nach arabischer Einheit die ersten transarabischen Kunstbiennalen in Bagdad (1974) und Rabat (1976). Ihnen war 1971 die Gründung des Allgemeinen Verbands arabischer bildender Künstler (al-Ittihād al-ʿāmm li-l-fannānīn at-taškīliyyīn al-ʿarab) vorausgegangen, dem ersten organisatorischen Dachverband bildender Künstler in der arabischen Welt (Shabout 2018).

Die Freiheit der Kunst: Ähnlich wie in der Literatur besetzten zwischen den 1950er und 1970er Jahren liberale und autonomieästhetische Standpunkte eine marginale Position im Bereich der Kunst. Dies änderte sich im Umbruch zu den 1980er Jahren, als das politische Projekt der arabischen Linken seinen Niedergang antrat und in vielen arabischen Staaten oppositionelle Stimmen zunehmend brutal unterdrückt wurden. Vor allem der abstrakten Kunst begegnete aufgrund ihrer für propagandistische Zwecke schwer einnehmbaren Form zunehmend Skepsis und Verfolgung populistischer Regime, etwa in Algerien, Tunesien und Syrien (Lenssen/Rogers/Shabout 2018, S. 18). Dagegen nutzten viele autoritäre Regierungen, wie etwa jenes in Syrien unter Hafiz al-Assad, Bild- und Symbolpolitik gezielt zur Unterwerfung der Bevölkerung (Wedeen 1999/2015) bzw., wie im Libanon der Kriegs- und Nachkriegszeit, zur Stiftung politischer Gruppenidentitäten (Bonsen 2020).

Die Idee einer dem Humanismus und der Freiheit des Individuums gewidmeten Kunst, und damit die Forderung nach künstlerischer Freiheit in einem autoritären Produktionskontext, traten jetzt in den Vordergrund. Ein Zitat aus dem 1980 erschienenen Buch *Ḥurriyyat al-fannān* (‚Die Freiheit des Künstlers') des Ägypters Hassan Soliman (Ḥassan Sūlaymān, 1928–2008) spiegelt diese Wende im künstlerischen Selbstverständnis: „Die Bedeutung der Kunst hängt zusammen mit der Aufrichtigkeit, Hingabe und der freien Meinungsäußerung des Künstlers, nichts kann ohne sie erreicht werden." Kunst, so Soliman weiter, dürfe daher kein Mittel sein, um bestimmte Ideologien zu propagieren, da sie so zum Verlust des menschlichen Wesens und dessen Selbst führe (Soliman 2018, S. 434).

4.1.4 Globalisierung und der Aufstieg der ‚Contemporary Arts' (seit ca. 1990)

Anders als die westliche Kunst kenne die arabische Kunst, so Kamal Boullata im Jahr 1971, keine Galerien, keine Kunstmakler, Sammler oder Kunstkritiker – in anderen Worten: keinen Kunstmarkt –, weshalb sie unabhängig von kapitalistischen Zwängen und bürgerlicher Konsumlogik agieren könne (Bullāṭa 1971, S. 178).

Arabische Kunst als ‚das Andere' des Westens: Diese Situation änderte sich im Laufe der 1990er Jahre im Zuge einer sich verstärkenden Globalisierung. Nach dem Zerfall der Sowjetunion und dem Ende des Kalten Kriegs wuchs auf Seiten von Kulturdiplomatie, Museumswesen und Wissenschaft im Westen das Interesse an bildender Kunst aus den ehemaligen kolonialen Peripherien. Die in diesen westlichen Institutionen bald allerorts betriebene Beschäftigung mit dem kulturell ‚Anderen' generierte die Frage alternativer Modernen abseits der europäischen Kunstgeschichte (Belting 1991; Meier 2010, S. 14). Dies betraf vor allem auch die Kunstproduktion aus der arabischen Welt: Spätestens seit den frühen 2000er Jahren im Zuge der Anschläge von 9/11 sowie des dritten Golfkriegs von 2003 kam es zu einem Anstieg von Kulturförderprogrammen westlicher Nichtregierungsorganisationen (NGOs), der mit dem Arabischen Frühling einen weiteren Höhepunkt erfuhr. Unterschiedliche nationale Kunstszenen standen zu verschiedenen Zeitpunkten im Zentrum der Förderinstitutionen, abhängig vom geopolitischen Krisengeschehen: Lag der Fokus in den späten 1990er und frühen 2000er Jahren vor allem auf dem Libanon der Nachkriegszeit, den palästinensischen Autonomiegebieten und dem Irak und seiner Diaspora, verschob sich nach 2011 der Schwerpunkt auf Ägypten, die syrische Diaspora und Tunesien. Die europäische und US-amerikanische Kulturdiplomatie beschränkte sich dabei vor allem auf junge Künstler/innen, die aus Sicht der Förderer westliche Werte von Demokratie und Säkularismus vertraten und damit vermeintlich eine Gegenposition zum traditionellen religiösen Gesellschaftsmodell – dem islamischen ‚Anderen' des Westens – besetzten (Eickhof 2016, 2019; Winegar 2006; Toukan 2010, 2021).

Golfstaaten als regionales Kunstzentrum: Diese Entwicklung traf zusammen mit einer sich um die Jahrtausendwende vollziehenden Transformation des arabischen künstlerischen Feldes: Als neues Zentrum der arabischen Gegenwartskunst profilierte sich der arabische Golf, darunter insbesondere die Vereinigten Arabischen Emirate. 1993 fand hier die erste Sharjah Biennale statt, die – sieht man von Kuweit ab, das bereits seit den 1970er Jahren eine wichtige Rolle für den arabischen Kunstmarkt spielte – den Beginn einer kulturpolitischen Neuorientierung der Golfstaaten markierte. Die Sharjah Biennale stellte seit ihren Anfängen eine nichtkommerzielle Initiative dar, die sich zum Ziel gesetzt hatte, regionale Kunst jenseits von Marktinteressen auszustellen. Während die Biennale zu einer wichtigen Förderinstanz für die sogenannte zeitgenössische Kunst wurde – hierzu unten –, spielte der Golf auch eine zunehmende Rolle für Sammlung und Verkauf moderner Malerei und Skulptur. Franchise-Kunstmuseen wie das Guggenheim Abu Dhabi oder der Louvre Abu Dhabi, die Messe Art Dubai oder der Ableger des berühmten Londoner Auktionshauses Christie's in Dubai orientieren sich einerseits deutlich an der kapitalistischen Logik des internationalen Kunstmarkts. Aber sie stellen andererseits auch eine Herausforderung des Westens als Zentrum dieses lukrativen Markts und als kultureller Weltmacht dar (Exell 2016).

‚Modern' vs. ‚zeitgenössisch': Die Exponate regionaler Biennalen wie die Biennale in Sharjah, Home Works in Beirut (seit 2000) oder die Marrakesch-Biennale (seit 2004) zeichnen sich dabei durch eine deutliche Marginalisierung der Malerei aus, jener dominanten visuellen Ausdrucksform in der arabischen Kunst des 20. Jh.s. Stattdessen dominiert hier eine Kunstpraxis, für die sich in Europa und den USA der Dachbegriff ‚zeitgenössische Kunst' (bzw. im anglophonen Kunstjargon: *contemporary art*) etabliert hat, als einem Abgrenzungsbegriff zur Kunst der Moderne. In der westlichen Kunstgeschichtsschreibung setzt zeitgenössische Kunst in den 1960er Jahren mit der Pop Art um Andy Warhol und Roy Lichtenstein in New York ein und umfasst so unterschiedliche Stromungen und Medien wie Konzeptkunst, Fotorealismus, Minimalismus, Performance,

Installation, Videokunst oder Street Art. Zeitgenössische Kunst charakterisiert u. a., dass in ihr visuelles und auditives Material multimedial kombiniert und klassische Gattungsgrenzen zugunsten einer stark konzeptuellen Arbeit ignoriert werden. Sie stellt nicht mehr das vollendete Werk, sondern vermehrt den künstlerischen Prozess und seine Produktionsbedingungen in den Mittelpunkt.

Seit den 1990er Jahren zeichnet sich eine an diesen neuen Paradigmen orientierte Kunstpraxis auch in der arabischen Welt ab. Durch international agierende Kunstbiennalen und Förderstrukturen, eine allgemein gestiegene Mobilität sowie die Möglichkeit einer (beinahe) grenzenlosen Distribution von visuellem Material dank des digitalen Medienwandels hat sich – trotz hoher Heterogenität der Einzelwerke – die Ästhetik der Kunst zu Beginn des neuen Jahrtausends weltweit angenähert. In den von Kriegen, Exil und Korruption geprägten arabischen Staaten betraf dies, so die Kulturanthropologin Hanan Toukan, vor allem die Vertreter/innen einer Generation, die nicht länger für eine spezifische Nation sprechen oder als Repräsentanten ‚der arabischen Welt' auftreten wollten, sondern ihre politische Subjektwerdung an einem transnationalen Referenzrahmen ausbildeten (Toukan 2015, S. 338). Viele von ihnen wurden selbst konstitutiver Teil einer heute als ‚global' oder ‚international' bezeichneten zeitgenössischen Kunst, der es nicht mehr allein um eine rein ästhetische Erfahrung des Kunstwerks geht, sondern die ihre Betrachter zu einer intellektuellen Auseinandersetzung mit herrschenden Konzepten und Diskursen einlädt. Das Kunstwerk ist für diese Künstler/innen gleichzeitig Austragungsort und Forschungsobjekt einer Auseinandersetzung mit gesellschaftlichen, politischen und kulturellen Produktionskontexten und Machtverhältnissen ihrer lokalen Gesellschaften in einem globalen und postkolonialen Kontext. Die kritische Infragestellung der ästhetischen als universeller Erfahrung – und ‚universell' meint hier: eurozentrisch, weiß, hegemonial – liegt im Herzen vieler Arbeiten arabischer Gegenwartskunst. Hiermit in Verbindung steht die Aufwertung des Kunstrezipienten bzw. die Frage, inwiefern die nationale, geographische und soziale Situiertheit des Zuschauers Einfluss auf die ästhetische Rezeption nimmt (Albers 2015).

Beispiele arabischer Gegenwartskunst: Die Auslotung einer nationalen Identität im globalen Zeitalter, die Erfahrung von Exil, Diaspora und eines Lebens in Transit, die viele zeitgenössische arabische Künstler teilen, prägen das Werk der palästinensischen Medienkünstlerin Emily Jacir (Amīlī Ǧāsir, geb. 1973). In ihrer Arbeit *Change/Exchange* von 1998 tauscht sie 100 US-Dollar genau 67 Mal – entsprechend des Jahrs der *naksa* 1967 – in französische Francs um. Diesen Vorgang dokumentiert sie durch Fotos der besuchten Wechselstuben, Quittungen sowie den Restmünzbetrag von 1,45 US-Dollar, der sich am Ende nicht mehr umtauschen lässt. Währungsumtausch und die damit verbundene nationale Grenzüberschreitung ist für Jacir nicht Symbol einer Mobilität des freien Bürgers im Neoliberalismus, sondern Teil einer fundamentalen Verlusterfahrung des staatenlosen Individuums.

Eine gänzlich andere Ästhetik charakterisiert die Arbeiten des ägyptischen Videokünstlers Wael Shawky (Wāʾil Šawqī, geb. 1971). Seine Videotrilogie

The Cabaret Cruisades (2010–2015) erzählt anhand eines abgefilmten Marionettentheaters mit historischen Puppen die Geschichte der Kreuzzüge aus arabischer Perspektive. Shawky teilt mit einigen anderen arabischen Künstler/innen seiner Generation ein postkoloniales Interesse an der Hinterfragung einer vom Westen dominierten Geschichtsschreibung, die andere historische Narrative marginalisiert hat. Dennoch kennzeichnet seine Arbeiten ein kritisches Bewusstsein für den Fiktionscharakter jedweder geschichtlichen Erzählung.

Das Interesse arabischer Gegenwartskunst gilt auch einer kritischen Reflexion des Bildes selbst und seiner manipulativen Kraft auf das politische Imaginäre. In seiner Bühnenarbeit *Three Posters* (1997) spielt der libanesische Performancekünstler Rabih Mroué (Rabīʿ Mrūwah, geb. 1967) drei Videotapes eines Selbstmordattentäters im Bürgerkrieg gegeneinander aus; seine Lecture Performance *The Pixelated Revolution* (2012) wiederum reflektiert über visuelle Gewalt und die Glaubwürdigkeit dokumentarischer Bilder im syrischen Bürgerkrieg.

Als Eindruck muss die Nennung dieser wenigen Beispielarbeiten genügen, deren Thematik und Formästhetik bei Weitem nicht die Vielzahl existierender Ansätze repräsentiert.

4.2 Beschreibung und Analyse

Im Folgenden werden die jeder Analyse vorgängige Bildbeschreibung sowie einige Methoden der Bildanalyse vorgestellt. Diese ermöglichen nicht nur eine Analyse hochkultureller Werke der visuellen Kunst, sondern eignen sich auch für nicht-künstlerische Bilder, etwa Werbebilder, Screenshots oder Alltagsfotografie. Denn auch in der Arabistik begegnen wir Bildern in ganz unterschiedlichen Zusammenhängen. Ein Blick in die vorliegende Einführung macht das deutlich: In Kap. 11 wird ein historisches Gemälde aus dem 19. Jh. des französischen Malers Jean-Léon Gérôme analysiert. Die dargestellte Szene spielt im ‚Orient' und ist in einem Ausschnitt auf dem Buchcover der Originalausgabe von *Orientalism* von Edward Said zu sehen. In Kap. 6 ist ein Filmplakat für einen Dokumentarfilm über Künstler/innen in Ägypten während des Arabischen Frühlings zu finden ebenso wie zwei Screenshots aus einem Musikvideo der libanesischen Band Mashrou' Leila.

In der Auseinandersetzung mit Bildern ist die Beschreibung des Bildes ein vorgelagerter Schritt für verschiedene Ansätze der Bildinterpretation, die in ihren Fragestellungen und ihren Forschungsinteressen jeweils unterschiedliche Schwerpunkte setzen. In der Praxis finden sich häufig Mischformen, die hier anhand einer besseren Sichtbarkeit ausdifferenziert werden. Um in das komplexe Thema der Bildbeschreibung und -deutung einzuführen, wird in einem ersten Schritt die Bildbeschreibung und Analyse besprochen und im Anschluss werden drei verschiedene theoretische und methodische Zugänge skizziert. Es wird deutlich, dass sich die verschiedenen theoretischen und methodischen Positionen bereits auf den Schritt der Bildbeschreibung erstrecken, weil unterschiedliche Annahmen den Blick auf das Bild oder das Kunstwerk bestimmen.

4.2.1 Bildbeschreibung und Bildanalyse

Die Kunstwissenschaft setzt sich traditionell intensiv mit der Beschreibung und Deutung von Kunstwerken auseinander. Die Beschreibung eines Bildes bildet die Grundlage der Auseinandersetzung mit dem Kunstwerk (Gemälde, Skulptur, Architektur etc.). Auch wenn dieser Schritt als sehr grundlegend angesehen wird, wird er in der Einführungsliteratur zur Kunstwissenschaft oft nicht explizit aufgeführt, sondern in den Einführungsveranstaltungen und Tutorien anhand individueller Materialien der Dozierenden gelehrt. Deshalb kann an dieser Stelle auch nicht auf einschlägige Einführungsliteratur verwiesen, sondern nur knapp umrissen werden, was Teil der Bildbeschreibung ist.

Die Bildbeschreibung umfasst ‚technische Daten': Name des Künstlers, Titel des Werks, Gattung, Datierung, Maße, Material, Zustand, Herkunft, Besitzverhältnisse und aktueller Standort (Prochno 2008, S. 91). Auch wenn diese Daten für eine Vielzahl von Bildern, mit denen wir in der Arabistik und im Alltag konfrontiert werden, schwer auffindbar sind oder irrelevant scheinen, so regt diese Aufstellung an, über den Ursprung, die Materialität und den Zustand des Bildes nachzudenken. Der Medienwissenschaftler Werner Faulstich ordnet der Bildbeschreibung unter anderen folgende Unterpunkte zu (Faulstich 2010, S. 7):

- **Daten/Hintergrundinformationen:** Dabei ist das Entstehungsdatum des Kunstwerks gemeint, aber auch Aussagen zum Künstler oder zur Künstlerin und zur Quelle. Wo befindet sich das physische Kunstwerk jetzt? Wo wurde es digital aufgefunden?
- **Thema:** Hier werden kurz das verarbeitete Thema genannt und Angaben zum Genre gemacht. Handelt es sich um ein Stillleben oder ein Porträt?
- **Inhalt:** Hier findet die Beschreibung des Inhalts statt. Was ist auf dem Bild zu sehen?
- **Besonderheiten:** An dieser Stelle können auffällige Details oder besondere Merkmale angeführt werden.

Die Bildbeschreibung dient als Einstieg, gibt entscheidende Informationen über das Bild und legt die Grundlage für die weitere Auseinandersetzung. In dem folgenden Schritt der Bildanalyse wird das Bild in seine einzelnen Bestandteile zerlegt, die dann im Schritt der Interpretation hinsichtlich der Fragestellung und der theoretischen Verortung wieder zusammengeführt werden.

Bei der Bildanalyse wird thematisiert, was im Vorder-, Mittel- und Hintergrund zu sehen ist. Außerdem wird das Augenmerk auf den Ausschnitt und die Perspektive des Dargestellten gelegt. Hinsichtlich der Figurenkonstellation nimmt die Analyse die Konstellationen auf und analysiert Blick- und Handlungsrichtungen. Neben Farben und Licht sind die Auswahl an Linien, Flächen und Mustern relevant. Faulstich gibt in seinem Buch *Bildanalyse: Gemälde, Fotos,*

Werbebilder einen guten Einblick in die analytische Zerlegung der Bildbestandteile. Er behandelt anhand verschiedener Bilder, von Ölgemälden wie dem „Selbstbildnis" von Albrecht Dürer oder der „Sternennacht" von Vincent van Gogh, bis hin zu künstlerischen Fotos und Werbebildern, verschiedene analytische Kategorien.

In der Folge werden drei theoretisch-methodische Ansätze vorgestellt. Dabei wird deutlich, dass je nach theoretischem Bild-Verständnis auch die Schritte der Bildbeschreibung und -analyse unterschiedlich ausfallen.

4.2.2 Ikonologie oder das Bild als Repräsentation

Ikonologie ist eine wissenschaftliche Methode der Kunstgeschichte, die sich schwerpunktmäßig mit der Deutung der Bildinhalte auseinandersetzt. Bei dieser Methode steht die Motivuntersuchung auf einer inhaltlichen Ebene im Zentrum. Sie geht auf die Kunsthistoriker Aby Warburg (1866–1929) und Erwin Panofsky (1892–1886) zurück. Erwin Panofsky etablierte einen Dreischritt für die inhaltliche Analyse von Kunstwerken:

1. **Vorikonographische Beschreibung:** In diesem Schritt handelt es sich zunächst um eine Beschreibung dessen, was auf dem Bild offensichtlich zu sehen ist, und er dient dazu, sich mit den Gegenständen und Ereignissen vertraut zu machen. Wie viele und welche Personen oder Gegenstände sind auf dem Bild dargestellt? Was tun diese Personen?
2. **Ikonographische Analyse:** Hier werden mit Rückgriff auf wissenschaftliche Literatur die Identitäten der dargestellten Personen, Handlungen und Objekte ergründet. Es erfolgt oft ein Rückgriff auf biblische Erzählungen und Gestalten. Dazu werden Texte in der Bibel selbst und zusätzliche Literatur herangezogen.
3. **Ikonologische Interpretation:** Im Rahmen der Interpretation wird der Inhalt in ihrem spezifischen historischen Kontext mit Rückgriff auf zeitgenössische literarische und wissenschaftliche Quellen gedeutet. Dieser Schritt schafft die Verbindung zwischen den gelesenen Texten und dem Bild (Panofsky 1975).

Bei diesem in der Kunstwissenschaft sehr einflussreichen Ansatz stehen die Bildinhalte im Mittelpunkt, die mit Zuhilfenahme von zeitgenössischen Quellen interpretiert werden. Viele dem Barock und der Renaissance zugeordnete figürliche Darstellungen biblischer Szenen wurden und werden bis heute so interpretiert.

Hauptkritikpunkte an diesem Ansatz sind, dass nur die Bildinhalte berücksichtigt werden und dass die Analyse auf einem sehr starken Bezug zu Texten aufbaut. Das gerahmte Bild, der Ausstellungsort, der Betrachter, oder andere Sinneserfahrungen neben der des Sehens bleiben unberücksichtigt (Brassat/Kohle 2003, S. 63). Ebenso ist es schwierig, mit dieser Methode nicht-figürliche

Darstellungen zu interpretieren. Vor diesem Hintergrund wird diskutiert, inwieweit mit Hilfe der Ikonologie ornamentale Darstellungen in der islamischen Kunst erfasst werden können. Diese Diskussion verweist auch auf die Frage der Angemessenheit traditioneller Methoden der westlichen Kunstgeschichte hinsichtlich nicht-figürlicher Kunsttraditionen. „While it [the iconographic method] has proved very useful in the study of figural imagery in Islamic art, scholars have differed markedly over the question of whether one can talk of an iconography of the non-figural ornament that is so pervasive in Islamic art and architecture; this is an ongoing debate" (Flood/Necipoğlu 2017, S. 23; s. o. Abschn. 4.1).

Beispiel: Sliman Mansour: *Ǧamal al-Maḥāmil* (1973)

Der aus Birzeit (Westbank) stammende palästinensische Maler Sliman Mansour (Sulaymān Manṣūr, geb. 1941) schuf 1973 mit *Ǧamal al-Maḥāmil (Kamel der Lasten)* ein Ölgemälde, das wie kein anderes Werk der bildenden Kunst zu einer Ikone der palästinensischen Sache werden würde.

Vorikonographische Beschreibung: Das Gemälde zeigt einen alten Mann, der auf seinem Rücken eine ovalförmig gerahmte Stadt trägt. Der schwer gebeugte Lastenträger ist in einer Laufbewegung nach links gewandt. Er trägt ein einfaches graues Gewand, eine weiße Kopfbedeckung, einen zerschlissenen orangenen Schal und geht barfuß. Seine Last trägt er fixiert mit einem Tragegurt um die Stirn, der Rest des Gurts ist um seinen Arm gewickelt. Obwohl der weiße Schnurrbart und die tiefliegenden Augen ihn als einen alten Mann identifizieren, sind seine Extremitäten sehr muskulös, seine Hände und Füße überproportional groß. Sein Blick ist streng nach vorn gerichtet. Im Hintergrund sieht man eine undefinierte Landschaft ohne Vegetation oder geographische Besonderheiten, in der eine Horizontlinie Himmel und Erde definiert und eine zart blaugelbe Färbung an Morgenlicht erinnert.

Ikonographische Analyse: Bei der dargestellten Stadt handelt es sich um Jerusalem, wie sich an dem zentral gesetzten Felsendom mit seiner charakteristischen goldenen Kuppel erkennen lässt. Die weißgetünchten und vom Licht der Morgenröte getränkten Häuser am Fuß des Doms erschließen sich hierüber als Jerusalemer Altstadt. Anhand seiner einfachen Kleidung und der Art und Weise, wie er seine Last mit einfachsten Hilfsmitteln trägt, gibt sich der alte Mann als palästinensischer Fellache zu erkennen.

Ikonologische Interpretation: Das Bild repräsentiert sowohl das Leiden als auch den Kampf des palästinensischen Volkes, wie beides am Höhepunkt des palästinensischen Widerstandskampfs im Jahr 1973 gesehen und bewertet wurde. Trotz seines Alters trägt der Mann langsam und mit Mühen, dennoch stoisch und zielgerichtet seine schwere Last. Er ist vorwärts in die

Zukunft gerichtet und schenkt dem, was hinter ihm liegt, keine Beachtung. Seine Darstellung, so Dina Ramadan, symbolisiert die arabische Tugend des *ṣumūd,* der Widerstandsfähigkeit und des Durchhaltevermögens (Ramadan 2016, S. 27). Seine übergroßen Hände und muskulösen Arme repräsentieren die Stärke, jedoch auch die einfachen Mittel des palästinensischen Volkes, seine Beine und Füße dessen Unermüdlichkeit, die verlorene Heimat – dargestellt durch den Felsendom als *pars pro toto* – nicht zu vergessen und sich zurück zu erkämpfen. Die ovalförmige Last, als die Jerusalem dargestellt ist, kann als eine Referenz an das Auge als Hort des Geliebten in der arabischen Idiomatik verstanden werden (https://www.palestineposterproject.org/poster/jamal-al-mahamel-ii).

4.2.3 Bildsemiotik oder das Bild als Zeichen

Bildsemiotische Ansätze orientieren sich nicht an stilgeschichtlichen oder epochalen Mustern und Strukturen, sondern verstehen Bilder als ein System von Zeichen. Das Bild steht nicht für sich und repräsentiert nicht das Abgebildete, sondern ist Teil eines (visuellen) Referenzsystems. Die Grundannahme ist, dass alle Zeichen im Rahmen spezifischer historischer Kontexte als Ergebnis von gesellschaftlichen Konventionen funktionieren und bei dem Betrachtenden durchaus unterschiedliche Vorstellungen hervorrufen. Da in der Bildsemiotik alles als Zeichen betrachtet werden kann, eine Figur ebenso wie ein Schriftzug oder ein Ornament, öffnet sich der Untersuchungsgegenstand über das klassische Gemälde hinaus, wodurch auch nicht-figürliche Darstellungen ebenso wie Phänomene aus der Alltagskultur wie z. B. Werbung, Comic, Fotografie analysiert werden können. Auch das Zusammenspiel von Text und Bild rückt in den Fokus.

In Rückgriff auf den Sprachwissenschaftler Ferdinand de Saussure (1857–1913) und den Philosophen und Logiker Charles Sanders Peirce (1839–1914), die beide als Gründungsvater der Semiotik gelten, entwickeln verschiedene Ansätze innerhalb der Bildsemiotik ein ausdifferenziertes analytisches Vokabular, quasi eine Grammatik der visuellen Analyse.

Ikon, Index und Symbol ist eine von Peirce vorgenommene Dreiteilung, auf die hinsichtlich der Frage des Verhältnisses zwischen Bildinhalt und abgebildeten Objekt häufig verwiesen wird:

- **Ikon:** Das Zeichen als Ikon bildet Objekte ab, es besteht also ein Abbild-Verhältnis und eine Ähnlichkeit zum Abgebildeten (Ähnlichkeitsrelation). Das beinhaltet sowohl naturalistische Darstellungen, wie ein Foto, aber auch Piktogramme, bspw. für verschiedene Sportarten, und Diagramme.
- **Index:** Ein Index verweist auf etwas oder enthält einen Hinweis. Es gibt eine physische Verbindung zu der Begebenheit, der Person, dem Objekt

(Natürlichkeitsrelation), z. B. verweist ein Sprachakzent auf die Herkunft und Fieber auf eine Erkältung.
- **Symbol:** Symbole haben schließlich eine willkürliche, arbiträre Verbindung zu den Objekten (Arbitraritätsrelation), z. B. die Taube für Frieden oder eine Vielzahl von Verkehrszeichen. Die Zuordnung ist willkürlich, aber durchaus regelhaft, d. h. es wird immer wieder die gleiche Zuordnung gelernt und ausgeführt.

Mit Rückgriff auf Saussure legt Roland Barthes mit seinem Beitrag „Rhétorique de l'image" (1964) erstmals eine Analyse eines Werbebilds vor und überträgt in der Folge die Zeichentheorie auch auf andere nicht-sprachliche Phänomene.

Während auf der sprachlichen Ebene relativ gut zwischen denotativer Bedeutung (wörtliche Bedeutung, Bedeutungskern) und konnotativer Bedeutung (übertragene Bedeutung) unterschieden werden kann, ist diese Aufteilung bei Bildern schwierig. Selbst ein vermeintlich denotativer Bedeutungskern ist bereits durch die Wahl der Perspektive, des Stils, der Farben von einer bestimmten Bedeutungszuweisung geprägt. Mit Rückgriff auf Barthes wird im Rahmen der Semiotik darauf verwiesen, dass das Abgebildete an sich nicht neutral ist, sondern zu einer Naturalisierung der übertragenen Bedeutung des Bildes führt.

Mit Blick auf das Wort-Bild-Verhältnis unterscheidet Barthes zwei Möglichkeiten: Entweder kommt der Text zuerst und das Bild dient als Illustration dazu (Relay-Funktion) oder das Bild ist zuerst da und der Text trägt zum eindeutigen Verständnis bei (Anchorage-Funktion). Dieses Wechselspiel basiert auf der Annahme, dass Bilder vieldeutig (polysem) sind und der Text benötigt wird, um Eindeutigkeit herzustellen. Dem widersprechen z. B. Kress und van Leeuwen. Sie argumentieren: „The visual component of a text is an independently organized and structured message – connected with the verbal text, but in no way dependent on it: similarly the other way around" (1996, S. 17). Beides, Texte und Bilder, greifen auf jeweils eigene grammatikalische Strukturen zurück und haben jeweils spezifische Ausdrucksmöglichkeiten und Beschränkungen. Während beispielsweise in der Sprache von Nominalisierungen Gebrauch gemacht werden kann, können Bilder mit Perspektiven arbeiten. Kress und van Leeuwen legen mit ihrem Buch *Reading Images. The Grammar of Visual Design* eine vielzitierte und gute Grundlage für eine bildsemiotische Analyse vor.

Beispiel: Cartoon von Imad Hajjaj (ʿImād Ḥaǧǧāǧ, geb. 1967)

Die Autoren Kawakib Al-Momani, Muhammad A. Badarneh und Fathi Migdadi (2017) analysieren politische Karikaturen, die in Jordanien im Zusammenhang mit dem Arabischen Frühling entstanden sind, mit Hilfe der semiotischen Methode nach Barthes. Wie z. B. bei Werbebildern und

Comics spielt auch bei Karikaturen Text und Bild gleichermaßen eine wichtige Rolle (Abb. 4.1).

Das vorliegende Cartoon, das im Zusammenhang mit den Wahlen in Jordanien im Jahr 2013 steht, ist zweigeteilt: Auf der linken Seite ist ein junger Mann mit Laptop und Smartphone zu sehen. Auf der rechten Seite befinden sich Wahlplakate dreier Kandidat/innen. In der Sprechblase über dem Kopf des jungen Mannes steht: „Nachdem ich mir die Bilder der Kandidaten und ihre Wahlprogramme angesehen habe, bin ich überzeugt und wähle das Programm ... Photoshop!!" Die Kleidung des jungen Mannes, Sweatshirt und Basecap sowie der Rucksack und der Bart verweisen auf einen ‚westlichen' Modestil. Ebenso stehen der Laptop und das Smartphone in übertragener Bedeutung für einen jungen, gut ausgebildeten Jordanier.

Dies wird durch die Aussage und das verwendete Code-switching in der Sprechblase unterstrichen. Erstens setzt sich der junge Mann mit den Kandidat/innen und ihren Programmen auseinander; seine Wahlentscheidung ist es ist also kein zufälliger Entschluss. Zweitens lässt die Verwendung des englischen Begriffs für das Bildbearbeitungsprogramm den Rückschluss zu, dass der junge Mann mit Computerprogrammen vertraut ist und Kenntnisse im Umgang mit dem Computer besitzt. Die Autoren führen weiter aus, dass Laptop und Smartphone die Werkzeuge der jungen Menschen sind, um die Zukunft zu gestalten, und dass diesen vor allem während des Arabischen Frühlings sehr viel Bedeutung beigemessen wurde (Al-Momani/Badarneh/Migdadi 2017, S. 80).

Die übertragene Bedeutung der Aussage bezieht sich ferner auf die Glaubwürdigkeit der präsentierten Kandidat/innen, die inhaltlich nicht viel zu bieten haben und deshalb ihre visuelle Repräsentation bearbeiten. Der Kandidat in der Mitte mit einem schiefen Bart, einem breiten Lächeln und weit heraussstehenden Augen wird von den Autoren mit Gier in Verbindung gebracht. Der Kandidat rechts steht für die Scheinheiligkeit von Politiker/innen. Während sein Mund einer Waage gleicht (das Gesprochene), scheint sein Gehirn in Form der als Vögel stilisierten Augenbrauen wegzufliegen (das Gedachte). Dazu fällt auf, dass keines der Wahlplakate mit einem Slogan versehen ist, der inhaltlich auf eine bestimmte politische Position hinweist. Auf Grundlage der bildsemiotischen Analyse, bei der alle Bestandteile gleichermaßen als Zeichen verstanden werden, fassen die Autoren zusammen, dass der junge Mann, der sich gut mit Computertechnologie auskennt, nicht mehr unwissend und hilflos ist, wie die Jugend zuvor häufig dargestellt wurde. Dagegen zeige das Bild, dass junge Menschen bewusst die digitalen Medien nutzen und sich nicht mehr durch ein falsches Auftreten der Kandidat/innen täuschen lassen.

Abb. 4.1 Rolle der Jugend (HUMOR 30, 1; https://doi.org/10.1515/humor-2016-0033)

4.2.4 Bild-Anthropologie und Körper-Bilder

Die Bild-Anthropologie, wie sie von Hans Belting vertreten wird, versteht sich als interdisziplinäre Schnittstelle zwischen Kunstgeschichte, Ethnologie, Kulturwissenschaft und Soziologie.

Ein zentraler Punkt ist die Erweiterung des Bildbegriffs bei Belting um die ‚inneren Bilder'. Belting unterscheidet innere und äußere Bilder entlang der Grenze des menschlichen Körpers: Während die inneren Bilder den Körper selbst als Medium haben, benötigen die äußeren Bilder ein technisches Medium, also eine Leinwand, einen Bildschirm, Fotopapier etc. Innere Bilder sind die im Körper erzeugten Bilder. Alle, auch die äußeren, physischen Bilder müssen erst in innere Bilder des Betrachters verwandelt werden.

Während die Bildsemiotik Bilder als eine Zusammensetzung von Zeichen begreift, die auf etwas verweisen, sind Bilder im Sinn der Bild-Anthropologie ‚Verkörperungen': Das Abgebildete wird durch den Blick inkorporiert und somit verkörpert.

Die drei zentralen Begriffe ‚Medium', ‚Bild' und ‚Körper' müssen um einen vierten, den ‚Blick' ergänzt werden. Der Blick ist zum einen die Verbindungsinstanz zwischen äußeren und inneren Bildern und andererseits ist damit auch der Blick aus dem Bild heraus gemeint.

Belting selbst verweist in seinen Arbeiten auf den Totenkult, im Besonderen auf die kulturelle Praktik, Tote in Form von Bildern weiter am Leben der Gesellschaft teilhaben zu lassen. „Hier wurde der Körper des Toten durch einen Bildkörper eingetauscht und auf diese Weise ins Leben zurückgeholt" (Strehle 2011, S. 512). Dies entspricht nach Auffassung Beltings auch dem zentralen Sinn von Bildern, nämlich „die visuell-imaginäre Vergegenwärtigung eines real Abwesenden"

(Strehle 2011, S. 513). Diese Perspektive liefert interessante Impulse z. B. für die Analyse gegenwärtiger Darstellungen von Märtyrer/innen in der arabischen Welt.

Beltings Kritik setzt an der heutigen digitalen Bildlandschaft, die von einem Übermaß an Bildern geprägt ist, wie folgt an. Er geht von einer ‚Krise des Bildes' aus. Während zuvor das Bild des Toten für etwas Abwesendes steht, scheinen die Bilder heute für den lebenden Körper selbst zu stehen (Belting 2001, S. 108). Die Bilder werden nicht mehr gegen den Tod, sondern gegen die Welt eingetauscht und das ‚Tauschgeschäft' führt dazu, dass Bild und Wirklichkeit zusammenfallen.

Die Bild-Anthropologie bezieht mit ihrem Bild-Verständnis eine Vielzahl verschiedener künstlerischer und alltäglicher Bilder ein und erweitert so das klassische Bildverständnis der Kunstgeschichte. Jegliche visuelle Vorstellungen, damit auch Träume und visuelle Traumata, Illusionen und Erinnerungsbilder von Fluchterfahrungen, können so greifbar werden. Ebenso rücken kulturelle Praktiken, wie der Blick oder der Gebrauch von Bildern ins Zentrum.

Beispiel: Khalil Rabah: „New sites for the Museum Departments or four places to visit heaven" (2018)

In seiner Ausstellung „New sites for the Museum Departments or four places to visit heaven" (Galerie Sfeir-Semler, Beirut 2018) setzt sich der palästinensische Künstler Khalil Rabah (Ḫalīl Rabāḥ, geb. 1961) mit dem Museum als einer sinnstiftenden Institution auseinander. Angesichts der auch im frühen 21. Jh. ungelösten Palästinafrage beabsichtigt er, Palästina als musealen Ort neu zu erschaffen, der, so der Ankündigungstext, „im Nichts verweilt, während er auf unsere Rückkehr wartet." Die Ausstellung umfasst eine Vielzahl von Gemälden, Installationen, Fotos und Skulpturen aus unterschiedlichen Materialien.

Unter ihnen findet sich auch eine Neuinterpretation von Sliman Mansours Werk *Ǧamal al-Maḥāmil,* welches im Jahr 2018 zum Teil einer arabischen Erinnerungskultur als auch zum Fetischobjekt eines profitorientierten Kunstmarkts geworden ist. Lange Zeit galt das Original von 1973 als verschollen. Nachdem US-Truppen 1986 den Wohnsitz des libyschen Staatsoberhaupts Muammar al-Gaddafi, dem mutmaßlich letzten Besitzer des Bildes, bombardiert hatten, galt es als zerstört. Als 2015 das britische Kunstauktionshaus Christie's ein von Mansour angefertigtes Duplikat aus dem Jahre 2005 für knapp 300.000 US-Dollar anbot, stellte sich heraus, dass Gaddafi selbst ein früheres Duplikat besessen hatte und das eigentliche Original sich schon lange im Besitz eines Londoner Kunsthändlers befand.

Diese bewegte Biographie von Mansours *Ǧamal al-Maḥāmil* bestimmt Rabahs zeitgenössische Interpretation. Wir sehen den Lastenträger bei Rabah gleich dreimal: Auf einer an der Wand angebrachten großformatigen Fotografie, die ein ebenfalls an einer Wand befestigtes Duplikat des

Originals von 1973 zeigt, angebracht über einem Arbeitstisch mit Malutensilien; auf einer vor dieser Fotografie aufgestellten Leinwand, die Rabahs unvollendeten Versuch eines eigenen Duplikats von *Ǧamal al-Maḥāmil* zeigt; und als eine vor dieser Leinwand platzierte superrealistische Skulptur des alten Lastenträgers in menschlicher Originalgröße, der Mansours Darstellung exakt entspricht, jedoch auf seinem Rücken eine unsichtbare Last trägt.

Das Verhältnis von Medium, Bild, Körper und Blick ist für das Verständnis von Rabahs Arbeit zentral. Sein Lastenträger wird dem Betrachter auf unterschiedlichen sensuellen und intelligiblen Ebenen als äußeres Bild erfahrbar: Als Repräsentation (Gemälde), als Repräsentation der Repräsentation (Fotografie des Gemäldes), sowie als zwei- und dreidimensionale Kopie des Originals (Duplikat und Skulptur). Zentral ist der Topos der Abwesenheit, damit das Wesen des Bildes als Abbild: Rabahs multiple Repräsentationen können lediglich auf das nicht anwesende Original von *Ǧamal al-Maḥamil* verweisen. Ähnlich wie die unsichtbare Last Jerusalem auf dem gebeugten Rücken der Skulptur entsteht dieses Original erst in der Vorstellungskraft des Betrachters, dem lediglich diese Abbilder als ein Zitat zur Verfügung stehen. Das ehemals äußere, aber absente Original wird dem rezipierenden Subjekt so nur als verkörpertes bzw. inneres Bild zugänglich. Rabahs Arbeit ermöglicht dem Betrachter so ein physisches Erleben der palästinensischen Identitätserfahrung, die geprägt ist durch die abwesende Heimat und deren kollektive Imagination. Die vielfältige Aneignung des Werks durch arabische Machthaber und den westlichen Kunsthandel lassen sich mit Rabah als Allegorie auf die palästinensische Erfahrung als Ganzes verstehen. Die Grenzen zwischen Bild und Wirklichkeit werden hier gezielt aufgeweicht (https://www.sfeir-semler.com/%09khalil-rabah-gallery-0).

Literatur

Al-Momani, Kawakib/Badarneh, Muhammad A./Migdadi, Fathi: „A semiotic analysis of political cartoons in Jordan in light of the Arab Spring“. In: *HUMOR* 30/1 (2017), 63–95, https://www.degruyter.com/view/journals/humr/30/1/article-p63.xml.

Albers, Yvonne: „The Empty Chair: On the Politics of Spectatorial Situatedness in the Performances of Rabih Mroué“. In: Friederike Pannewick/Georges Khalil/Yvonne Albers (Hg.): *Commitment and Beyond. Reflections on/of the Political in Arabic Literature since the 1940s*. Wiesbaden 2015, 317–332.

Ali, Wijdan: *Modern Islamic art: development and continuity*. Gainesville 1997.

Baghdad Group for Modern Art: „Manifesto (1951)“. In: Annika Lenssen/Sarah Rogers/Nada Shabout (Hg.): *Modern Art in the Arab world: Primary Documents*. New York 2018, 150–151.

Bardaouil, Sam: *Surrealism in Egypt: Modernism and the Art and Liberty Group*. London 2017.

Barthes, Roland: „Rhétorique de l'image“. In: *Communications* 4 (1964), 40–51.

Bellan, Monique: „Defying the Order from Within: Art et Liberté and its Reordering of Visual Codes“. In: Nadia von Maltzahn/Monique Bellan (Hg.): *The Art Salon in the Arab Region: Politics of Taste Making*. Würzburg 2018, 135–164.

Belting, Hans: *Das Ende der Kunstgeschichte*. München 1991.

Belting, Hans: *Bild-Anthropologie. Entwürfe für eine Bildwissenschaft*. München 2001.

Bonsen, Sabrina: *Martyr Cults and Political Identities in Lebanon. „Victory or Martyrdom“ in the Struggle of the Amal Movement*. Wiesbaden 2020.

Brassat, Wolfgang/Kohle, Hubertus: *Methoden-Reader Kunstgeschichte*. Köln 2003.

Bullāṭa, Kamāl: „Al-fann fī zaman at̲-t̲awra al-filasṭīniyya“. In: *Mawāqif* 13/14 (1971), 176–179.

Davies, Clare: „Decolonizing Culture: Third World, Moroccan, and Arab Art in Souffles/Anfas (1966–1972)“. In: *Essays of the Forum Transregionale Studien* 2 (2015), 17–29.

Eickhof, Ilka: „All That Is Banned Is Desired: 'Rebel Documentaries' and the Representation of Egyptian Revolutionaries“. In: *Middle East - Topics & Arguments* 6 (2016), 13–22.

Eickhof, Ilka: *Pretty Interventions and Good Intentions: Northern European Cultural Institutions in Cairo's Contemporary Culture Scene after 2011*. Dissertationsschrift. University of Amsterdam 2019. In: https://dare.uva.nl/search?identifier=c0e78e38-4814-44b8-ab3a-c330883e3b06.

Exell, Karen: *Modernity and the Museum in the Arabian Peninsula*. London 2016.

Fahmi, Ahmed: „The Fine Arts (1887)“. In: Annika Lenssen/Sarah Rogers/Nada Shabout (Hg.): *Modern Art in the Arab world: Primary Documents*. New York 2018, 37–42.

Faulstich, Werner: *Bildanalysen: Gemälde, Fotos, Werbebilder*. Bardowick 2010.

Flood, Finbarr Bary/Necipoğlu, Gülru: „Frameworks of Islamic Art and Architectural History: Concepts, Approaches, and Historiographies“. In: Finbarr Bary Flood/Gülru Necipoğlu (Hg.): *A Companion to Islamic Art and Architecture*. Hoboken, New Jersey 2017, 2–56.

Harrison, Olivia: *Transcolonial Maghreb: Imagining Palestine in the Era of Decolonization*. Stanford 2016.

Kress, Gunther/van Leeuwen, Theo: *Reading Images. The Grammar of Visual Design*. London 1996.

Korn, Lorenz: *Geschichte der islamischen Kunst*. München 2008.

Lenssen, Annika/Rogers, Sarah/Shabout, Nada (Hg.): *Modern Art in the Arab world: Primary Documents*. New York 2018.

Maasri, Zeina: *Cosmopolitan Radicalism: The Visual Politics of Beirut's Global Sixties*. Cambridge 2020.

Meier, Prita: „Visual Arts and Art Practices in the Middle East“. In: *Arab Studies Journal* 18/1 (2010), 12–45.

Mejcher-Atassi, Sonja: *Reading across Modern Arabic Literature and Art*. Wiesbaden 2012.

Mejcher-Atassi, Sonja/Muzaffar, May: *Rafa Nasiri: Artist Books*. Mailand 2016.

Naef, Silvia: „Questioning a Successful Label: How 'Islamic' is Contemporary Islamic Art?" In: Rui Oliveira Lopes/Giulia Lamoni/Margarida Brito Alves (Hg.): *Global Trends in Modern and Contemporary Islamic Art*. Lissabon 2015, 94–107.

Naef, Silvia: „Writing the History of Modern Art in the Arab World: Documents, Theories, and Realities“. In: Julia Allerstorfer/Monika Leisch-Kiesl (Hg.) *Global Art History: Transkulturelle Verortungen von Kunst und Kunstwissenschaft*. Bielefeld 2017.

Naef, Silvia: *A la recherche d'une modernité Arabe: l'évolution des arts plastiques en Egypte, au Liban et en Irak*. Genf 1996.

Naef, Silvia: *Bilder und Bilderverbot im Islam: Vom Koran bis zum Karikaturenstreit*. München 2007.

Panofsky, Erwin: *Sinn und Deutung in der bildenden Kunst*. Köln 1975.

Prochno, Renate: *Das Studium der Kunstgeschichte: eine praxisorientierte Einführung*. Berlin 2008.

Ramadan, Dina: „Cairo's School of Fine Arts and the Pedagogical Imperative“. In: Annika Lenssen/Sarah Rogers/Nada Shabout (Hg.): *Modern Art in the Arab world: Primary Documents*. New York 2018, 72–73.

Ramadan, Dina: „The Straw That Broke the Camel's Back". In: *Middle East Report* 280 (2016), 25–29.

Rogers, Sarah: „Daoud Corm, Cosmopolitan Nationalism, and the Origins of Modern Lebanese Art". In: *Arab Studies Journal* 18/1 (2010), 46–77.

Scheid, Kirsten: „Missing Nikê: On Oversights, Doubled Sights, and Universal Art Understood through Lebanon". In: *Museum Anthropology* 32/2 (2009), 91–110.

Shabout, Nada M.: *Modern Arab Art: formation of Arab aesthetics*. Gainesville 2007.

Shabout, Nada: „Transregional Solidarity: The Arab Biennial in Retrospect" (2018). In: https://mezosfera.org/transregional-solidarity/ (15.09.2020).

Shalem, Avinoam: „What do we mean when we say 'Islamic Art'? A plea for a critical rewriting of the history of the arts of Islam". In: *Journal of Art Historiography* 6 (2012).

Shaw, Wendy M. K.: „The Islam in Islamic Art History Secularism and Public Discourse". In: *Journal of Art Historiography* 6 (2012).

Sheehi, Stephen: „A Social History of Early Arab Photography or a Prolegomenon to an Archaeology of the Lebanese Imago". In: *International Journal of Middle East Studies* 39/2 (2007), 177–208.

Soliman, Hassan: „From The Artist's Freedom (1980)". In: Annika Lenssen/Sarah Rogers/Nada Shabout (Hg.): *Modern Art in the Arab world: Primary Documents*. New York 2018, 427–435.

Strehle, Samuel: „Hans Belting: „Bild-Anthropologie" als Kulturtheorie der Bilder". In: Stephan Moebius/Dirk Quadflieg (Hg.): *Kultur, Theorien der Gegenwart*. Wiesbaden 2011, 507–518.

Telmisany, Kamel: „On Degenerate Art". In: Annika Lenssen/Sarah Rogers/Nada Shabout (Hg.): *Modern Art in the Arab world: Primary Documents*. New York 2018, 101–103.

Toukan, Hanan: „On Being the Other in Post-Civil War Lebanon: Aid and the Politics of Art in Processes of Contemporary Cultural Production". In: *Arab Studies Journal* 18/1 (2010), 118–161.

Toukan, Hanan: „Whatever Happened to Iltizām? Words in Arab Art after the Cold War". In: Friederike Pannewick/Georges Khalil/Yvonne Albers (Hg.): *Commitment and Beyond: Reflections on/of the Political in Arabic Literature since the 1940s*. Wiesbaden 2015, 333–350.

Toukan, Hanan: *Politics of Art. Dissent and Cultural Diplomacy in Lebanon, Palestine, and Jordan*. Standford 2021.

Vogl, Mary: „Algerian Painters as Pioneers of Modernism". In: Gitti Salami/Monica Blackmun Visona (Hg.): *A Companion to Modern African Art*. Hoboken, New Jersey 2013, 197–217.

Wedeen, Lisa: *Ambiguities of Domination: Politics, Rhetoric, and Symbols in Contemporary Syria: With a New Preface*. Chicago 2015 [1999].

Winegar, Jessica: *Creative reckonings: the politics of art and culture in contemporary Egypt*. Kairo 2006

Yaqoub, Nadia: *Palestinian Cinema in the Days of Revolution*. Austin 2018.

Zibāwī, Maḥmūd az-: „al-Luġa at-taškīliyya al-ʿarabiyya: aḍ-ḍāt, al-āḫir, al-huwwiyya". In: *Mawāqif* 64 (1991), 74–88.

Musik

5

Im deutschsprachigen Raum ist ‚arabische Musik' oft nicht viel mehr als der Soundtrack zu orientalistischen Klischees. Sie untermalt den Auftritt einer Bauchtänzerin in einem Spielfilm oder verleiht den Bildern von Sandwüsten oder den Suks von Marrakesch eine atmosphärische Dichte. Es ist fraglich, inwiefern es sinnvoll ist, von ‚arabischer' Musik zu sprechen. Die arabische Welt erstreckt sich über zwei Kontinente, umfasst Millionen von Menschen und verschiedenste musikalische Traditionen mit ihrer jeweiligen Historie. Auf lokaler Ebene existieren Formen von religiöser und Volksmusik, von der Musik der sufischen Gnawa-Bruderschaften in Marokko bis zu den Gesängen der Perlen-Fischer im Oman, um nur zwei Beispiele zu nennen. Gleichzeitig gibt es klassische Formen arabischer Kunstmusik, die auf einer über Jahrhunderte weiterentwickelten arabischen Musiktheorie fußen. Dazu kommt eine panarabische Pop-Industrie, deren Produkte über das Satellitenfernsehen in der ganzen Region zu empfangen sind, globale Musikstile wie Hip-Hop, Metal, klassische Orchester, überregional verehrte Sängerinnen und Sänger, neue Musikstile wie der Mahragan, der sich in Ägypten seit 2010 entwickelt hat – all das ist heute ‚arabische' Musik.

5.1 Geschichte

Wer über die Geschichte der Musik in der arabischen Welt schreiben möchte, sieht sich der Gefahr ausgesetzt, die Traditionen der Wohlhabenden und Gebildeten zum zentralen Gegenstand zu machen – der Grund ist schlicht und einfach in der Quellenlage zu suchen: Während die klassische arabische Kunstmusik, deren Sänger/innen und Musiker/innen an den Höfen der herrschenden Dynastien verkehrten, der Gegenstand von Traktaten von Gelehrten wurde, die sich bis in die Gegenwart erhalten haben, geht die Geschichte von vielen Volksmusik-Traditionen nicht über die für mündliche Überlieferungen typische Zeitspanne von etwa 80 Jahren hinaus, um dann direkt ins Reich der Mythen überzugehen. Ein ähnliches

Y. Albers et al., *Arabistik*, https://doi.org/10.1007/978-3-476-05681-8_5

Phänomen findet sich auch noch im 20. Jh.: Während die westliche Musikindustrie ein enormes Archiv musikalischer Aufnahmen geschaffen hat, haben viele Künstler/innen aus der arabischen Welt, die überregional bekannt waren oder sind, kaum oder keine Platten herausgebracht, und drohen nun, in Vergessenheit zu geraten.

Im folgenden Kapitel werden die wichtigsten Etappen in der Entwicklung der arabischen Kunstmusik vom 7. Jh. bis zur Gegenwart wiedergegeben (unsere Darstellung folgt im Wesentlichen Habib Hassan Toumas klassischem Einführungswerk (Touma 1989)). Dabei muss immer mitgedacht werden, dass es sich um eine von vielen gleichzeitig existierenden Traditionen handelt. Die Geschichte der ‚arabischen' Musik bis zum 20. Jh. im Wesentlichen auf diese Tradition zu beschränken, ist einerseits pragmatisch begründet: Über volksmusikalische Traditionen vor dem 19. Jh. ist sehr wenig bekannt. Andererseits ist es aber auch so, dass die Kunstmusik einen zentralen Platz in der Vorstellungswelt der (musikalisch) gebildeten gesellschaftlichen Eliten einnimmt – oder, bis vor nicht allzu langer Zeit, eingenommen hat.

5.1.1 Klassische altarabische Musiktraditionen (ca. 7. Jh. - 19. Jh.)

Die Geschichte der arabischen Kunstmusik beginnt, in der heute verbreiteten Version, auf der arabischen Halbinsel. Als Quellen für das musikalische Leben vor dem 7. Jh. dient vor allem die zeitgenössische Dichtkunst. Auch zu dieser Zeit finden sich schon einige strukturelle Merkmale, die in gewisser Form auch heute noch existieren, so etwa der Gegensatz zwischen der Musik der Beduinen, die als einfache Volksmusik betrachtet wird, und der elaborierten, kunstvollen Musik, die in den Städten und am Hof der Herrschenden dargeboten wird. Die Figur der *Qayna* ist für viele der Ursprung der arabischen Kunstmusik: Die *Qaynāt* waren Sängerinnen, die Lokale (*ḥāna* / Pl. *ḥānāt*) betrieben, in denen sie Wein ausschenkten und gleichzeitig sangen. Während diese Lokale öffentlich waren, war eine zweite Gruppe von *Qaynāt* fest in den reicheren Haushalten angestellt, wo sie die ihren Herren gewidmeten Gedichte sangen (vgl. Pellat). Die *Qayna*-Tradition dauerte auch nach der Verbreitung des Islam weiter fort.

Medina als Ausgangspunkt: Durch die zahlreichen Kontakte mit anderen Zivilisationen, die sich durch die islamischen Eroberungen ergaben, entwickelte sich auch das musikalische Leben und nahm Einflüsse aus Byzanz, Persien, Nordafrika und Äthiopien auf, woher viele Sklaven auf die arabische Halbinsel kamen. Neben Sängerinnen gab es nun auch mehr und mehr Sänger, nicht nur unter den Sklaven, sondern auch unter den Arabern und aus allen gesellschaftlichen Schichten. Während die Hauptstadt des Reichs schon 661 nach Damaskus umzog, blieb Medina das musikalische Zentrum während der Umayyaden-Zeit (661–750) und bis in die Zeit der Abassiden hinein. Die Musiker und Sänger dieser Zeit sind von Gelehrten aus dem 9. und 10. Jh. ausführlich beschrieben worden, jedoch gibt es keine Aufzeichnung einer Melodie (etwa mit Hilfe einer Notenschrift).

In dieser Zeit bestanden die Ensembles aus einer Sängerin/einem Sänger, die/der von einer kleinen Gruppe von Instrumentalisten begleitet wurde. Die Instrumente umfassten Saiten-Instrumente wie die *ʿūd* und verschiedene Trommeln, wie sie auch in modernen Ensembles der Kunstmusik (*taḫt* / Pl. *tuḫūt*) verwendet werden (s. Abschn. 5.2.1).

Bagdad als musikalisches Zentrum: In der ersten Hälfte des 9. Jh.s wurde Bagdad immer mehr zum Zentrum der arabischen Kunstmusik, während die Rolle der arabischen Halbinsel langsam verblasste. Die neue Musik dieser Zeit war stärker von persischen Traditionen beeinflusst. Ibrāhīm ibn al-Mahdī (779–839) gilt als zentrale Figur dieser Erneuerung. Er befand sich dabei in Konkurrenz mit Isḥāq al-Mawṣilī, einem anderen wichtigen Musiker am Hof der Abassiden. Als weitere Folge der Rivalitäten zwischen den großen Sängern der Zeit musste al-Mawṣilīs talentierter Schüler Ziryāb Bagdad verlassen. Er siedelte nach Córdoba über, wo er die andalusische Tradition der Kunstmusik mitbegründete, die bis zum heutigen Tag fortlebt. Diese drei musikalischen Schulen (Hijaz, Baghdad, Andaluz), die ihre jeweilige Blüte zwischen dem 8. und dem 15. Jh. erlebten (Bagdad fiel 1258 an die Mongolen, mit dem Fall von Granada 1492 war die arabische Herrschaft in Andalusien beendet) blieben bis zum 19. Jh. die Referenzpunkte der Kunstmusik in der arabischen Welt. Die Überlieferung fand dabei in erster Linie mündlich und im Verhältnis von Meister und Schüler statt.

Das 19. Jh.: Im 19. Jh. lassen sich fünf regionale Stile arabischer Kunstmusik unterscheiden: Die irakische, die syrische, die ägyptische, die nordafrikanische und die der arabischen Halbinsel. Diese unterscheiden sich in Gesangs- und Instrumentaltechniken, der Struktur der Tonleiter und Inhalt sowie Aufbau der Texte. Musik wurde im öffentlichen Raum vor allem in Lokalen aufgeführt, außerdem zu den Festen der verschiedenen religiösen Gemeinschaften. Im privaten Rahmen wurden Musiker für Hochzeiten oder Beschneidungsfeiern engagiert. Wie Nieuwkerk mit Bezug auf das Ägypten der 1990er Jahre bemerkt, hat sich diese Praxis kaum geändert (Nieuwkerk/LeVine/Stokes 2016, S. 13).

Mit dem Untergang des Osmanischen Reiches und den britischen und französischen Protektoraten in der Region nach Ende des Ersten Weltkriegs hielten europäische Musik und Instrumente verstärkt Einzug in der arabischen Welt. In Marokko, Algerien, Tunesien und dem Libanon, aber auch in Ägypten etablierten sich Musikschulen nach dem Vorbild der französischen ‚*Conservatoires*'. Bald ersetzte die Violine in den meisten Kontexten die *kamanǧa*, das traditionelle, ursprünglich persische Streichinstrument. Schon seit der Nahḍa und den verstärkten Kontakten zwischen arabischem und europäischem Großbürgertum hat auch die europäische klassische Musik einen festen Platz im musikalischen Leben der arabischen Eliten.

5.1.2 Koloniale Einflüsse, technische Revolutionen (20. und 21. Jh.)

Angesichts der großen Vielfalt, die die Musik der arabischen Welt im 20. und 21. Jh. kennzeichnet, werden wir uns in diesem Kapitel auf einige wenige Ereignisse beschränken, die in der einen oder anderen Form die gesamte Region betroffen haben. Dabei stehen neben politischen Entwicklungen – wie etwa den Auswirkungen des Kolonialismus und der politischen Systeme, die nach der Unabhängigkeit in den arabischen Staaten entstanden, oder der globalen kulturellen Dominanz der Vereinigten Staaten – ganz besonders vier technologische Neuerungen im Fokus, die die Produktionsbedingungen für Musik mehrmals grundlegend verändert haben: Das Erscheinen des Radios als neues Medium, die ‚Kassetten-Revolution' der 1970er, das Satellitenfernsehen seit den 1990er Jahren, und schließlich das Internet und die Verfügbarkeit von preiswerter Software und Studio-Ausrüstung seit der Jahrtausendwende.

Radio und das ägyptische Star-System: Die Karriere der berühmten ägyptischen Sängerin Umm Kulthum (Umm Kulṯūm), um die Jahrhundertwende vom 19. zum 20. Jh. geboren und 1975 gestorben, eignet sich gut, um die Entwicklungen im Bereich der Musik zu illustrieren. Als Tochter eines Dorf-Imams wird sie in eine Tradition volkstümlich religiöser Musik hineingeboren. Der nächste Schritt ihrer Karriere war die Ausbildung bei einem in der arabischen Kunstmusik bewanderten Sänger, der mit Umm Kulthums Übersiedlung vom Dorf in die Stadt (Kairo) einherging. Anfang des 20. Jh.s stellten diese beiden Traditionen – die religiöse Musik und Volksmusik und die Kunstmusik in ihren unterschiedlichen lokalen Formen – die beiden Pole des musikalischen Feldes dar. Bis zu diesem Punkt könnte sich die Karriere einer bekannten Sängerin auch früher schon so abgespielt haben – Umm Kulthum kam also nach Kairo und wurde durch Auftritte immer bekannter. Sie hatte, wie viele Sängerinnen, feste monatliche Auftritte.

Was nun aber Umm Kulthums Karriere zu einer außergewöhnlichen machte, ist die Verbreitung des Radios und des Films, die genau in diese Zeit fiel. Die Sängerin sang zur Eröffnung des staatlichen Radiosenders, und auch später wurden noch häufig ihre Konzerte übertragen. Gleichzeitig trat sie in zahlreichen Filmen der damals blühenden ägyptischen Filmindustrie auf, wie übrigens die meisten berühmten Sänger/innen jener Epoche (z. B. Farid al-Attrache (Farīd al-Aṭraš)). Mit Hilfe der neuen Medien baute Ägypten seine Stellung als musikalisches Zentrum der arabischen Welt aus. Der unter Gamal Abd al-Nasser eröffnete Radiosender Ṣawt al-ʿArab konnte in großen Teilen der arabischen Welt empfangen werden und war Teil von Nassers panarabischen Bestrebungen. Viele der großen Stars jener Zeit unterhielten enge Beziehungen zum Präsidenten und stellten sich bereitwillig in den Dienst dieses politischen Projekts. Hier zeigt sich eine gewisse Kontinuität zu früheren Jahrhunderten, wo die Zentren der Kunstmusik auch die Zentren der politischen Macht waren. Während Musiker/innen in der Vergangenheit jedoch hauptsächlich der Unterhaltung der Mächtigen dienten, wurden Umm Kulthum und andere Sänger/innen aktive Unterstützer von Nassers nationalistischem politischen Projekt. Die gleichzeitige Förderung der Film-Produktion machte Ägypten zum dominanten kulturellen Zentrum der arabischen Welt.

In dieser Zeit entstand erstmals so etwas wie eine gesamtarabische Musik – im Libanon und Libyen konnte man die gleiche Musik empfangen wie in Ägypten, man konnte, wenn auch in geringerem Maße, die gleichen Platten hören.

Weil Radioempfänger und Grammofone lange Zeit zu teuer für den Großteil der Bevölkerung waren, blieben Cafés für viele die zentralen Orte, um Musik zu hören. Musiker, die früher in und vor den Cafés gespielt hatten, wurden in der Folge immer mehr von den technischen Apparaten verdrängt (Frishkopf 2010). Aufnahme-Studios wurden zu neuen Treffpunkten für Musiker. Radio und Film trugen einen großen Teil dazu bei, Kunstmusik zu popularisieren: Auch abseits der musikalischen Zentren, auf dem Land, tauchten in der Volksmusik Elemente aus der Kunstmusik auf. Doch auch diese veränderte sich durch die starke Mediatisierung erheblich. Das mittlerweile ‚klassische' Orchester der in der gesamten arabischen Welt bekannten Stars wie Umm Kulthum, Farid al-Attrache oder Muhammad Abd al-Wahhab (Muḥammad ʿAbd al-Wahhāb), bestehend aus zahlreichen Violinen und Bässen und anderen Instrumenten aus dem europäischen Raum, das erheblich größer ist als ein traditionelles *taḫt*-Ensemble, entwickelte sich in dieser Zeit. Ähnlich wie der Einsatz von Mikrofonen und künstlicher Amplifikation, beides Reaktionen auf die immer größeren Publikumszahlen bei Live-Auftritten, waren – und sind teils noch heute – die Einführung dieser Ensembles vielen Traditionalisten ein Dorn im Auge.

Distribution und Zensur: Bis in die 1970er Jahre hinein war die Verbreitung von Musik über die verschiedenen Medien relativ leicht zu kontrollieren, was zu einem gewissen Grad die erfolgreiche Verquickung von politischem Projekt und Unterhaltungsindustrie erklärt. In Ägypten etwa gehörten Radio und die einzige einheimische Plattenfirma dem Staat, Platten aus dem Ausland wurden bei der Einfuhr von den Zensurbehörden überprüft. In den anderen arabischen Staaten waren die Verhältnisse ähnlich: Eine einheimische Plattenindustrie war nicht existent, Radiosender waren ausnahmslos staatlich. Die Anzahl der Musiker und Musikerinnen, die über einen begrenzten lokalen Rahmen hinaus sichtbar und hörbar waren, war aufgrund dieser Distributionswege stark eingeschränkt.

Mit dem Tod von Umm Kulthum endet für viele Anhänger der *ṭarab*-Musik das ‚goldene Zeitalter' der modernen arabischen Musik (vgl. Gilman 2014, S. 8 f.). Mit dieser ersten Generation von Medien-Stars starb auch, wie unter anderem Frishkopf (2010) darlegt, eine Musiktradition, in der die Trennung zwischen religiöser und säkularer Musik fließend war. Wie im Fall Umm Kulthums war eine religiöse Gesangsausbildung ein Ausweis künstlerischer Legitimität – und ob es in den Texten um eine Liebe zu Gott oder einem Menschen ging, war weitgehend dem Publikum überlassen. Die Kommerzialisierung und immer größere Bedeutung des erotisierten menschlichen Körpers, deren Anfänge schon in den Filmen der 1950er und 1960er Jahre zu sehen sind und die in den Videos des heutigen arabischen Mainstream-Pop auf die Spitze getrieben werden, waren mit religiösen Inhalten schon bald nicht mehr vereinbar. Heute existieren religiöse Musik sowie neuerdings *al-fann al-hādif / al-fann al-naẓīf* (eine ‚reine', mit konservativen (religiösen) Vorstellungen zu vereinbarende Kunst) als eigene Segmente (vgl. Nieuwkerk 2014; Nieuwkerk/LeVine/Stokes 2016).

Die Einführung der Kassette: In der arabischen Welt in den 1970er Jahren (in Europa begann die Massenproduktion von Kassetten 1964) zog in der gesamten arabischen Welt wichtige Veränderungen in Produktion, Verbreitung und Konsum von Musik nach sich, die mittelbar zu einer Fragmentierung und Ausdifferenzierung musikalischer Genres und Subgenres führten. Kassetten und Abspielgeräte, mit denen man häufig auch selbst aufnehmen konnte, waren billig. Mithilfe der neuen Technik konnte man einfach neue Aufnahmen erstellen (etwa Konzerte mitschneiden), Aufnahmen vervielfältigen und von anderen Tonträgern überspielen (vgl. Armbrust 1996).

Durch die günstigere Herstellung war auch die Produktion von Musik für kleinere Zielgruppen ökonomisch sinnvoll. In vielen Ländern der arabischen Welt war die Musik der niedrigeren Klassen, die bis dato nur live existierte, ein wichtiges Element in der Herausbildung neuer Genres. Die ‚Shaabi'-Musik ist eine solche Form: Sie mischt Elemente aus der Volksmusik mit solchen aus der Kunstmusik, ohne jedoch den Regeln der letzten zu folgen, und arbeitet häufig mit anzüglichen und auch sozialkritischen Texten (für Ägypten vgl. Gilman 2014). Auch der algerische Raï, als Musik einer post-kolonialen Generation – Cheb Khaled (aš-Šābb Ḫālid, geb. 1960) ist wohl heute der bekannteste Vertreter – hat von der Kassette als Medium profitiert: Während das algerische Radio bis in die 1980er Jahre hinein keinen Raï sendete, breitete sich das neue Genre trotz allem in wenigen Jahren im ganzen Land aus (vgl. Schade-Poulsen 2004, S. 20).

Satelliten-Fernsehen: Während die Ende der 1980er Jahre auftauchende CD-Technologie sich in der arabischen Welt nie durchsetzen konnte – die Abspielgeräte und Tonträger waren für die meisten Menschen zu teuer – ergab sich mit dem Aufkommen des Satelliten-Fernsehens eine weitere wichtige Veränderung. Das Geschäftsmodell des Musikkanals stellt – ähnlich dem Radio 40 Jahre zuvor – in der gesamten arabischen Welt einen kostenlosen Zugang zu Musik zur Verfügung, die jetzt, über Videoclips, auch auf visueller Ebene stattfindet. So wie Radio und andere Abspielgeräte zuvor die Musiker aus Fleisch und Blut in den Cafés ersetzt hatten, wurden diese Geräte wiederum durch Fernseher ersetzt. Allerdings hatte sich schon durch die Kassetten der Ort des Musik-Konsums vom öffentlichen Raum immer stärker ins Private verschoben. Auch Fernseher mit Satelliten-Anschluss waren schon bald in zahlreichen, auch wenig wohlhabenden Haushalten zu finden.

Während Ägypten weiterhin ein wichtiges Zentrum der musikalischen Welt blieb, wurde der Golf durch die Bedeutung des Satellitenfernsehens eine immer wichtigere Region für die arabische Musikproduktion. Die größten Medienkonzerne, die die Produktion und Vermarktung der neuen gesamtarabischen

Musikstars betrieben, und auch heute noch betreiben (etwa Rotana, Melody, Mazzika) sind durch Geld aus dem Golf finanziert. Wie sehr diese Stars aber tatsächlich als gesamtarabisch beschrieben werden können, ist zumindest seit den letzten Jahren unklar. Mit jedem Jahr erscheinen mehr Kanäle für immer enger eingegrenzte Zielgruppen, sowohl regional – Ägypten, Golf, Mashrek, Maghreb – als auch nach Stil – etwa Rotana Turāṯ für die Musik der ‚goldenen Jahre' 1940 bis 1970.

Zum selben Zeitpunkt wie die arabischen Sender ließen sich auch ausländische Sender empfangen. Einen besonderen Einfluss, wenn auch vermutlich hauptsächlich unter den Jugendlichen der gut ausgebildeten urbanen oberen Mittelschicht, hatte der amerikanische Sender MTV (Music Television), der seit den 1980er Jahren und bis Mitte der 1990er einen bestimmenden Einfluss in der euro-amerikanischen Popkultur hatte. MTV spielte eine wichtige Rolle bei der Verbreitung von Metal und Hip-Hop in der arabischen Welt, wo sich gegen Mitte der 1990er Jahre in verschiedenen Staaten eigenständige Szenen ausbildeten. In der Gegenwart gehört Hip-Hop aus Ägypten oder Palästina ebenso fest zum musikalischen Feld wie Metal von marokkanischen Bands. Diese Tatsache, und das überproportionale Interesse der Wissenschaft an solch vermeintlich ‚unislamischen' Musikstilen in der arabischen Welt sollte uns nicht darüber hinwegtäuschen, dass wir es mit kleinen Sparten der Musikproduktion zu tun haben, die den Künstlern oft nicht einmal eine Lebensgrundlage bieten können. Dasselbe gilt im Übrigen für die arabische *ṭarab-* oder Kunstmusik. Geld verdienen derzeit in erster Linie die Sängerinnen und Sänger des Mainstream-Pop, zu dem es sehr wenige akademische Publikationen gibt.

Internet und Digitalisierung: Die neuesten Entwicklungen in der Musik der arabischen Welt sind der Entstehung des Internets und dem einfachen Zugang zu Audio-Software – und damit wiederum einem Wechsel des Mediums geschuldet. Video-Plattformen wie YouTube vereinfachen den Zugang zu Musik, insbesondere da die Zahl der Menschen mit Internetzugang stetig wächst (Smartphones haben fraglos ihren Beitrag dazu geleistet). Ähnlich wie beim Übergang vom Radio zur Kassette ist der Einzelne nun nicht mehr auf ein andernorts – in Kairo oder den USA – zusammengestelltes Angebot angewiesen, sondern kann gezielt einzelne Titel suchen. Dienste wie Soundcloud, wo Musiker/innen ihre Tracks veröffentlichen, sind für viele junge arabische Bands eine Alternative zur Suche nach einem Label oder gar einem Plattenvertrag. Das funktioniert insbesondere darum, weil auch das Einrichten eines kleinen Studios für die Angehörigen der Mittelschicht kein großes finanzielles Problem mehr darstellt. Auch professionelle Software, mit der die Aufnahmen bearbeitet werden, verschiedene Tonspuren aufgenommen, erzeugt und gemischt werden können, existiert in kostenlosen Versionen.

Musik und Identität: Der Fokus auf die Entwicklung der Produktions- und Verbreitungswege der Musik, der in diesem Kapitel gewählt wurde, sollte uns nicht die sozialen Dimensionen von Musik vergessen lassen. Musik ist eng mit der Bildung von Gruppenidentitäten verknüpft. Über geteilte musikalische Praktiken werden Gemeinschaften nach innen und außen abgegrenzt. Diese Gemeinschaften können sich über verschiedene Merkmale definieren, und sind mal mehr und mal weniger dauerhaft: Religiöse, sozioökonomische oder politische Gruppen haben spezifische musikalische Praktiken – denken wir etwa an die islamischen *anāšīd* oder die *fann al-hādif,* an die europäische Klassik oder auch die arabische Kunstmusik als eine Musik der Bildungseliten, an Mahragan, der als ein Genre der Kairoer Unterschicht entstand, und an Nationalhymnen als Musik des Nationalstaats.

Andere Gemeinschaften existieren in Form de-territorialisierter *communities of taste,* denen sich Anhänger/innen bestimmter Musikstile weltweit verbunden fühlen – Genres wie Metal, Jazz oder Hip-Hop sind Beispiele dafür. Eine weitere, vorübergehende Form von emotionaler Gemeinschaft entsteht im Publikum und zwischen Publikum und Musikern im Rahmen eines Konzerts (s. auch Abschn. 5.2.1 zu *ṭarab*), aber auch bei politischen Protesten wie etwa durch die Lieder die auf dem Tahrir-Platz in Kairo oder den Demonstrationen in Syrien in den ersten Tagen des Arabischen Frühlings gesungen wurden (LeVine 2016; Mattes 2012).

5.2 Beschreibung und Analyse

Was ist eigentlich Musik? Eine der gängigsten Antworten auf diese Frage lautet, dass Musik als *organised sound,* als ‚organisierter Klang' zu verstehen ist. Diese Definition hat den Vorteil, dass sie weder eine bestimmte Form der Organisation, noch eine bestimmte Vorstellung von Klang voraussetzt. Bei der Analyse einer musikalischen Aufnahme, oder einer Aufführung, geht es zunächst einmal darum, die Regeln, nach denen Klang organisiert wird, zu bestimmen. Das umfasst erstens klassische musikwissenschaftliche Regeln – etwa, in welcher Tonart ein Lied komponiert ist, welcher *maqām* (s. u.) der Komposition zugrunde liegt, welche Rhythmen sich darin finden.

Die Terminologie zur Beschreibung kann wie im Fall der Volksmusik relativ einfach sein, aber auch, wie im Fall der arabischen Kunstmusik, das Produkt langer wissenschaftlicher Auseinandersetzung mit dem Gegenstand und damit hochspezialisiert. Zweitens gibt es in jeder Musiktradition Regeln, welcher Klang als legitimes Element von Musik anerkannt wird. Während etwa im Hip-Hop Aufnahmen verschiedenster Geräusche als sogenannte ‚Samples' Teil der Musik werden, haben sie in den Liedern Umm Kulthums keinen Platz. Drittens wird Klang von den technischen Objekten reguliert, die bei der Aufnahme und Wiedergabe von Musik Verwendung finden. Viertens haben die räumlichen und technischen Gegebenheiten für die Aufführung einen Einfluss auf die Organisation von Klang.

5.2.1 Formale Analyse

Arabistik-Studierenden wird ‚arabische' Musik, wie Musik ganz allgemein, am häufigsten als Aufnahme begegnen – ob bei der Wiedergabe der Aufnahme auch ein Video zu sehen ist, lassen wir dabei einmal außer Acht. Was hören wir also, nachdem wir auf dem Bildschirm oder auf unserer Anlage den Play-Button gedrückt haben? Zunächst einmal hören wir Klänge aus unterschiedlichsten Quellen: Eine oder mehrere menschliche Stimmen, Instrumente, unter Umständen eingespielte Samples, elektronisch erzeugte Klänge – das alles kann zusätzlich noch mithilfe von Audio-Effekten verfremdet sein.

Gesang und Instrumente: Schon im Gesang lassen sich viele verschiedene Stile unterscheiden. Die Finessen, durch die sich Gesangsstile der Kunstmusik in der arabischen Welt regional unterscheiden, werden für viele Außenstehende nicht erkennbar sein. Doch wir können zum Beispiel fragen, ob der Gesang ausgedehnte Improvisationen enthält, wie sie für die Kunstmusik typisch sind, ob im Dialekt oder in der Hochsprache gesungen wird, ob es nur eine Gesangsstimme gibt, oder mehrere und welche Bedeutung sie jeweils haben.

Unter den Instrumenten werden uns, je nach Genre, viele begegnen, die auch in der westlichen Musik verbreitet sind: Geigen, Gitarren, Bässe und Schlagzeug, Klavier und Akkordeon werden natürlich auch in der arabischen Welt benutzt. Daneben gibt es aber noch zahlreiche Instrumente, die vor allem in der arabischen Welt eine Rolle spielen. Erwähnt seien hier die Instrumente, die zu einem klassischen Kunstmusik-Ensemble der ost-arabischen Tradition (*taḫt*) gehören: die *ʿūd,* eine Kurzhalslaute mit meist fünf Saiten-Paaren, das *qanūn,* eine Art Zither, die *nāy,* eine in der Kunstmusik gebräuchliche Flöte aus Bambus oder Schilfrohr, die *riqq* genannte Schellentrommel sowie die *darbūka,* die als Bechertrommel beschrieben wird (für eine nähere Beschreibung der Instrumente vgl. Touma 1989, S. 149 ff.).

Wenn wir wissen, woher die Klänge stammen, können wir zum nächsten Schritt übergehen und herausarbeiten, wie diese Klänge organisiert sind und zu Musik werden. Die Musikwissenschaft auf arabischer wie auf europäischer Seite hat dazu ein ausgefeiltes Begriffsinstrumentarium entwickelt. Eine wirkliche Einführung in die Analysemethoden und Kategorien der Musikwissenschaft zu geben, ist auf diesem begrenzten Raum kaum zu leisten. Vielmehr sollen einige grundlegende Konzepte aus der westlichen und der arabischen Musiktheorie vorgestellt werden, die als Ansatzpunkte für eine vertiefende Beschäftigung mit der einschlägigen Fachliteratur dienen können.

Rhythmus und *wazn*: Melodie, Harmonie und Rhythmus gelten in der europäischen Tradition als grundlegende Organisationsprinzipien von Musik. Melodie beschreibt im Wesentlichen die Abfolge und den Abstand von Tönen. Die Harmonie beschäftigt sich mit der Beschreibung gleichzeitig erklingender Töne.

Der Rhythmus beschreibt die Muster unterschiedlicher Tondauer (Rhythmus im engeren Sinn), die Abfolge von betonten und unbetonten Tönen (Metrum) und die Geschwindigkeit dieser Abfolge (Tempo).

In der arabischen Kunstmusik ist *wazn* der Begriff, der den Rhythmus eines Stücks beschreibt. Anders als in der westlichen Musik ist ein *wazn* eine genau definierte Abfolge von langen (betonten) und kurzen (unbetonten) Schlägen, die sich immer in der gleichen Sequenz wiederholen. Der Musikethnologe Habib Hassan Touma zählt über 100 solcher rhythmischen Muster, die alle einen Namen tragen. Der *wazn samā ʿī dārīğ* entspricht dem ¾ Takt, doch viele *awzān* sind deutlich länger und komplexer: Der *wazn samāḥ* entspräche einem 36/4 Takt (Touma 1989, S. 83) und ist damit eine Rhythmus-Sequenz, die länger ist als manch vollständiger Popsong.

Melodie und *maqām*: Auf der Ebene der Melodieführung reguliert die westliche Musik über die Tonart die Art der Töne, die eingesetzt werden. Eine Tonart umfasst jeweils sieben charakteristische Töne, im Fall von C-Dur: c, d, e, f, g, a und h, die feste Intervalle, d. h. einen festgelegten Abstand zueinander haben. Ihre Tonhöhe ist absolut, ausgehend von der Festlegung des Tons a1 auf eine Frequenz von 440 Hz. Dabei ist nicht ausgeschlossen, dass tonleiterfremde Töne in eine Melodie einfließen: Sie können als gestalterische Elemente genutzt werden, die Mehrzahl der Töne einer Melodie entstammt aber üblicherweise derselben Tonart.

In der arabischen Musiktheorie ist die *maqām*-Reihe die maßgebliche Größe für die Melodieführung. Jeder Reihe ist eine Auswahl der 24 Töne zugeordnet, in die die Oktave in der arabischen Musiktheorie zerlegt wird. Es existieren etwa 70 solcher Reihen, die in acht Gattungen zusammengefasst werden. Die Tonhöhen in der arabischen Musik sind nicht absolut; vielmehr orientieren sich die Instrumentalisten an der Tonlage des Sängers oder der Sängerin. Auch enthalten sie viele Töne (etwa sog. Vierteltöne), die in der klassischen europäischen Musik nicht existieren. Bestimmte *maqām*-Reihen sind auch mit Gefühlen und Stimmungen assoziiert: In den in dieser musikalischen Tradition sozialisierten Personen ruft der *maqām ṣabā* ein Gefühl der Traurigkeit hervor – vergleichbar vielleicht mit der Stimmung, die Moll-Tonarten europäischen Hörern vermitteln können.

Die *maqām*-Reihe ist auch die Grundlage für ein Improvisationsverfahren, das für die arabische Musik typisch ist. Was von Zuhörern, die mit der Musik nicht vertraut sind, oft als formlose Improvisation empfunden wird – vielleicht nicht zuletzt darum, weil, anders als bei den aus dem Jazz oder Blues bekannten Improvisationsformen, die rhythmische Struktur eine untergeordnete Rolle spielt – ist tatsächlich komplex und vielfältigen Regeln unterworfen (Touma 1989, S. 64 ff.).

Analyse: Auf dieser Grundlage können wir versuchen zu ermitteln, welche Klänge in welchem Zusammenhang auftauchen, welche Muster sich dabei ergeben, und wie sie die Gesamtstruktur eines Stücks widerspiegeln. Wann sind welche Instrumente oder Stimmen zu hören, was spielen die einzelnen Instrumente?

In welcher Beziehung stehen sie zueinander? Dabei kann es helfen, die einzelnen Stimmen zu visualisieren. In der europäischen Musik nutzt man dazu die Notenschrift. Die arabische Kunstmusik hingegen wurde und wird traditionell nicht in Notenschrift notiert. Zwar kann man ein angepasstes Notationssystem benutzen, in dem dann auch die Töne wiedergegeben werden können, die in der europäischen Tradition nicht existieren, aber es sind grundsätzlich auch andere Formen der Visualisierung denkbar. Ethno-musikologische Studien und Studien zur Populärmusik, die auch häufig nicht verschriftlicht wird, können Anhaltspunkte für die Analyse liefern (z. B. Steinbrecher 2016; Feld 2012).

Bei der Beschreibung von Musik muss uns bewusst sein, dass weder die europäische noch die arabische Terminologie neutral ist. Beide Musiktheorien sind aus einer sehr spezifischen musikalischen Praxis erwachsen und zur Beschreibung anderer musikalischer Formen nur bedingt geeignet. Sowohl die Ethno-Musikologen, die sich traditionell mit außereuropäischen musikalischen Traditionen beschäftigen, als auch Forscher zu Genres der Populärmusik (etwa Rock, Hip-Hop, Metal) sehen sich mit dem Problem konfrontiert, dass oft essentielle Phänomene mit diesem Begriffsvokabular nicht erfasst werden können. Darum ist es wichtig zu sehen, wie Musiker/innen selbst und ihr Publikum über ihre Musik sprechen. Diese Formen nicht-akademischer Musiktheorie zeichnet neben einem auf eine bestimmte musikalische Praxis zugeschnittenen Vokabular häufig aus, dass sie auch körperlich-emotionale Dimensionen des Erlebens von Musik einbeziehen.

***Ṭarab*:** Ein Beispiel, das im arabischen Raum stark verbreitet ist, ist das Konzept des *ṭarab,* von dem auch die gängige Bezeichnung für Musiker/innen *muṭrib/a* abgeleitet ist. *Ṭarab* im engeren Sinn bezeichnet eine emotionale Reaktion auf Musik, etwa in Form von Heiterkeit, Freude und Ergriffenheit, aber auch Traurigkeit, bis zum Grad der Extase, die das Publikum in einer gelungenen musikalischen Darbietung ergreift. Diese Gefühle äußern sich durch bestimmte Bewegungen und Ausrufe, die als „running commentary" (Shannon 2003, S. 74) einen wichtigen Beitrag des Publikums zum Gelingen eines Konzerts darstellen. In der Forschungsliteratur wird auch von einer *ṭarab*-Kultur gesprochen, um die vielfältigen Verflechtungen zwischen musikalischen Elementen (etwa bestimmten Tonfolgen oder Rhythmen), der Kunstfertigkeit der Darbietung, der Persönlichkeit des Sängers, des Publikums, und des Raumes, in dem das Konzert stattfindet zu beschreiben, die mit klassisch-musikologischen Mitteln schwer zu fassen sind (vgl. Racy 2003; Shannon 2003).

5.2.2 Musiksoziologische Analyse

Die Trennung zwischen einer ‚formalen' Analyse musikalischer Werke und einer musiksoziologischen Untersuchung des Kontexts der Produktion und Rezeption ist weitgehend in der Geschichte wissenschaftlicher Disziplinen begründet und schwer aufrechtzuerhalten, wenn man das Werk als ein Produkt eines größeren Prozesses oder eben einer künstlerischen Praxis sieht (s. Kap. 7). Gegenwärtig nimmt das Kunstwerk auch in kulturwissenschaftlichen Analysen noch immer eine herausgehobene Rolle ein, was nicht zuletzt mit forschungspragmatischen Gesichtspunkten zu tun hat: Gerade für viele marginalisierte Kunstformen und Regionen fehlt eine umfassende Sekundärliteratur, auf deren Basis eine Einordnung möglich wäre; ethnographische Feldforschung ist häufig die einzige Möglichkeit, an detaillierte Informationen zu kommen. Die wenigen verfügbaren wissenschaftlichen Arbeiten zum Musikgeschehen in der gegenwärtigen arabischen Welt können einen Überblick über Typen von Akteuren im Musikbetrieb geben – wer aber etwas über die Details der Produktion, Vertriebswege und Rezeption bestimmter musikalischer Werke erfahren will, muss sie eigenständig rekonstruieren. Wir halten dieses Vorgehen darum für besonders wichtig, weil die Forschung zeigt, in wie vielfältiger Weise Produktion und Rezeption die Gestalt des Kunstwerks selbst beeinflussen. Die Organisation von Klang, wie wir Musik oben definiert haben, wird von einer Vielzahl von Faktoren geleistet. Die folgende Darstellung orientiert sich an den fünf Komponenten des in den Cultural Studies gängigen Kulturkreislauf-Modells (Gay et al. 2013).

Normen, Theorie und Praxis: Das oben vorgestellte musiktheoretische Begriffsinstrumentarium etwa entsteht in einer komplexen Wechselwirkung von Praxis und theoretischer Reflexion. So versuchten Musiktheoretiker wie al-Fārābi (ca. 872–950), die realexistierenden Intervalle mathematisch zu berechnen und zu definieren. Solche aus der Praxis abgeleiteten Regeln erlangen dann wiederum normative Geltung: Was zunächst eine Beschreibung eines musikalischen Phänomens war, wird zur Norm, an der sich Musiker ausrichten müssen, um keine ‚falschen' Töne zu spielen; die Festlegung des Kammertons a1 auf 440 Hz ist ein ähnlicher Fall. Bei der Entwicklung dieser „Konventionen", wie Becker (2017) das Wissen um die Regeln der künstlerischen Produktion im weiteren Sinn nennt (s. Kap. 7 zu Beckers Art Worlds), sind neben den Musikern eine große Anzahl anderer Akteure beteiligt, deren Aktivitäten sich auch wiederum nach diesen Konventionen richten: Instrumentenbauer stellen Instrumente her, die die entsprechenden Töne erzeugen können (auf einer Gitarre oder einem Klavier kann ein großer Teil der Töne der *maqām*-Reihen nicht wiedergegeben werden). So kann die Verfügbarkeit neuer Instrumente auch Auswirkungen auf die Norm haben: Die Violine, die bis Anfang des 20. Jh.s noch kaum in der arabischen Kunstmusik vorkam, hatte die *kamanǧa,* das traditionelle Streichinstrument, in den 1970er Jahren bereits weitgehend verdrängt.

Ein anderes Beispiel: Die einfache Verfügbarkeit der technischen Ausrüstung zur elektronischen Bearbeitung von Musik hat die Musik, die auf vielen ägyptischen Hochzeiten gespielt wird, radikal verändert bis zum dem Punkt, an dem vom neuen Genre des Mahragan die Rede war (Puig 2020), das wiederum eigene Regeln und Normen aufstellt.

Wer welche Musik in welchem Zusammenhang produzieren und rezipieren kann – was überhaupt als Musik anerkannt ist, und was nicht –, hängt also nicht allein vom Willen der Musiker/innen ab. Im Folgenden werden einige der gängigsten und wichtigsten Akteure vorgestellt. Der Übersichtlichkeit halber gliedert sich die Darstellung in die Phasen der Produktion, Distribution und Rezeption, die aber, etwa im Kontext von Konzerten, auch teilweise zusammenfallen können.

In allen drei Bereichen spielen staatliche Akteure und die Kulturpolitik eine wichtige Rolle, wenn es um die Bereitstellung von Ressourcen (finanzieller und materieller Art) und um Praktiken der Zensur geht. Insbesondere auswärtige kulturpolitische Akteure, wie kulturdiplomatische Organisationen aus Europa oder Stiftungen und Institutionen aus arabischen Staaten, sind zunehmend mit der Förderung von Musikern wie auch von anderen Kulturschaffenden befasst.

Produktion: Im Bereich der Musik muss grundlegend zwischen zwei Produkten unterschieden werden: Das eine ist die Produktion mediatisierter Musik. Das umfasst Ton und Video-Aufnahmen, die mithilfe von Speichermedien wie Schallplatten, Kassetten, CDs, oder als Audio-Dateien verbreitet werden. Das zweite ist die Produktion von Musik im Kontext von Konzerten.

In beiden Fällen kommt Musiker/innen, und gegebenenfalls Instrumenten, eine zentrale Bedeutung zu. Wichtige Charakteristika dieser Akteure sind z. B. persönliche Merkmale wie der sozioökonomische Hintergrund, Alter und Geschlecht der Musiker/innen, die Art der musikalischen Ausbildung und Stationen ihrer jeweiligen musikalischen Karriere, ihre Rolle in der jeweiligen musikalischen Formation und ihre Anzahl. Bezüglich der Instrumente sind etwa die Anschaffungskosten, die soziokulturelle Konnotation der Instrumente, und ihre Anzahl und Zusammenstellung von Bedeutung.

Wenn nun diese Menschen mit ihren Instrumenten ein Stück aufnehmen oder ein Konzert geben wollen, kommt eine ganze Reihe von Parametern hinzu.

Bei der Produktion von mediatisierter Musik ist der Raum, in dem aufgenommen wird, ebenso von Belang wie die zur Aufnahme verwendete Technik, der Ablauf des Aufnahmeprozesses und etwaige weitere involvierte Personen. Es gibt eine große Bandbreite von Aufnahmesituationen, von den im heimischen Wohnzimmer aufgenommenen, gemischten und produzierten Mahragan-Tracks bis zu den aufwendig produzierten Liedern des arabischen Mainstream-Pop großer Labels. Wichtig ist, dass jeder zusätzliche Akteur und jedes technische Objekt einen Einfluss auf den Produktionsprozess hat (vgl. Puig 2020 für das Beispiel Mahragan).

Bei Live-Auftritten und Konzerten stehen wiederum andere Fragen und Akteure im Vordergrund. Der Ort und der soziale Kontext des Konzerts sind zentral: Spielen die Musiker/innen in einem Konzertsaal, in einem Klub, einem Café oder auf der Straße? Findet der Auftritt als eigenständige Veranstaltung statt, als Teil eines Festivals, im Rahmen von privaten Familienfeiern wie einer Hochzeit oder als Teil eines religiösen Rituals? Welche Technik steht den Musikern zur Verfügung: Mikrofone, Verstärker, Beleuchtung?

Distribution: Im weitesten Sinn umfasst die Distribution die Akteure und Abläufe, die notwendig sind, um die Musik und das Publikum zusammenzubringen. Im Falle der mediatisierten Produkte stellen sich folgende Fragen: In welcher Form wird eine Aufnahme vertrieben – als CD, Audio-Datei, Schallplatte oder als Video über das Satellitenfernsehen? Wer ist zuständig für die Produktion, wer kümmert sich um den Verkauf – die Künstler/innen selbst oder das Label, bei dem sie unter Vertrag sind? Wie ist der Verkauf organisiert, welche Akteure spielen eine Rolle? Wie werden die Gewinne verteilt?

Auch hier gibt es in der arabischen Welt, wie auch global, ganz unterschiedliche Modelle. Von der Band, die ihre selbstproduzierten Stücke auf Internet-Plattformen wie Soundcloud oder YouTube hochlädt, wo sie vom Publikum kostenlos angehört werden können, zu den über das Satellitenfernsehen verbreiteten Videos der Stars des arabischen Pop, die in der Zusammenarbeit von Musik- und Telekommunikationskonzernen finanziert werden (vgl. Frishkopf 2010). Eher selten sind Musiker/innen, die sich über den Verkauf ihrer Tonträger finanzieren können – Konzerte sind für viele eine sicherere Einnahmequelle. Zunehmend spielen Einnahmen über Werbung auf Video-Plattformen wie YouTube eine wichtige Rolle.

Konzerte sind die zweite Möglichkeit, um Musik und Publikum zusammenzubringen. Hier stellt sich die Frage nach dem Zugang zu Aufführungsstätten. Welche Orte kommen für Auftritte in Frage? Was macht für die Musiker/innen einen guten/schlechten Ort für einen Auftritt aus? Wie kommen Bands an Auftritte in einem bestimmten Klub, auf einer Hochzeit, auf einem Festival? Welche Netzwerke spielen dabei eine Rolle? Wonach richtet sich die Bezahlung? Wie werden die Gewinne verteilt? Auch Fragen der Werbung und Außendarstellung werden hier berührt: Wie machen Musiker/innen und/oder Veranstalter/innen auf einen Auftritt aufmerksam und welche Auswirkungen hat das auf die Zusammensetzung des Publikums?

Rezeption: Die Rezeption von Musik schließt wiederum eine ganze Reihe von Akteuren ein, deren Verhalten auf die Produktion zurückwirkt. Am zugänglichsten ist die Rezeption von Musik durch Journalist/innen und Kritiker/innen, die in Zeitungen und Online-Magazinen (ma3azef.com ist in dieser Hinsicht eine interessante Adresse) Artikel zur Musikproduktion veröffentlichen. Andere schriftliche Quellen sind über Kommentarfunktionen in den sozialen Medien zu finden, insbesondere auf den Plattformen, auf denen Musik veröffentlicht wird. Dort veröffentlichte Kommentare geben einen gewissen Eindruck von der Rezeption und können ein guter Anfangspunkt für Forschungsarbeiten dazu sein. Dabei muss jedoch immer mitgedacht werden, dass die veröffentlichten Kommentare nur einen Ausschnitt der Rezeption in einem spezifischen Milieu darstellen und nicht generalisiert werden können. Fragen, die sich bezüglich der Rezeption von mediatisierter Musik stellen, könnten unter anderen folgende sein: Wann hören die Rezipient/innen welche Stücke, welche Gefühle und Erinnerungen sind mit diesen Stücken verknüpft? Auch die Technik, die zur Wiedergabe benutzt wird, kann einen wichtigen Einfluss auf die Musikproduktion haben.

Beobachtung und Befragung des Publikums bei Konzerten stellen weitere ergiebige Quellen zur Rezeptionsforschung dar. Dabei ist einerseits die Zusammensetzung des Publikums interessant: Alter, Geschlecht, sozioökonomischer Hintergrund, Herkunft und andere persönliche Merkmale helfen uns, das Publikum aus soziologischer Sicht genauer zu fassen. Andererseits ist der Umgang der Rezipient/innen mit der Musik wichtig: Wie beteiligt sich das Publikum am Konzert (etwa Mitsingen, Klatschen, Zwischenrufe). Über die Rezeption erhalten wir Einblick in nicht-akademische Musiktheorien, die sich in Körpern und materiellen Objekten ausdrücken, teils aber auch im Gespräch explizit gemacht werden.

Analyse: Alle in den drei vorangegangenen Abschnitten aufgeworfenen Fragen sollen als Leitfaden für eine möglichst genaue Beschreibung einer gegebenen musikalischen Praxis dienen. Je nach Erkenntnisinteresse werden einige Akteure genauer untersucht und bestimmte Fragestellungen verfolgt. Um Zusammenhänge zwischen diesen einzelnen Akteuren und Phänomenen herstellen zu können und die Wechselwirkungen zwischen ihnen analysieren zu können, bedienen wir uns theoretischer Konzepte. Neben den im Kapitel Kulturelle Praktiken vorgestellten, klassischen kunstsoziologischen Ansätzen von Pierre Bourdieu und Howard Becker (s. Abschn. 7.1.1) hat die Musiksoziologie seit den 1990er Jahren eigene interessante Ansätze hervorgebracht, die eine Trennung zwischen Werk und Kontext, wie sie üblicherweise vorgenommen wird, ablehnen, und Musik, Hörer und Musiker als ineinandergreifende und voneinander abhängige Elemente einer sozialen Praxis begreifen und den affektiven Charakter von Musik in den Mittelpunkt stellen (DeNora 2000; Hennion 2005, 2008).

5.2.3 Genres und Beispiele

Die folgende Auswahl von Beispielen hat nicht den Anspruch, repräsentativ zu sein. Wie eingangs erwähnt, ist ein solcher Anspruch angesichts der Diversität der Musikproduktion nicht aufrechtzuerhalten. Vielmehr folgt sie pragmatischen Überlegungen. So werden in erster Linie musikalische Praktiken der Gegenwart vorgestellt, mit denen Studierende der Arabistik am ehesten in Berührung kommen, und die auch den Schwerpunkt der kulturwissenschaftlichen Forschung zur Musik in der arabischen Welt bilden. Volksmusikalische Traditionen bleiben in diesem Kontext weitgehend außen vor.

Mit einem Beispiel des arabischen Mainstream-Pop und dem Orchester der libanesischen Miliz Hisbollah finden sich zwei Typen von musikalischen Akteuren wieder, die häufig ausgeblendet werden. Forschende – zumeist aus einem links-liberalen, intellektuellen Milieu – beschäftigen sich gern mit Musik, zu der sie eine gewisse Affinität besitzen. Das ist verständlich und legitim, nur muss man sich der Tatsache bewusst sein, dass diese Forschung in ihrer Gesamtheit nicht unbedingt die Bedeutung der jeweiligen Genres in der arabischen Welt widerspiegelt. Die Auswahl versucht also zu zeigen, was gängige Forschungsgegenstände sind, möchte aber auch auf blinde Flecken aufmerksam machen, in der Hoffnung, dass zukünftig mehr Arbeiten in diesen Bereichen entstehen. Für weitere Beispiele und Analyseansätze ist etwa der Sammelband *The Arab Avant-Garde. Music, Politics, and Modernity* (Burkhalter/Dickinson/Harbert 2013) zu empfehlen.

Traditionelle arabische Kunstmusik

Nachdem die Geschichte der arabischen Kunstmusik und einige ihrer musiktheoretischen Grundlagen oben bereits eingehender behandelt wurden (Abschn. 5.1 und 5.2.1), konzentriert sich dieser Abschnitt auf das unten behandelte Beispiel eines *maqām al-ʿirāqī.* Anders als die Beispiele zu Pop-Musik oder World Music handelt es sich bei dieser Aufnahme nicht um ein kommerzielles Produkt, sondern um eine musikethnologische Aufnahme, die von der UNESCO finanziert und erstmals 1979 veröffentlicht wurde (Iraq 1979). Beim Blick ins Begleitheft zeigt sich, wie variantenreich die Tradition der Kunstmusik ist: Das vorgestellte Stück ist typisch nur für die Aufführungspraxis im Süden des Iraks, in der Gegend von Basra. Während dort als Begleitung für den Sänger nur einige *ṭubūl* (sing. *ṭabl,* eine auf beiden Seiten mit Fell bespannte Handtrommel), rhythmisches Klatschen und eine Gruppe männlicher Sänger fungieren, werden in Bagdad und Mosul auch andere Instrumente wie die *riqq* (Schellentrommel) oder Streichinstrumente wie die Violine verwendet.

Maqām ist, wie oben beschrieben, ein Begriff aus der Musiktheorie, der einen bestimmten Tonraum beschreibt; er bezeichnet aber auch ein musikalisches Genre, in dem die improvisierte Ausgestaltung einer Melodie innerhalb eines *maqāms* zentral ist. In diesem Fall gibt der *maqām muḫālif* vor, welche Töne verwendet werden können. Wie beim Hören vielleicht nachvollziehbar ist, gilt *muḫālif* als ‚trauriger' *maqām.* Im Genre *maqām al-ʿirāqī* finden sich Texte sowohl in klassischem Arabisch als auch im Dialekt, wobei viele *maqāmāt* mit dem einen oder anderen assoziiert werden. Der *maqām muḫālif* gehört zu jenen mit dialektalen Texten (Tsuge 1972). Traditionell ist der *maqām al-ʿirāqī* mit dem Kaffeehaus als Aufführungsort verknüpft, und war damit lange Zeit Teil einer Musikkultur, die auch die weniger Vermögenden einschloss. Heute führt diese Musikform, wie die arabische Kunstmusik allgemein, ein Nischendasein.

Beispiel: Muhamad Jrifani (Iraq): „Maqām muḫālif al-ʿirāqī"

Der Aufbau der Aufführung des „Maqām muḫālif al-ʿirāqī", gesungen von Muhamad Jrifani (Muḥammad Jurayfānī) und begleitet vom Mullah Adnan Ensemble, folgt, wie in dieser Aufnahme, einem festen Muster. Der *maqām* beginnt mit einem kurzen instrumentalen Vorspiel. Danach folgt das sogenannte *taḥrīr:* Der Sänger stellt in einer Improvisation den *maqām* vor. Der ‚Text' besteht dabei nur aus wenigen Lautsilben, die jedem *maqām* zugeordnet sind, inhaltlich aber keine Bedeutung haben. Danach folgt der eigentliche Text des Liedes, der in Strophen vorgetragen wird. Jeweils zum Ende der Strophen beginnt der Leiter der Rhythmusgruppe eine instrumentale Improvisation – in der Tradition von Mosul und Bagdad übernehmen das auch andere Instrumente. In beiden Teilen ist der Rhythmus frei und folgt dem Sänger. Als letzter Teil der Aufführung (in dieser Aufnahme etwa ab Minute 9:00) folgt ein Lied in einem festen rhythmischen Schema, das im selben *maqām* komponiert und für das Publikum zum Mitsingen geeignet ist (in der Aufnahme singt nur die Gruppe männlicher Sänger). Dieses Lied wird im arabischen Raum mit einem Begriff aus der türkischen Musiktheorie als ‚*beste*' bezeichnet (Iraq 1979; Tsuge 1972).

Diese kurze Beschreibung gibt einen Eindruck von der großen Komplexität einer über Jahrhunderte ausdifferenzierten und musiktheoretisch unterfütterten Musiktradition. Anders als zu vielen Musikformen der Gegenwart gibt es für den Forschenden hier den ‚Luxus' einer substantiellen arabischen Forschungsliteratur, die schon zum *maqām al-ʿirāqī* allein eine Anzahl von Bänden umfasst und ein Vokabular zur detaillierten Beschreibung dieser musikalischen Form bietet, das hier nur zu einem kleinen Teil zur Anwendung kam.

Bei der Arbeit mit dieser Aufnahme bietet sich in erster Linie eine formale Analyse und Einordnung an, wie wir sie hier versucht haben. Wenn wir bei einem solchen Auftritt persönlich dabei sind – wie der Musikethnologe Touma –, eröffnen sich viele neue Fragen, denen man nachgehen kann. Hier könnte man beispielsweise die Musiker selbst bitten, den Ablauf ihres Auftritts und die Musikstücke zu beschreiben und einzuordnen, und sehen, wie sich diese mündlich überlieferte Musiktheorie zur schriftlichen verhält: Findet dasselbe Vokabular Verwendung, was wird besonders ausführlich thematisiert, was wird eventuell weggelassen? Man könnte auch fragen, wie sich die Hierarchie unter den Musikern in ihrer Aufstellung und Bewegung im Raum widerspiegelt – wer steht, wer sitzt, was für Bewegungen werden ausgeführt?

Das ‚goldene Zeitalter' der ägyptischen Musik

Wenn die Überschrift zu diesem Abschnitt keine Genre-Bezeichnung enthält, liegt das daran, dass eine Vielzahl von Begriffen für die Werke des ‚goldenen Zeitalters' der ägyptischen Musik verwendet wird. Die Lieder Muhammad Abd al-Wahhabs, Farid al-Attraches und Laylā Murāds, um noch einige andere Vertreter zu nennen, firmieren unter *mūsīqā al-turāṯ*, *al-mūsīqā al-klasikiyya* (Gilman 2014, S. 7) oder werden mit Adjektiven wie *mutaṭawwir* (entwickelt) oder *aṣīl* (authentisch) beschrieben (Danielson 1997, S. 14). Wer welche dieser stark wertenden Bezeichnungen verwendet, ist aus soziologischer Sicht interessant; Forschende können entweder eine dieser Bezeichnung übernehmen oder, wie Gilman das macht, einen neuen Begriff prägen (in diesem Fall *mūsīqā al-ṭarab*).

Beispiel: Umm Kulthum (Ägypten): „Inta ʿUmrī“

Das Lied „Inta ʿUmrī“ ist das erste von mehreren Stücken, das einer Zusammenarbeit Umm Kulthums mit dem Sänger und Komponisten Abd al-Wahhab entsprungen ist; der Text wurde von Aḥmad Šafīq Kāmil verfasst. Das Stück wurde im Februar 1964 zum ersten Mal aufgeführt und steht damit an einem relativ späten Punkt in Umm Kulthums Karriere. Im Vergleich zum überwiegenden Teil der Lieder Umm Kulthums, die zuvor in Zusammenarbeit mit anderen Komponisten wie Zakariyyā oder al-Sunbātī entstanden waren, wich die Arbeit Abd al-Wahhabs an vielen Stellen stark von traditionellen Formen ab und nahm Einflüsse etwa aus dem zeitgenössischen Jazz auf.
Schon ein kurzer Blick auf die Aufnahme dieses Stücks zeigt, dass sich in den knapp 40 Jahren, die zwischen der Veröffentlichung der Lieder der panarabischen Popstars Umm Kulthum 1964 und Nancy Ajram (2002, s. u.) liegen, einiges verändert hat. Aufnahmen von „Inta ʿUmrī“, die online zu finden sind, haben typischerweise eine Länge von 40 min bis zu einer Stunde – laut Danielson wurde das Lied aber auch über einen Zeitraum von zwei Stunden aufgeführt (ebd., S. 137). Das hängt mit der traditionellen Aufführungspraxis der Kunstmusik zusammen, wo Konzerte sechs Stunden und länger dauern können, die einerseits mit Improvisationen, andererseits auch auf Wunsch des Publikums mit Wiederholungen bestimmter Teile gefüllt werden.
Das Orchester ist das mit europäischen Instrumenten erweiterte *taḫt*-Ensemble, mit dem Umm Kulthum auch zuvor schon auftrat. Wir hören verschiedene Schellentrommeln wie die *riqq,* Streichinstrumente wie Violinen und Bässe und natürlich die *ʿūd,* insbesondere im Zusammenspiel mit der Stimme der Sängerin. Ungewöhnlich, und Abd al-Wahhabs Interesse an der modernen Musik zuzuschreiben, ist der Einsatz einer E-Gitarre schon in der Einleitung des Liedes. Schließlich hören wir in der Aufnahme auch Reaktionen des Publikums, die eine wichtige Rolle für die musikalische Praxis des *ṭarab* spielen.
Anders als heute üblich, fand die eigentliche ‚Veröffentlichung‘ eines neuen Stücks von Umm Kulthum immer im Konzert statt. Ab den 1950er Jahren lagen dann oft schon die Aufnahmen bereit, um sofort nach der Ur-Aufführung mit dem Verkauf der Tonträger beginnen zu können. Doch auch in den 1960er Jahren wurde in der Rezeption nicht viel dem Zufall überlassen. Neue Lieder der beiden Stars wurden von den Medien sehnsüchtig erwartet, in Zeitungsartikeln angekündigt und von begleitenden Interviews flankiert (Danielson 1997, S. 174). Und auch die Einnahmen waren, zumal nach damaligen Maßstäben, nicht gering: Allein der Komponist und der Texter verdienten im ersten Jahr umgerechnet knapp 800.000 US-Dollar am Verkauf der Rechte an diesem Lied und der Aufnahmen ins Ausland (ebd., S. 176).

Durch die gute Quellenlage und eine relativ große Menge an Sekundärliteratur eignet sich die Musik Umm Kulthums für verschiedenste Fragestellungen. Bei diesem Stück etwa könnte, auf der Ebene der formalen Analyse ebenso wie der Ebene der Produktion, ein Vergleich mit traditioneller Kunstmusik interessant sein. Wie weichen Umm Kulthum und Abd al-Wahhab in diesem Stück in Hinblick auf Instrumentierung, Aufbau, Melodie und Rhythmus sowie die Aufführungspraxis von traditionellen Ensembles ab, wie sie etwa von Racy (2003) beschrieben werden? Welche Zusammenhänge lassen sich herstellen zwischen diesen Unterschieden und der spezifischen Position Umm Kulthums im Ägypten der 1960er Jahre?

Pop-Musik

Arabische Pop-Musik ist eigentlich kaum noch als rein auditives Phänomen zu denken. Da das Satellitenfernsehen, und natürlich Video-Plattformen wie YouTube oder Vevo, zu den Hauptinstrumenten für die Verbreitung dieser Musik gehören, müssen die Lieder in Zusammenhang mit den oft aufwendig produzierten Videos gesehen werden, die teils von bekannten Filmregisseur/innen wie der Libanesin Nadine Labaki (Nādīn Labakī) gedreht werden.

Dem Geschäftsmodell, auf dem die Karrieren der großen arabischen Popstars der Gegenwart beruhen, liegt ein Zusammenspiel von Werbeindustrie, Telekommunikationsunternehmen und Musikproduktion zugrunde. Musiker/innen, Aufnahmen und Videos werden nicht hauptsächlich von den Einkünften aus ihren Konzerten und dem Verkauf ihrer Alben bezahlt, sondern mit Einkünften aus der Werbung, die zwischen und während der Videos eingeblendet wird. Eine zweite wichtige Einnahmequelle waren lange Zeit interaktive TV-Formate: Die Einkünfte aus Zuschauer-SMS, die direkt auf dem Bildschirm eingeblendet wurden oder für Abstimmungen über Musiker/innen und Lieder verwendet wurden, teilten sich Telekommunikationsunternehmen und Musikproduzent/innen. In den letzten Jahren sind Einkünfte über Streaming-Plattformen wichtiger geworden.

Die Grenzen zwischen Kunst und Werbung sind dabei häufig fließend. Viele Popstars haben eigens Lieder für Werbevideos geschrieben oder abgewandelt, in denen sie dann auch auftreten: Nancy Ajram etwa hat mehrere ihrer Lieder in Werbevideos für Coca-Cola verarbeitet, wie zum Beispiel „ad-Dunyā ḥilwa“ (2007).

Beispiel: Nancy Ajram (Libanon): „Aḫāṣmak ah“

Die libanesische Sängerin Nancy Ajram ist eine der erfolgreichsten Vertreterinnen des arabischen Mainstream-Pop der letzten 20 Jahre. 1983 im Libanon geboren, spielte sich ihre Karriere, die schon Mitte der 1990er Jahre mit Auftritten in Musikshows begann, von Anfang an im Rahmen einer

durch das in der gesamten arabischen Welt zu empfangende Satellitenfernsehen bestimmten Musiklandschaft ab.
Das Video „Aḫāṣmak ah" wurde im Dezember 2002 veröffentlicht und markiert in den Augen vieler den Durchbruch von Nancy Ajram, die zuvor schon zwei Alben veröffentlicht hatte. Musikalisch orientiert sich das Werk an einer Form popularisierter *ṭarab*-Musik im Sinn Gilmans (s. oben). Anders als bei Liedern Umm Kulthums und den Stücken der Kunstmusik ist der Rhythmus nicht variabel. Wie viele moderne Popsongs hat er von Anfang bis Ende das gleiche Metrum. Auch in seiner Länge (4:40) ist er an die Hörgewohnheiten der modernen Pop-Konsumenten angepasst. Der Text, auch das ist typisch für den Mainstream-Pop, aber auch für viele Lieder der Kunstmusik, handelt von der Liebe: *Aḫāṣmak ah / Asībak lā* (etwa: ‚mit dir streiten – ja / dich verlassen – nein'). Anders als die Texte der Kunstmusik ist er in umgangssprachlichem Arabisch geschrieben, das Anklänge an ägyptischen Dialekt hat (man achte auf das *gīm*) – Ajram ist, wie gesagt, Libanesin. Sprache ist ein wichtiges Element im Marketing: Wie Frishkopf schreibt, singen viele Sänger in mehreren Dialekten, um verschiedene Marktsegmente abzudecken (Frishkopf 2010, S. 25) – Ajrams ägyptische Dialektelemente können in dieser Richtung gedeutet werden.
Auf der visuellen Ebene findet sich wiederum ein typisches Phänomen: Den in sexueller Hinsicht wenig expliziten Texten stehen häufig Videos gegenüber, in denen stark sexualisierte weibliche Körper eine zentrale Rolle einnehmen (vgl. auch Marcus 2015). Auch in diesem Video von Ajram, das im Vergleich zu vielen Musikvideos der Gegenwart sehr zurückhaltend wirkt, findet sich dieses Element: Ajram tritt als Sängerin und Betreiberin eines Cafés auf (vgl. die Figur der *Qayna*), das lose am Vorbild arabischer Cafés in der ersten Hälfte des 20. Jh.s orientiert ist. Sie tanzt und flirtet mit den ausschließlich männlichen Gästen in einer Weise, die von vielen Kommentatoren in dieser Zeit als anzüglich und skandalös empfunden wurde.
Wie bei den Videos anderer Popstars könnte man auch hier nach der Bedeutung der visuellen und auditiven Ebene fragen. Wie stehen die beiden Ebenen inhaltlich in Bezug zueinander? Wie lässt sich die zentrale Rolle des Körpers im Video mit seiner geringen Sichtbarkeit im Text zusammenbringen? Wie werden die unterschiedlichen Ebenen rezipiert? Hier wäre eine Analyse von Artikeln aus arabischen Zeitungen zum Zeitpunkt der Veröffentlichung des Videos interessant, aber auch die auf YouTube veröffentlichten Kommentare der Nutzer/innen könnten interessantes Material liefern.

World Music

World Music wurde in den 1980er Jahren die gängige Bezeichnung für sämtliche Musik, die nicht aus dem europäischen oder amerikanischem Raum stammt.

Bei der kommerziellen Erschließung dieser fremden Musiktraditionen standen und stehen ihre Exotisierung und ein Versprechen von Authentizität im Vordergrund, die nahtlos an frühere orientalistische Diskurse anschließen (vgl. Born/ Hesmondhalgh 2000). Die musikalische Tradition der marokkanischen Gnawa ist ein einschlägiges Beispiel aus der arabischen Welt.

Gnawa ist ursprünglich eine spirituelle Musik, die einige marokkanische Sufi-Bruderschaften hervorgebracht haben. Die Mitglieder dieser Bruderschaften waren Nachkommen schwarzer Sklaven, die aus den Ländern der Sahel-Zone nach Marokko gekommen waren. Insofern können wir von Gnawa-Musik als religiöser, volksmusikalischer Tradition sprechen – über Gnawa in dieser Form gibt es eine Reihe von ethnografischen Werken (Chlyeh 1999), aber auch Arbeiten zur Rolle von Musik im Sufismus oder zum Sufismus allgemein helfen, diesen Kontext zu verstehen. Dort lässt sich nachlesen, dass Gnawa-Musik im spirituellen Kontext in der *lila* (‚der Abend, die Nacht') aufgeführt wird, und im Wesentlichen therapeutische Funktionen hat, da die Musik Menschen, die von Geistern *(ǧinn,* Pl. *ǧunūn)* besessen sind, von diesen befreit.

In diesen Publikationen wird auch beschrieben, wie Gnawa-Musik im rituellen Kontext gespielt wird: Der Kopf einer Formation, der *muʿallim*, spielt das Guenbri, ein dreisaitiges Instrument, bei dem ein Fell über einen Resonanzkörper gespannt ist (vom Prinzip her ähnlich wie das Banjo). Der *muʿallim*, der auch die Hauptstimme singt, wird begleitet von einer Gruppe von Männern mit kastagnettenartigen Rhythmusinstrumenten aus Holz oder Metall *(qraqeb/ qraqech)*. Diese Männer singen gemeinsam einstimmige Partien im Wechsel mit dem *muʿallim*. Zusätzlich gibt es noch zwei Trommeln (*tbla*), die aber nur zu bestimmten Momenten des Rituals eingesetzt werden. Der Abend gliedert sich in mehrere Phasen, in denen jeweils bestimmte Lieder aus dem festen Repertoire zur Aufführung kommen, in denen verschiedene übernatürliche Wesenheiten wie Heilige, *junūn*, und *mlouk* (nicht identisch mit den Engeln der islamischen Tradition) angerufen werden.

In Essaouira, dem Zentrum der Gnawa-Bruderschaften, erkannten ökonomische und politische Akteure das kommerzielle Potential und gründeten das Gnawa-Festival, das seit 1998 eine wichtige Touristenattraktion der Stadt ist. Die Kommerzialisierung der Gnawa-Musik stellt selbstredend neue Anforderungen an die Musiker: Konzerte im Freien, auf offener Bühne, zusammen mit westlichen Musikern, Studioaufnahmen und vieles mehr (zur Entwicklung der gegenwärtigen Gnawa-Musik vgl. auch Witulski 2018). Während der spirituelle Gnawa weiterhin stattfand und stattfindet, entwickelte sich ein *Gnawa li-l-masraḥ* (‚Gnawa für die Bühne') als neue Form der Gnawa-Musik.

Beispiel: Maalem Said Damir (Marokko): „Lalla Aïcha"

Die Aufnahme „Lalla Aïcha" aus dem Album *Gnawa or Never* von Maalem Said Damir und den Gnawa Allstars, erschienen 2011 beim Label

1001 KNIGHTS PRODUCTION (Damir 2011), ist dafür ein Beispiel. Lalla Aïcha ist eines jener übernatürlichen Wesen, eine *malka* (f. Pl. *malkat*/m. Pl. *mlouk*), die in der letzten Phase des Rituals angerufen wird. Eingehenderes Wissen über die Natur dieser der Tradition des Gnawa eigenen Wesenheiten, den Ablauf und Zweck des Rituals und die Rollen der Beteiligten spielt bei der Rezeption des Gnawa als World Music eine geringe Rolle. Die Musiker orientieren sich zwar weitgehend an der rituellen Aufführungspraxis und die Aufnahme erscheint, in Anlehnung an den rituellen Ablauf, als letztes Lied des Albums. Für den Großteil der westlichen Hörer/innen von World Music stehen allerdings andere Dinge im Vordergrund. Neben den erwähnten Vorstellungen von Exotik, Authentizität und Spiritualität ist es nicht zuletzt die Vertrautheit mit der dieser Musik zugrundenliegenden Pentatonik, der fünfstufigen Tonleiter, die über den Blues in der Pop- und Rockmusik weite Verbreitung gefunden hat. Es existieren auch zahlreiche Fusion-Versionen des Liedes, in denen Instrumente wie Schlagzeug, Saxophon oder Gitarre neben den traditionellen Instrumenten auftauchen. Die marokkanische Hip-Hop-Formation Fnaire etwa arbeitet mit vielen Elementen aus der Gnawa-Musik – ihre Version von „Lalla Aïcha", 2007 auf dem Album *Yed El Henna* veröffentlicht, hat nur noch in einigen Punkten mit dem traditionellen Vorbild zu tun. Diese Verbindung von traditionellen lokalen und globalen Elementen ist typisch für viele Bereiche der heutigen arabischen Populärmusik.

Gnawa ist eine musikalische Praxis, deren Produktions- und Rezeptionsbedingungen sich in den letzten Jahrzehnten radikal verändert haben. Hier ließe sich fragen, wie sich das auf die Musik selbst auswirkt: Was für Musik wird heute unter der ‚Marke' Gnawa gemacht und vertrieben? Welche Elemente der Gnawa-Musik, welche Lieder des religiösen Repertoires (für eine Liste vgl. z. B. Chlyeh 1999) finden sich auf Alben wie *Gnawa or Never* wieder? Welche Elemente finden sich nur im religiösen Kontext und welche Gründe lassen sich dafür finden?

Fann hādif

Ein großer Teil der Musik im Segment der *fann hādif,* der ‚zielgerichteten' Kunst in einem islamischen Sinn, wird in einem kommerziellen Rahmen produziert und entspringt im Wesentlichen den geschäftlichen Interessen und Moralvorstellungen finanzkräftiger Investoren aus den Golfstaaten (Otterbeck/Skjelbo 2019; Nieuwkerk 2014). Gemeinsam ist allen diesen Formen, dass sie Texte, musikalische und visuelle Elemente und Aufführungskontexte vermeiden, die nicht mit den religiösen Grundsätzen vereinbar sind – die Meinungen darüber, was das genau umfasst, gehen allerdings weit auseinander. *Fann hādif* schließt a capella vorgetragene Gesänge religiösen Inhalts genauso ein wie Lieder auf die Märtyrer der Hisbollah oder Mainstream-Popsongs, die durch kleine Änderungen im Text an die Bedürfnisse eines gläubigen Publikums angepasst werden (Otterbeck/Skjelbo 2019). *Fann hādif* ist also keineswegs die Musik von Islamisten oder gar Terroristen, sondern eine Erinnerung daran, dass auch in der arabischen Welt ein großer Teil der Bevölkerung gläubig und konservativ ist. Wenn im Folgenden ein Stück des mit der libanesischen Hisbollah verknüpften Šams al-ḥurriyya-Orchesters als Beispiel für das Genre analysiert wird, hat das damit zu tun, dass Musik aus einem institutionellen, politischen Produktions- und Rezeptionskontext unter den Beispielen sonst nicht vertreten ist.

Beispiel: Šams al-ḥurriyya-Orchester der Hisbollah (Libanon): „at-Taḥrīr"

Die Hisbollah begann bereits Ende der 1980er Jahre, eigene *anāšīd* (Sg. *našīd,* als Sammelbegriff für religiöse Lieder verwendet) zu produzieren. Seit den 1990er Jahren unterhält die kulturelle Abteilung der Organisation *(ar-Risālāt)* zwei eigene musikalische Formationen, von denen eine das Šams al-ḥurriyya-Orchester ist. Diese Gruppen spielen zu wichtigen religiösen Feiertagen (etwa *ʿašūrāʾ*), politischen Gedenktagen und Veranstaltungen, geben aber auch Konzerte ohne besonderen Anlass (Berg 2018).

Hören wir ein Stück wie „at-Taḥrīr", das sich etwa auf einem Album von 2004 findet (Šams al-ḥurriyya urkīstrā 2004), sehen wir uns einer ganzen Reihe musikalischer Einflüsse gegenüber, die, zumindest aus einer deutschen Perspektive, mit einer konservativen religiösen, dem Westen kritisch gegenüberstehenden Haltung nicht leicht zu vereinbaren sind. Die wichtigsten musikalischen Vorbilder der frühen Produktion des Orchesters sind militärische Marschmusik europäischer Prägung und epische Filmmusik, wie sie vielleicht aus den Verfilmungen der *Herr der Ringe*-Trilogie von J. R. R. Tolkien bekannt ist (Musik, die im Übrigen auch gerne von arabischen Nachrichtensendern wie al-Jazeera in der Ankündigung von Sendungen verwendet wird). Auch die Länge der Aufnahmen orientiert sich eher an der von der westlichen Musikindustrie durchgesetzten Norm von drei bis vier Minuten je Lied.

Zu dieser Musik werden von einstimmigen Männerchören Texte in Hocharabisch gesungen, wobei in der Aussprache auf korrekte Endungen Wert gelegt wird. Die Verwendung eines korrekten Hocharabisch ist auch ein Merkmal von anderen Musikformen im Genre der *fann hādif* (vgl. Otterbeck/Skjelbo 2019). Wie die Kontexte der Aufführungen sowie die Musikstücke in ihrem formalen Aufbau nahelegen, sind sie ein wichtiges Element der Mobilisierung von Anhänger/innen, und, wie Berg schreibt, zur affektiven Untermauerung einer Gruppenidentität (Berg 2018). Damit sind sie Teil einer musikalischen Praxis, die ohne das Wissen um die Rolle der Hisbollah als politische Kraft in der libanesischen Gesellschaft und der Region nur bedingt sinnvoll analysiert werden kann.

Im Fall der Musik des Šams al-ḥurriyya-Orchesters sind verschiedene Fragen zur Produktion und Rezeption gut vorstellbar. Im Anschluss an die Analyse von Bergs Artikel (2018), in der sie sich Texten und Aufführungspraxis dieser *anāšīd* widmet, könnte man beispielsweise fragen, welche Rolle musikalische Elemente für die Erzeugung einer Gruppenidentität spielen oder wie sie eine Mobilisierung vorantreiben. Welche Assoziationen und Gefühle beschwören bestimmte Instrumente, Arrangements der Stimmen, Rhythmen oder Töne herauf? In diesem Zusammenhang könnte auch ein Vergleich mit anderen Formen von Musik, die eine emotionale Gemeinschaft vermitteln (etwa im *ṭarab,* s. o.) interessant sein: Wo liegen Gemeinsamkeiten und Unterschiede in der Wahl der musikalischen Mittel? Welche Rolle spielt das musikalische Wissen der Rezipient/innen?

Literatur

Armbrust, Walter: *Mass Culture and Modernism in Egypt.* Cambridge 1996.

Berg, Carin: „Anashid in Hizbullah. Movement Identity through Impassioned Ideology". In: *The Middle East Journal* 72/3 (2018), 431–446.

Becker, Howard Saul: *Kunstwelten.* Übers. von Thomas Klein und Daniel Kulle. Hamburg 2017.

Born, Georgina/Hesmondhalgh, David (Hg.): *Western Music and its Others: Difference, Representation, and Appropriation in Music.* Berkeley/Los Angeles/London 2000.

Burkhalter, Thomas/Dickinson, Kay/Harbert, Benjamin J. (Hg.): *The Arab Avant-Garde. Music, Politics, Modernity.* Middletown 2013.

Chlyeh, Abdelhafid: *Les Gnaoua du Maroc. Itinéraires initiatiques, transe et possession.* Grenoble 1999.

Danielson, Virginia: *The Voice of Egypt. Umm Kulthūm, Arabic Song, and Egyptian Society in the Twentieth Century.* Chicago 1997.

DeNora, Tia: *Music in Everyday Life.* Cambridge/New York 2000.

Du Gay, Paul/Hall, Stuart/Janes, Linda/Madsen, Anders Koed/MacKay, Hugh/Negus, Keith (Hg.): *Doing Cultural Studies. The Story of the Sony Walkman.* Second Edition. Los Angeles/London/New Delhi/Singapur/Washington DC/Milton Keynes 2013.

Feld, Steven: *Sound and Sentiment. Birds, Weeping, Poetics, and Song in Kaluli Expression.* Durham 2012.

Frishkopf, Michael (Hg.): *Music and Media in the Arab World.* Kairo 2010.

Gilman, Daniel J.: *Cairo Pop. Youth Music in Contemporary Egypt.* Minneapolis 2014.

Hennion, Antoine: „Pour une pragmatique du goût". In: *CSI WORKING PAPERS SERIES 001. 2005.* https://halshs.archives-ouvertes.fr/halshs-00087895.

Hennion, Antoine: „Listen!" In: *Music and Arts in Action* 1/1 (2008), 36–45.

LeVine, Mark: „The Revolution Never Ends. Music, Protest and Rebirth in the Arab World". In: Larbi Sadiki (Hg.): *Routledge Handbook of the Arab Spring. Rethinking Democratization.* London/New York 2016, 354–365.

Marcus, Scott: „Music". In: Dwight F. Reynolds (Hg.): *The Cambridge Companion to Modern Arab Culture.* Cambridge 2015, 135–163.

Mattes, Hanspeter: „‚Herr Präsident, ihr Volk stirbt!' Protestmusik und politischer Wandel in Nordafrika/Nahost". In: GIGA German Institute of Global and Area Studies (Hg.): *GIGA Focus Nahost* 9. Hamburg 2012. Http://nbn-resolving.de/urn:nbn:de:0168-.

Nieuwkerk, Karin van: *Performing Piety. Singers and Actors in Egypt's Islamic Revival*. Austin, Texas 2014.
Nieuwkerk, Karin van/LeVine, Mark/Stokes, Martin (Hg.): *Islam and Popular Culture*. Austin 2016.
Otterbeck, Jonas/Skjelbo, Johannes Frandsen: „‚Music Version' versus ‚Vocals-Only'. Islamic Pop Music, Aesthetics, and Ethics". In: *Popular Music and Society* 6/1 (2019), 1–19.
Pellat, Ch.: „Ḳayna". In: *Encyclopaedia of Islam. Second Edition*. Hg. von P. Bearman et al. 2012. http://dx.doi.org/https://doi.org/10.1163/1573-3912_islam_SIM_4065
Puig, Nicolas: „De quoi le mahragan est-il le son? Compositions et circulations musicales en Égypte". In: Richard Jacquemond/Frédéric Lagrange: *Culture pop en Égypte. Entre mainstream commercial et contestation*. Paris 2020, 383–417.
Racy, Ali Jihad: *Making Music in the Arab World. The Culture and Artistry of Ṭarab*. Cambridge 2003.
Schade-Poulsen, Marc: *Men and Popular Music in Algeria. The Social Significance of Raï*. Austin 2004.
Shannon, Jonathan H.: „Emotion, Performance, and Temporality in Arab Music. Reflections on Tarab". In: *Cultural Anthropology* 18/1 (2003), 72–98.
Steinbrecher, Bernhard: *Das Klanggeschehen in populärer Musik. Perspektiven einer systematischen Analyse und Interpretation*. Köln/Weimar/Wien 2016.
Touma, Habib Hassan: *Die Musik der Araber*. Wilhelmshaven 1989.
Tsuge, Gen'ichi: „A Note on the Iraqi Maqam". In: *Asian Music* 4/1 (1972), 59–66.
Witulski, Christopher: *The Gnawa Lions. Authenticity and Opportunity in Moroccan Ritual Music*. Bloomington 2018.

Audio-Quellen

Ajram, Nancy / ʿAǧram Nānsī: „Akhāṣmak ah" (2002) (https://www.youtube.com/watch?v=qzcIKpmEBHo) 02.09.2020.
Ajram, Nancy /ʿAǧram Nānsī: Coca-Cola-Werbespot „ad-Dunyā ḥilwa" (2007). (https://www.youtube.com/watch?v=qEIarnwc1vs) 02.09.2020.
Damir, Said Maalem/Gnawa Allstars: „Lalla Aïcha" aus dem Album *Gnawa or Never*. 1001 KNIGHTS PRODUCTION 2011. (https://www.youtube.com/watch?v=5WS4CtAFpbg) 02.09.2020.
Touma, Habib Hassan: *Iraq. iqa'at. Traditional Rhythmic Structures*. Recordings & Commentary: Habib Hassan Touma. Unesco Collection. Traditional Musics of Today. Ivry-sur-Seine. Auvidis, 1992 [1979].
Šams al-ḥurriyya urkīstrā. „at-Taḥrīr" (2004) (https://archive.org/details/OrchestraShamalHurriyaShamsalHurriya/04-Al-Ta7rir.mp3) 14.04.2021.
Umm Kulthum / ʾUmm Kulṯūm: „Inta ʿUmrī" (https://www.youtube.com/watch?v=1wBvuZVE7FI) 02.09.2020. Aufnahmedatum unbekannt.

6 Film

Das bewegte Bild ist im Lauf des 20. Jh.s durch Kino, Fernseher, Computer und Smartphone eine weltweit erfolgreiche Kunst- und Ausdrucksform geworden. Dieses Kapitel gibt einen Überblick über die Entwicklung des Films in verschiedenen Teilen der arabischen Welt, von der Entstehung einer eigenständigen arabischen Filmindustrie in Ägypten in den 1930er Jahren bis in die Gegenwart. Dabei liegt der Fokus auf Spielfilmen und Dokumentationen, die ganz überwiegend nicht dem kommerziellen Segment zuzurechnen sind. Dieser Umstand ist der Schwerpunktsetzung der Forschung zum arabischen Film in der Vergangenheit geschuldet, die sich im Wesentlichen auf Filme mit einem vermeintlich höheren künstlerischen Anspruch konzentrierte, die häufig durch staatliche Filmförderung – aus arabischen wie aus europäischen Staaten – zustande kamen. Die Erforschung der Populärkultur ist auch in der Auseinandersetzung mit dem arabischen Film ein Nischenthema, das sich erst seit einigen Jahren wachsender Aufmerksamkeit erfreut. Obwohl also auch in diesem Kapitel die Kunst der großen Regisseur/innen für ein kleines, weil elitäres Publikum im Mittelpunkt steht, ist eine Einbindung des Fernsehens und anderer audiovisueller Werke wichtig. Fernsehserien, die seit Jahrzehnten ein großes Publikum in der gesamten arabischen Welt erreichen, Videos von Aktivist/innen, die in der Zeit des Arabischen Frühlings entstanden sind, und Werbespots sind Beispiele für audiovisuelle Kunst, die im Sinn einer Ausweitung des Gegenstands und der Eröffnung neuer Forschungsperspektiven berücksichtigt werden.

Die folgende Darstellung der Geschichte des Films in der arabischen Welt speist sich im Wesentlichen aus Viola Shafiks Standardwerk *Arab Cinema. History and Cultural Identity* (2016) sowie den zwei von Josef Gugler herausgegebenen Bänden *Film in the Middle East and North Africa* (2011) und *Ten Arab Filmmakers* (2015). Wir geben hier die englischen Titel der vorgestellten Filme statt einer deutschen Übersetzung an, da diese Titel durch Festivals weite Verbreitung finden und häufig auch in der deutschsprachigen Fachliteratur verwendet werden.

Y. Albers et al., *Arabistik*, https://doi.org/10.1007/978-3-476-05681-8_6

6.1 Geschichte

6.1.1 Anfänge des arabischen Kinos in der Kolonialzeit (ca. 1890–1950)

Arabische Literatur, Musik, auch arabische Performance-Traditionen hat es lange vor dem Aufstieg der europäischen Kolonialmächte gegeben. Der arabische Film hingegen ist das direkte Ergebnis der Aneignung einer in Europa entwickelten und über koloniale Netzwerke verbreiteten Technologie. Nur ein Jahr nachdem die Brüder Lumière in Frankreich ihren ersten Film gezeigt hatten, wurde in Algier 1896 der erste *Cinématographe* betrieben. 1906 eröffnete die französische Pathé-Gruppe das erste Kino in Kairo. Um 1920 gab es in der ganzen arabischen Welt zahlreiche Kinos. Die Verbreitung des Kinos ging in erster Linie von französischen Unternehmern aus.

Schon bald entstanden die ersten ausländischen Produktionen mit arabischen Schauspieler/innen für diese neuen Märkte. Regisseure und Produzenten dieses kolonialen arabischen Kinos kamen aus Europa. In den französischen Kolonien und Protektoraten im Maghreb wurden zwar zahlreiche Dokumentationen und Propagandafilme produziert, Filme von arabischen Regisseur/innen finden sich in Marokko, Tunesien und Algerien aber erst nach der Unabhängigkeit.

Ägyptische Filmindustrie und Musikfilme: In Ägypten hingegen entwickelte sich in den 1930er Jahren eine eigenständige Filmindustrie, durch die das Land zum Zentrum der kommerziellen arabischen Filmproduktion wurde. Studio Misr, die wichtigste arabische Filmproduktionsfirma dieser Zeit, wurde 1934 gegründet. Studio Misr stellte europäische Spezialisten ein und entsandte zahlreiche ägyptische Regisseure zur Ausbildung nach Europa. Diese kommerziellen Produktionen umfassten in erster Linie Melodramen, Musiktheater und Romanverfilmungen. Die Stars der *Ṭarab*-Musik wie Umm Kulthum (Umm Kulṯūm), Muhammad Abd al-Wahhab (Muḥammad ʿAbd al-Wahhāb) (s. dazu Kap. 5) und viele andere traten häufig auch in Filmen auf. Die Musik war dabei ein wichtiger Faktor für den kommerziellen Erfolg. Abd al-Wahhabs *The White Rose*/*al-Warda al-bayḍāʾ* (1933/34) war der erste ägyptische Spielfilm, der ins arabische Ausland exportiert wurde. In den Jahren zwischen 1931 und 1961 machten Musicals beinahe ein Drittel der ägyptischen Filmproduktion aus. Die Filmproduktion in anderen arabischen Ländern hatte der Vormachtstellung des sogenannten *Hollywood on the Nile* in diesem Bereich wenig entgegenzusetzen. Inhaltlich drehten sich die Filme meist um eine Liebesgeschichte zwischen zwei Angehörigen unterschiedlicher gesellschaftlicher Schichten.

Musikfilm und künstlerische Avantgarde: Die kommerzielle Filmproduktion blieb lange eng verzahnt mit der künstlerischen Avantgarde, was Elemente auf formaler Ebene ebenso einschließt wie Schauspieler/innen. Auch der ägyptische Regisseur Youssef Chahine (Yūsuf Šāhīn), der vielleicht bekannteste arabische Regisseur, produzierte nach der Rückkehr von seiner Ausbildung in den USA einige solcher Musikfilme, wie z. B. *Farewell to Your Love/Wada'at ḥubbak* (1957) mit dem Sänger Farid al-Attrache (Farīd al-Aṭraš), bevor er sich in den 1960er Jahren politischeren Themen und schließlich dem Autorenfilm zuwandte, in dem der Regisseur bzw. die Regisseurin alle maßgeblichen künstlerischen Aspekte selbst bestimmt. Doch auch in Chahines späteren Filmen finden sich Gesangs- und Tanzeinlagen oder kurze komische Szenen.

Erst in den 1970er Jahren ließ die Popularität der Musikfilme nach und mit dem Ende des ‚goldenen Zeitalters' der *Ṭarab*-Musik verschwand das Genre aus den Kinos der arabischen Welt. Über den gesamten Zeitraum blieb das Musical ein ägyptisches Phänomen.

Film und Volkstheater: Neben der Musik waren die Anleihen ans Volkstheater eine wichtige Bedingung für den breiten Erfolg des kommerziellen Kinos. Besonders Elemente des im 19. Jh. noch weitverbreiteten Schattenspiels *(ḫayāl aẓ-ẓill)* finden sich in Charakteren und narrativen Konventionen wieder: So gehen zum Beispiel einige beliebte Typen, wie der nubische Diener oder der naive oberägyptische Bauer *(fallāḥ),* auf diese frühere Kunstform zurück. Auch die anekdotische Erzählweise, in der einzelne, in sich geschlossene Sketche aneinandergereiht werden, während die übergreifende Handlung eine Nebenrolle spielt, verweisen auf den *faṣl muḍḥik* (eine Art Slapstick-Einlage), der ein wichtiger Teil des ägyptischen Volkstheaters war. Nicht zuletzt ist auch die Tatsache, dass in Filmen, ähnlich wie im Theater, von Beginn an hauptsächlich gesprochene Sprache *('āmmiyya)* verwendet wurde, bedeutsam. Der Kairoer Dialekt wurde so zur Lingua franca des Kinos der arabischen Welt.

Während sich in Ägypten ein Zentrum der Filmindustrie entwickelte, das bis in die Gegenwart die Führungsrolle in der arabischen Filmproduktion innehat (s. Tab. 6.1), gab es in den Maghreb-Staaten erst ab den 1960er Jahren eine eigenständige Produktion.

6.1.2 Arabisches Kino nach der Unabhängigkeit (ca. 1950–1980)

Verstaatlichung der Filmindustrie: Mit der Unabhängigkeit der Staaten der arabischen Welt änderte sich nach dem Zweiten Weltkrieg auch das Umfeld für die Filmproduktion. In vielen Ländern der Region wurde die Produktion und Distribution von Filmen verstaatlicht: Dies war in Ägypten schon früh der Fall (1960), aber auch Syrien, der Irak und Algerien gingen diesen Weg. Der Import und Export von Filmen wurden vom Staat kontrolliert. Um die Hegemonie der USA und der ehemaligen Kolonialmächte zu brechen, wurden in diesen Ländern auch eigene Filmhochschulen gegründet. Daneben gingen viele Regisseure, speziell jene aus Syrien, zur Ausbildung an die renommierten Institute in der UdSSR.

Während die Produktion kommerzieller Filme auch unter staatlicher Führung weiterlief, wurden nun zahlreiche Filme produziert, die eng mit dem sozialistischen, panarabischen und antiimperialistischen politischen Projekt

Tab. 6.1 Filmproduktion Spielfilme (nach Gugler 2011, S. 4)

Land	1930–1939	1940–1949	1950–1959	1960–1969	1970–1979	1980–1989	1990–1999	2000–2008	Gesamt
Ägypten	94	326	530	449	460	573	593	294	3133
Libanon	1	3	12	71	40	51	23	36	237
Marokko				3	16	38	43	96	196
Algerien				9	40	38	54	47	188
Syrien	2	1	1	18	84	85	27	37	172
Tunesien				4	19	19	28	37	107
Palästina					3	5	10	18	36

der jeweiligen regierenden Parteien verknüpft waren. Diese Filme waren nicht kommerziell ausgerichtet, sondern sollten ähnlich wie nationale staatliche Theaterproduktionen zur Information und Bildung eines politischen Bewusstseins der Bevölkerung beitragen und wurden deswegen beispielsweise auch in mobilen Kinos auf dem Land gezeigt. Neben jenen Filmen, die die politischen Botschaften in eher formelhafter Weise verarbeiten, stechen zwei Strömungen heraus, die Gesellschaftskritik mit einer anspruchsvollen künstlerischen Form verbinden: Das algerische *as-sīnimā al-ǧadīd* (‚das neue Kino') und das syrische *as-sīnimā al-badīla* (‚das alternative Kino').

***as-sīnimā al-ǧadīd*:** beschreibt eine neue Orientierung des algerischen Kinos ab den 1970er Jahren. Neben der Aufarbeitung des Befreiungskampfs und der Agrarreform, die ein wichtiges politisches Projekt der Regierung war, standen erstmals Themen wie soziale Ungerechtigkeit, die Emanzipation der Frau, Emigration und auch die Bürokratie im Vordergrund. Abdelaziz Tolbis (ʿAbd al-ʿAzīz Ṭūlbī) *Noua* (1972), Mohamed Bouamaris (Muḥammad Bū ʿAmārī) The *Charcoal Burner/al-Faḥḥām* (1973) und Merzak Allouaches (Marzāk ʿAlwāš) *Omar Gatlato/ʿUmar Qatlatū* (1976) sind Beispiele dafür. In Tolbis *Noua* (1972) etwa werden die ärmlichen Lebensbedingungen auf dem Land in langen Einstellungen gezeigt, immer wieder wird Armut und Reichtum auch im Schnitt der Filme direkt einander gegenübergestellt, während Allouache zum ersten Mal die Situation der algerischen Jugend schildert und seinen Protagonisten direkt die Zuschauer ansprechen lässt.

Formal sind die Filme wenig einheitlich, einige sind von den Strömungen des Realismus und Naturalismus beeinflusst, andere stehen durch eine weniger programmatische, individuelle Ästhetik dem Autorenfilm näher.

as-sīnimā al-badīla: Nabil Maleh (Nabīl al-Māliḥ) und Khaled Hamada (Ḫālid Ḥamāda) sind Namen, die mit *as-sīnimā al-badīla* verknüpft sind, das sich als Gegenbewegung zum kommerziellen ägyptischen Kino sah. Auch hier steht die soziale Gerechtigkeit im Vordergrund. Maleh (1936–2016), Sohn einer wohlhabenden Damaszener Familie, hatte an der Filmhochschule in Prag studiert und kehrte 1964 nach Syrien zurück. Dort produzierte er mit Unterstützung der staatlichen Filmorganisation den Spielfilm *The Leopard/al-Fahd* (1972), der bald überregional bekannt wurde. Die Geschichte, die auf einem Roman des syrischen Schriftstellers Haydar Haydar (Ḥaydar Ḥaydar) basiert, dreht sich um soziale Ungerechtigkeit und Ausbeutung der Landbevölkerung durch syrische Landbesitzer nach Abzug der französischen Besatzer (s. Abschn. 6.2.1: Beispiele).

Chahines *Saladin the Victorious/an-Nāṣir Ṣalāḥ ad-Dīn* (1963), in dem die Geschichte des Heerführers Salah al-Din zur Zeit der Kreuzzüge als die eines panarabischen Helden erzählt wird – auch hier war ein Schriftsteller, Nagib Mahfuz (Naǧīb Maḥfūẓ), am Drehbuch beteiligt – und andere Filme seiner nasseristischen Periode lassen sich auch als Teil dieses politisierten Kinos verstehen.

Viele dieser Filme, wenngleich oft künstlerisch hochwertig, fanden beim Publikum wenig Anklang – Malehs *The Leopard* hingegen ist in diesem Zusammenhang eine Ausnahme. Die staatlichen Film-Organisationen sahen sich daher immer gravierenderen finanziellen Problemen ausgesetzt.

Das palästinensische Kino nahm seinen Anfang in einer 1967 in Jordanien gegründeten, an die Fatah angeschlossenen Einheit, die hauptsächlich Dokumentarfilme über das Leben der Palästinenser in den Flüchtlingslagern produzierte. Nach gewaltsamen Auseinandersetzungen zwischen dem jordanischen Königshaus und dem bewaffneten Arm der Palästinensischen Befreiungsorganisation (PLO) im Schwarzen September 1971 zog sie nach Beirut um. In dieser Zeit wurden auch von der Kulturabteilung der PLO Dokumentarfilme produziert. Mit dem Abzug der PLO aus Beirut 1982 ging diese Phase palästinensischen Filmschaffens, die in der Hauptsache der politischen Mobilisierung diente, zu Ende.

Kommerzielles Kino im Libanon: Die Verstaatlichung des Filmsektors in Ägypten, der zentral für die kommerzielle Filmproduktion der arabischen Welt war, führte dazu, dass viele private Investoren ihre Aktivitäten in andere Länder verlagern mussten. Davon profitierte der Libanon, wo der Filmsektor nicht in der Hand des Staates war: Es kam in den 1960er Jahren zu einem Boom in der libanesischen Filmindustrie, der bis zum Beginn des Bürgerkriegs 1975 andauerte. Wie zuvor in Ägypten wurden auch im Libanon kommerzielle Filme, hauptsächlich Melodramen und Musiktheater, produziert.

6.1.3 Arabisches Kino nach 1980

Wie in vielen anderen Bereichen der arabischen Kunst markierte die späten 1970er und frühen 1980er Jahre einen Umbruch. Zum einen verlor der Film als Instrument politischer Parteien an Bedeutung. Die intellektuelle und die künstlerische Avantgarde, die in Ländern wie Syrien, Irak oder Ägypten seit der Unabhängigkeit eng mit dem politischen Projekt der herrschenden Parteien verknüpft waren, wandte sich zunehmend ab. Der Sechstagekrieg 1967, der Bürgerkrieg im Libanon (1975–1990) und der Friedensvertrag Ägyptens mit Israel 1979 sind einige der wichtigen Eckdaten in der politischen Desillusionierung der Kunstschaffenden. Gleichzeitig setzte sich in den 1980er Jahren eine wirtschaftliche Liberalisierung vieler arabischer Staaten fort, die auch zu einer Reduktion der staatlichen Mittel für die Filmproduktion führte und wieder mehr Spielraum für private Investoren und kommerzielle Filme eröffnete.

New Arab Cinema – Autorenkino und Koproduktionen: In diese Zeit fällt die Entstehung des „New Arab Cinema". Anders als *as-sīnimā al-ǧadīd* oder *as-sīnimā al-badīla* (s. o.) handelt es sich bei dieser Bezeichnung eher um eine filmhistoriographische Kategorie, in der ein großer Teil des nicht-kommerziellen Autorenkinos seit den 1980er Jahren zusammengefasst wird, denn um eine Eigenbezeichnung der Akteure. Da staatliche Finanzierungsmöglichkeiten für die Regisseure der Avantgarde immer geringer wurden und im kommerziellen Bereich wenig Aussicht auf Erfolg bestand, gründeten viele von ihnen eigene Produktionsfirmen und finanzierten die Produktion ihrer Filme durch Spenden oder aus eigener Tasche. Um die Kosten gering zu halten, versuchten manche Regisseure, möglichst viel Arbeit selbst zu erledigen: vom Schreiben des Drehbuchs über das Drehen hin bis zum Schnitt. Koproduzenten aus dem Ausland oder der Vorab-Verkauf von Rechten an ausländische Fernsehsender waren – und sind – eine weitere Möglichkeit, Filmprojekte zu realisieren. Die Abhängigkeit des arabischen Autorenkinos von ausländischen Produzenten, Fernsehsendern und Filmförderungsinstrumenten ist in vielerlei Hinsicht problematisch. Gefördert wird nicht, was einem breiten arabischen oder beispielsweise tunesischen Publikum gefällt – das zeigen die Zuschauerzahlen in den arabischen Kinos –, sondern das, was den Vorlieben eines elitären, überdurchschnittlich gebildeten europäischen Publikums entspricht.

Der Wandel der Produktionsbedingungen trug dadurch dazu bei, dass die Werke vieler der bereits erwähnten Regisseure, wie etwa Chahine und Maleh, ab den 1980er Jahren der Gattung des Autorenfilms zugerechnet werden können. Auch viele andere aus der Generation von Filmemachern, deren Karrieren in den 1970er Jahren mit gesellschaftskritischen, offen politischen Filmen begannen, wandten sich dem Autorenkino zu.

Weibliche Stimmen: In den 1980er Jahren fanden sich schließlich auch mehr weibliche Stimmen im arabischen Kino: Jocelyne Saab (Ǧūslīn Ṣaʿb), die bereits in den 1970er Jahren Dokumentationen über den libanesischen Bürgerkrieg gedreht hatte, brachte 1984 ihren ersten Spielfilm *A Suspended Life/Ġazl al-banāt* heraus. Die Autorin Assia Djebar produzierte 1978 und 1982 jeweils einen Film für das algerische Fernsehen. Die Tunesierin Néjia Ben Mabrouk

(Nağya bin Mabrūk) stellte schon 1982 ihren Film *The Trace/as-Sāma* fertig, der aber erst 1988 in die Kinos kam. Während Frauen auch in den Jahrzehnten zuvor insbesondere als Autorinnen von Drehbüchern für Film und Fernsehen eine Rolle spielten, erschienen sie erst in den 1980er Jahren in größerer Zahl als Regisseurinnen – die Ägypterin Attayat al Abnoudi (ʿAṭīyāt al-Abnūdī), die sich schon in den 1970er Jahren einen Namen gemacht hatte, ist in dieser Hinsicht eine Ausnahme. Thematisch steht die Emanzipation der Frau im Mittelpunkt dieser Filmprojekte. Und zwar nicht, wie in den Filmen der männlichen Kollegen aus den 1970er Jahren, gewissermaßen als Nebenprodukt eines Befreiungskampfs, sondern als Selbstzweck (Hillauer 2005, S. 15 ff.).

1990er Jahre und Satellitenfernsehen: Die Einführung des Satellitenfernsehens in den 1990er Jahren stellt die nächste Zäsur in der Filmproduktion dar. Die bestehende Filmindustrie profitierte kaum von der Einführung des neuen Mediums. Vielmehr wurde durch den hohen Bedarf an arabischen Sendungen und die geringen Kapazitäten der Infrastruktur die weniger profitable Produktion von Kinofilmen durch die Produktionen für das Fernsehen verdrängt. Ägypten spielte weiterhin in beiden Bereichen eine wichtige Rolle. Ein großer Teil der Investitionen stammte nun aus der Golfregion, die sich mit der Einführung der Videokassette und des Fernsehens schon in den 1980er Jahren zu einem der wichtigsten Absatzmärkte entwickelt hatte.

Das Fernsehen brachte neben Spielfilmen viele neue Formate hervor. TV-Serien *(musalsalāt)*, die häufig zuerst im Fastenmonat Ramadan ausgestrahlt werden, wurden in den 1990er Jahren ein wichtiger Zweig der Filmindustrie. Syrien wurde Ende der 1990er Jahre für seine historischen Serien bekannt – meist ging es um den Widerstand gegen die Besatzung durch die Osmanen oder die Franzosen oder um das ‚goldene Zeitalter' des Islam, also um Themen, die auch für ein konservatives Publikum in den Golfstaaten und staatliche Zensurbehörden unproblematisch sind (Salamandra 2007, 2013; siehe auch das Analyse-Beispiel *Bāb al-Ḥāra*, Syrien 2006–2019).

In anderen Ländern, die eine relativ ausgeprägte Filmindustrie besaßen, kam die Produktion zeitweise fast ganz zum Erliegen: Im Irak wurde die Filmindustrie ein Opfer der Wirtschaftssanktionen gegen das Regime vom Saddam Hussein, die vom ersten Golfkrieg 1990 bis zum Sturz des Regimes 2003 in Kraft waren, weil viele nötige Materialien nicht mehr importiert werden konnten; in Algerien machte der Bürgerkrieg (1991–2002) eine Arbeit an Filmprojekten zeitweise unmöglich.

Im Libanon hingegen erhielt die Filmszene nach Ende des Bürgerkriegs 1990 wieder neuen Aufwind. Neben zahlreichen Filmen, die sich mit der Aufarbeitung des Kriegs beschäftigen, wie jene von Ghassan Salhab (Ġassān Salhab) (Fasshauer 2012), entstanden auch viele formal experimentelle Dokumentarfilme. Mohamed Soueid gilt als zentrale Figur dieser Strömung. Die Filme *Cinema al-Fouad/Sīnimā al-Fuʾād* (1994) und *Nightfall/ʿIndamā yaʾtī al-masāʾ* (2000) über

Mitglieder eines der studentischen Kampfverbände der palästinensischen Fatah im libanesischen Bürgerkrieg sind seine wohl wichtigsten Werke.

Für diese Form von Dokumentarfilmen war die Digitalisierung der Filmproduktion, die ab Anfang der 2000er Jahre die Bearbeitung von Filmen auf handelsüblichen Computern möglich machte, ein wichtiger Schritt. Die Produktion von bewegten Bildern war nicht mehr notwendig an die Verfügbarkeit teurer und komplizierter technischer Ausrüstung gebunden.

Arabischer Frühling und der Dokumentarfilm: Der Arabische Frühling stellt den jüngsten wichtigen Einschnitt für die Filmproduktion in einigen Ländern der arabischen Welt dar. Die politischen Krisen in Ägypten, Syrien und Tunesien haben nicht zuletzt zu einer Blüte des Dokumentarfilms geführt. Damit ist der Film Teil einer Entwicklung, die sich auch im *documentary turn* des Theaters und der bildenden Künste im Libanon sowie in Teilen der arabischen Literatur nach 2011 zeigt (s. Kap. 2, 3, 4). So entstanden eine ganze Reihe von Filmen über die Proteste auf dem Tahrir-Platz und ihre Protagonisten in verschiedenen, oft künstlerischen Milieus (vgl. Eickhof 2016). Im Kontext des Kriegs in Syrien erscheint die Dokumentation als erste künstlerische Reaktion auf diese historischen Ereignisse: Wichtige Beispiele sind Ziyad Kalthoums (Ziyād Kalṯūm) *The Immortal Sergeant/ar-Raqīb al-ḫālid* (2014) und Talal Derkis (Ṭalāl Dīrkī) *Return to Homs/al-ʿAwda ilā Ḥumṣ* (2013) und *Of Fathers and Sons/ʿAn al-Ābāʾ wa al-abnāʾ* (2018) über eine Familie, die der islamistischen al-Nusra-Front nahesteht. Der Dokumentarfilm ist damit, nicht zuletzt auch durch das Interesse eines internationalen Publikums, zu einem wichtigen Genre geworden. Das durch den Krieg in Syrien und die sogenannte Flüchtlingskrise entstandene mediale Interesse eröffnete auch einen größeren Raum für Koproduktionen mit europäischen Produzenten und die Nutzung von Mitteln der staatlichen Filmförderungsinstrumente – Derkis *Of Fathers and Sons* etwa wurde von verschiedenen deutschen Fernsehsendern (SWR, RBB, ARTE) koproduziert.

6.2 Beschreibung und Analyse

Filme sind Ergebnisse komplexer Produktionsmechanismen, da an einer Filmproduktion viele verschiedene Akteure beteiligt sind. Die Produktion von Filmen zeichnet sich gegenüber anderen Kunstformen dadurch aus, dass sie sehr aufwendig und teuer und infolgedessen ein arbeitsteiliger Prozess sind. Maßstab war lange Zeit das in Hollywood etablierte Studio-System, in dem der Produktionsprozess rationalisiert wurde. Im Folgenden werden die wichtigsten Beteiligten und ihre Funktion kurz aufgelistet.

- Produzent/in: Auswahl des Filmskripts, des Regisseurs/der Regisseurin, Budget, Zeitplan, wirtschaftliche/organisatorische Gesamtverantwortung, Verkauf der Rechte

- Regisseur/in: Künstlerische Gesamtverantwortung
- Vorproduktion: Erstellen des Drehbuchs, Casting, Auswahl der Drehorte/Drehgenehmigungen, Herstellung der Filmsets
- Kamera, Licht, Ton
- Darsteller/innen
- Postproduktion: Schnitt, Ton

Und auch mit der Erstausstrahlung sind die Filme im Sinn einer analytischen Betrachtung noch nicht fertig, denn dann stellen sich Fragen der Aufführungspraxis und die Filme werden den Rezipient/innen und deren vielfältigen Lesarten übergeben. Zudem können Filmplakate und Rezensionen sowie andere Referenzen auf die Filme berücksichtigt werden.

6.2.1 Filmimmanente Analyse

In dem nun folgenden Analyseteil steht zunächst eine filmimmanente und rezeptionsbezogene Lesart der Filme im Mittelpunkt. Der zweite Teil beschäftigt sich zum einem mit einer Erweiterung des Gegenstands über den fiktionalen Spielfilm hinaus und zum anderen mit einer Erweiterung der Analyse über filmimmanente Aspekte hinaus.

Die Analyse bewegter Bilderwelten und den dazugehörigen akustischen Elementen ist sehr komplex und vielschichtig. Beide, sowohl die visuellen als auch auditiven Komponenten, setzen sich aus verschiedenen, bewusst komponierten Elementen zusammen, die spezifische Wirkungen und Emotionen hervorrufen. Das trifft auf Spielfilme ebenso wie auf Dokumentarfilme, Musik- oder Aktivistenvideos bzw. spontane Handy-Videos von Amateuren (zuweilen als *citizen journalists* bezeichnet) zu.

Grundsätzlich lassen sich in der Filmanalyse qualitative und quantitative Verfahren unterscheiden. Letztere zählen vor allem mit speziellen Programmen Häufigkeiten aus. Qualitative Verfahren bestehen aus text- oder bildbasierten Verfahren (Kammerer 2017). Bei textbasierten Verfahren, die hier im Mittelpunkt stehen sollen, geht es um das Erfassen filmischer Komponenten in Textform. Das meint das Beschreiben spezifischer Kameraeinstellungen, Bildformate und Erzählmuster, aber auch eine schriftlich festgehaltene Zusammenfassung des Filminhalts.

Bereits das schriftliche Erfassen der filmischen Komponenten folgt dem Erkenntnisinteresse (zu der Rolle und dem Umfang von Protokollierungsverfahren vgl. Hickethier 2012, S. 35 ff.; Korte 2010, S. 52 ff.; Mikos 2008, S. 82 ff.). Grundsätzlich wird zwischen Einstellungsprotokollen und Sequenzprotokollen unterschieden. Dabei ist hinzuzufügen, dass die Gliederung der Filmbilder auf drei Ebenen stattfindet. Die kleinste ist die Einstellung. Eine Szene besteht aus mehreren Einstellungen, die zeitlich und räumlich zusammenhängen. Eine Sequenz wiederum ist eine Abfolge von Szenen, die durch Raum-, Zeit-, Orts- oder Personenwechsel markiert ist. In Sequenzprotokollen wird nun der gesamte

Film in seiner Zusammensetzung von Sequenzen, also Handlungseinheiten erfasst. In den Einstellungsprotokollen werden im Detail die einzelnen filmischen Mittel innerhalb einer Sequenz beschrieben, um beispielsweise bestimmte ästhetische Muster herauszuarbeiten. Dazu werden jedoch nur einzelne Szenen oder Sequenzen ausgewählt, die für das zuvor benannte Erkenntnisinteresse von Bedeutung sind. Dabei sind die entstandenen Protokolle ein Hilfsmittel für die nachfolgende Interpretation und in Abhängigkeit der Fragestellung ist zu entscheiden, was und in welchem Umfang protokolliert bzw. beschrieben wird, um es dann im Anschluss zu interpretieren.

Bildbasierte Analyseverfahren setzen vor allem Standbilder oder Bildvergrößerungen ein, um beispielsweise Farben oder Kameraperspektiven deutlich zu machen. Dabei können besonders die visuellen und inszenatorischen Besonderheiten eines Films diskutiert werden. Neben dem Einsatz von Bildern, die quasi Zitate aus dem Film sind, zählen aber auch selbst angefertigte Skizzen zur Visualisierung verschiedener Sachverhalte zu den bildhaften Verfahren (Kammerer 2017, S. 7 ff.; sowie ausführlicher Aumont/Marie 2015). Eine Analyse mit Hilfe von Standbildern wird in dem folgenden Absatz zur visuellen Analyse dargestellt.

Auch wenn bei bildbasierten Verfahren die Bilder direkt aus dem Film entnommen sind und sie im Vergleich zur textlichen Beschreibung von filmischen Aspekten eine ähnliche Struktur wie die Kinobilder aufweisen, so fehlen doch entscheidende Eigenschaften wie z. B. der Ton und die Bewegtheit, also die Abfolge von Bildern. Das verdeutlicht, dass jede Art von Filmanalyse ihren Gegenstand zerlegt und eben ein „analytisches Hilfsmittel [ist], das verborgene Strukturen, Muster und Sinnzusammenhänge freilegt" (Kammerer 2017, S. 4).

An dieser Stelle eine Anmerkung zum Aufbau des Analyseteils. Dieser kann eine Einführung in die Filmanalyse, zu der bereits unzählige Einführungen und Handbücher vorliegen, weder ersetzen noch zusammenfassen (zur Geschichte filmanalytischer Standardwerke vgl. Hagener 2017). Mit Blick auf die Arabistik als Literatur- und Kulturwissenschaft wurden die Schwerpunkte auf die Spezifika filmischer Gestaltung im Anschluss an die Gestaltung von Texten gelegt. So unterteilt sich die vorliegende Darstellung der filmimmanenten Analyse in einen visuellen, auditiven und narrativen Teil (Einführungswerke von Hickethier 2012; Kreutzer et al. 2014; Bienk 2019). Die Montage als wichtiger Schritt, das beim Dreh entstandene Filmmaterial zu organisieren, wird in diesen Einführungsbänden unterschiedlichen Bereichen zugeordnet und soll hier nur knapp angeführt werden. Unberücksichtigt bzw. in den erwähnten Einführungswerken nachzulesen sind beispielsweise Fragen zu den unterschiedlichen Gattungen neben dem Spiel- und Dokumentarfilm (z. B. Essayfilm, Animationsfilm, vgl. Kreutzer et al. 2014) oder aber Ausführungen über das Schauspiel und die Darstellung (Hickethier 2012; Kreutzer et al. 2014; Sternagel 2017).

Visuelle Analyse: Im Rahmen der visuellen Analyse können Bildinhalt *(mise-en-scène)* und Bildgestaltung *(mise-en-cadre)* in den Blick genommen werden, also sehr einfach formuliert: Was ist zu sehen und in welcher Relation?

Beim Bildinhalt wird die filmästhetische Ausstattung einer Szene beschrieben, also die Auswahl und die Ausgestaltung der Drehorte, ebenso wie die darin agierenden Personen. Durch die Wahl der Umgebung wird dem Zuschauer bereits Zeit und Ort der Filmhandlung angezeigt.

Hinsichtlich der filmischen Bildgestaltung weist Shafik darauf hin, dass eine in der arabischen Welt vorherrschende Bildsprache, die in vielem von der islamisch geprägten Kultur inspiriert war – wie vielfältige Ornamentik und farbenprächtige Miniaturmalerei – nicht auf die Leinwand übertragen wurde. „It is because of Islamic art's distance from reality and its refusal of figurative spatial representation that it is hardly applied in cinema" (Shafik 2016, S. 55). Vielmehr wurde die Bildgestaltung aus dem europäischen Kino übernommen (ebd., S. 50).

Im Rahmen der Bildgestaltung *(mise-en-cadre)* geht es um grundlegende Fragen des Bildausschnitts und der Bildgröße, die von der Kamera bestimmt werden. Die Kamera gibt vor, was wir als Zuschauer sehen und wie das zu Sehende angeordnet ist. Grundsätzlich wird dabei entschieden, was *on-* und *off-screen* ist, also was im Filmbild sichtbar ist und was außerhalb des Bildausschnitts passiert. Was und mit welchen räumlichen Bezügen etwas gesehen wird, ist abhängig von dem gewählten Bildrahmen, dem Blickwinkel, d. h. der Kameraperspektive, sowie von den Einstellungsgrößen. Der Bildrahmen ist der zu sehende Ausschnitt, während die Kameraperspektive entscheidet, welchen Blickwinkel der Zuschauer auf das Geschehen erhält. Hier wird unterschieden zwischen der Normalsicht, wo sich die Kamera auf Augenhöhe der Figuren befindet, der Vogelperspektive oder Obersicht, wo die Kamera von oben auf das Geschehen blickt, und der Froschperspektive bzw. Untersicht, wo die Kamera die Anordnung von unten filmt (Hickethier 2012, S. 60 f.). Mit den Einstellungsgrößen wird eine Relation zwischen den Personen und Objekten innerhalb des Bildrahmens festgelegt. Die Einstellungsgrößen werden in verschiedenen Bezugsgrößen angegeben. Dies reicht von „weit" als Panorama-Aufnahme über „halbtotal", wo der Mensch von Kopf bis Fuß zu sehen ist, bis hin zu „Detail"-Aufnahmen, in denen bestimmte Ausschnitte sehr groß zu sehen sind (vgl. ebd., S. 56 ff.).

Ferner wird berücksichtigt, wie sich die Kamera bewegt (für die Aspekte Schwenk, Zoom, Kamerafahrt etc. vgl. ebd., S. 62). Die spezifische Wirkung entfaltet sich erst im Zusammenspiel zwischen der Bewegung des Objektes (z. B. rennender Mensch) und der Bewegung der Kamera (Kamera begleitet in Kamerafahrt den rennenden Menschen).

Entscheidend für die Schaffung von Raum und Räumlichkeit ist der gezielte Einsatz von Licht. Dabei sind die Lichtmenge und Lichtquelle ebenso ausschlaggebend wie die Lichtrichtung und der Kontrast. Auch der Einsatz von Farben kann hier eine Rolle spielen und untersucht werden.

Hickethier formuliert es folgendermaßen: „Der Kamerablick ist dem kinematografischen Bild eingeschrieben, ohne dass die Kamera selbst im Bild anwesend ist" (2012, S. 55). Dabei bestimmt die Kamera den Ausschnitt und die Perspektive dessen, was wir sehen und ist selbst nie zu sehen. Der Zuschauer hat den Eindruck, sich durch seinen Blick eine filmische Welt zu erschließen, die jedoch zuvor die Kamera geschaffen hat.

Der Kamerablick ist dabei keinesfalls objektiv oder neutral: „Standpunkt, Bildrahmen und Objekt der Abbildung werden also zueinander in ein Verhältnis gesetzt, das Filmbild formuliert damit umgekehrt eine innere Haltung zum Abgebildeten“ (Hickethier 2012, S. 56).

An dieser Stelle soll auf die wichtige und produktive Kritik vor allem seitens feministischer Filmanalyse hingewiesen werden. Hier werden die „Verfahren der Sichtbarmachung als Effekt der Re/Produktion von Machtstrukturen reflektiert“ (Dang 2018, S. 2). Eine Einführung dazu liefert Dang (2018) in ihrem Überblick über feministische Filmanalyse.

Das Musikvideo Mashrou' Leila (Libanon): „Roman" (2017)

In der folgenden Analyse wird der Blick als inszenatorische Größe aufgegriffen. Dies soll mit Hilfe einer bildbasierten Analyse verdeutlicht werden. Die folgenden Bilder sind einem Musikvideo der libanesischen Gruppe Mashrou‘ Leila (Mašrūʿ Laylā) zu dem Song „Roman“ (Rūmān, deutsch ‚die Römer‘) entnommen, das von der Regisseurin Jessy Moussallem inszeniert wurde. Die Band setzt sich auf Arabisch in vielen ihrer Texte kritisch mit den sozialen, kulturellen und politischen Strukturen im Libanon auseinander und thematisiert oft gender-relevante Fragen. Im Lied „Roman“ wird das Aufbegehren gegen die Römer, die das patriarchale System repräsentieren, thematisiert. In dem zu dem Lied produzierten Video sind einerseits die männlichen Bandmitglieder zu sehen, von denen einer auch als Sänger des Texts fungiert, und andererseits eine große Gruppe von Frauen, die eine eigene Interpretation zu dem Liedtext als Tänzerinnen verkörpern. Neben der Choreografie ist in dem Video die Blickstruktur und Blickrichtungen von großer Bedeutung.

In Abb. 6.1 ist die Protagonistin am Anfang des Videos (0:48) in einer Nahaufnahme zu sehen. Die Position der Kamera ist leicht unterhalb der Augenhöhe der Protagonistin. Das hat zur Folge, dass sie eher von oben auf die Kamera und uns Zuschauer/innen blickt. Es ist der erste und einer der wenigen Momente in dem Video, wo jemand direkt in die Kamera blickt und uns herausfordert. Auch zuvor gibt es Nahaufnahmen; der Sänger blickt aber außerhalb des Bildes und die Gruppe von Frauen, die von der Kameraführung aufgefordert werden, direkt hineinzusehen, verwehren dies der Kamera. Außerdem fällt auf, dass Einzelaufnahmen der Frauen oftmals in einer Untersicht aufgenommen sind, d. h. die Frauen ‚stehen über den Dingen‘ und blicken in die Kamera hinab.

Abb. 6.2 ist eine Panorama-Aufnahme kurz vor Ende des Videos (3:48). Der Bildraum ist durch die Architektur des Gebäudes strukturiert und wird in fünf gleichgroße Segmente unterteilt. Eine Erhebung markiert die Bildmitte. Die Protagonist/innen sind halbkreisförmig angeordnet und sind von hinten sichtbar. Zu sehen sind die vier männlichen Bandmitglieder und

Abb. 6.1 Standbild (0:48) aus dem Video Roman von Mashrou‘ Leila (Jessy Moussallem 2017)

Abb. 6.2 Standbild (3:48) aus dem Video Roman von Mashrou‘ Leila (Jessy Moussallem 2017)

die Protagonistin der Erzählung im Video, die in dem mittleren der fünf Segmente steht. Wenngleich dies eine Panorama-Aufnahme ist und die Gesichter nicht zu erkennen sind, weist der Bildaufbau sehr direkt auf die Blickrichtung der Protagonist/innen hin, nämlich auf das vor ihnen liegende Meer, das sich bis zum Horizont erstreckt und das Bild horizontal in zwei Hälften teilt. Die Bildanordnung ermöglicht, dass alle in verschiedene Richtungen blicken und zugleich alle auf den Horizont, den das Meer und der Himmel bildet. Möglicherweise blicken alle Protagonist/innen hoffnungsvoll, fordernd in die Zukunft, die aber nicht für alle die gleiche ist. Hinsichtlich der Positionalität des Kamerablicks äußern sich die Bandmitglieder in einem zu dem Video verfassten Statement, in dem es u. a. heißt: „The video purposefully attempts to revert the position of the (male) musicians as the heroes of the narrative, not only by subjecting them to the (female) gaze of the director, but also by representing them as individuals who (literally) take the backseat as the coalition moves forward" (Einfügungen im Original, https://www.youtube.com/watch?v=NF__cpsDmZk, Zugriff: 4.11.2019). Die Kameraführung wurde also bewusst eingesetzt, um die Frauen als Handelnde in den Mittelpunkt zu rücken.

Montage: Die bis jetzt angeführten Kategorien der Bildgestaltung bestimmen die Gestaltung bereits bei den Dreharbeiten. Erst durch den Schritt der Montage, die im Anschluss an die Dreharbeiten stattfindet, wird aus dem vorhandenen Material eine zeitliche und räumliche Kontinuität der zu erzählenden Geschichte hergestellt. Das betrifft ebenso den Bereich des Auditiven, wo es zumeist darum geht, Synchronität zwischen der Bild- und Tonebene herzustellen, oder aber die Bildebene, um die akustische Ebene zu ergänzen. Und ebenso wird die Narration durch die Zusammensetzung des Materials in der Montage vorangetrieben. Das bestimmende Montagemodell ist das des *continuity editing,* was es erlaubt, den Film als eine kontinuierliche, kohärente Entwicklung von Ereignissen wahrzunehmen. „Die Mehrzahl der Spielfilme erzeugt also eine Diegese, eine fiktionale Welt, welche die Zuschauer für den Verlauf des Films als kohärent wahrnehmen" (Fahle 2017, S. 3).

Auditive Analyse: Erst durch das Hinzufügen des Tons erhält der Film die bei den Zuschauern etablierte Wirklichkeitsillusion. Der Ton spielt bei den Dreharbeiten, aber auch bei der Montage eine wichtige Rolle. Im Rahmen der Montage wird der Ton mit dem Geschehen synchronisiert, um einen ein- und ganzheitlichen Wahrnehmungsraum zu schaffen. Der Ton dient aber auch „der Steigerung der medial geschaffenen Welt, indem [er] Bilder akustisch überhöht und damit intensiviert" (Hickethier 2012, S. 93). Ferner schafft der Ton Übergänge. Ebenso wie auf der Bildebene wird auch auf der Tonebene zwischen *on-* und *off-screen* differenziert, bzw. synchron, wenn die Tonquelle im Bild zu sehen ist, und asynchron, wenn sie außerhalb der Bildebene zu lokalisieren ist. Auf der Analyseebene werden drei Tonquellen unterschieden: Geräusche, Musik und Sprache. Geräusche akzentuieren den Wirklichkeitseindruck von Bildern, können aber auch einen symbolischen Charakter als ‚Hinweis auf etwas' haben. Musik als Soundtrack wird auch als eigenständige Mitteilungsebene verstanden, darüber hinaus erzeugt Musik Affekte und Emotionen und begleitet Themen und Figuren (ebd., S. 93 ff.).

Sprache im Film kann aus vielen Perspektiven betrachtet werden. War Sprache in Schriftform im Stummfilm vor allem organisatorischer Natur – als Einblendungen, die einen Zeitensprung oder einen bestimmten Ort angaben –, so gehen Sprache und Bild im Film eine wichtige Wechselbeziehung ein. Das Bild unterstützt Assoziationen und Stimmungen, während Sprache konkretisiert und präzisiert bzw. das im Bild Nicht-Zeigbare ausdrückt. Dabei können sich Sprache und Bild gegenseitig unterstützen, aber auch widersprüchliche Aussagen treffen (Hickethier 2012, S. 99 ff.). Ebenso kann die Sprechweise der Figuren thematisiert werden: Wer redet laut und leise? Wer spricht mit Akzent? Wer schweigt? Ferner kann unter dem Aspekt der Sprache auch die Synchronisierung und/oder Übersetzung in Form von Untertiteln besprochen werden. Dies ist beispielsweise ein wichtiger Motor, um Filmen internationale Bekanntheit zu verschaffen. Dazu liegt bisher innerhalb der Filmwissenschaft wenig Forschungsliteratur vor, wenngleich es sich aus regionalwissenschaftlicher Perspektive um ein wichtiges Themenfeld handelt (vgl. Di Giovanni 2016, die sich mit der Übersetzung von Disney-Produktionen ins Arabische auseinandersetzt oder Elias Muhanna (2014) mit der Arbeit „Translating Frozen into Arabic").

Beispiel: Die Serie *Homeland* (USA 2011–2018)

Nicht nur in Stummfilmen ist eingeblendete Schrift von zentraler Bedeutung. Gerade vor dem Hintergrund von Filmproduktionen, deren Handlungen in der arabischen Welt spielen, aber mitunter anderswo gedreht wurden, ergeben sich wichtige Fragestellungen, wie z. B.: Welche Rolle spielt Sprache, Akustik, Geräusche und Ton, um Menschen und Räume zu markieren? Als Beispiel soll die vielfach preisgekrönte US-amerikanische Fernsehserie *Homeland* dienen. *Homeland* ist ein Agententhriller und beruht auf der israelischen Serie *Hatufim – In der Hand des Feindes.* Im Mittelpunkt steht eine US-amerikanische Geheimagentin, die sich weltweit für die Verteidigung und Sicherheit der USA einsetzt. Dies geschieht vor dem historischen Hintergrund des von der US-Regierung geführten Kriegs gegen den Terror, wobei Themen wie islamistischer Terror, Schläferzellen etc. aufgegriffen werden.

Im Mittelpunkt der Analyse steht eine künstlerische Intervention im Umgang mit Sprache im Rahmen der 5. Staffel. Die 5. Staffel wurde maßgeblich in Berlin, Potsdam und auf dem Gelände der Filmstudios in Babelsberg gedreht. Neben dem Schauplatz Berlin spielt sie in Syrien und anderen Ländern der Region. Der Regisseur von *Homeland* legte bei der Ausgestaltung und Ausstattung für Szenen, die in Syrien und libanesischen Flüchtlingscamps spielten, große Aufmerksamkeit auf die Beschriftung der

Straßenzüge und Fassaden. Um Authentizität zu schaffen, wurden extra arabischsprachige Künstler/innen angestellt, die die Schriftzüge und Graffiti an den Häuserwänden etc. gestalten sollten.
Die angefragten Künstler/innen, Heba Amin, Caram Kapp und Don Karl a.k.a. Stone, die sich bereits vor der Anfrage kritisch mit der Repräsentation der arabisch-islamischen Welt in dieser Serie auseinandergesetzt hatten, sagten zu. „It was our moment to make our point by subverting the message using the show itself", formulieren sie in einem von ihnen verfassten Statement (Amin 2015).
Zuvor beschreiben sie mit deutlichen Worten, dass sie die US-amerikanische Serie „Homeland" für die undifferenzierte und sehr tendenziöse Darstellung von arabischen, pakistanischen und afghanischen Menschen kritisieren (zu dieser Thematik s. auch Kap. 11). „‚Homeland' has maintained the dichotomy of the photogenic, mainly white mostly American protector versus the evil and backwards Muslim threat."
Die Künstler/innen übernahmen die Fremdbezeichnungen des Drehteams, nämlich „Arabian Street Artists" als Eigenbezeichnung und machten sich an die Arbeit. Sie verzierten und beschrieben Wände mit arabischen Graffiti. Diese enthielten jedoch direkte politische Aussagen über *Homeland* oder aber auch humorvollen Äußerungen, wie „*al-waṭan ʿunṣurī*" (‚Homeland ist rassistisch'), „*al-waṭan miš musalsal*" (‚Heimat ist keine Fernsehserie') oder aber „*ḥurriyya nāw in 3D*" (‚Freiheit jetzt in 3D'). Alle Graffiti sind auf der Webseite von Heba Amin zu finden. Die Graffiti wurden im Rahmen der 5. Staffel als Kulisse ausgestrahlt.
Aus arabistischer Perspektive ergeben sich weitere Fragen hinsichtlich der Repräsentation von Menschen und Orten aus der arabischen Welt. Ganz grundsätzlich kann gefragt werden: Wie werden diese in Szene gesetzt? Aber auch mit Blick auf Ton und Sprache können weitere Fragen formuliert werden: Welche Sprache sprechen arabische Figuren im Original und dann in der Synchronisierung? Englisch mit starkem arabischen Akzent oder Englisch auf muttersprachlichem Niveau? Wie ist die Geräuschkulisse bei den Aufnahmen, die in arabischen Ländern spielen? Welche Musik wird eingesetzt, um die arabische und islamische Welt zu markieren?

Narrative Analyse: Film ist ein narratives Medium. Das bezieht sich vor allem auf fiktionale Spielfilme, aber auch nichtfiktionale Formen wie Dokumentarfilme und Werbefilme weisen Erzählstrukturen auf. Ein weites Verständnis von Narration bedeutet auf der Ebene des Dargestellten die Veränderung eines Zustands (Kuhn 2019, S. 2). Diese Veränderung wird im Film einerseits durch die Abfolge von bewegten Bildern umgesetzt – im Gegensatz zu dem Bild als Repräsentation eines Zustands. Andererseits werden die Zustandsveränderungen durch den Montageprozess geschärft. Oft orientiert sich das Vorgehen und

Vokabular einer filmischen Narrationsanalyse an der Literaturwissenschaft. So wird beispielweise auch zwischen dem Dargestellten (*histoire, story* oder Geschichte) und der Darstellung (*discours, plot* oder Erzählung) unterschieden (s. Kap. 2).

Es wird hier der Fokus auf die Besonderheiten filmischer Narratologie gelegt. Die Besonderheiten bestehen darin, dass auf visueller, auditiver und sprachlicher Ebene erzählt werden kann. Hinsichtlich der visuellen Aspekte steht die Kamera als vermittelnde, meist unsichtbare Instanz im Zentrum, die festlegt, welche Ausschnitte aus welcher Perspektive zu sehen sind. Die Rolle der Kamera wird in der Filmwissenschaft mit einem fiktiven Erzähler in narrativen Texten verglichen, d. h. der Zuschauer wird nicht direkt mit dem Geschehen konfrontiert, sondern „über eine perspektivierende, selektierende, akzentuierende und gliedernde" Instanz, nämlich der Kamera (Pfister 2001, S. 48). So geschieht das visuelle Erzählen maßgeblich über die Kamera, die Montage und die *mise-en-scène*. Ebenso weist die sprachliche Ebene eigene Narrationsstrukturen auf. Auch die auditive Ebene kann narrativ strukturiert sein, unterstützt aber oftmals die Narration des Films.

Instanzenmodell: Vor diesem Hintergrund schlägt Kuhn (2019) für die Analyse ein Instanzenmodell vor. Das Modell unterscheidet zwischen mindestens einer (audio-)visuellen narrativen Instanz (der Kamera) und einer oder mehreren fakultativen sprachlichen Erzählinstanzen. Für den Film ist festzuhalten, dass er ohne sprachliche Erzählinstanzen auskommen kann (z. B. Stummfilme), aber nicht ohne visuelle Instanz.

Beide Instanzen können auf unterschiedliche Weise zusammenwirken. In beiden Fällen wird die Erzählinstanz hinsichtlich des Bezugs zur erzählten Welt (Diegese) unterschieden. Ist die Erzählinstanz innerhalb der erzählten Filmwelt platziert, so ist sie intradiegetisch, ist sie außerhalb angesiedelt, dann extradiegetisch. Im Zusammenspiel beider gibt es keine feststehenden Relationen, die visuelle Erzählinstanz kann unzuverlässig sein und durch die sprachliche entlarvt werden und andersherum.

Fokalisierung: Vor diesem Hintergrund ist interessant, wie die Fokalisierung, also das Verhältnis des Wissens der Figuren zu dem Wissen des Erzählers, im Film umgesetzt werden kann. Die Konzepte aus der Literaturwissenschaft werden hier für die sprachliche Ebene übernommen und auf die visuelle und auditive übertragen (s. Kap. 2, Abschn. 2.2.2). Während Null-Fokalisierung bedeutet, dass die Erzählinstanz mehr als die Figuren weiß, verweist die interne Fokalisierung darauf, dass ähnliches Wissen zur Verfügung steht, und das Konzept der externen Fokalisierung, dass die Figur mehr als die Erzählinstanz weiß. Am häufigsten kommt im Mainstreamkino die Null-Fokalisierung vor, vor allem aus Gründen der Erzählökonomie, nämlich in einer begrenzten Zeit einen Spannungsbogen aufzubauen und zu lösen.

Okularisierung: Diese Einteilung wird dann auf das Visuelle übertragen.

- Die Nullokularisierung, als Normalfall, liegt vor, wenn alle Figuren zu sehen sind.
- Interne Okularisierung bedeutet, dass das zu Sehende an die Wahrnehmung einer Figur gebunden ist.
- Eine externe Okularisierung liegt vor, wenn eine Figur mehr als die visuelle Erzählinstanz sieht (siehe auch Nullaurikularisierung, interne Aurikularisierung und externe Aurikularisierung; Kuhn 2019).

Analyse der Zeit: Auch hinsichtlich der Analyse der Zeitstruktur wird auf die Literaturwissenschaft (v. a. auf Gérard Genette) zurückgegriffen und für die Filmwissenschaft die Kategorien Ordnung, Dauer und Frequenz übertragen. Sowohl auf sprachlicher als auch auf visueller Ebene geht es um die Realisierung und Markierung von dargestellter Zeit und Darstellungszeit, nur, dass der Film nicht auf ein Präteritum der gesprochenen Sprache zurückgreifen kann, aber über Flashbacks oder Rückblenden bzw. Flashforwards und Vorausblende verfügt (Kuhn 2019).

Beispiel: *The Leopard/al-Fahd* (Syrien 1972) von Nabil Maleh

Malehs erster großer Filmerfolg erzählt die fiktionalisierte Geschichte von Abu Ali al-Shahin, einem syrischen Rebellen der 1940er Jahre, nach einer Romanvorlage von Haydar Haydar. Der Film, der dem sozialen Realismus zugerechnet wird, spielt im Jahr 1946: Die französischen Truppen werden aus Syrien abgezogen, aber Abu Ali, der im Widerstand gegen die Kolonialherren gekämpft hat, muss feststellen, dass sich das Los der Landbevölkerung mit dem Abzug der Franzosen wenig gebessert hat. Die Landbesitzer verlangen Pachtzinsen, die die Bauern nach einer schlechten Ernte kaum bezahlen können, die syrische Armee hilft ihnen, die Zinsen einzutreiben. Abu Ali entschließt sich, zurück in die Berge zu gehen, und auf eigene Faust seinen Guerilla-Kampf gegen die neuen Herren fortzusetzen.
Um sich die Verschränkung der visuellen, auditiven und sprachlichen Erzählebenen vor Augen zu führen, eignet sich eine Sequenz am Anfang des Films (Minute 9:19 bis etwa 10:24), in der Abu Ali von den Soldaten gefangengenommen und geschlagen wird. Auf visueller Ebene folgt auf die Bilder von Soldaten, die mit Gewehrkolben auf den am Boden liegenden Abu Ali einschlagen, ein Flashback zu den Freudentänzen, mit denen die Dorfbevölkerung die Unabhängigkeit von Frankreich feierte. Zwischen den beiden Szenen wird mehrfach hin und her geschnitten. Auf auditiver Ebene wechseln die Geräusche der Schläge mit dem rhythmischen Stampfen des Tanzes ab, unterstützen insofern die visuelle Erzählung. Gleichzeitig ist

über die Schnitte hinweg Musik zu hören, deren Rhythmus sich in den Schlägen der Gewehrkolben und den Tanzbewegungen spiegelt, und so einen Bezug zwischen den beiden visuellen Erzählungen, die auf unterschiedlichen Zeitebenen angesiedelt sind, herstellt. Auf der sprachlichen Ebene, im Text des Liedes, findet sich die dritte Erzählung: Im Lied wird die Unabhängigkeit von den Kolonialherren, das Ende der Tyrannei und die nationale Armee besungen. Zusammengenommen erzählt diese Filmsequenz von den enttäuschten Hoffnungen des Freiheitskampfs und der Kluft zwischen revolutionärer Rhetorik und sozialer Realität, in der die Armee den Interessen der Landbesitzer dient.

6.2.2 Filmanalyse im Kontext

Analyse nicht-fiktionaler Filmformen: Gerade vor dem Hintergrund des *documentary turns* in den Film-, aber auch Theater- und Literaturwissenschaften ist eine Beschreibung des Dokumentarischen bedeutsam. Diese findet oftmals in Abgrenzung zum Fiktionalen statt. Die Unterscheidung zwischen fiktional und nicht-fiktional als zwei verschiedene Modi des Filmischen ist alles andere als trivial, da sich beides gleichermaßen filmischer Mittel der Montage, verschiedener Kameraperspektiven, Einsatz von Musik etc. bedient und es viele Mischformen gibt. Unter ‚nicht-fiktional' wird meist dokumentarisch verstanden, aber auch andere Formen, wie der Unterrichts-, Industrie- und Familienfilm zählen dazu (Zimmermann 2017).

Filmwissenschaftlich wurde immer wieder versucht, Kriterien für die Bestimmung und Beschreibung von Dokumentarfilmen zu entwerfen. Für eine erste Abgrenzung des Dokumentarfilms kann auf eine Typologie von Bill Nichols (2010), einem wichtigen Dokumentarfilm-Theoretiker, zurückgegriffen werden. Auf Grundlage des Verhältnisses von der filmischen Darstellung zur vorfilmischen Realität unterscheidet er sechs verschiedene Arten:

1. Expositorisch sind die Filme, die von einer allwissenden, ‚objektiven' Narration getragen werden.
2. Beobachtend sind die Filme, die es aufgrund technischer Entwicklungen ermöglichen, ohne große, aufwendige Kameratechnik das Geschehen zu beobachten.
3. Die partizipative Art und Weise wird vor allem durch Interviews erzeugt, während
4. reflexive Filme den Fokus auf das Wechselverhältnis von filmischer Repräsentation und Wirklichkeit legen. Ferner zählt er
5. den poetischen Modus auf, der versucht, über lyrische Bilder vor allem Stimmungen zu erzeugen und
6. unterstreicht der performative Modus das subjektive Engagement des Filmemachers (Zimmermann 2017, S. 3 f.).

Andere Ansätze versuchen, den Gegenstandsbereich des Dokumentarischen über die Funktionen und die Absicht von filmischen Texten zu bestimmen. Michael Renov (1993) unterscheidet Filme, die enthüllen oder bewahren, die überzeugen oder anpreisen, die analysieren oder hinterfragen und die ausdrücken.

Die Arbeiten Roland Barthes', der auf das indexikalische Verhältnis zwischen Bild und Gegenstand verweist sind eine weitere wichtige Referenz in diesem Zusammenhang. Nach Barthes (1985) verweist das Bild auf den Gegenstand, und zwar insofern, als sich der Gegenstand, das Objekt oder die Person vor der Kamera befunden haben muss. Die Dokumentation behauptet zumindest ein direktes Referenzverhältnis zur Wirklichkeit, wobei das Dokumentarische nie als Abbild der Realität begriffen wird, sondern als Diskurs darüber. Auch Dokumentarfilmer/innen greifen in ihr Material ein, organisieren und inszenieren es, um es zum Sprechen zu bringen. „Fiktionales und dokumentarisches Erzählen bilden kulturelle Konventionen und sind deshalb veränderbar; sie können auch als ‚Stilmittel' und damit als kalkulierbare ästhetische Strategien jeweils anders eingesetzt werden" (Hickethier 2012, S. 187).

Aus diesen Gründen und aufgrund der Abkehr von dem Versuch, das Dokumentarische über bestimmte filmimmanente Eigenschaften und Funktionen essentialistisch zu fassen, wird heute die Ansicht vertreten, dass sich der Effekt eines Dokumentarfilms erst aus einem spezifischen Lektüremodus, der grundsätzlich auch auf andere Filme angewendet werden kann, ergibt. Hattendorf (1999, S. 311) spricht von einem „Wahrnehmungsvertrag", der mit dem jeweiligen Film zu schließen ist, Dirk Eitzen (1998) vom Dokumentarischen als Rezeptionsmodus. Neueren Arbeiten liegt ein (semio-)pragmatischer Ansatz zugrunde, der das Zusammenspiel von Filmtext (semiotische Ebene) und para- und kontextuellen Faktoren (pragmatische Ebene) untersucht (Kessler 1998). „Deshalb versucht die Pragmatik zumindest Bedingungen herauszuarbeiten, unter welchen ein Film für den Zuschauer als dokumentarischer *funktioniert*" (ebd., S. 66, Herv. im Original). Das meint einerseits Faktoren wie Filmplakate und Rezensionen, aber auch die „pragmatischen Zusammenhänge von filmischer Form und konkretem Ort der Aufführung" (Zimmermann 2017, S. 10). Diese Öffnung zum Aufführungsort wird einerseits durch die Vervielfältigung der Seh-Orte von Filmen im Kontext der Digitalisierung, die eben nicht mehr nur im Kino zu sehen sind, und andererseits durch weitere nicht-fiktionale Filmformate außerhalb des kommerziellen Kinos angestoßen, die nie im Kino zu sehen waren (z. B. Filme von Familienfeiern, Unterrichtsfilme, Industriefilme etc.).

Gerade beim Umgang mit nicht-fiktionalen Filmen zeigt sich, dass eine allein filmimmanente Lesart unzureichend ist. Deshalb wird hier vor allem ein medienarchäologischer Zugang vorgeschlagen, d. h. „Filme im Verbund mit anderen Medien [zu] betrachten und die vielfältigen Präsenzen, Interdependenzen und Nutzungen nicht-fiktionaler Formen im Kino sowie in erweiterten institutionellen Kontexten wie der Wirtschaft, der Schule, der Familie, der Wissenschaft und des Militärs [zu] erforschen" (Zimmermann 2017, S. 11). Zimmermann verweist in diesem Zusammenhang auf die drei „A"s von Thomas Elsaesser (2007), d. h. in der Analyse die Filme nach dem Auftraggeber, dem Anlass und der Anwendung bzw. den Adressaten zu befragen. Dieser medienarchäologische Zugang öffnet auch die Analyse für den Kontext bei fiktionalen Filmen.

Beispiel: Dokumentarfilm *Art War* (2014) von Marco Wilms

In der folgenden (semio-)pragmatischen Analyse steht der Dokumentarfilm *Art War* im Mittelpunkt. In Rückgriff auf die Diskussion, was Dokumentarfilme überhaupt ausmacht, wird eine kurze filmimmanente Beschreibung vorangestellt. Diese soll verdeutlichen, dass sich Dokumentarfilme der gleichen filmischen Komponenten bedienen wie fiktionale Filme. Daraus folgt, dass es erst der Rezeptionsmodus ‚Dokumentarfilm' ermöglicht, Dokumentarfilme als solche zu sehen. Dabei wird deutlich, dass neben einer inhaltlichen Auseinandersetzung para- und kontextuelle Faktoren berücksichtigt werden müssen. Dazu wird kurz auf das Filmplakat und auf eine Aufführung des Films verwiesen.

Aus filmimmanenter Perspektive besitzt der Film eine Erzählstimme, die einen arabischen Akzent aufweist und in ihrer Tonalität stark an ‚arabische Märchenerzähler' erinnert. Dieser Erzähler verweist vor dem Bildhintergrund der Pyramiden auf die jahrtausendealte Geschichte Ägyptens. Dies ähnelt sehr einem Märchen. Die Protagonisten sind ähnlich wie in einem Spielfilm sorgfältig ausgewählt worden und folgen einer gezielten Narration. Hieran zeigt sich, dass auch der Dokumentarfilm erzählt. Zudem ist das Material in der Montage so zusammengeschnitten worden, dass die Erzählung chronologisch linear wiedergegeben werden kann. Ganz wie in Spielfilmen wird eine durch die Montage hergestellte Kontinuität vermittelt.

Zu den paratextuellen Elementen des Films gehören z. B. der Filmtitel, das Filmplakat (Abb. 6.3), der Trailer. Diese gehören nicht unmittelbar zu dem Film, enthalten aber zusätzliche Informationen über den Film, die z. B. auch einen bestimmten Rezeptionsmodus vorgeben können. Grundsätzlich können Form und Inhalt beispielsweise des Filmplakates genauer untersucht werden. So verweist das Filmplakat von *Art War* zwar nicht direkt auf einen Dokumentarfilm, gibt aber wohl Aufschlüsse auf die inhaltliche Positionierung des Films. Als Text ist auf dem Plakat Folgendes zu lesen: „Art War, ein Film von Marco Wilms. Ägyptische Künstler retten ihre Revolution vor dem Untergang".

Im Folgenden soll nun kurz der Kontext einer Filmvorführung von *Art War,* am 14.10.2019 in einem Marburger Kino mit der Anwesenheit des Filmemachers, Marco Wilms, angerissen werden. Der Film wurde im Rahmen einer Dokumentarfilmreihe an der Universität Marburg im Wintersemester 2019/2020 gezeigt. Auf dieser Grundlage konnte ein „Wahrnehmungsvertrag" im Sinn von Hattendorf (1999) mit dem Film als Dokumentarfilm geschlossen werden. Im anschließenden Filmgespräch wurde die Frage nach dem filmischen Format direkt angesprochen und der Regisseur betonte, dass es sich aus seiner Sicht um eine Dokumentation handelt.

Abb. 6.3 Filmplakat „Art War“ (Marco Wilms. Deutschland 2014)

Es wird deutlich, dass allein filmimmanente Aspekte nicht ausreichend sind, um Dokumentarfilme als solche zu beschreiben. Im vorliegenden Fall gibt auch das Filmplakat nicht direkt Aufschluss über den Filmmodus. Die Kontextualisierung im Rahmen einer Dokumentarfilmreihe sowie die Inszenierung des Regisseurs als Dokumentarfilmer im anschließenden Publikumsgespräch verweisen auf einen dokumentarischen Modus.

Filmanalyse und Cultural Studies: Im Rahmen der Cultural Studies wird hervorgehoben, dass Film ebenso wie andere Kunst- und Alltagsformen im Kontext gesellschaftlicher, politischer und ökonomischer Praktiken entsteht. Der Film ist Teil eines Kreislaufs, der sich aus den Komponenten der Distribution, rechtlichen Regulation, Identität, Repräsentation und Aneignung zusammensetzt (s. Kap. 7 zum Kulturkreislauf im Rahmen der Cultural Studies). Dabei wird ein Schwerpunkt der Arbeiten der Cultural Studies auf die Rezeption des Films gelegt. Im Fokus stehen hier nicht filmimmanente Strukturen und Aussagen, sondern das ideologiekritische Potential individueller Lesarten des Films (vgl. dazu Nagl 2018). Ferner wird im Rahmen der Cultural Studies die Frage gestellt, was filmanalytisch betrachtet werden kann. Neben den Film treten andere populärkulturelle Formen (z. B. Serien, Nachrichtensendungen), die wissenschaftliche Beachtung finden.

Folgende Fragen können sich aus einem kritischen Zugang im Kontext der Cultural Studies ergeben: Wer finanziert Filmproduktionen und wer verdient daran? Wer hat überhaupt Zugang zu bestimmten Drehorten und einer Dreherlaubnis? Wer hat Zugang zu Kinos oder viel grundsätzlicher: Wo überhaupt wird der Film gesehen? Welche Filme laufen in den Kinos? Und auch bei Filmen kann ähnlich wie im Literaturkapitel gefragt werden: Welche Rollen spielen Festivals und Preise hinsichtlich von Popularität, Sehgewohnheiten und finanziellem Erfolg? Wie wird der gleiche Film von unterschiedlichen Rezipient/innen mit Blick auf

Alter, Geschlecht, Schicht, Bildung und deren intersektionalen Ausprägungen gesehen und angeeignet? Wie werden Mehrheiten und Minderheiten im Film repräsentiert?

Beispiel: Die Fernsehserie *Bāb al-Hāra* (Syrien 2006–2019)

Die Fernsehserie *Bāb al-Ḥāra,* von der zwischen 2006 und 2019 zehn Staffeln von je 30 Folgen ausgestrahlt wurden, ist eine der bekanntesten Fernsehserien der arabischen Welt. Sie ist ein Beispiel für das Genre der *musalsalāt,* das seit den 1990er Jahren im gesamten arabischen Raum populär ist. Diese Serien werden für den Fastenmonat Ramadan produziert, täglich wird eine Folge ausgestrahlt. Sie werden auch als Ramadan-Soaps bezeichnet. Syrien wurde in den 1990er Jahren zu einem Zentrum der Produktion solcher Serien, was zum einen an der Öffnung des Markts für private Investoren, die ein kommerzielles Interesse an diesen Serien hatten, lag, und zum anderen daran, dass diese Serien auch von Seiten des Regimes erwünscht waren.

Bāb al-Ḥāra ist lediglich das bekannteste Beispiel eines ganzen Sub-Genres von Serien, die unter dem Begriff *al-bīʾa aš-šāmiyya* (‚Damaszener Milieu') firmieren (Al-Ghazzi 2013). Schauplatz dieser Serien ist ein reales oder fiktives Viertel (*ḥāra*) der Altstadt von Damaskus, die Zeit der Handlung das späte 19. oder frühe 20. Jh., also die Zeit der osmanischen, respektive der französischen Besatzung. Inhaltlich geht es um das Alltagsleben und die Konflikte der Bewohner des Viertels, ihr Verhältnis zu den anderen Vierteln und zur französischen Kolonialmacht.

Für eine Analyse dieser Serien bietet sich eine Vielzahl von Ansatzpunkten. In der Forschungsliteratur steht zumeist eine kultursoziologische Perspektive im Vordergrund, die sich mit der Rolle solcher Fernsehserien im konkreten politischen und gesellschaftlichen Zusammenhang beschäftigen. Aufgrund der hohen Zuschauerzahlen wurden *musalsalāt* in der Vergangenheit als wichtiges Element in der Konstruktion nationaler Identität – im Sinn von Benedict Andersons Nation als *imagined community* – betrachtet (vgl. zu ägyptischen Serien Abu-Lughod 2009). Al-Ghazzi etwa sieht die Serie als eine nostalgische Verklärung des Viertels, das dadurch zu einer Art Utopie der syrischen Gesellschaft wird, die mit den Interessen des Regimes in Einklang steht. Ein wichtiges Element ist dabei die Betonung des starken gesellschaftlichen Zusammenhalts über alle religiösen und Standesgrenzen hinweg angesichts der Bedrohung von außen – sei es in Form der kolonialen Besatzer oder der Bewohner anderer Stadtviertel. Ein weiteres Element ist die Darstellung des Anführers der *ḥāra* als einer maskulinen, starken, weisen, gerechten und vor allem unumstrittenen Führerfigur.

Christa Salamandra (1998) hingegen, die über die in den frühen 1990er Jahren entstandenen Serien schreibt, sieht die Rolle der *musalsalāt* gerade

nicht in der Entwicklung einer nationalen Identität, sondern in der Herausbildung sub-nationaler Identitäten. So sei die Darstellung einer Damaszener Identität in Abgrenzung zu anderen Teilen des Landes ebenso wie Minderheiten eine wichtige Frage in der Rezeption dieser Serien.
Wie so häufig bei Werken, die in den Bereich der Populärkultur fallen, gibt es bisher kaum Forschung, die sich auf ästhetischer und formaler Ebene ausführlicher mit diesen Serien auseinandersetzt. Interessant wären zum Beispiel die Dramaturgie und die narrative Struktur, über die im Bereich der europäischen und amerikanischen Medien- und Filmwissenschaft viel geforscht wird.

Literatur

Abu-Lughod, Lila: *Dramas of Nationhood. The Politics of Television in Egypt*. Chicago 2009. Online verfügbar unter https://search.ebscohost.com/login.aspx?direct=true&scope=site&db=nlebk&db=nlabk&AN=298783.

Al-Ghazzi, Omar: „Nation as neighborhood. How Bab al-Hara dramatized Syrian identity". In: *Media, Culture & Society* 35/5 (2013), 586–601. DOI: https://doi.org/10.1177/0163443713485493.

Amin, Heba: „Arabian Street Artists bomb Homeland. Why we hacked an Award-winning Series (2015), https://www.hebaamin.com/arabian-street-artists-bomb-homeland-why-we-hacked-an-award-winning-series (11.12.2020).

Barthes, Roland: *Die helle Kammer. Bemerkungen zur Photographie*. Frankfurt a. M. 1985.

Aumont, Jacques/Marie, Michel: *L'analyse des films*. Paris 2015.

Bienk, Alice: *Filmsprache: Einführung in die interaktive Filmanalyse*. Marburg 2019.

Dang, Sarah-Mai: „Feministische Filmanalyse". In: Malte Hagener/Volker Pantenburg (Hg.): *Handbuch Filmanalyse*. Wiesbaden 2018, https://doi.org/10.1007/978-3-658-13352-8_16-1.

Di Giovanni, Elena: „Dubbing and Redubbing Animation: Disney in the Arab World". In: *Altre Modernità*, Feb. 2016, 92–106. https://doi.org/10.13130/2035-7680/6850.

Eickhof, Ilka: „All that is Banned is Desired: 'Rebel Documentaries' and the Representation of Egyptian Revolutionaries". In: *Middle East - Topics & Arguments* 6 (2016), 13–22. DOI: https://doi.org/10.17192/meta.2016.6.3801.

Eitzen, Dirk: „Wann ist ein Dokumentarfilm? Der Dokumentarfilm als Rezeptionsmodus". In: *montage/av* 2 (1998), 13–44.

Elsaesser, Thomas: „Archive und Archäologien: Der Ort des nicht-fiktionalen Films im Feld der zeitgenössischen Medien". In: Vinzenz Hediger/Patrick Vonderau (Hg.): *Filmische Mittel, industrielle Zwecke: Das Werk des Industriefilms*. Berlin 2007, 34–53.

Fahle, Oliver: „Montage". In: Malte Hagener/Volker Pantenburg (Hg.): *Handbuch Filmanalyse*. Wiesbaden 2017, https://doi.org/10.1007/978-3-658-13352-8_4-1.

Fasshauer, Lotte: „Zwischen Hier und Anderswo: Über Ghassan Salhabs Beirut-Filme". In: Miranda Jakiša/Andreas Pflitsch (Hg.): *Jugoslawien – Libanon. Verhandlung von Zugehörigkeit in den Künsten fragmentierter Kulturen*. Berlin 2012, 166–184.

Gugler, Josef (Hg.): *Film in the Middle East and North Africa. Creative dissidence*. Austin 2011.

Gugler, Josef (Hg.): *Ten Arab filmmakers. Political dissent and social critique*. Bloomington 2015.

Hagener, Malte: „Geschichte der filmanalytischen Standardwerke". In: Malte Hagener/Volker Pantenburg (Hg.): *Handbuch Filmanalyse*. Wiesbaden 2017, https://doi.org/10.1007/978-3-658-13352-8_29-1.

Hattendorf, Manfred: *Dokumentarfilm und Authentizität. Ästhetik und Pragmatik*. Konstanz 1999.
Hickethier, Knut: *Film- und Fernsehanalyse*. Stuttgart 2012.
Hillauer, Rebecca: *Encyclopedia of Arab Women Filmmakers*. Kairo 2005.
Kammerer, Dietmar: „Qualitative Verfahren der Filmanalyse". In: Malte Hagener/Volker Pantenburg (Hg.): *Handbuch Filmanalyse*. Wiesbaden 2017, https://doi.org/10.1007/978-3-658-13352-8_26-1.
Kessler, Frank: „Fakt oder Fiktion? Zum pragmatischen Status dokumentarischer Bilder". In: *montage/av* 2 (1998), 63–78.
Korte, Helmut: *Einführung in die systematische Filmanalyse. Ein Arbeitsbuch*. Berlin 2010.
Kreutzer, Oliver et al.: *Filmanalyse*. Wiesbaden 2014.
Kuhn, Markus: „Narratologie". In: Malte Hagener/Volker Pantenburg (Hg.): *Handbuch Filmanalyse*. Wiesbaden 2019, https://doi.org/10.1007/978-3-658-13352-8_21-1.
Mikos, Lothar: *Film- und Fernsehanalyse*. Konstanz 2008.
Muhanna, Elias: „Translating Frozen into Arabic" (2014), https://www.newyorker.com/books/page-turner/translating-frozen-into-arabic (01.09.2020).
Nagl, Tobias: „Cultural Studies und Filmanalyse". In: Malte Hagener/Volker Pantenburg (Hg.): *Handbuch Filmanalyse*. Wiesbaden 2018, https://doi.org/10.1007/978-3-658-13352-8_22-1.
Nichols, Bill: *Introduction to documentary*. Bloomington/Indianapolis 2010.
Pfister, Manfred: *Das Drama. Theorie und Analyse*. München 2001.
Renov, Michael: „Towards a poetics of documentary." In: Michael Renov (Hg.): *Theorizing documentary*. New York 1993, 12–36.
Salamandra, Christa: „Moustache hairs lost. Ramadan television serials and the construction of identity in Damascus, Syria". In: *Visual Anthropology* 10/2–4 (1998), 226–246.
Salamandra, Christa: „La télévision à l'heure du feuilleton". In: Baudouin Dupret (Hg.): *La Syrie au présent. Reflets d'une société*. Paris 2007, 469–476.
Salamandra, Christa: „Arab Television Drama Production and the Islamic Public Sphere". In: Christiane J. Gruber/Sune Haugbolle (Hg.): *Visual Culture in the Modern Middle East. Rhetoric of the Image*. Bloomington, Ind. 2013, 261–274.
Shafik, Viola: *Arab Cinema. History and Cultural Identity*. Revised and updated edition. Kairo/New York 2016.
Sternagel, Jörg: „Schauspiel/Darstellung". In: Malte Hagener/Volker Pantenburg (Hg.): *Handbuch Filmanalyse*. Wiesbaden 2017, https://doi.org/10.1007/978-3-658-13352-8_5-1.
Zimmermann, Yvonne: „Analyse nicht-fiktionaler Filmformen". In: Malte Hagener/Volker Pantenburg (Hg.): *Handbuch Filmanalyse*. Wiesbaden 2017, https://doi.org/10.1007/978-3-658-13352-8_30-1.

Filme und Videos

Art War. Marco Wilms. Deutschland 2014.
Bāb al-Ḥāra. Syrien 2006–2019 (Serie).
The Charcoal Burner/al-Faḥḥām (/Le Charbonnier). Mohamed Bouamari. Algerien 1973.
Cinema al-Fouad/Sīnimā al-Fuʾād. Mohamed Soueid. Libanon 1994.
Farewell to Your Love/Wadaʿat ḥubbak. Youssef Chahine. Ägypten 1957.
Homeland. USA 2011–2018 (Serie).
The Immortal Sergeant/ar-Raqīb al-ḫālid. Ziyad Kalthoum. Libanon 2014.
Roman. Mashrou' Leila. Libanon 2017.
The Leopard/al-Fahd. Nabil Maleh. Syrien 1972.
Nightfall/ʿIndamā yaʾtī al-masāʾ. Mohamed Soueid. Libanon 2000.
Noua. Abdelaziz Tolbi. Algerien 1972.
Of Fathers and Sons/ʿAn al-Ābāʾ wa al-abnāʾ. Talal Derki. Deutschland/USA/Syrien/Libanon/Niederlande/Qatar 2018.

Omar Gatlato/ʿUmar Qatlatū. Merzak Allouache. Algerien 1976.
Return to Homs/al-ʿAwda ilā Ḥumṣ. Talal Derki. Syrien/Deutschland 2013.
Saladin the Victorious/an-Nāṣir Ṣalāḥ ad-Dīn. Youssef Chahine. Ägypten 1963.
A Suspended Life/Ġazl al-banāt. Jocelyne Saab. Libanon/Frankreich/Kanada/Argentinien 1984.
The Trace/as-Sāma. Néjia Ben Mabrouk. Belgien/Deutschland/Tunesien 1988.
The White Rose/al-Warda al-bayḍāʾ. Muhammad Abd al-Wahhab. Ägypten 1933/34.

Teil II
Kulturelle Praktiken

7 Kulturelle Praktiken

Kulturelle Praktiken in den Mittelpunkt zu stellen, bedeutet, den Blick über den Gegenstand im engeren Sinn hinaus – über den Text, das Bild oder den Film – zu weiten und die Prozesshaftigkeit des Entstehens von Literatur und Kunstwerken zu fokussieren. Es ist eine Herangehensweise, die Kultur nicht auf den schriftlichen Text reduziert, sondern die das, was jenseits des Texts ist, sichtbar machen will. Während die klassische literatur-/kulturwissenschaftliche Forschung Bedeutung in literarischen Texten sucht, wird hier Bedeutung in Praktiken und Handlungen analysiert. Es werden der Entstehungs- und Rezeptionskontext und die Distribution künstlerischer Werke intensiver betrachtet. So wird beispielsweise gefragt, was die Bedingungen sind, unten denen Literatur oder Kunstwerke produziert werden; mit einem Stipendium oder auf der Flucht? Oder wie liest eine deutsche Wissenschaftlerin oder ein ägyptischer Student den Roman *Utopia (Yūtūbiyā)* von Ahmed Khaled Towfik (Aḥmad Ḫālid Tawfīq, 1962–2018) und was bedeutet es für sie? Dabei wird davon ausgegangen, dass beide Lesenden den Text unterschiedlich rezipieren und ihm verschiedene Bedeutung zuweisen. Ebenso stehen Praktiken des Schreibens und Lesens im Mittelpunkt, wobei der Fokus dann darauf gelegt wird, wie im Prozess des Tuns etwas entsteht, wie etwas gemacht wird. Das betont einerseits das Prozesshafte und dessen Kontextualisierung, andererseits öffnet es den Gegenstandsbereich hin zu kulturellen Praktiken, die sich nicht in einem fertigen geschriebenen Text oder Bild niederschlagen, wie z. B. Praktiken des sich Kleidens, des Essens, des Sportmachens.

Dieses Kapitel behandelt keinen Gegenstand so wie die vorherigen Kapitel über Literatur, Film und Musik, sondern schlägt vor, die zuvor genannten Gegenstände mit einer praktikenorientierten Perspektive zu erweitern. Der erste Teil dieses Kapitels widmet sich der theoretischen Herleitung einer Fokussierung auf Praktiken. Im zweiten Teil steht die methodische Umsetzung im Vordergrund. Zwei ausführliche Beispiele aus der Forschungspraxis schließen das Kapitel ab.

Y. Albers et al., *Arabistik*, https://doi.org/10.1007/978-3-476-05681-8_7

7.1 Theoretischer Kontext

Literatur und Kunst entstehen nicht im luftleeren Raum – diese Einsicht ist der wohl zentrale Beitrag gesellschafts- und kulturwissenschaftlicher Forschung zur Kunstwissenschaft. Aus kulturwissenschaftlicher Sicht sind Kunstwerke keine Objekte, die für sich stehen und sprechen. Vielmehr sind sie ein Produkt der Interaktion zwischen Menschen sowie zwischen Menschen und Gegenständen, einer gesellschaftlichen Praxis, mit der sie untrennbar verwoben sind. Die Menschen und Gegenstände, die in der Herstellung, Verbreitung und dem ‚Konsum' von Kunst eine Rolle spielen, stellen durch ihr Handeln, durch ihre Praktiken, gemeinsam einen sozialen Raum her – erst in und durch diesen Raum werden Menschen Künstler und Gegenstände Kunstwerke. Mit der Einführung der kulturellen Praktiken als analytische Kategorie wird der Kontext, in dem ein Kunstwerk entsteht, fokussiert und andere, d. h. nicht textbasierte Wissensformen in die Arabistik eingeführt. Der Zugang über Praktiken ermöglicht eine Öffnung der Arabistik als Literatur- und Kulturwissenschaft hin zu Alltags- und anderen Praktiken.

Die Hinwendung zu kulturellen Praktiken entspringt keinem einheitlichen Theoriesystem. Vielmehr sind es verschiedene Ideen und Denkanstöße, auf die dabei zurückgegriffen wird. Folgende Theorien und Konzepte haben entscheidende Impulse für Ansätze, die sich auf Praktiken konzentrieren, geliefert:

Theorie der Praxis: Geht es in gegenwärtigen sozialwissenschaftlichen Arbeiten um Praktiken, wird oft auf die Arbeiten des Soziologen Pierre Bourdieu (1930–2002) verwiesen. Er hat den Begriff des Habitus geprägt und eine Theorie der Praxis entwickelt, die er maßgeblich auf seinen ethnologischen Studien in der algerischen Kabylei und seinen empirischen Studien der französischen Gesellschaft aufbaute. ‚Habitus' meint hier die im und am Körper verankerten Gewohnheiten und Äußerlichkeiten (Kleidung, Frisur etc.), die Lebensstil und Geschmack ausdrücken, über die sich jedoch vortrefflich streiten lässt, anders als in dem Sprichwort „Über Geschmack lässt sich nicht streiten" ausgedrückt, da es sich nicht nur um individuelle geschmackliche Vorlieben, sondern auch um Aussagen über Klasse und Status handelt (Bourdieu 2008, S. 277 ff.; Jurt 2010).

Bourdieu entwickelt die Vorstellung, dass Wissen sich auch in Handlungen artikuliert, also darin, wie Menschen etwas machen. Außerdem werden diese Handlungen in einem spezifischen soziokulturellen Kontext verankert und Fragen der ökonomischen Position adressiert.

Performativität: Zentrale Impulse liefern auch die Arbeiten von Judith Butler (geb. 1956), in denen die Performativität von Geschlechtlichkeit thematisiert wird. Der Begriff ‚Performanz' erlaubt es Butler, Geschlechtlichkeit als durch sich wiederholende körperliche Handlungen kulturell produziert zu verstehen. Es steht die Idee im Mittelpunkt, dass durch das Handeln selbst erst Realitäten geschaffen werden (vgl. Fischer-Lichte 2012, S. 44). Man wird nicht als Junge oder Mädchen geboren, sondern durch das Einüben sozialer Praktiken wird man zu einem Jungen oder Mädchen. Dies geschieht durch sich ständig wiederholende Handlungen und kennzeichnet Praktiken als repetitives Moment. Dadurch werden soziale Strukturen geschaffen und gefestigt, können aber auch durch Abwandlungen irritiert und verändert werden. Hier liegt ein subversives Potential vor (vgl. Butler 1991, S. 198 ff.).

Die Theaterwissenschaftlerin Erika Fischer-Lichte hat sich intensiv mit Performativität auseinandergesetzt. Ihre Werke sind Grundlage und zugleich ein guter Einstieg in die Thematik (Fischer-Lichte 2004, 2012). Ausgehend von der Praxis der Theateraufführung macht sie deutlich, dass die Bedeutung eines Stückes im Moment der Aufführung in der Interaktion von Text, Schauspieler/innen und Zuschauer/innen geschaffen wird. Sie überträgt Performativität auch auf literarische Texte und weist Bildern eine performative Kraft zu.

Akteur-Netzwerk-Theorie: Die von Bruno Latour, Michel Callon und John Law maßgeblich entwickelte Akteur-Netzwerk-Theorie (ANT) erweitert die bisher angerissenen Ansätze um die Einbeziehung von Objekten und die Hinwendung zur Materialität im künstlerischen Schaffensprozess. Bei der ANT steht die Auffassung im Mittelpunkt, dass Gesellschaften netzwerkartig verfasst sind und sich durch die Verbindungen zwischen verschiedenen Personen, aber eben auch – und das ist das Besondere – zwischen Artefakten (Objekten) und Entitäten organisieren. So ermöglichen bestimmte Objekte, wie z. B. ein Smartphone, erst bestimmte Praktiken, ohne jedoch die Art und Weise, wie es benutzt wird, vorzugeben; erst die konkrete Handhabung, der Gebrauch der Objekte durch die Menschen entscheidet über die Bedeutung, die den Objekten zugewiesen wird. In der Kunstsoziologie ist ANT insbesondere in der Forschung zur Musik rezipiert worden (Hennion 1989, 2005; Hennion/Latour 1993; Prior 2008). Die Einbindung von Objekten ist in den Augen der Vertreter von ANT auch von zentraler Bedeutung für die Stabilität sozialer Institutionen (zur Einführung vgl. Law 1992). Die Hinwendung zu Objekten und deren materiellen Grundlagen ist zudem eine produktive Schnittstelle zu (kunst-)historischer Forschung (Meier et al. 2015; Kozma et al. 2015).

Es folgen zwei an kulturellen Praktiken interessierte Ansätze, die wir ausführlicher vorstellen.

7.1.1 Bourdieus künstlerisches Feld und Beckers Art Worlds

Pierre Bourdieu hat seit Ende der 1970er Jahre immer wieder Aufsätze zum kulturellen, literarischen oder künstlerischen Feld veröffentlicht. Sein Hauptwerk zu diesem Thema ist jedoch *Die Regeln der Kunst* (Bourdieu 2016 [1992]). Einen guten Überblick über Bourdieus Konzept des literarischen Feldes vermittelt auch Joseph Jurt (2015). Folgende Faktoren sind bei der Analyse eines gegebenen Kunstwerks im künstlerischen Feld wichtig:

- Kunstwerke anderer Künstler, die im selben Zeitraum entstanden sind
- Formale und inhaltliche Aspekte der Kunstwerke
- Künstler, die im selben Zeitraum gearbeitet haben
- Sozioökonomische Stellung der Künstler
- Stellung der Künstler im Kunstbetrieb (z. B. Avantgarde, etabliert)
- Vorstellung von ‚guter' Kunst
- Die Stellung von Kunst und Künstlern in Bezug zu politischen und wirtschaftlichen Akteuren

Das Feld als Ort des Kampfs: Auf forschungspraktischer Ebene stellt die Sammlung von Material zu diesen sieben Punkten den ersten Schritt einer Feldanalyse dar. Um diese verschiedenen Faktoren gewissermaßen ‚unter einen Hut' zu bringen und die Wechselwirkungen zwischen ihnen abbilden zu können, entwickelt Bourdieu das Konzept des Feldes. Der soziale Raum, den Bourdieu als Feld bezeichnet, zeichnet sich dadurch aus, dass verschiedene Spieler – also die Künstlerinnen und Künstler –, um Anerkennung kämpfen. Die Waffen in diesem Kampf – Bourdieu wählt hier ganz bewusst martialische Begriffe, um den bürgerlichen Mythos der Kunst als Sphäre des Wahren, Guten und Schönen zu unterlaufen – sind künstlerische Werke. Durch die Produktion eines Kunstwerks erhebt ein Künstler Anspruch auf eine bestimmte Position im Feld, was sich in der Wahl des Genres, des Themas und formaler Elemente ausdrückt. Ein ägyptischer Hip-Hop-Künstler grenzt sich schon durch die Wahl des Genres vom arabischen Pop oder traditioneller Kunstmusik ab; aber auch innerhalb des Hip-Hop-Segments ist das einzelne Lied oder Album, zum Beispiel durch die Wahl bestimmter künstlerischer Mittel, von anderen unterschieden. Dabei geht es letztlich darum, eine dominante Position zu erreichen, also die eigene Vorstellung davon, was ‚gute Musik' oder ‚guter Hip-Hop' ist, durchzusetzen.

Dieser Kampf unterliegt Regeln, die vom Feld selbst hervorgebracht werden, wodurch es sich erst als eigenständiger Raum etabliert. Alle Akteure im Feld teilen den Glauben an den Wert des Spiels (die *Illusio* in Bourdieus Terminologie) an sich und die zugrundeliegende Annahme, dass etwas wie künstlerischer Wert, wie gute oder schlechte Kunst, grundsätzlich existiert und in den Werken selbst erkennbar wird. Weiterhin teilen sie den Glauben an die Regeln des Spiels: Nur bestimmte künstlerische Mittel gelten in diesem Kampf als legitim. Wer beispielsweise wohlmeinende Kritiken durch Drohungen oder körperliche Gewalt erzwingen wollte, fände sich schnell außerhalb des Feldes wieder.

Das künstlerische Feld im politischen und ökonomischen Kontext: Mittel, die im Kampf um die Vorherrschaft im künstlerischen Feld nicht als legitim angesehen werden, sind häufig Mittel, die anderen Feldern entstammen. Denn auch das künstlerische Feld existiert nicht im luftleeren Raum, sondern innerhalb anderer, übergeordneter Felder. Für das literarische Feld Bourdieus ist das vor allem das ökonomische Feld; für literarische Felder in der arabischen Welt ist die Bedeutung des politischen Feldes zentral. Gute Kunst ist, aus der Perspektive des Unternehmers, Literatur, deren Produktion hohe Profite ermöglicht. Aus Sicht des Politikers wiederum ist gute Kunst solche, die der Durchsetzung politischer Ziele dient. Wenn es also nach den Werten und Regeln dieser Felder ginge, würde der Nobelpreis im Wechsel an Autor/innen von Propaganda in literarischer Form und die Autor/innen der Bestseller-Listen vergeben. Dass dies nicht so ist, zeigt nach Bourdieu eine gewisse Autonomie des Feldes. Tatsächlich ist ein großer kommerzieller Erfolg, ebenso wie eine große Nähe zu den politischen Machthabern eher etwas, das Künstler/innen im künstlerischen Feld suspekt macht. Dort ist die Kunst um der Kunst willen *(l'art pour l'art),* die sich nicht ökonomischen und politischen Zwängen unterwirft, das Ideal. Die Bewertung künstlerischer Werke obliegt den Konsekrationsinstanzen des Feldes. Das sind u. a. Kritiker/innen, Preise, Wissenschaftler/innen und arrivierte Künstler/innen, die sich bereits einen Namen gemacht haben. Die wirtschaftliche und politische Stellung dieser Akteure und die damit einhergehenden Interessen spielen zwar durchaus eine Rolle, werden aber in die Logik des Feldes übersetzt. Diese relative Autonomie zu verteidigen, liegt im Interesse der Künstler, die in einem nach rein politischen und ökonomischen Gesetzen funktionierenden Betrieb eine deutlich weniger bedeutende Stellung einnehmen würden.

Herrschende und Beherrschte, Autonomie und Heteronomie: Der Raum, der durch diese Kämpfe entsteht – das Feld – ist entlang zweier Achsen geordnet. Die eine Achse verläuft zwischen dem Pol der Herrschenden und dem Pol der Beherrschten. Die Herrschenden sind jene arrivierten Akteure, die in einem gegebenen Moment definieren können, was legitime Kunst ist: Im Allgemeinen die ‚großen Namen', Künstler/innen, die eine große Anzahl von Werken und Ehrungen vorweisen können – in der arabischen Literatur der Gegenwart zum Beispiel Elias Khoury (Ilyās Ḫūrī, geb. 1948). Die Beherrschten sind häufig jüngere Künstler/innen, die weitgehend unbekannt sind. Die zweite Achse verläuft zwischen dem autonomen und heteronomen Pol, wobei der autonome Pol jene Künstler bezeichnet, die einer Kunst um der Kunst willen am nächsten kommen. Der heteronome Pol bezeichnet jene Künstler und Werke, die stark unter dem Einfluss ökonomischer und politischer Zwänge stehen.

Die Stellung, die ein/e Künstler/in im Feld einnimmt, ist nach Bourdieu nicht frei wählbar: es bietet sich immer nur ein beschränkter Raum von Möglichkeiten. Dieser Raum ist einerseits dadurch bestimmt, welches und wie viel Kapital dem/der Künstler/in jeweils zur Verfügung steht. Bourdieu unterscheidet drei grundlegende Kapitalarten:

- ökonomisches Kapital (etwa finanzielle Mittel, Vermögen),
- soziales Kapital (soziale Netzwerke, über die sich Ressourcen erschließen lassen)
- und kulturelles Kapital (Bildung, Wissen).
- Hinzu kommt im kulturellen Feld ‚symbolisches Kapital', etwa eine positive Rezension oder eine Auszeichnung mit einem anerkannten Preis.

Wie diese Kapitalsorten die Möglichkeiten beschränken, ist einfach zu sehen: Das Herstellen großformatiger Bronze-Plastiken etwa ist nicht zuletzt eine Frage des verfügbaren ökonomischen Kapitals – wer sich das nicht leisten kann, arbeitet mit anderen Materialien. Für einen postmodernen Roman mit vielfachen intertextuellen Bezügen und Verweisen ist ein gewisses kulturelles Kapital notwendig – wer nicht darüber verfügt, wird vielleicht ein anderes Genre wählen.

Habitus: Die zweite Einschränkung des Raums der Möglichkeiten liegt nach Bourdieu im Habitus des einzelnen Künstlers begründet. Der Habitus ist ein System von Vorlieben und typischen Handlungsmustern, die ein Mensch durch seine Herkunft und im Lauf seines Lebens entwickelt – etwa eine Art und Weise, sich zu kleiden, zu sprechen oder eben auch zu schreiben. Bourdieu hat gezeigt, dass der Habitus, z. B. in Form eines gewissen Kunstgeschmacks, mit der Zugehörigkeit zu bestimmten Milieus oder sozialen Gruppen korrespondiert und so die Stratifikation der Gesellschaft sichtbar macht und aufrechterhält (vgl. Bourdieu 2008 [1979]; Jurt 2010; s. Kap. 12). Künstler/innen tendieren dazu, bestimmte Entscheidungen bei der Kunstproduktion zu treffen, weil ihr Geschmack, ihre Vorstellung dessen, was ‚gute' Kunst ist, von ihrem Herkunftsmilieu und ihrem Lebenslauf geprägt ist.

Letztlich geht es der Feldtheorie darum zu zeigen, welchen Regeln und Mustern die Handlungen der Akteure folgen. Gegenüber der Vorstellung des Genies, das in vollständiger Freiheit aus sich selbst heraus künstlerischen Wert kreiert, erscheint der Handlungsspielraum der Akteure eingeschränkt und zu einem gewissen Grad vorhersagbar, wenn wir Künstler/in und Kunstwerk in den Kontext der Praxis ihrer Erzeugung setzen. Dabei geht es nicht um einen kruden Determinismus mit einfachen Ursache-Wirkung-Bezügen. Vielmehr geht es darum, den ‚Raum der Möglichkeiten' (Bourdieu) abzustecken und die Wahrscheinlichkeit bestimmter Handlungen abzuschätzen.

Arabistische Referenzen: Bourdieus Feldtheorie ist vor allem in der französischen Kultursoziologie, die sich mit der arabischen Welt beschäftigt, sehr verbreitet, wird aber auch vermehrt in der deutschen und angelsächsischen Forschung zu arabischer Kunst benutzt. Richard Jacquemonds *Conscience of the Nation* (2008) beschreibt die Entstehung und Entwicklung des literarischen Feldes im Ägypten des 20. Jh.s. Felix Lang nutzt Bourdieus konzeptuellen Rahmen, um die Bedeutung des Schreibens über den Bürgerkrieg im Nachkriegslibanon aus der Logik des Feldes heraus zu erklären. So sieht er neben der psychologischen und moralischen Notwendigkeit einer Aufarbeitung des Kriegs auch die Funktion der Bürgerkriegsthematik als einer Positionierung im literarischen Feld: Wer über den Bürgerkrieg schreibt, zeigt sich als ernstzunehmender Schriftsteller und Produzent legitimer Literatur (Lang 2016) (s. auch Abschn. 7.3.2).

Tristan Leperliers Studie zur algerischen Literatur in den ‚schwarzen Jahren' des Bürgerkriegs (2018) und Alexa Firats Artikel zum syrischen literarischen Feld in den 1960er Jahren (2015) sind zwei weitere Publikationen, die ganz direkt auf

Bourdieus Konzept aufbauen. Andere Veröffentlichungen, wie Samia Mehrez' *Egypt's Culture Wars* (2008), Hassan Abbas' Artikel zur Entwicklung des künstlerischen Feldes in Syrien seit den 1990er Jahren (2007) und Cécile Boëx' (2011) Arbeiten zum Fernsehen in Syrien nehmen implizit Bezug auf Bourdieus Theorie. Die Beiträge zum *Sammelband Culture and Crisis in the Arab World* (Jacquemond/Lang 2019) wiederum widmen sich der Weiterentwicklung von Bourdieus Ansatz mit einem Fokus auf verschiedenen künstlerischen Formen wie etwa den Visual Arts.

Beckers Art Worlds: Während Bourdieus Theorie in der Forschung zur arabischen Welt als etabliert gelten kann, ist Beckers Art Worlds-Ansatz (Becker 2017) bislang kaum in Erscheinung getreten. Er wird hier angeführt, um neue Perspektiven für die Forschung zu eröffnen.

Ganz wie Bourdieu geht es auch Becker mit seinem Art Worlds-Ansatz darum zu zeigen, dass Künstler/innen nicht als von der Gesellschaft losgelöster Schöpfer von künstlerischem Wert betrachtet werden können. Im Unterschied zu Bourdieus Konzept des Feldes bezieht Beckers Kunstwelt *(art world)* eine deutlich größere Anzahl von Akteuren ein, die mittelbar an der Herstellung von Kunst beteiligt sind. Das mag nicht zuletzt an den unterschiedlichen Kunstformen liegen, auf denen die beiden Theoretiker ihre Überlegungen aufgebaut haben. Bei Bourdieu stehen die Schriftsteller/innen als Einzelkämpfer im Vordergrund – Becker hingegen hat einen Hintergrund als Jazz-Musiker und ein ausgeprägtes Bewusstsein für die Notwendigkeit der Zusammenarbeit von Musiker/innen, Techniker/innen und anderen Akteuren. Während für Bourdieu die Frage nach gesellschaftlichen Machtungleichgewichten zentral ist, interessiert sich Becker stärker dafür, wie die Kooperation der zahlreichen Akteure bei der Schaffung von Kunstwerken erreicht wird und überhaupt möglich ist.

Auch bei Becker ist die Unterscheidung zwischen guten und schlechten Künstler/innen, guter und schlechter Kunst ein Konstrukt, das von allen Beteiligten aufrechterhalten wird. Während Bourdieu diese *Illusio* als eine Täuschung versteht, die die soziale Seite der Kunst, und ihre Funktion innerhalb einer Klassengesellschaft verschleiert, sieht Becker darin lediglich eine Theorie, die zwar nicht widerlegt, aber auch nicht überprüft werden kann.

7.1.2 Cultural Studies

Cultural Studies sind eine Forschungsrichtung, die sich Mitte des 20. Jh.s in Großbritannien formierte und von da aus eine große Strahlkraft als eigenständiges Fach und in die etablierten Philologien hinein entwickelte.

Kulturbegriff: Dabei benutzten und benutzen die Vertreter/innen der Cultural Studies einen Kulturbegriff, der Kultur zum einen nicht auf einen gesellschaftlichen Teilbereich (neben Politik, Wirtschaft etc.) reduziert und zum anderen die

Trennung von Hoch- und Populärkultur aufhebt. Kultur ist umfassend und an Bedeutungen orientiert bzw. an dem Prozess, wie Bedeutungen in Gemeinschaften in allen verschiedenen Bereichen ausgehandelt werden. Es gibt hier keine einzelne idealisierte Hochkultur, die es wert ist, wissenschaftlich betrachtet zu werden, sondern eine Vielzahl von Kulturen: die Kultur des Literaturmarkts, die Kultur der Universitäten, die Kultur des Bestrafens etc. ‚Kultur' meint im Kontext der Cultural Studies vor allem, wie, unter welchen Bedingungen wird etwas gemacht und kann etwas entstehen. Das legt einen Fokus auf die Praktiken – auf das Machen von Kultur (*doing culture,* vgl. Hörning/Reuter 2004).

Zugleich sind die historischen Bedingungen zentral; also „Kultur ist nicht", sondern „ist geworden" und Kultur ist nicht universell und zeitlos, sondern verändert sich mit der Zeit, mit den historischen Entwicklungen. Raymond Williams schreibt 1958, „[...] daß der Kulturbegriff, ‚in kondensierter Form diejenigen Fragen enthält, die durch die umfassenden historischen Umwälzungen unmittelbar aufgeworfen werden und sich in den Veränderungen der Industrie, der Demokratie und der Klassen niederschlagen und auf die die Kunst direkt Bezug nimmt'" (Williams 1958, S. 16 zitiert bei Hall 1999b, S. 115). Mit diesem Verständnis von Kultur ist nun klar, dass nicht nur spezielle, elitäre Formen betrachtet werden, sondern alle Formen des Aushandelns von Bedeutung sind. So sind auch Formen des Konsumverhaltens bzw. der Aneignung populärkultureller Formen als Forschungsfeld relevant (Johnson 1999, S. 146). Es entstehen Arbeiten z. B. zur Aneignung von Seifenopern (Ang 1985) oder über das Lesen von Liebesromanen (Radway 1984).

Text: Hinsichtlich der verschiedenen kulturellen Formen ist es zielführend, auf die Bedeutung von Text innerhalb der Cultural Studies hinzuweisen. Zentrale Impulse gerade zu Beginn der Cultural Studies kamen aus den Sprach- und Literaturwissenschaften und der Auseinandersetzung mit dem geschriebenen Text (vgl. Johnson 1999, S. 140). Entscheidend ist nun, dass die Vertreter/innen der Cultural Studies einerseits einen weiten Textbegriff etablieren und andererseits eine Dezentrierung des Texts vornehmen. Was den weiten Textbegriff betrifft, so kann dieser mit der Formel zusammengefasst werden: Alles ist Text. Ausgehend von zunächst nach wie vor eher literaturwissenschaftlichen Kriterien (Autor, Einzelwerk, Genre) können viele verschiedene mediale Formen auch abseits des etablierten Kanons erfasst werden, z. B. Seifenopern, Computerspiele oder Popsongs. Entscheidend ist aber die Ausdehnung auf andere gesellschaftliche Praktiken und Phänomene, die alle mit den ihr eigenen Repräsentationsformen gelesen werden können und die alle ähnlich wie Sprache in Texten funktionieren (Hall 1997).

Zum einen wird im Rahmen der Cultural Studies die Grundlage für einen weiten Textbegriff gelegt und zum anderen forcieren die Vertreter/innen der Cultural Studies eine Dezentrierung jedweden Texts (Johnson 1999, S. 168). Das heißt, die Bedeutungszuweisung erschließt sich nicht nur aus dem Text heraus bzw. aus der Analyse textinterner Muster, sondern Momente der Produktion und des Konsums bzw. der subjektiven Bedeutungszuweisung durch den Lesenden müssen mitgedacht werden.

Kulturkreislauf: Um die Situiertheit von Kunstwerken ebenso wie von Alltagsgegenständen in Produktions- und Rezeptionszusammenhängen zu verdeutlichen, hat sich im Rahmen der Cultural Studies die Darstellung als Kreislauf etabliert. Die Idee geht auf Richard Johnson (1986) zurück. Am Beispiel des Sony-Walkmans stellt ein Autorenteam um Stuart Hall die Idee und die Umsetzung der Arbeit mit dem Kulturkreislauf in Form eines akademischen Lehrbuchs vor (du Gay et al. 2013 [1997]). Der Kulturkreislauf *(Circuit of Culture)* setzt sich aus fünf miteinander in Beziehung stehenden Prozessen zusammen:

- Die Produktionsebene umfasst alle Personen, Prozesse, materielle und ökonomische Bedingungen, die während der Herstellung relevant sind.
- Die Ebene der Repräsentation bezieht sich auf die Art und Weise, wie etwas (das Kunstwerk, die Kaffeemaschine etc.) dargestellt ist.
- Die Ebene des Konsums wird in der deutschsprachigen Literatur auch oft als Rezeption oder Aneignung wiedergegeben und zielt auf das Sich-zu-eigen-Machen von kulturellen Produkten. Dieser Prozess besteht nicht in einer direkten Übernahme von Bedeutungen, die von dem Produkt ausgehen, sondern ist viel widersprüchlicher.
- Auf der Ebene der Identität geht es um subjektive Identifikationsprozesse, also wie sich kulturelle Identitäten artikulieren.
- Die Ebene der Regulation umfasst juristische, politische und wirtschaftliche Regularien, in Form von direkten Gesetzen aber auch in Form von normativen Vorgaben.

Die Kreislaufdarstellung zielt darauf ab, dass sich die einzelnen Prozesse aufeinander beziehen, d. h. zum Beispiel, dass eben nicht nur die Produktion Einfluss auf die Praktiken der Aneignung von Kunstwerken hat, sondern dass Aneignungspraktiken Einfluss auf die Produktion von Kunst haben. Im Rahmen von wissenschaftlichen Arbeiten wird oftmals eine der genannten Kreislaufebenen ausführlicher behandelt. Dabei haben die Arbeiten der Cultural Studies einen Schwerpunkt auf Rezeptions- bzw. Aneignungsstudien gelegt, da die Autor/innen davon ausgehen, dass das Zuweisen der Bedeutung eines Texts beim Lesen (und nicht ausschließlich in dem Moment der Produktion und in dem Text selbst) geschieht (de Certeau 1988; Hall 1999a). Die Kreativität beim Umgang mit Texten wird nicht auf den Textproduzenten/die Textproduzentin und den etablierten Kritiker/die etablierte Kritikerin beschränkt, sondern eine Schaffenskraft wird allen, die mit dem Text umgehen, zugestanden (Johnson 1999, S. 165).

Dabei spricht nicht jede Person von einer gleichermaßen machtvollen Position aus; während die Einen literarische Texte, Kunstwerke, Gebrauchsgegenstände erschaffen, sind die Anderen „nur" in der Position, diese zu konsumieren. Dies geschieht aber eben nicht in einer ausschließlich von dem Produkt ausgehenden

Bedeutung, sondern das ist ein durchaus vielfältiger und widersprüchlicher Prozess. Dabei sind vor allem auch die Bedeutungszuweisungen oder ‚Lesarten' von marginalisierten Positionen interessant.

Klasse und Hegemonie: Im Rahmen der Cultural Studies wird davon ausgegangen, dass nicht alle Menschen den gleichen Zugang zu Bildung, Finanzen etc. haben und aufgrund dessen einerseits unterschiedliche kulturelle Produkte relevant und identitätsstiftend sind und andererseits, dass die Repräsentation eines bestimmten Werkes, z. B. die Mona Lisa, je nach soziokulturellem Kontext unterschiedlich rezipiert wird (Johnson 1999). Neben dem Betonen und Aufdecken von sozioökonomischen Ungleichheiten und dem Sichtbarmachen von marginalisierten Positionen ist das Konzept der Hegemonie von Antonio Gramsci (1891–1937) im Kontext der Cultural Studies bedeutend (Langemeyer 2009). Hegemonie meint eine auf Konsens basierende Herrschaftsform, d. h. die Machtansprüche werden nicht in der direkten Auseinandersetzung, sondern mit der Zustimmung oder Überstimmung mit anderen minoritärer Ideen durchgesetzt. Die herrschende gesellschaftliche Gruppe versucht auf allen Ebenen, ihre dominanten Interessen und Ansichten zu etablieren und abzusichern, indem sowohl Gesetzestexte verändert als auch das normative Wertesystem strukturiert und organisiert werden. Welche Kunstformen werden staatlich gefördert? Lädt der öffentliche Raum ein, sich frei auszudrücken oder ist er durchgehend kommerzialisiert und privatisiert? Welche Kleidung darf oder muss getragen werden, um bestimmte Berufe auszuüben?

Die Cultural Studies verstehen sich als ein grundsätzlich kritisches Projekt und hinterfragen bestehende Machtstrukturen und Marginalisierungen. Inwiefern werden also durch verschiedene kulturelle Praktiken bestehende Machtverhältnisse stabilisiert und Formen der Unterordnung möglicherweise reproduziert? Wie wird die herrschende Ordnung untergraben und irritiert?

Arabistische Referenzen: In der Arabistik, wenn auch bisher kaum in der deutschsprachigen, haben Ansätze und Ideen der Cultural Studies Eingang gefunden. Vor allem die Disziplinarität des deutschen Universitätssystems erschwere eine Rezeption der Cultural Studies, so Göttlich und Winter (1999), da die Cultural Studies vor allem quer zu den verschiedenen bzw. verschiedene Disziplinen übergreifend, denken und arbeiten; ähnlich wie z. B. Postcolonial oder Gender Studies, deren Konzept bedeutet, mit Hilfe unterschiedlicher disziplinärer Perspektiven neue theoretische und methodische Zugänge zu einem Gegenstand zu schaffen (Göttlich/Winter 1999, S. 31). Während sich sowohl in Großbritannien als auch Nordamerika Cultural Studies als eigene Richtungen etablieren konnten, haben sie in Deutschland und auch in der arabischen Welt vor allem innerhalb der Anglistik und Amerikanistik einen Platz gefunden (Sabry 2012).

Tarik Sabry ist einer der Autoren, dessen Arbeiten sich im Rahmen der Cultural Studies verorten (Sabry 2010; Sabry/Khalil 2019) und der zugleich eine Debatte um Cultural Studies in der arabischen Welt angestoßen hat. In der Einleitung zu dem 2012 veröffentlichten Sammelband *Arab Cultural Studies. Mapping the Field* verknüpft er die Ideen zweier wichtiger marokkanischer Wissenschaftler, nämlich Abdallah Laroui und Mohamed Abed al-Jabri mit den Ansätzen der Cultural Studies. Dies macht die existierenden auf Arabisch geführten Debatten für ein breiteres englischsprachiges Publikum sichtbar. Interessant sind in diesem Zusammenhang auch die Ideen des saudischen Wissenschaftlers Abdullah Al-Ghadhami (ʿAbdallāh al-Ġaḏāmī). Er schlägt eine Öffnung des *Adabiyya*-Begriffs vor. Literarizität *(adabiyya)* soll nicht mehr an starre formale und etablierte institutionelle Vorgaben gebunden sein, sondern verschiedene Formen literarischen Schaffens einschließen (al-Ġaḏāmī 2012 [2000]; al-Ḫalīl 2016; vgl. dazu auch al-Ġaḏāmī/Iṣṭayf 2004; Zeitschrift Fuṣūl 2017; al-Ġaḏāmī 2016).

Disziplinenübergreifend wurden die Impulse der Cultural Studies vor allem in der Erforschung populärkultureller Formen/Phänomene aufgenommen, die sich außerhalb eines literatur- und kunstwissenschaftlichen Kanons bewegen. Besonders produktiv gestaltet sich die Einbeziehung des Rezeptions- und Produktionskontexts bei der Erforschung populärkultureller Medienformate, die im Alltag für viele Menschen eine hohe Präsenz und Relevanz aufweisen. Stellvertretend für viele Arbeiten stehen die von Marwan Kraidy und Christa Salamandra.

Marwan Kraidy hat sich z. B. in seinem Buch *Reality Television and Arab Politics Contention in Public Life* (2010) mit verschiedenen sehr populären Formaten wie z. B. *The Arab Super Star* in der arabischen Welt befasst. Dazu hat er sowohl umfangreiches Material mit Hilfe von Interviews auf Produzentenseite erhoben als auch politische Spannungen innerhalb der verschiedenen arabischen Länder und deren jeweils spezifischer Rezeptionskontexte herausgearbeitet.

Die Arbeiten von Christa Salamandra setzen sich mit der Produktion und Rezeption von Fernsehserien vor allem im syrischen Kontext auseinander. Anhand einer populären Ramadan-Serie zeigt sie beispielsweise, wie die lokal produzierten syrischen Serien subnationale Identitäten stärken und wie durch die Bearbeitung historischer Themen politische Zustände kritisiert werden (Salamandra 1998, 2019; s. auch Kap. 6).

7.2 Methodische Zugänge

Eine an kulturellen Praktiken interessierte Herangehensweise, die individuelles Handeln in den Vordergrund stellt, erfordert andere als in der klassischen Arabistik angewendete methodische Zugriffe. Es geht um Methoden, die die Orte und Kontexte der kulturellen Produkte und Praktiken in den Blick nehmen (Feldforschung), um Methoden, die Akteure selbst zu Wort kommen zu lassen (Interviews) und um Methoden, die die Eingebundenheit von Kunst und kulturellen Praktiken in andere Diskussionszusammenhänge herstellen (Diskursanalyse).

7.2.1 Feldforschung

Wenn wir Kunst als soziale Praxis verstehen, reicht es nicht aus, sich auf die Analyse von Kunstwerken zu beschränken. Kunstwerke werden produziert, sie werden ausgestellt, verkauft, verbreitet, sie werden vom Publikum rezipiert – all diese Prozesse formen das Kunstwerk, sind aber aus ihm allein nicht zu rekonstruieren. Und dann umfasst die Kunst als soziale Praxis ja auch noch all jenes, was sich nicht auf die Herstellung materieller Objekte konzentriert: Nehmen wir Tänze oder auch Konzerte, die als Ereignisse nicht auf eine niedergeschriebene Choreografie oder die Aufnahme eines Musikstücks reduziert werden können. Um all das sehen und verstehen zu können, müssen wir dahin gehen, wo es passiert, wir müssen Feldforschung betreiben.

In den verschiedenen Disziplinen, die traditionell mit Feldforschung arbeiten, nimmt das ganz unterschiedliche Ausmaße an. Während Sozialanthropolog/innen klassischerweise während der Forschung für ihre Doktorarbeit bis zu ein Jahr ‚im Feld' verbringen und einen möglichst engen persönlichen Kontakt zu den Menschen suchen, denen sie ihre Forschung widmen wollen, kann sich Feldforschung in anderen Fällen auf mehrere kürzere Perioden verteilen. Doch qualitative Feldforschung lässt sich nicht nur über diese ausgedehnten Zeiträume betreiben. Auch im Rahmen einer Bachelor- oder Masterarbeit lässt sich die Methode sinnvoll nutzen, weswegen hier zur Orientierung einige Eckpunkte vorgestellt werden sollen. Als ausführlichere Einführungen eignen sich etwa Stefan Thomas' *Ethnografie. Eine Einführung* (2019), Sarah Daynes' und Terry Williams' *On Ethnography* (2018) und der von Georg Breidenstein et al. herausgegebene Band *Ethnografie. Die Praxis der Feldforschung* (2015).

The native's point of view: Die Form der Feldforschung, die für Studierende der Arabistik in unseren Augen am wichtigsten und auch am praktikabelsten ist, ist qualitative Feldforschung. Im Unterschied zur quantitativen Feldforschung geht es nicht in erster Linie darum, für eine ganze Bevölkerungsgruppe oder Gesellschaft – oder gleich die ganze arabische Welt – repräsentative Daten zu erfassen, sondern darum zu verstehen, wie Menschen als handelnde Akteure ihrem Handeln und der Welt, in der sie leben, einen Sinn und Bedeutung verleihen. Es geht, in den Worten von Bronislaw Malinowski, einem der Gründerväter der modernen britischen Sozialanthropologie, darum, den Standpunkt oder die Perspektive des Einheimischen auf seine Kultur einnehmen und begreifen zu können („to grasp the native's point of view") (Malinowksi 2014 [1922], S. 25). Die Feldforschung ist eine Methode, einen fremden Lebenszusammenhang von ‚innen heraus' (aus einer emischen Perspektive, wie es heißt) zu begreifen. Das Fremde muss dabei keineswegs die ‚fremde Kultur' sein, auch wenn das in der Arabistik naheliegt. Die Lebenswelt eines Paketzustellers in Deutschland dürfte den meisten Studierenden der Arabistik deutlich fremder sein als diejenige einer Studentin der englischen Literaturwissenschaft an der American University Beirut.

Teilnehmende Beobachtung: Das wichtigste Instrument zur Entwicklung dieses Verständnisses ist die teilnehmende Beobachtung: Das klassische und zugleich problematische ethnologische Vorbild ist der weiße Mann, der sich für ein Jahr oder länger in einem abgelegenen Dorf niederlässt und am Leben der Bevölkerung teilnimmt – mit ihnen aufs Feld oder auf die Jagd geht, das selbe isst und trinkt, an den selben Feiern teilnimmt. Seit den frühen Tagen der Feldforschung hat sich vieles geändert: Forschung findet heute auf dem Land, in der Stadt, in transnationalen und virtuellen Gemeinschaften im Internet statt. Nach wie vor verlangt die Feldforschung die Anwesenheit des/der Forschenden über einen längeren Zeitraum und die Entwicklung vielfältiger und intensiver Kontakte mit den Menschen, denen die Forschung gewidmet ist. Das ‚*being there*', das schlichte ‚Dort-sein', ist zentral für die Feldforschung und eröffnet Zugänge zum Forschungsgegenstand, die einem sonst verschlossen bleiben.

Im Feld ist man als Forschende/r einen großen Teil der Zeit mit der Anfertigung von Notizen, Protokollen und Aufzeichnungen beschäftigt. Dabei ist zunächst alles interessant – die Abläufe von Arbeitsprozessen, die Verteilung von Gegenständen und Menschen im Raum, die Kommunikation zwischen den Menschen und zwischen ihnen und dem/der Forschenden … – und wird protokolliert. Interviews, in verschiedener Form (s. Abschn. 7.2.2), sind ein wichtiger Teil der Feldforschung – für sich allein genommen stellen sie aber noch keine Feldforschung im eigentlichen Sinn dar. "What people say, what people do, and what they say they do are entirely different things" – dies besagt ein weitverbreiteter Satz, der, wohl fälschlicherweise, der Anthropologin Margaret Mead zugeschrieben wird. In anderen Worten: Interviews erzählen immer nur einen Teil der Geschichte. Oft ist es gerade das Spannungsverhältnis zwischen dem Handeln und dem Diskurs über dieses Handeln, das zum Ausgangspunkt für die Forschung wird.

Dichte Beschreibung: Vorrangiges Ziel der Feldforschung ist, was seit einer Publikation von Clifford Geertz 1973 unter dem Begriff „thick description" oder auf Deutsch „dichte Beschreibung" (Geertz 1983 [1979]) bekannt ist. Dabei ist zuerst einmal eine Beschreibung gemeint, die sich nicht auf die oberflächliche Beschreibung eines gesellschaftlichen Phänomens beschränkt, sondern aufbauend auf der Vertrautheit mit gesellschaftlichen Regeln eine Interpretation entwickelt. Erst auf Basis einer solchen Beschreibung kann eine Rückbindung an theoretische Fragestellungen stattfinden – qualitative Feldforschung ist eine induktive Forschungsmethode. Anders als bei etwa aus der Politikwissenschaft bekannten deduktiven Herangehensweisen wird hier nicht auf Grundlage einer theoretischen Überlegung eine Hypothese aufgestellt, die durch Feldforschung überprüft wird. Vielmehr ergeben sich in der Feldforschung aus der Empirie Fragen und Interpretationsprobleme, anhand derer bestehende Theorien weiterentwickelt werden können.

Zugänge: Der Zugang zum Feld ist oft der schwierigste Teil der Forschung. Wissenschaftler/innen sind auf die Kooperation der Menschen angewiesen, deren

Praktiken sie erforschen wollen. Gute Ausgangspunkte für eine Annäherung können öffentliche Orte sein: Eine Galerie oder eine Kneipe, ein Theater oder ein anderer Veranstaltungsort, den Kulturschaffende frequentieren. Dort viel Zeit zu verbringen, zu beobachten, mit Anwesenden zu reden (‚informelle Interviews' heißen solche normalen Gespräche in der Sprache der Methodologie) gibt Forschenden Zugang zu einer Fülle von Informationen über Netzwerke, Arbeitsabläufe, Diskurse. Eine andere Form des Zugangs könnte sich daraus ergeben, direkt Kontakt mit einer Künstlerin oder einem Künstler aufzunehmen und zu fragen, ob man sie bei der Arbeit begleiten kann – dann lassen sich ausgehend von dieser Person weitere Personen und Orte finden, die schließlich ‚das Feld' der eigenen Forschung werden.

Ein weiterer denkbarer Zugang verläuft über Objekte: Man könnte etwa, ausgehend von einem Buch, den/die Autor/in, den/die Verleger/in, die Journalist/innen, die es rezensiert haben und noch viele weitere Beteiligte mehr kontaktieren und davon ausgehend die Personen und Orte bestimmen, die das Feld ergeben. Wie im zweiten Fall müssen diese Orte und Personen sich nicht alle im Bereich eines Dorfes oder einer Stadt befinden. Gerade der Kunstbetrieb zeichnet sich dadurch aus, dass die Produktion und Rezeption in transnationalen Zusammenhängen erfolgt, eine Tatsache, der gegebenenfalls auch in der Feldforschung Rechnung getragen werden muss (zu einem frühen Versuch zu *Multi-Sited Ethnography* vgl. Marcus 1995).

Arabistische Referenzen: Beispiele für arabistische Forschung mit einem Fokus auf ethnographischer Feldforschung finden sich hauptsächlich bei Forscher/innen aus den angelsächsischen Traditionen der Sozial- und Kulturanthropologie. Insbesondere musikethnologische Studien (s. Kap. 5) bedienen sich dieser Methode. Weitere wichtige Beispiele finden sich in den von Karin van Nieuwkerk herausgegebenen Sammelbänden *Islam and Popular Culture* (2016) und *Muslim Rap, Halal Soaps, and Revolutionary Theater* (2011).

7.2.2 Interviews

Interviews sind immer dann interessant, wenn es um subjektives Sinnverstehen und dessen Situiertheit in spezifischen Kontexten geht. Sie sind eine Möglichkeit, Akteure und deren Wissensbestände in den Blick zu nehmen, und dem auf die Spur zu kommen, was für sie relevant ist. In den Sozialwissenschaften und der Ethnologie gehören Interviews zu etablierten Formen, „Situationsdeutungen und Handlungsmotive in offener Form zu erfragen" (Hopf 2017, S. 350). Was davon kann nun für die Literatur- und Kulturwissenschaft produktiv genutzt werden? Zunächst erscheinen Interviews mit Autor/innen und anderen Kulturschaffenden naheliegend. Denkbar sind aber auch Interviews mit denen, die Kunst rezipieren, um zu erschließen, welche Bedeutung durch die Rezipient/innen den verschiedenen kulturellen Produktionen beigemessen wird. Ebenso könnten Expert/innen über den Büchermarkt oder Jurymitglieder von Förderpreisen befragt werden. Es können aber auch individuelle Ansichten zu kulturellen Praktiken und Alltagspraktiken ermittelt werden.

Die folgende Einführung in das sehr komplexe Thema der Interviews ist zweigeteilt. Der erste Teil führt in unterschiedliche Interviewformate ein. Im zweiten Teil wird grob ein Interviewverlauf dargestellt und verschiedene damit verbundene forschungspraktische Fragen skizziert. Das Buch *Das qualitative Interview. Zur Praxis interpretativer Analyse sozialer Systeme* von Froschauer/Lueger (2020) bietet einen guten Einstieg ebenso wie die Beiträge über Interviews und Feldforschung in dem Handbuch zur qualitativen Forschung (Flick 2017). Sehr anwendungsorientiert ist das *Praxisbuch Interview, Transkription & Analyse* von Dresing und Pehl (2015).

Interviewformate: Grundsätzlich wird zwischen quantitativen und qualitativen Interviews unterschieden. Während quantitative Interviews einem relativ festen Frage-Antwort-Schema folgen und das Ziel der Quantifizierbarkeit der Ergebnisse im Vordergrund steht, zeichnen sich qualitative Interviews durch mehr Offenheit und Flexibilität im Forschungsprozess aus. In der wissenschaftlichen Literatur existiert eine unübersichtliche Vielfalt an Bezeichnungen für unterschiedliche Interviewformate innerhalb der qualitativen Interviews.

Im Folgenden werden drei Interviewformen genauer vorgestellt, vor allem um Ideen zu liefern, wo und in welcher Form sie in der Arabistik eingesetzt werden können, und um auf ein paar Aspekte der Interviewgestaltung aufmerksam zu machen. Das Experteninterview ist interessant, um mit Expert/innen des Kunstmarkts, Jurymitgliedern von Preisen oder Verlagsmitarbeiter/innen bestimmte Aspekte zu adressieren. Zweitens stehen fokussierte Interviews im Mittelpunkt als Form, um in Einzel- oder Gruppeninterviews Wissen und Einstellungen über gezielte Kunstwerke (Buch, Film etc.) zu erfragen. Drittens sind ethnographische Interviews hilfreich, vor allem um Alltagsroutinen und -praktiken zu erforschen.

Bei **Experteninterviews** stehen Personen aufgrund ihres Sonderwissens, das oftmals an bestimmte soziale Funktionen gebunden ist, im Vordergrund. Dabei gibt es in der Literatur durchaus unterschiedliche Ansichten dazu, wer als Experte zu zählen ist: Sind es Angehörige bestimmter Eliten (Bogner 2009) oder ist jeder Mensch Experte für seine Biographie (Schütze 1983) und seine Einstellungen (Gläser/Laudel 2010)? An dieser Stelle stehen Experten im Vordergrund, die aufgrund ihres Wissens über einen Sachverhalt interviewt werden. Dadurch haben sie eine besondere Stellung im Untersuchungskontext inne.

Bei **fokussierten Interviews** steht die Konzentration auf einen bestimmten Gegenstand, einen Film, ein Buch, ein Thema im Mittelpunkt. Diese waren ursprünglich als Gruppeninterviews konzipiert, sie sind aber nicht an eine Gruppensituation gebunden. Kennzeichnend ist eine sehr offene Interviewsituation, um möglichst viele auch zuvor nicht antizipierte Aspekte des Themas aufdecken zu können (Hopf 2017, S. 354). Gruppeninterviews sind interessant, um z. B. über ein gelesenes Buch oder ein gerade gemeinsam gelesenes Kapitel Zugang zu der Deutung und Aneignung von Rezipierenden zu erhalten. Außerdem steht die Dynamik innerhalb einer Gruppe im Mittelpunkt, die Aushandlungen während des Rezeptionsprozesses sichtbar machen können (Bohnsack 2017).

Ethnographische Interviews: Ebenso wie bei den fokussierten Interviews steht bei ethnographischen Interviews (z. B. Spradley 1979; Heyl 2001) die Perspektive der Menschen im Mittelpunkt, die im Kontext des gewählten Themas agieren (z. B. im Gegensatz zu der Perspektive der Experten oder der Perspektive zuvor erwähnter anderer Akteure im Feld). Unter ethnographischen Interviews sind Gesprächssituationen zu verstehen, die sich auch spontan im Feld ergeben können. Wenige zuvor festgelegte Fragen können die Interviewsituation strukturieren. Oftmals sind diese Interviews Bestandteil teilnehmender Beobachtung. Das Erkenntnisinteresse liegt schwerpunktmäßig in der Erforschung von Einstellungen und Alltagsroutinen.

Leitfaden: Bei allen drei Formaten handelt es sich um Varianten von Leitfadeninterviews, die dadurch gekennzeichnet sind, dass mehr oder weniger direkt Fragen- bzw. Fragenkomplexe in die Interviewsituation eingebracht werden. Die Länge und Komplexität der Leitfäden können stark variieren. Ein Leitfaden für ein Experteninterview ist oftmals detaillierter aufgebaut als die Leitfäden im Rahmen ethnographischer Interviews. Gemein ist jedoch dem Vorgehen mit einem Leitfaden, dass dieser keine restriktive Handlungsanweisung beinhaltet, sondern dass situationsabhängig die Reihenfolge der Fragen verändert werden kann. Dennoch werden durch den Einsatz von Leitfragen Kategorien und Denkmuster vorgegeben. Aus diesem Grund haben verschiedene Forscher/innen Alternativen entwickelt, so arbeitet z. B. Lilo Schmitz mit Auswahlkarten.

Ablauf eines Interviews: Interviews zu führen, bedeutet, viele Entscheidungen zu treffen, die durch die Forschungsfrage ebenso strukturiert werden wie durch die zeitlichen, räumlichen und finanziellen Ressourcen. Interviews zu führen, bedeutet auch, das Forschungsinteresse in Fragen zu übersetzen, die den ausgewählten Interviewpartner/innen gestellt werden können. Nach dem Führen des Interviews müssen die entstandenen Gespräche und Texte wieder in den wissenschaftlichen Diskurs rückgebunden werden. Im Folgenden wird ein grober Ablaufplan als Orientierung zum Führen von Interviews wiedergegeben.

Vor dem eigentlichen Interview ist zu klären, was mit Hilfe der Interviews vor dem Hintergrund der Forschungsfrage herausgefunden wird und wer dazu interviewt werden soll. Nach der Erstellung des Leitfadens, der sich aus einem Brainstorming, Literaturrecherche, Forschungsliteratur sowie bereits gemachten explorativen Interviews zusammensetzen kann, steht die Kontaktaufnahme sowie die konkrete Vereinbarung des Interviews im Mittelpunkt. Dabei ermöglicht der Zugang zum Feld immer auch schon Aussagen über dessen Eigenschaften und Strukturen bzw. erschließt und verschließt Informationen zugleich.

Kommt es zur Interviewsituation, beginnt ein „Stegreif-Drama", bei dessen Ausgestaltung dem/der Interviewer/in eine besondere Rolle zukommt (Hermanns 2017, S. 361). In den ersten Minuten liegt es an dem/der Interviewer/in, eine möglichst entspannte Atmosphäre zu schaffen und dennoch den thematischen Fokus und den Ablauf des Interviews zu erläutern. Ebenso muss das Einverständnis zur Aufnahme des Gesprächs eingeholt werden.
Die Rollen im Drama werden eingenommen, und es obliegt dem/der Interviewer/in, einen Raum zu schaffen, in dem sich der/die Interviewte – auch in verschiedenen Facetten – zeigen kann. Eine Frage, die zum Erzählen anregt, kann den Anfang bilden; heikle Inhalte werden häufig gegen Ende des Interviews angesprochen.

Oftmals sind biographische Daten, Angaben zum Beruf etc. erwünscht; diese können am Ende des Gesprächs, nachdem das Aufnahmegerät bereits ausgeschaltet wurde, abgefragt werden. Denkbar ist auch das Aushändigen eines kurzen Fragebogens, der dies ermittelt. Zum Abschluss kann ein Formblatt zur Anonymisierung der Daten ausgehändigt werden, das auch die Kontaktdaten des/der Forschenden und die Zustimmung der Interviewten, dass der/die Forschende das Material auch für Publikationen verwenden darf, enthält.

Nach dem Interview: In vielen Handbüchern wird das Anfertigen von Gedächtnisprotokollen nach dem Interview empfohlen. Hier werden Informationen über die interviewte Person, über den Gesprächsverlauf, über die Atmosphäre etc. festgehalten, um sich nach der Interviewsituation die spezifischen Begebenheiten vergegenwärtigen zu können (z. B. Froschauer/Lueger 2020).

Ein nächster Schritt ist die Verschriftlichung der Daten (Transkription) und die Rückbindung der Erfahrungen und der Interviews an die wissenschaftliche Fragestellung und den wissenschaftlichen Diskurs. Dabei stellt bereits das Transkript selbst ein wissenschaftliches Konstrukt dar, in dem das Gesprochene verschriftlicht wird und dabei auch eine Veränderung der Quelle stattfindet (Fuß/Karbach 2014).

Für die Auswertung der Interviews mit Blick auf die Forschungsfrage wird das verschriftlichte Interview weiterbearbeitet und das Interview in einzelne Textabschnitte unterteilt. Diese werden verschiedenen Themenfeldern zugewiesen, die in der Fachsprache oft Codes genannt werden. Dieser Prozess kann mit Software (z. B. MAXQDA) unterstützt werden. Dadurch wird das Material verdichtet und es können Zusammenhänge abgebildet werden (zur weiteren Lektüre sind hier Einführungswerke zur *Grounded Theory* empfohlen, z. B. Glaser/Strauss 2008; Breuer/Muckel/Dieris 2019).

Abschließend überführen die Wissenschaftler/innen die Interviews und die daraus gewonnenen Erkenntnisse in einen wissenschaftlichen Text (Hausarbeit, Artikel etc.). Dieser kann ganz unterschiedliche Formen annehmen. Vor allem in ethnographischen Arbeiten wird mit längeren Interviewausschnitten gearbeitet. Zum Teil werden geführte Interviews aber auch als eigenständige Artikel aufgeführt (z. B. Sabry/Ftouni 2017; Valassopoulos 2013) oder die geführten Interviews werden als Anhang zur Verfugung gestellt (z. B. Mejcher 2001).

7.2.3 Diskursanalyse

Wird über Märtyrer, Rebellen oder Selbstmordattentäter gesprochen? Wird über Schwangerschaftsabbruch, Abtreibung oder Kindstötung debattiert? Und wer darf darüber überhaupt sprechen? Wer wird gehört? Und wie verhält sich die Literatur und Kunst dazu?

Foucaults Diskursbegriff: „Aber was ist denn so gefährlich an der Tatsache, dass die Leute sprechen und dass ihre Diskurse endlos weiterwuchern? Wo liegt die Gefahr?" (Foucault 2012, S. 10). Die Frage, die Michel Foucault selbst aufwirft, soll in der Folge auch mit Rückgriff auf den von ihm geprägten Diskursbegriff beantwortet werden. In seiner Antrittsrede am Collège de France (1970) legt er seine grundlegenden Vorstellungen und Ideen zur Wirkweise des Diskurses dar.

> „Ich setze voraus, dass in jeder Gesellschaft die Produktion des Diskurses zugleich kontrolliert, selektiert, organisiert und kanalisiert wird – und zwar durch gewisse Prozeduren, deren Aufgabe es ist, die Kräfte und die Gefahren des Diskurses zu bändigen, sein unberechenbar Ereignishaftes zu bannen, seine schwere und bedrohliche Materialität zu umgehen" (Foucault 2012, S. 10 f.).

In der Alltagssprache wird ‚Diskurs' häufig synonym zu Diskussion oder Gespräch verwendet. Foucault versteht unter ‚Diskurs' eine Aneinanderreihung von Aussagen, die einer bestimmten Ordnung, einem regelgeleiteten System unterworfen sind; er ist eine Anhäufung, eine Verkettung von Aussagen, die derselben Formation, demselben Thema angehören. Als Beispiel werden oft, in Anlehnung an die Forschung Foucaults, die Psychiatrie, die Sexualwissenschaft, die Ökonomie genannt; aber auch alle anderen Bereiche sind denkbar: der Literaturmarkt, das Filmwesen, die Universitäten als spezifische Orte der Produktion von Wahrheit und Wissen.

Diskurs nach Foucault ist immer historisch, d. h. er strukturiert zu einer bestimmten Zeit einen bestimmten Raum, er legt fest, was sagbar ist und was nicht. Dabei ist Diskurs mehr als nur die sprachlichen Äußerungen, sie sind eingebettet und werden hervorgebracht durch eine diskursive Praxis. „Unter ‚diskursiver Praxis' wird das gesamte Ensemble einer speziellen Wissensproduktion verstanden: bestehend aus Institutionen, Verfahren der Wissenssammlung und -verarbeitung, autoritativen Sprechern bzw. Autoren" (Link 1982 in Jäger 2015, S. 23 f.). Gemeint sind damit beispielsweise verschiedene Publikationsorgane: Wer veröffentlicht in welcher Zeitschrift und warum ist die Person dazu legitimiert? Damit sind aber auch Fragen der Zirkulation und der Leserschaft verbunden.

Strukturen und Institutionen: Unter ‚Diskurs' versteht man also, was zu einem bestimmten Thema zu einer bestimmten Zeit gesagt werden kann und was Institutionen und Praktiken sind, die das Sagbare strukturieren. Es kann ja nicht jede Person zu jedem Thema sprechen. In den Medien arbeiten beispielsweise

Journalist/innen, d. h. die Berufsqualifikation ist hier ein Kriterium, die das öffentliche Reden und Sprechen ermöglicht. Im universitären Kontext muss man bei Tagungen oft einer Fachgesellschaft angehören oder zumindest dem Fach, um einen Vortrag zu halten; hier regelt also die Mitgliedschaft das Rederecht. Und es wurde gerade in diesem Kapitel darauf hingewiesen, dass es auch im Bereich der Kunst eine Vielzahl an Akteuren und Institutionen sind, die erst im Zusammenspiel ein Kunstwerk entstehen lassen; die also regulieren, was zu einem bestimmten Zeitpunkt als Kunst wahrgenommen wird.

Wichtig dabei ist, dass die Strukturen und Institutionen das Sagbare zwar eingrenzen und dass Ausschlüsse vorgenommen werden. Dies ist aber zugleich ein produktives Moment im Diskurs, da in bestimmten Bereichen ein gemeinsamer Wissensstand vorausgesetzt werden kann.

Die Auseinandersetzung mit Diskursen ist deshalb so relevant, weil (aus einer poststrukturalistischen Perspektive) davon ausgegangen wird, dass der Diskurs, also das Sprechen und Schreiben über etwas, erst seinen Gegenstand und somit Wirklichkeit erschafft. Der Diskurs bildet also keine außerhalb seiner liegende Realität sprachlich ab, sondern er schafft erst diese Realität. Genau deshalb liegt auf dem Ringen um das, was gesagt werden kann, viel Aufmerksamkeit.

Diskurs und Praktiken: Zusätzlich zu der Berücksichtigung von literarischen Texten hat es sich auch durchgesetzt, Bilder und anderes visuelles Material in Diskursanalysen einzuschließen. Aber wie verhält es sich mit kulturellen Praktiken? Der Sozialwissenschaftler Andreas Reckwitz formuliert zunächst zwei unterschiedliche Positionen (Text vs. Praktik) und bietet einen Ausweg an. Er argumentiert, dass Theorien der Praxis und Diskurstheorien sich auf unterschiedliche Verortungen des Wissens beziehen, nämlich einerseits auf Praktiken und andererseits auf schriftlich fixierte Texte. Die Frage steht im Raum, in welchem Verhältnis die in den Diskursen herausgearbeiteten Inhalte und Strukturen zu Praktiken stehen. Ob ein Text oder eine Praktik als Bestandteil von einem Diskurs gelesen wird, hängt, laut Reckwitz, von seinem Beitrag zur Produktion von Repräsentationen ab, die in der Diskursanalyse herausgearbeitet werden sollen. „Vielmehr wird deutlich, dass sich kulturelle Ordnungen in Praktiken und Diskursen gleichermaßen manifestieren" (Reckwitz 2008, S. 206). Und mit Blick auf den erweiterten Textbegriff können Praktiken ebenso wie schriftliche Text gelesen und in die Analyse eingeschlossen werden.

Methodische Umsetzung: Foucaults Diskursbegriff hat eine enorme Wirkkraft entfaltet. Er selbst hat untersucht, wie das Sag- und Machbare in verschiedenen Bereichen (Psychiatrie, Gefängnisse) in ihrer historischen Verankerung organisiert wird. Gerade die Idee, dass durch die Diskurse bestimmte Wissensstände und Gegenstände erst erschaffen werden, wurde u. a. im Rahmen der postkolonialen Studien vielfach aufgenommen. Auch Edward Said greift in seinem Buch *Orientalismus* auf Foucaults Diskursbegriff zurück und zeigt, wie im Schreiben über den Orient im europäischen und nordamerikanischen Kontext dieser erst erschaffen wurde. Wie genau eine Diskursanalyse funktioniert, hat Foucault jedoch nicht festgelegt.

Kritische Diskursanalyse (KDA): In der Folge hat es viele Versuche gegeben, die Diskursanalyse als Methode zu systematisieren. Hier wird die Kritische Diskursanalyse (KDA) nach Siegfried Jäger vorgestellt. Zum einen, weil sie das kritische Potential einer Diskursanalyse ausschöpft, und zum anderen, weil Jäger eine gut strukturierte Einführung und Umsetzung der Methode zur Verfügung stellt. Die sich anschließende stark verkürzte Darstellung orientiert sich an seiner „Gebrauchsanweisung" (Jäger 2015, S. 90 ff.). Sie unterteilt eine Diskursanalyse, die von einer Analyse von schriftlichen Texten ausgeht, in zehn Schritte.

1. Einführung und Zielsetzung des Themas formulieren
2. Begründung des Untersuchungsgegenstands, des Zeitausschnitts etc.
3. Bestimmen der Materialgrundlage: Abwägen zwischen umfassendem Anspruch und notwendiger Reduktion des zu analysierenden Materials, z. B. alle Artikel, die zu einem bestimmten Thema, in einer bestimmten Zeitschrift (oder mehreren) in einem bestimmten Zeitraum veröffentlicht wurden
4. Strukturanalyse: Hier werden alle Aussagen nach einem bestimmten Muster erfasst (Datum, Titel, Untertitel etc.), besonders wichtig ist das Erfassen der verwendeten Kollektivsymboliken und Normalismen, Auswahl der Artikel für die Feinanalyse. Entscheidend sind hier das Herausarbeiten von Normalismen als Ideen und Aussagen, darüber, was in einer Gesellschaft als normal angesehen wird (Jäger 2015, S. 53 f.) und das Aufzeigen von Kollektivsymbolen, die in „symbolisch-verdichteter und vereinfachter Form" gültige Ideen einer Gesellschaft wiedergeben (ebd., S. 55).
5. Feinanalyse: Wenige ausgewählte Artikel werden der Feinanalyse unterzogen, dabei wird Folgendes berücksichtigt: institutioneller Rahmen des Beitrags, (Text-/Bild-)Oberfläche, sprachliche Mittel und inhaltlich ideologische Aussagen; Fragen, die hier geklärt werden, sind u. a.: Welche Botschaft vermittelt dieser Diskursteil? Welcher Mittel bedient er sich? Welche Wirksamkeit (von dominanten oder subalternen Positionen) beabsichtigt der/die Autor/in?
6. Ermittlung des diskursiven Kontexts: des politischen, ökonomischen Systems; besondere Spannungslage wird skizziert
7. Zusammenfassende Analyse unter Einbeziehung der Struktur- und Feinanalyse
8. Kritik
9. Vorschläge zur Vermeidung der kritisierten Diskurse
10. Abschließende Überlegungen

Die einzelnen Schritte sind unterschiedlich umfangreich und dem Thema und der Schwerpunktsetzung anzupassen. Entscheidend ist, dass bei der Diskursanalyse neben der inhaltlichen Analyse einzelner Aussagen zum einen die Wirkung mit erfasst wird und zum anderen der institutionelle Rahmen berücksichtigt wird, der organisiert, welche Aussagen möglich sind. Die Methode der Diskursanalyse bietet sich immer auch an, um in historisches Material einzudringen

(Landwehr 2008). Auch im Rahmen der Arabistik gibt es hierzu interessante Auseinandersetzungen (Mitchell 1988; ʿAbd al-Laṭīf 2020).

7.3 Beispiele aus der Forschungspraxis

Im Folgenden stellen Ines Braune und Felix Lang jeweils ein Beispiel aus ihrer eigenen Forschungspraxis vor, die beide von einem der oben vorgestellten Zugänge ausgehen. Das erste Beispiel aus dem Arbeitsprozess von Ines Braune verortet sich in den Cultural Studies und geht vor allem auf die Problematik des Interviews ein. Das zweite Beispiel aus dem Arbeitsprozess von Felix Lang zeichnet die Entstehung einer Analyse des literarischen Feldes im Libanon nach und legt besonderes Augenmerk auf Diskursanalyse und Feldforschung.

7.3.1 Ines Braune: Geschlecht und Parkour in der arabischen Welt

Der Artikel adressiert das Thema ‚Geschlecht' in der arabischen Parkourszene anhand von zwei Interviews mit jungen Frauen, die in der arabischen Welt Parkour praktizieren (Braune 2019). Parkour ist eine „Kunst der Fortbewegung", bei der eine bestimmte Strecke rennend, springend, kletternd zurückgelegt wird und nur der eigene Körper genutzt wird. Es ist eine globale Lifestyle-Sportart, die ähnlich wie Skateboarden oder Surfen aus konkreten körperlichen Praktiken und zugleich aus der Produktion von Bildmaterial über die eigenen Fähigkeiten besteht.

Der Artikel ist Teil eines Forschungsprojekts, in dem Parkour als eine globale mediatisierte Kultur verstanden wird. Forschungsleitende Fragen sind: Wie lassen sich Praktiken der Aneignung, Identität und Distribution aus einer marokkanischen Perspektive lesen? Wo werden Ungleichheiten sichtbar und wo wird Teilhabe möglich und wie gestaltet sich diese? Wie andere körperzentrierte Lifestyle-Sportarten ist auch Parkour von jungen Männern dominiert. Dennoch sind auch viele Frauen Teil der Szene. Mit welchen Hindernissen und Schwierigkeiten sich die jungen Frauen in der arabischen Welt konfrontiert sehen und welche Räume sie sich geschaffen haben, sind Themen der Interviews.

Ich entschied mich, zwei Frauen und deren Erfahrungen in den Mittelpunkt zu stellen: Fatima aus Marokko und Reem aus Ägypten, die beide bereits über einen längeren Zeitraum Parkour praktizierten. Beide Frauen kannte ich vor den Interviews bereits aufgrund meiner Forschung zu Parkour in der arabischen Welt. Jedoch hatte ich mit beiden noch kein ausführliches Interview geführt. Außerdem verfolgte ich seit 2014 ihre Social-Media-Aktivitäten auf Facebook und später Instagram. Der Zugang zum Feld der Parkourszene gestaltete sich grundsätzlich unkompliziert, da zum einen Parkour in der Öffentlichkeit betrieben wird. Zum anderen besteht Parkour aus einer medialen Präsenz, die Sichtbarkeit schätzt und so Interessierten sehr offen gegenübertritt.

In Vorbereitung auf den Artikel traf ich Fatima in ihrer Heimatstadt Meknès und verbrachte einen Tag mit ihr. Währenddessen unterhielten wir uns viel, ich stellte zum Teil gezielte Fragen. Nur geringe Teile des Interviews konnten aufgenommen werden, da wir beide viel in Bewegung waren. Zwischendurch kamen Freunde von Fatima dazu. Unmittelbar nach unserem Treffen versuchte ich, so viel wie möglich in einem Gedächtnisprotokoll festzuhalten. Zu den aufgenommenen Interviewsequenzen kam noch digitales Bildmaterial von Fatimas Trainingssequenzen.

Reem aus Ägypten hatte ich zufällig in Kairo kennengelernt. Sie war Teil einer Trainingsgruppe, mit der ich verabredet war. Mir ihr führte ich ein knapp zweistündiges Skype-Interview, dass ich mit dem Smartphone komplett aufnehmen konnte. Sie lebt und praktiziert Parkour mittlerweile in Dubai. Im Anschluss transkribierte ich die Interviews nach einem einfachen wörtlichen Transkriptionssystem. Die Herausforderung bestand nun darin, beide Interviewsituationen mit der unterschiedlichen Materiallage in einen schriftlichen wissenschaftlichen Text einzubinden. Das Gespräch mit Fatima dauerte zwar länger, war aber durch viel Zeit, in der nicht gesprochen wurde und ich vor allem teilnehmend beobachtete, gekennzeichnet. Dahingegen war das Skype-Gespräch mit Reem sehr fokussiert; es gab keine Unterbrechungen und es waren zu keinem Zeitpunkt andere Personen eingebunden. Zudem, und das nahm ich als den entscheidenden Faktor wahr, waren beide Frauen unterschiedlich kommunikativ. Während Fatima stärker mit Körpersprache arbeitete, um ihren Gedanken Ausdruck zu verleihen, war Reem viel eloquenter und reflektierter, was ihr Verhältnis zu Parkour betraf.

Da ich beide Frauen viel selbst zu Wort kommen lassen wollte, der Beitrag jedoch von der existierenden wissenschaftlichen Debatte zu dem Thema gerahmt und getragen werden sollte, wurde der Artikel wie folgt aufgebaut: Der erste Teil des Artikels stellt den Stand der Forschung dar und entwickelt eine Fragestellung. Der Hauptteil besteht aus einem Teil der transkribierten Interviewsequenzen, wobei das Interview mit Fatima deskriptive Anteile der teilnehmenden Beobachtung enthält. Den Abschluss bildet eine Rückbindung der Interviews an die Fragestellung. Der Fokus auf die zwei Frauen macht ihre kreativen Praktiken sichtbar, mit denen sie Teil einer globalen kulturellen Praktik sind, und zugleich unterstreicht es die komplexen intersektionalen Machtverhältnisse, die die Teilhabe an einer globalen Kulturgemeinschaft tiefgreifend prägen.

7.3.2 Felix Lang: Libanesische Schriftsteller/innen und die Aufarbeitung des Bürgerkriegs (1975–1990)

Ausgangspunkt meiner Arbeit war ein Korpus von etwa 80 Romanen, die seit 1990 von Libanesinnen und Libanesen über den Krieg und seine Folgen geschrieben wurden. Ich las diese Romane mit besonderem Augenmerk auf die Darstellung des Kriegs und der Kriegserinnerungen. Dieser Schritt lässt sich als eine vereinfachte Form der oben dargestellten Diskursanalyse verstehen: Zentral war auch hier die Suche nach Ähnlichkeiten und wiederkehrenden Mustern auf inhaltlicher und formaler Ebene. So zeigte sich, dass sich die Darstellungen von Erinnerung häufig an bestimmten, popkulturellen Vorstellungen von Trauma und posttraumatischer Belastungsstörung orientiert: Figuren erleben Flashbacks, während derer sie Gewalterfahrung noch einmal durchleben, bestimmte Auslöser, die mit traumatischen Erinnerungen verknüpft sind, führen zu körperlichen Reaktionen wie Kopfschmerzen und Übelkeit, die die Figuren in ihrem täglichen Leben beeinträchtigen.

Im zweiten Schritt wollte ich mich in der Feldforschung mit den Autor/innen und dem literarischen Betrieb vertraut machen. Dabei hatte ich noch keine präzise Vorstellung, wonach ich suchte. Ich ging, wie ich es aus der ethnologischen Forschungsliteratur kannte, für neun Monate zur Feldforschung nach Beirut. Am Anfang meiner Feldforschung standen offene Leitfaden-Interviews mit den Autor/innen, die ich in erster Linie zu ihrer Meinung über die Rolle der Literatur im Krieg und nach dem Krieg befragte, aber auch ganz allgemein zum literarischen Leben in Beirut. Einige Kontakte hatte ich von Kolleg/innen erhalten, andere bekam ich dann von Autor/innen und Journalist/innen. Neben Autor/innen sprach ich auch mit Literaturkritiker/innen, Verleger/innen und anderen am Literaturbetrieb Beteiligten.

Doch Interviews allein sind noch keine Feldforschung. Im Rahmen meiner teilnehmenden Beobachtung des kulturellen Lebens in Beirut besuchte ich Vernissagen, Signierstunden, Vorträge und Buchmessen. Ich traf Autor/innen an ihrem Arbeitsplatz – häufig Zeitungsredaktionen –, in ihren Privatwohnungen oder in Cafés, in denen sie verkehrten. Jeden Abend hielt ich in ausführlichen Gedächtnisprotokollen fest, was ich tagsüber gesehen und gehört hatte. Viele dieser Details – etwa der Aufbau der Stände auf der Buchmesse, oder das genaue Prozedere einer öffentlichen Signierstunde – habe ich für die schriftliche Arbeit nie wieder gebraucht. Nichtsdestotrotz sind diese Informationen wichtig, um ein Gefühl für die Situation zu haben, um Gesprächspartner/innen vermitteln zu können, dass ich mit dem Feld vertraut bin. Ähnliches gilt für meine tägliche Lektüre der Feuilletons der großen Tageszeitungen. Um ernstgenommen zu werden, muss ich wissen, worüber man gerade spricht, auch, wenn es nichts mit dem Bürgerkrieg zu tun hat.

Neben der Feldforschung durchsuchte ich in dieser Zeit auch die Archive dreier großer Tageszeitungen systematisch nach Artikeln von und über eine kleinere Gruppe von acht Autor/innen, die ich ins Zentrum meiner Arbeit stellen wollte. So wurde die Diskursanalyse zur Erinnerung, die ich mit den Romanen begonnen hatte, auf nicht-fiktionale Texte ausgedehnt, was insbesondere darum fruchtbar war, weil ein großer Teil der libanesischen Schriftsteller/innen auch journalistisch tätig war und ist.

Durch die Feldforschung und diese Recherchen änderte sich, wie das häufig geschieht, der Fokus meiner Arbeit: Die sozialen Netzwerke und Gruppenbildung innerhalb der Literaturszene, die Frage, welche Autor/innen wichtig oder bekannt waren, wie sie über einander und über die Texte der Anderen sprachen, kurz der Aufbau des literarischen Feldes, in dem ich mich als Wissenschaftler auch bewegte, wurde, neben der Frage nach der Erinnerung, zentral für meine Arbeit.

So kam ich schließlich zu den beiden wichtigsten Ergebnissen meiner Forschung: Die Schriftsteller/innen sehen sich einem zweifachen ‚Erinnerungsgebot' gegenüber. Zum einen müssen sie über den Bürgerkrieg schreiben, weil die Aufarbeitung in ihrem gesellschaftlichen Milieu als moralisch geboten erscheint (was in anderen Milieus der libanesischen Gesellschaft nicht der Fall ist). Zum anderen ist das Schreiben über den Krieg im libanesischen literarischen Feld zum Markenzeichen des ‚richtigen' Schriftstellers geworden, sodass die Aufarbeitung auch in der Logik des literarischen Feldes geboten, weil mit Anerkennung verknüpft, erscheint.

Literatur

Abbas, Hassan: „Un levier pour le changement social". In: *Confluences Méditerranée* 60/1 (2007), 133–144. DOI: https://doi.org/10.3917/come.060.0133.

ʿAbd al-Laṭīf, ʿImād: *Taḥlīl al-Ḫiṭāb as-Siyāsī: al-Balāġa, as-Sulṭa, al-Muqāwama*. Amman 2020.

Ang, Ien: *Watching Dallas*. London 1985.

Becker, Howard Saul: *Kunstwelten*. Übers. von Thomas Klein und Daniel Kulle. Hamburg 2017.

Boëx, Cécile: „The End of the State Monopoly over Culture. Toward the Commodification of Cultural and Artistic Production". In: *Middle East Critique* 20/2 (2011), 139–155. DOI: https://doi.org/10.1080/19436149.2011.572411.

Bogner, Alexander (Hg.): *Experteninterviews. Theorien, Methoden, Anwendungsfelder*. Wiesbaden 2009.

Bohnsack, Ralf: „Qualitative Interviews – ein Überblick". In: Uwe Flick (Hg.): *Qualitative Forschung. Ein Handbuch*. Hamburg 2017, 369–283.

Bourdieu, Pierre: *Die feinen Unterschiede: Kritik der gesellschaftlichen Urteilskraft*. Frankfurt a. M. 2008 [1979].

Bourdieu, Pierre: *Die Regeln der Kunst: Genese und Struktur des literarischen Feldes*. Frankfurt a. M. 2016 [1992].

Braune, Ines: „Gender and Parkour in the Arab World". In: Saskia Bultman (Hg.): *Building Bodies: Transnational Historical Approaches to Sport, Gender and Ethnicities, Yearbook of women's history*. Hilversum 2019, 193–207.

Breidenstein, Georg/Hirschauer, Stefan/Kalthoff, Herbert/ Nieswand, Boris: *Ethnografie. Die Praxis der Feldforschung*. Konstanz/München 2015. Online verfügbar unter https://www.utb-studi-e-book.de/9783838544977.

Breuer, Franz/Muckel, Petra/Dieris, Barbara: *Reflexive Grounded Theory. Eine Einführung für die Forschungspraxis*. Wiesbaden 2019.

Butler, Judith: *Das Unbehagen der Geschlechter*. Frankfurt a. M. 1991 [1990].

Daynes, Sarah/Williams, Terry: *On Ethnography*. Newark 2018. Online verfügbar unter https://ebookcentral.proquest.com/lib/gbv/detail.action?docID=5399244.

De Certeau, Michel: *Die Kunst des Handelns*. Berlin 1988 [1980].

Dresing, Thorsten/Pehl, Thorsten: *Praxisbuch Interview, Transkription & Analyse. Anleitungen und Regelsysteme für qualitativ Forschende*. Marburg 62015. Quelle: https://www.audiotranskription.de/praxisbuch (Datum des Downloads: 24.02.2020).

Du Gay, Paul et al. (Hg.): *Doing Cultural Studies. The Story of the Sony Walkman*. London 22013 [1997].

Firat, Alexa: „Cultural Battles on the Literary Field. From the Syrian Writers' Collective to the Last Days of Socialist Realism in Syria". In: *Middle Eastern Literatures* 18/2 (2015), 153–176. DOI: https://doi.org/10.1080/1475262X.2015.1116137.

Fischer-Lichte, Erika: *Ästhetik des Performativen*. Frankfurt a.M. 2004.
Fischer-Lichte, Erika: *Performativität. Eine Einführung*. Bielefeld 2012.
Flick, Uwe (Hg.): *Qualitative Forschung. Ein Handbuch*. Reinbek bei Hamburg 2017.
Foucault, Michel: *Die Ordnung des Diskurses*. Frankfurt a. M. 2012.
Froschauer, Ulrike/Lueger, Manfred: *Das qualitative Interview*. 2., überarbeitete Auflage. Wien 2020.
Fuṣūl. Maǧallat an-naqd al-adabī. 25/3/99 (2017).
Fuß, Susanne/Karbach, Ute: *Grundlagen der Transkription. Eine praktische Einführung*. Opladen 2014.
Ġaḏāmī, ʿAbdallāh al-: *an-Naqd aṯ-Ṯaqāfī: Qirāʾa fī al-Ansāq aṯ-Ṯaqāfiyya al-ʿarabiyya*. Casablanca/Beirut 2012 [2000].
Ġaḏāmī, ʿAbdallāh al-: *Ṯaqāfat Twītir: Ḥurriyyat at-taʿbīr aw masʾūliyyat at-taʿbīr*. Beirut 2016.
Ġaḏāmī, ʿAbdallāh al-/Iṣṭayf, ʿAbd an-Nabī: *Naqd ṯaqāfī am naqd adabī?* Damaskus 2004.
Geertz, Clifford: *Dichte Beschreibung. Beiträge zum Verstehen kultureller Systeme*. Übers. von Brigitte Luchesi und Rolf Bindemann. Frankfurt a. M. 1983 [1979].
Glaser, Barney/Strauss, Anselm: *Grounded Theory. Strategien qualitativer Forschung*. Bern 2008.
Gläser, Jochen/Laudel, Grit: *Experteninterviews und qualitative Inhaltsanalyse als Instrumente rekonstruierender Untersuchungen*. Wiesbaden 2010.
Göttlich, Udo/Winter, Carsten: „Wessen *Cultural Studies*? Die Rezeption der *Cultural Studies* im deutschsprachigen Raum". In: Roger Bromley/Udo Göttlich/Carsten Winter (Hg.): *Cultural Studies. Grundlagentexte zur Einführung*. Lüneburg 1999, 25–42.
Ḫalīl, Samīr al-: *Dalīl Muṣṭalaḥāt ad-Dirāsāt aṯ-Ṯaqāfiyya wa-n-Naqd aṯ-Ṯaqāfī. Iḍāʾa Tawṯīqiyya li-l-Mafāhīm aṯ-Ṯaqāfiyya al-Mutadāwila*. Beirut 2016.
Hall, Stuart: „Kodieren/Dekodieren". In: Roger Bromley/Udo Göttlich/Carsten Winter (Hg.): *Cultural Studies. Grundlagentexte zur Einführung*. Lüneburg 1999a, 92–112. Originaltext: Stuart Hall: "Encoding/Decoding". In: *CCCS Stenciled Paper* 7 (1973).
Hall, Stuart: „*Cultural Studies*. Zwei Paradigmen". In: Roger Bromley/Udo Göttlich/Carsten Winter (Hg.): *Cultural Studies. Grundlagentexte zur Einführung*. Lüneburg 1999b, 113–138. Originaltext: Stuart, Hall: "*Cultural Studies*. Two Paradigms". In: *Media, Culture and Society* 2 (1980), 57–72.
Hall, Stuart: „The Work of Representation". In: Stuart Hall (Hg.): *Representation. Cultural representations and signifying practices*. London 1997, 15–74.
Heyl, Barbara Sherman: „Ethnographic Interviewing". In: Paul Atkinson et al. (Hg.): *Handbook of Ethnography*. London 2001, 369–383.
Hennion, Antoine: „An Intermediary Between Production and Consumption: The Producer of Popular Music". In: *Science, Technology, & Human Values* 14/4 (1989), 400–424.
Hennion, Antoine: „Pour une pragmatique du gout". In: *CSI WORKING PAPERS SERIES 001* (2005). Online verfügbar unter https://halshs.archives-ouvertes.fr/halshs-00087895.
Hennion, Antoine/Latour, Bruno: „Objet d'art, objet de science. Note sur les limites de l'anti-fétichisme". In: *Sociologie de l'art* (1993), 7–24.
Hermanns, Harry: „Interviewen als Tätigkeit". In: Uwe Flick (Hg.): *Qualitative Forschung. Ein Handbuch*. Hamburg 2017, 360–368.
Hopf, Christel: „Qualitative Interviews – ein Überblick". In: Uwe Flick (Hg.): *Qualitative Forschung. Ein Handbuch*. Hamburg 2017, 314–359.
Hörning, Karl H./Reuter, Julia (Hg.): *Doing Culture. Neue Positionen zum Verhältnis von Kultur und sozialer Praxis*. Bielefeld 2004.
Jacquemond, Richard: *Conscience of the Nation. Writers, State, and Society in Modern Egypt*. Kairo 2008.
Jacquemond, Richard/Lang, Felix (Hg.): *Production and Practice in Conflict*. London 2019.
Jäger, Siegfried: *Kritische Diskursanalyse. Eine Einführung*. Münster 2015.
Johnson, Richard: „Was sind eigentlich *Cultural Studies*". In: Roger Bromley/Udo Göttlich/Carsten Winter (Hg.): *Cultural Studies. Grundlagentexte zur Einführung*. Lüneburg 1999,

139–190. Originaltext: Richard Johnson: "What is *Cultural Studies* Anyway". In: *Social Text* 16 (1986), 38–80.

Jurt, Joseph: „Die Habitus-Theorie Von Pierre Bourdieu". In: *LiThes* 10/3 (Juli 2010). https://lithes.uni-graz.at/lithes/10_03.html.

Jurt, Joseph: „Literarisches Feld". In: Jörg Dünne/Andreas Mahler (Hg.): *Handbuch Literatur & Raum*. Berlin 2015, 240–248.

Kozma, Liat/Schayegh, Cyrus/Wishnitzer, Avner (Hg.): *Mobility, Materiality and Culture in the Modern Age, 1880 – 1940*. London u. a. 2015.

Kraidy, Marwan: *Reality Television and Arab Politics Contention in Public Life*. New York 2010.

Landwehr, Achim: *Historische Diskursanalyse*. Frankfurt a. M. 2008.

Lang, Felix: *The Lebanese Post-Civil War Novel. Memory, Trauma, and Capital*. Houndmills/Basingstoke/Hampshire/New York, NY 2016.

Langemeyer, Ines: „Antonio Gramsci: Hegemonie, Politik des Kulturellen, geschichtlicher Block". In: Andreas Hepp/Friedrich Krotz/Tanja Thomas (Hg.): *Schlüsselwerke der Cultural Studies*. Wiesbaden 2009, 72–82.

Law, John: „Notes on the Theory of the Actor-Network. Ordering, Strategy, and Heterogeneity". In: *Systems Practice* 5/4 (1992), 379–393.

Leperlier, Tristan: *Algérie, les écrivains de la décennie noire*. Paris 2018.

Malinowski, Bronislaw: *Argonauts of the Western Pacific*. Hoboken 2014 [1922].

Marcus, George E.: „Ethnography in/of the World System: The Emergence of Multi-Sited Ethnography". *Annual Review of Anthropology* 24 (1995), 95–117. Print.

Meier, Thomas/Ott, Michael/Sauer, Rebecca (Hg.): *Materiale Textkulturen*. Berlin u. a. 2015.

Mejcher, Sonja: *Geschichten über Geschichten. Erinnerungen im Romanwerk von Ilyās H̱ūrī*. Wiesbaden 2001.

Mehrez, Samia: *Egypt's Culture Wars: Politics and Practice*. London/New York 2008.

Mitchell, Timothy: *Colonising Egypt*. Cambridge 1988.

van Nieuwkerk, Karin (Hg.): *Muslim Rap, Halal Soaps, and Revolutionary Theater: Artistic Developments in the Muslim World*. Austin 2011.

van Nieuwkerk, Karin/LeVine, Mark/Stokes, Martin (Hg.): *Islam and Popular Culture*. Austin 2016.

Prior, Nick: „Putting a Glitch in the Field. Bourdieu, Actor Network Theory and Contemporary Music". In: *Cultural Sociology* 2/3 (2008), 301–319. DOI: https://doi.org/10.1177/1749975508095614.

Radway, Janice: *Reading the Romance. Feminism and the Representation of Women in Popular Culture*. Chapel Hill 1984.

Reckwitz, Andreas: „Praktiken und Diskurse. Eine sozialtheoretische und methodologische Relation". In: Herbert Kalthoff/Stefan Hirschauer/Gesa Lindemann (Hg.): *Theoretische Empirie. Zur Relevanz qualitativer Forschung*. Frankfurt a. M. 2008, 188–209.

Sabry, Tarik: *Cultural Encounters in the Arab World. On Media, the Modern and the Everyday*. London 2010.

Sabry, Tarik (Hg.): *Arab Cultural Studies. Mapping the Field*. London 2012.

Sabry, Tarik/Ftouni, Layal (Hg.): *Arab Subcultures. Transformations in Theory and Practice*. London 2017.

Sabry, Tarik/Khalil, Joe F. (Hg.): *Culture, Time and Publics in the Arab World. Media, Public Space and Temporality*. London 2019.

Salamandra, Christa: „Moustache Hairs lost. Ramadan Televisions Serials and the Construction of Identity in Damascus, Syria". In: *Visual Anthropology* 10 (1998), 227–246.

Salamandra, Christa: „Past Continuous: The Chronopolitics of Representation in Syrian Television Drama". In: *Middle East Critique* 28/2 (2019), 121–141.

Schmitz, Lilo: „Feldforschung und ethnografisches Interview mit Auswahl-Karten", https://sozkult.hs-duesseldorf.de/personen/schmitz/Documents/feldforschung_und_ethnografisches_interview.pdf (14.04.2021).

Schütze, Fritz: „Biographieforschung und narratives Interview“. In: *Neue Praxis* 13 (1983), 283–293.
Spradley, James P.: *The Ethnographic Interview*. New York 1979.
Thomas, Stefan: *Ethnografie. Eine Einführung*. Wiesbaden 2019. Online verfügbar unter https://doi.org/https://doi.org/10.1007/978-3-531-94218-6.
Valassopoulos, Anastasia (Hg.): *Arab Cultural Studies. History, Politics and the Popular*. London u. a. 2013.

Teil III
Konzepte der Literatur- und Kulturwissenschaft

Geschlecht

8

▶ **Leitfragen** Ist das Geschlecht natürlich oder konstruiert und wie viele Geschlechter gibt es? Welchen Stellenwert haben Frauen und Männer in den arabischen Gesellschaften und wie verhält es sich mit Homosexualität? Wie kann dies aus literatur- und kulturwissenschaftlicher Sicht analysiert werden?

„Man wird nicht als Frau geboren. Man wird es." *(On ne naît pas femme: on le devient.)* Dieses berühmte Zitat von Simone de Beauvoir (1908–1986) stammt aus einem der Grundlagenwerke der Geschlechterforschung und verweist zugleich auf die soziale Konstruktion der Kategorie Geschlecht. Das Geschlecht eines Menschen strukturiert maßgeblich Sichtweisen, Handlungsoptionen und Zukunftsperspektiven.

Das Thema ‚Geschlecht' wird mit viel Beteiligung und sehr kontrovers diskutiert. Das liegt sicher mit daran, dass man sich seiner eigenen Geschlechtlichkeit kaum entziehen kann und dass Fragen nach Frauen- und Männerrollen und Homosexualität gerade mit Blick auf die arabische Welt sehr polarisierend und wertend behandelt werden.

Gerade ein Blick auf das wissenschaftliche Konzept von Geschlecht und dessen Diskussion innerhalb der arabischen Welt macht sowohl historische Bedeutungsverschiebungen des Konzepts als auch die Verwobenheit mit anderen prägenden Ideen der Zeit wie Nationalismus, Postkolonialismus und Islamismus deutlich.

8.1 Geschichte

Feministische Frauenforschung begleitet die Forderungen von Frauen nach gleichberechtigter gesellschaftlicher und politischer Teilhabe seit dem ausgehenden 19. Jh. Simone de Beauvoir richtet später den Fokus auf die Mechanismen, durch die Frauen durch Männer und in Abhängigkeit von ihnen zum ‚anderen

Y. Albers et al., *Arabistik,* https://doi.org/10.1007/978-3-476-05681-8_8

Geschlecht‘ gemacht werden. Hier wird auch die Unterscheidung in biologisches Geschlecht (engl. *sex*) und soziales Geschlecht (engl. *gender*) fruchtbar. Diese Differenzierung ermöglicht es zunächst, Unterschiede nicht ausschließlich auf eine in der Natur bedingten Verschiedenheit von Mann und Frau zurückzuführen, sondern soziale, politische und ökonomische Prozesse zu betrachten, die sich machtvoll in die Körper einschreiben.

Mit ihrem einflussreichen Werk *Gender Trouble* (1990) kritisiert Judith Butler die Aufteilung in *sex* und *gender.* Sie argumentiert, dass das, was wir natürliches, biologisches Geschlecht nennen, selbst von Normen und gesellschaftlichem Handeln geprägt ist bzw. dass die sozialen Normen immer auf die bereits gedachte binäre Aufteilung in Mann und Frau zurückgeführt und angebunden werden. Sie schlägt deshalb vor, nur von ‚Geschlecht‘ im Sinn von *gender* zu sprechen und eine Vielfalt von geschlechtlichen Normen und Existenzweisen zuzulassen.

Diese Auffassung steht zum Teil im Widerspruch zur klassischen feministischen Frauenforschung, in der es um Positionen und Zuschreibungen der Frau als ein feststehendes, untergeordnetes bzw. unterdrücktes Subjekt innerhalb der Geschlechterordnung geht. Frauen- und Geschlechterforschung werden oftmals in einem Atemzug genannt, und so hat sich die Geschlechterforschung historisch auch aus der Frauenforschung entwickelt, aber diese keinesfalls ersetzt oder verdrängt. Vielmehr gibt es durchaus kontroverse Positionen (vgl. Schößler 2010, S. 9).

Die Forderung nach einer Vielfalt von geschlechtlichen Existenzweisen stößt in den heutigen Gesellschaften in Europa ebenso wie in der arabischen Welt immer wieder an Grenzen, da eine binäre (in Mann und Frau) und heterosexuelle (Mann liebt Frau und Frau liebt Mann) Zuordnung vorherrschend ist. Aufbauend auf die performative Erzeugung von Geschlechteridentitäten nach Judith Butler entwickelten sich in der LGBTI (Lesbian, Gay, Bi, Trans und Inter) – Bewegung Ordnungen, die quer zu der binären heteronormativen Orientierung verlaufen (Queer Studies). Antke Engel beschreibt den Anspruch queerer Theorien, „Differenzen zu benennen und Artikulationsräume für nicht normgerechte oder dissidente Geschlechter und Sexualitäten zu schaffen“ (2005, S. 10).

Das Problematisieren von Herrschaftsverhältnissen und Aufdecken von Machtmechanismen ist den Gender und Queer Studies gemein. Die Marginalisierung von Positionen ebenso wie die Aushandlungsprozesse um Sichtbarkeit, Teilhabe und Mitbestimmung sind immer an Machtfragen gekoppelt, da vorherrschende gesellschaftliche Normen und Strukturen in Frage gestellt werden.

Intersektionalität: Eng verknüpft damit ist der Begriff der Intersektionalität, der die Verschränkung unterschiedlicher Strukturen, die Ungleichheiten schaffen, in den Blick nimmt. Kategorien wie Geschlecht, Klasse, Ethnizität und Nation können nicht unabhängig, sondern nur in ihren vielfältigen Überkreuzungen (engl. *intersection*) mit anderen marginalisierten Positionen thematisiert und erforscht werden. So ist beispielsweise eine junge Frau, die körperlich beeinträchtigt ist, mit einem Hauptschulabschluss mehrfach marginalisiert und steht vor anderen Herausforderungen als ein gleichaltriger junger Mann mit Gymnasialabschluss. Ebenso kann ein junger Migrant aus Syrien gegenüber einer deutschen jungen Frau aus der Mittelschicht mehrfach benachteiligt sein.

8.2 Arabistische Perspektiven

Autorinnen wie Joan Scott (2002) oder Hoda El Sadda (2012) machen deutlich, dass Gender kein ‚westliches' Konzept ist und betonen, dass sich die Inhalte des Konzepts aufgrund der Reise durch Raum und Zeit unweigerlich verschieben, was beispielsweise auch die inhaltliche Veränderung seit Judith Butler deutlich macht. Und so ist sowohl die Frauenbewegung selbst als auch die Erforschung von Geschlechterverhältnissen in der arabischen Welt Teil globaler Zirkulation von Ideen, Konzepten und Netzwerken und sie ist ebenso rückgebunden an lokale Dynamiken, politische Machtverhältnisse und die Aushandlung der Rolle des Islams dabei. Diese spiegelt sich auch in der Entwicklung der arabischen Terminologie für den Begriff ‚Gender' wider.

Während *nawʿ* im Arabischen bis in die 1960er Jahre ausschließlich Geschlecht in einem grammatikalischen Sinn ohne jeglichen feministischen Anspruch meinte, wird es seit den 1970er Jahren benutzt, um die Ungleichheiten zwischen Mann und Frau nicht als natürlich gegeben, sondern gesellschaftlich konstruiert zu begreifen. Dies wird mit dem Zusatz *an-nawʿ al-iǧtimāʿī* unterstrichen. Samia Mehrez bedauert, dass sich *ǧunūsa* (von der Wurzel *ǧanasa*) als arabische Übersetzung von Gender nicht durchgesetzt hat, obwohl es dem gleichen, dem Arabischen eigenen, Muster von beispielsweise *unūṯa* (Feminität) und *ḏukūra* (Maskulinität) folgt und sowohl die Flexibilität der arabischen Sprache als auch die Möglichkeit, einen neuen Terminus mit eigener Bedeutung zu versehen, deutlich gemacht hätte (Mehrez 2007). Im Arabischen hat sich keine einheitliche Übersetzung von ‚Gender' etabliert, neben *nawʿ* und *an-nawʿ al-iǧtimāʿī* wird *ǧins* (von ‚Genus') und *ǧindir* (von ‚Gender') benutzt.

Im Folgenden kann nicht auf die komplexe Entwicklung der Frauenbewegung in der arabischen Welt eingegangen werden (vgl. Salah 2018; Kallās 1996), stattdessen wird kursorisch auf wichtige Momente und Persönlichkeiten verwiesen, die die Diskussion um das Konzept von Geschlecht geprägt haben und nach wie vor prägen.

Qāsim Amīn (1863–1908) gilt – was zu kritisieren ist – in vielen Darstellungen als Begründer der ägyptischen und arabischen Frauenbewegung, mit den beiden von ihm verfassten Büchern *Die Befreiung der Frau (Taḥrīr al-marʾa)* von 1899 und *Die neue Frau (al-Marʾa al-ǧadīda)* von 1901. Der Umgang mit seinen Positionen veranschaulicht sowohl die historischen Debatten um die Jahrhundertwende in Ägypten als auch den Anspruch gegenwärtiger feministischer Positionen. Für seine Forderungen nach mehr Bildung für Frauen, aber vor allem für die Entschleierung der ägyptischen Frauen erntete Amīn viel Zuspruch und Kritik. Die Kritik kam nicht ausschließlich aus einem islamisch-konservativen Lager, sondern auch aus nationalistischen Kreisen, die darin die blinde

Übernahme ‚westlicher' Ideen sahen und erneute koloniale Bestrebungen des ‚Westens' vermuteten.

Malak Hifnī Nāsif (1886–1918), eine Zeitgenossin Amīns, setzte sich nicht nur in ihrer regelmäßigen Kolumne mit Frauenfragen auseinander *(Nisā'iyyāt)* und war somit eine der ersten schreibenden Frauen, die regelmäßig in einer Tageszeitung *(al-Ǧarīda)* publizierte. Sondern sie kritisierte auch ganz klar, dass Amīns Projekt eines modernen Ägyptens eine erneute Form darstellte, Frauen eine männliche Agenda für Wandel zu diktieren. Weitere Kritik an Amīns Werk ist, dass er ‚über' die Frauen spricht und ihnen eine nicht selbstgewählte Rolle zuweist. Außerdem fordere er nur Bildung für Frauen, damit sie gute Ehefrauen und Mütter seien, ohne dass ihnen eine gleichberechtigte politische Teilhabe zugestanden würde.

Weitere bedeutende Frauen, die ebenfalls bereits seit dem Ende des 19. Jh.s und Anfang des 20. Jh.s sich in die öffentlichen Debatten einbrachten, werden durch gegenwärtige feministische Forschung in der arabischen Welt entdeckt. Es geht dieser Forschung darum, den Gründungsmythos des arabischen Feminismus, es seien vor allem zuerst Männer wie Rifā'a Rāfi' aṭ-Ṭahṭāwī und Qāsim Amīn gewesen, die Belange der Frauen in die Öffentlichkeit getragen haben, zu dekonstruieren. Beispielhaft für viele sind Aisha Taymur ('Ā'iša Taymūr, 1840–1902), Hudā Ša'rāwī (1879–1947), Zaynab Fawwāz (1860–1914), Mayy Ziyāda (1886–1941) zu nennen.

Nawal El Saadawi (Nawāl as-Sa'dāwī, 1931–2021), eine Ikone der Frauenrechtsbewegung in der arabischen Welt, provoziert mit ihrem Wirken als Ärztin und Autorin etablierte Machtstrukturen in Ägypten seit den 1970er Jahren. Sie wendet sich in deutlicher Sprache gegen die Unterdrückung und sexuelle Ausbeutung von Frauen (*al-Mar'a wa-l-ǧins*, 1972; *Imra'atun 'inda nuqṭat aṣ-ṣifr*, 1977, übersetzt als *Ich spucke auf euch. Bericht einer Frau am Punkt Null*) und gegen eine Verhüllung des weiblichen Körpers, der, so argumentiert sie, ebenso wie bei ständiger repräsentierter Nacktheit lediglich als Ware und Objekt wahrgenommen wird (*Tschador. Frauen im Islam,* 1991). Sie war für ihre Positionen im Gefängnis und sieht sich immer wieder mit Vorwürfen der Apostasie konfrontiert. Bis heute erhebt sie, nach einem Aufenthalt im US-amerikanischen Exil, aus Kairo ihre Stimme gegen die Ungleichbehandlung von Mann und Frau.

Islam und Frauenrechte: Während zu Beginn der feministischen Bewegung und der Frauenforschung in der arabischen Welt viele Akteur/innen eine Position vertraten, die im Islam die Unterdrückung der Frauen sahen, gewinnen seit den 1970er Jahren Positionen an Bedeutung, die versuchen, die islamischen Quellen und religiösen Traditionen von einem weiblichen Standpunkt aus neu zu interpretieren. Autorinnen wie Fatima Mernissi (Fāṭima Marnīsī, 1940–2015) und Omaima Abou-Bakr verweisen auf bedeutende weibliche Persönlichkeiten in der Geschichte des Islams und machen diese sichtbar. Leila Ahmed, Kecia Ali und andere decken die patriarchale Überschreibung der religiösen Texte auf.

Autorinnen wie Amina Wadud (geb. 1952 in den USA) und Asma Barlas (geb. 1952 in Pakistan) setzen dem eine weibliche Lesart des Korans gegenüber und sind Teil eines sich global etablierenden islamischen Feminismus.

Viele der Autor/innen unterstreichen, dass die Ungleichbehandlungen von Frauen und Männern bzw. Mädchen und Jungen aus einflussreichen patriarchalen Strukturen und Traditionen resultieren: als einer Vorherrschaft des Männlichen über das Weibliche (z. B. Polygamie, Bevorzugung der Männer im Scheidungs- und Erbrecht), die z. T. religiös legitimiert werden.

Konzept von Ehre: Die vielfältigen Verknüpfungen und Machtbeziehungen zwischen den Geschlechtern speisen sich zudem aus dem Konzept von Ehre. Dabei geht es vor allem um die Reputation der gesamten Familie, die auf der sexuellen Integrität des weiblichen Körpers basiert. Die Aufrechterhaltung des Rufs wird maßgeblich von den Männern der Familie über den Schutz bzw. die Kontrolle der weiblichen Familienmitglieder und ihrer Körper gewährleistet (Baron 2006; Abu Odeh 2010).

Vor dem Hintergrund neoliberaler Wirtschaftspolitik, erhöhten Bildungschancen und Migrationsbewegungen werden die tradierten Geschlechterrollen stetig neu ausgehandelt. Das betrifft ebenso die Konstituierung von Männlichkeit, die im Kontext der Männlichkeitsforschung thematisiert wird (Amar 2011; Inhorn 2012; El Feki 2017; Suerbaum 2017).

Geschlecht als Konzept in der arabischen Welt ist eingebunden in patriarchale Traditionen, religiöse Vorschriften und Vorstellungen von Ehre, in denen die Mann-Frau-Kinder-Familie im Mittelpunkt steht und über die sich die heteronorme Geschlechterrollen definieren. Dies ist auch der Hintergrund vor dem nichtnormative, queere Geschlechtsidentitäten in der arabischen Welt diskutiert und oftmals angefeindet werden.

Trotz juristischer Hürden (Strafbarkeit von Homosexualität) hat sich eine sichtbare LGBTI-Community in vielen Ländern der arabischen Welt etabliert. Die fundierte wissenschaftliche Auseinandersetzung mit Homosexualität verweist auf eine reiche Geschichte gleichgeschlechtlicher Lebensweise in der arabischen Welt und deren Ambiguität (El-Rouayheb 2005; Bauer 2011). Kontrovers diskutiert wird die These von Joseph Massad, dass es eine ‚westliche' LGBTI-Bewegung ähnlich wie zuvor eine weiße ‚westliche' feministische Bewegung sei, die den internationalen Diskurs bestimmen und ihre Problemkonstellationen verallgemeinern und der arabischen Welt aufzwingen (Massad 2002; Gross 2013).

8.3 Beispiel: Das Lied „Aicha" von Khaled (1996) und Outlandish (2002)

In diesem Beispiel stehen die beiden sehr bekannt gewordenen Songs „Aicha" von Khaled und Outlandish im Mittelpunkt. Das Original wurde 1996 von dem in Algerien geborenen und aufgewachsenen Sänger Khaled auf Französisch gesungen (s. Abschn. 5.2.1 zum Raï). Die 2002 erschienene Coverversion wurde auf Englisch von Outlandish interpretiert, einer Musikgruppe bestehend aus drei jungen Männern aus Dänemark mit unterschiedlichen Migrationshintergründen.

Der von Khaled gesungene Song – geschrieben hat ihn der französische Liedermacher und Songschreiber Jean-Jacques Goldman – besteht aus einem Dialog zwischen einem Mann und einer Frau. Wenn das lyrische Ich sich auch nicht explizit als Mann identifiziert, wird aufgrund der heteronormativen Erwartungshaltung und des männlichen Sängers ein Dialog zwischen Mann und Frau nahegelegt. Der Mann verspricht Gold und Sorglosigkeit, wenn Aicha seine Liebe zu ihm erwidert. Im letzten Teil des Liedes ergreift die umworbene Frau selbst das Wort, weist den Mann zurück und fordert statt Gold die gleichen Rechte. Es findet keine direkte Beschreibung des weiblichen Körpers statt. Ihr bestimmtes Nein gibt der Handlung den entscheidenden Impuls und die Liebe des Mannes bleibt unerwidert.

In der Coverversion von Outlandish geht es weniger um eine individuelle Frau als vielmehr um verschiedene Frauenrollen, die nicht in eine konkrete Handlung eingebettet sind. In der ersten Strophe wird die Schönheit Aichas besungen. Diese erhält Attribute wie „sweet" und „she moves like a breeze". Auch in dieser Version wird besungen, was geopfert würde, um die Liebe und Aufmerksamkeit Aichas zu erhalten. In der zweiten Strophe wird sie als Mutter beschrieben und die Mutterschaft mit einem Segen „von oben" verknüpft. In der dritten Strophe ist sie Partnerin, die jedoch „jemand zum Anlehnen" braucht, der ihr „die Zeit ihres Lebens zeigt". In der letzten Strophe wird Aicha als Gläubige markiert. In diesem Lied agiert Aicha nie eigenständig; sie wird immer nur beschrieben.

Während beide Songs inhaltlich kaum Gemeinsamkeiten aufweisen, ist ihnen gemein, dass sie in den jeweiligen Kontexten Frauen aus Minderheitenpositionen thematisieren. Das betrifft hinsichtlich Algeriens eine Frau, die entschieden Nein sagt und mit Blick auf Dänemark das Thematisieren muslimischer Frauen als Teil der Gesellschaft.

Literatur

Amar, Paul: „Middle East Masculinity Studies Discourses of ‚Men in Crisis,' Industries of Gender in Revolution". In: *Journal of Middle East Women's Studies* 7/3 (2011), 36–70.

Abou-Bakr, Omaima: „Islamic Feminism and the Equivocation of Political Engagement: ‚Fair is foul, and foul is fair'". In: Maha El Said (Hg.): *Rethinking Gender in Revolutions and Resistance*. London 2015, 181–204.

Abu Odeh, Lama: „Honor Killings and the Construction of Gender in Arab Societies". In: *The American Journal of Comparative Law* 58/4 (2010), 911–952.

Aḥmad, Laylā ʿAbd al-Laṭīf (Ahmed, Leila): *Women and gender in Islam. Historical roots of a modern debate*. New Haven 1992.

Ali, Kecia: *Sexual Ethics and Islam. Feminist Reflections on Qur'an, Hadith, and Jurisprudence*. Oxford 2006.

Amīn, Qāsim: *Die Befreiung der Frau*. Übers. von Oskar Rescher. Würzburg 1992. (Original: *Taḥrīr al-marʾa*, 1899).

Amīn, Qāsim: *The liberation of women & The New Woman. Two Documents in the History of Egyptian Feminism*. Übers. von Samiha Sidhom. Kairo 2005.

Barlas, Asma: *Believing women in Islam. Unreading patriarchal interpretations of the Qur'an.* Austin 2010.
Baron, Beth: „Women, Honour, and the State. Evidence from Egypt". In: *Middle Eastern Studies* 42/1 (2006), 1–20.
Bauer, Thomas: *Die Kultur der Ambiguität. Eine andere Geschichte des Islam.* Berlin 2011.
Beauvoir, Simone de: *Das andere Geschlecht. Sitte und Sexus der Frau.* Reinbek 1995. (frz.: *Le deuxième sexe, 1949)*
Butler, Judith: *Das Unbehagen der Geschlechter.* Übers. von Kathrina Menke. Frankfurt a.M. 2003. (Original: *Gender Trouble*, 1990).
El Feki, Shereen, et al. (Hg.)*: Understanding Masculinities: Results from the International Men and Gender Equality Survey (IMAGES) – Middle East and North Africa.* Kairo/Washington, D.C 2017.
El-Rouayheb, Khaled: *Before Homosexuality in the Arab-Islamic World, 1500–1800.* Chicago 2005.
El Saadawi, Nawal: *Ich spucke auf euch. Bericht einer Frau am Punkt Null.* München 1984 (arab: *Imraʾatun ʿinda nuqṭat aṣ-ṣifr*, 1977).
El Saadawi, Nawal: *Tschador. Frauen im Islam.* Bremen 1991 (arab.: *al-Waǧh al-ʿārī li-l-marʾa al-ʿarabiyya*, 1979).
El Sadda, Hoda: „Gender Studies in the Arab World. Reflections and Questions on the Challenges of Discourses, Locations and History". In: Jean Said Makdisi et al. (Hg.): *Arab Feminism. Gender and Equality in the Middle East.* Edinburgh 2012, 19–30.
Engel, Antke: *Queere Politik. Analysen, Kritik, Perspektiven.* Berlin 2005.
Gross, Aeyal: „Post/Colonial Queer Globalisation and International Human Rights: Images of LGBT Rights". In: *Jindal Global Law Review* 4/2 (2013), 98–130.
Inhorn, Marcia C.: *The New Arab Man. Emergent Masculinities, Technologies, and Islam in the Middle East.* Princeton 2012.
Kallās, Ǧūrǧ: *al-Ḥaraka al-fikriyya an-nisāʾiyya fī ʿaṣr an-nahḍa, 1849–1928.* Beirut 1996.
Massad, Joseph: „Re-Orienting Desire. The Gay International and the Arab World". In: *Public Culture* 14/2 (2002), 361–385.
Mehrez, Samia: „Translating Gender". In: *Journal of Middle East Women's Studies* 3/1 (2007), 106–127.
Mernissi, Fatima: *Der Harem in uns. Die Furcht vor dem anderen und die Sehnsucht der Frauen.* Freiburg 2003 (Original: Dreams of Trespass, 1994).
Nāsif, Malak Hifnī: *an-Nisāʾiyyāt: maǧmūʿat maqālāt nuširat fī al-Ǧarīda fī mawḍūʿ al-marʾa al-Miṣriyyah.* Kairo 1925.
Saʿdāwī, Nawāl as-: *al-Marʾa wa-l-ǧins.* 1972. (nicht übers.).
Salah, Hoda: „Partizipation und Repräsentation von Frauen in arabischen Ländern". In: *Aus Politik und Zeitgeschichte.* Bonn 2018.
Schößler, Franziska: *Einführung in die Gender Studies.* Berlin 2010.
Scott, Joan Wallach: „Feminist reverberations". In: *Differences* 13 (2002), 1–23.
Suerbaum, Magdalena: „What does it mean to be young for Syrian Men living as Refugees in Cairo". In: *Middle East - Topics & Arguments* 9 (2017), 122–131, https://doi.org/10.17192/meta.2017.9.6838.

Erinnerung/Gedächtnis/Archiv

9

▶ **Leitfragen** Wie hängen Erinnerung, Gedächtnis und Gesellschaft zusammen? Welche Rolle spielt das kollektive Gedächtnis bei der Aufarbeitung gewaltsamer Konflikte? Wie bestimmen Archive, was in der Gegenwart gesagt und gedacht werden kann?

9.1 Geschichte

Der *memory boom* in den Geistes- und Sozialwissenschaften, der seit den späten 1990er Jahren zu einer Vielzahl an Publikationen geführt hat, nahm seinen Ausgang in der Geschichtswissenschaft. In der Folge der postmodernen Wende der 1980er Jahre wurde eine objektive und totalisierende Geschichtsschreibung in Frage gestellt – stattdessen konzentrierten sich Forscher stärker auf das soziale und persönliche Erleben von Geschichte in der Form von Erinnerung und Gedächtnis (zur Geschichte des *memory boom* vgl. Winter 2001; Olick/Robbins 1998).

Das sozial konstruierte Gedächtnis: Entscheidend ist dabei die Annahme, dass menschliche Erinnerungen sozial konstruiert sind, mithin, dass außerhalb eines gesellschaftlichen Zusammenhangs kein Gedächtnis in der uns vertrauten Form existiert. Dieses sozialkonstruktivistische Modell von Gedächtnis wurde zum ersten Mal vom französischen Soziologen Maurice Halbwachs in seinem 1925 erschienenen Buch *Das Gedächtnis und seine sozialen Bedingungen* (2006) entworfen. Damit steht es einer bis in die Gegenwart verbreiteten Vorstellung individueller Erinnerung als einer Art Ablagesystem entgegen. Das Individuum produziert Erinnerungen im Hier und Jetzt in der Kommunikation mit anderen Individuen. Damit ist das, was erinnert werden kann und was nicht, auch durch die Kommunikationsregeln einer Gruppe bestimmt.

Doch nicht nur das gesprochene Wort, auch zahlreiche andere Medien sind für diese Konstruktionsprozesse wichtig. Schriftstücke, Bilder, Musik und jedes

Y. Albers et al., *Arabistik*, https://doi.org/10.1007/978-3-476-05681-8_9

denkbare Objekt können zum Träger von Erinnerungen werden. Selbst in unseren Körpern, unserer Haltung, der Art und Weise, zu sprechen oder sich zu bewegen, materialisiert sich das kollektive Gedächtnis, wie Paul Connerton in seiner einflussreichen Studie *How Societies Remember* (1989) dargelegt hat.

Kommunikatives und kulturelles Gedächtnis: Jan Assmann baut in seiner Arbeit auf Halbwachs auf und trifft einige wichtige Unterscheidungen. So differenziert er zwischen einem kommunikativen Gedächtnis und einem kulturellen Gedächtnis. Das kommunikative Gedächtnis besteht in jenen Erinnerungen, die in der Alltagskommunikation verhandelt werden, und reicht typischerweise 80 bis 100 Jahre in die Vergangenheit. Daneben existiert ein kulturelles Gedächtnis in Formen objektivierter Erinnerung, also etwa in Schriftstücken, Bauwerken und anderen Arten von Objekten, ebenso wie in Ritualen und Bräuchen (Assmann 2007).

Aleida Assmann unterscheidet in ihrem Buch *Erinnerungsräume* (1999) das Funktions- und das Speichergedächtnis. Das Funktionsgedächtnis ist selektiv und gruppengebunden, es erfüllt konkrete Aufgaben im Hier und Jetzt – etwa die Legitimation oder Delegitimation von Herrschaft. Das Speichergedächtnis hingegen umfasst alles, was für das Funktionsgedächtnis unwichtig geworden ist, in erster Linie Schriftstücke und Objekte, wie sie beispielsweise in Museen und Bibliotheken gelagert werden. Was dort abgelegt ist, muss jedoch keineswegs für immer dort bleiben: Das Speichergedächtnis ist ein „Reservoir zukünftiger Funktionsgedächtnisse" (ebd., S. 140).

Erinnerungsorte/*Lieux de mémoire*: Für Pierre Noras Konzept der Erinnerungsorte (zur Einführung Nora 1990) ist eine Unterscheidung zwischen Gedächtnis und Geschichte relevant. Das Gedächtnis, das Nora als kollektiv, sozial geformte und lebendig charakterisiert, ist aus seiner Sicht mit archaischen Gesellschaften verknüpft. In den industrialisierten modernen Gesellschaften wird dieses ‚natürliche' und unhinterfragte Verhältnis einzelner Gruppen zu ihrer Vergangenheit zerstört. An die Stelle des Gedächtnisses tritt die Geschichte, die die Vergangenheit und das Gedächtnis gesellschaftlicher Gruppen aus einer kritischen Distanz beleuchtet. Durch das Verschwinden des Gedächtnisses wird die Erinnerung individualisiert und verinnerlicht. Die Menschen sehen sich einem „Gedächtniszwang" (ebd., S. 22) ausgesetzt: Je mehr das gemeinschaftliche Gedächtnis schwindet, desto mehr sieht sich der Einzelne in der Pflicht, die Vergangenheit zu erinnern. *Lieux de mémoire* (‚Erinnerungsorte') sind im übertragenen Sinn als Orte zu verstehen, an denen die kollektive Erinnerung einer Gruppe gewissermaßen verdichtet wird. Sie entstehen nicht zufällig, sondern werden von gesellschaftlichen Akteuren konstruiert. Ein Beispiel ist eine 2011 in Tunesien ausgegebene Briefmarke, die den ‚Märtyrer' Mohammed Bouazizi zeigt, dessen Selbstverbrennung oft als Ausgangspunkt des Aufstands von 2010/11 genommen wird. Perrine Lachenal zeigt in einem Aufsatz, dass die offizielle Anerkennung als Märtyrer der tunesischen Revolution ein komplexer politischer Prozess ist, in dem bestimmte soziale Gruppen systematisch marginalisiert werden (Lachenal 2019).

Archivtheorien: Zu Beginn der 1990er Jahre setzt in den Postcolonial Studies ein Interesse am Archiv ein, das von poststrukturalistischen Denkern geprägt ist (vgl. Ebeling/Günzel 2009 für eine Sammlung von Texten). Dabei geht es um die Institution des Archivs als Ort der Wissensproduktion. Michel Foucault hatte schon in seiner *Archäologie des Wissens* (1981) über das Archiv geschrieben. Er meint damit dezidiert nicht eine Institution oder die Gesamtheit von Texten oder Gegenständen, die eine Gesellschaft hervorgebracht hat. Vielmehr ist das Archiv „das Gesetz dessen, was gesagt werden kann" (Foucault 1981, S. 187). Das Archiv beschreibt aber auch die Regeln, nach denen Aussagen geordnet und miteinander verbunden sind.

Mitte der 1990er Jahre erschien mit Jacques Derridas *Dem Archiv verschrieben* (1997) einer der einflussreichsten Texte der Archiv-Theorie. In seiner psychoanalytischen Deutung ist das Archiv ein Produkt der Aushandlung zwischen Todestrieb und einem Trieb zu bewahren, der mit dem Lustprinzip verknüpft ist. Das Archiv – das, anders als bei Foucault tatsächlich als Sammlung von Texten, Dokumenten und Objekten vorgestellt wird – dient nicht nur dem Bewahren der Erinnerung, sondern enthält gleichzeitig ein Versprechen für die Zukunft. Dadurch wird das Archiv auch ein Austragungsort politischer Machtkämpfe: „Keine politische Macht ohne Kontrolle des Archivs, wenn nicht gar des Gedächtnisses" (S. 14). Wie der Bestand von Archiven ausgewählt und kategorisiert wird, ist dabei von großer Bedeutung, zum Beispiel in der feministischen Forschung zum Film (Callahan 2010). Die Zerstörung von Archiven, wie etwa im Irak nach der US-amerikanischen Invasion 2003, berauben eine Gesellschaft demnach nicht nur ihrer Vergangenheit, sondern auch einer Zukunft.

Kollektive Erinnerung in der Praxis: *Transitional Justice*: Der *memory boom* war von Anfang an keine rein akademische, sondern eine allgemein gesellschaftliche und vor allem geschichtspolitische Erscheinung. In Staaten und Gesellschaften, die durch Kriege und Bürgerkriege, aber auch durch lange Phasen autoritärer Herrschaft gespalten sind, wird schnell deutlich, dass die Schaffung einer kollektiven Erinnerung ein politischer Akt ist.

Ab Mitte der 1990er Jahre wurden sogenannte *Transitional Justice*-Prozesse auf Ebene internationaler Organisationen institutionalisiert: Internationale Tribunale, Strafgerichtshöfe und Wahrheitskommissionen wurden von Ex-Jugoslawien über Kambodscha und Ruanda als wichtige Instrumente gesehen, um Gesellschaften aus einer konfliktbeladenen und gewaltsamen Vergangenheit in eine friedliche Zukunft zu geleiten. Der *Transitional Justice*-Prozess in Tunesien nach dem Sturz des Ben Ali-Regimes 2011 ist das jüngste Beispiel solcher Initiativen in der arabischen Welt.

Kritiker sehen in diesen Prozessen die Etablierung eines hegemonialen Erinnerungsregimes, in dem die Aufarbeitung des Holocaust und der Nazi-Diktatur als eine Art Blaupause für die Aufarbeitung unterschiedlichster Konflikte in verschiedensten kulturellen und politischen Kontexten verwendet werden (vgl. Simić 2017; für Marokko vgl. Kastner 2015).

9.2 Arabistische Perspektiven

Seit Anfang der 2000er Jahre sind in der Arabistik zahlreiche Forschungsarbeiten erschienen, die Erinnerung und Gedächtnis zum Thema haben. Kunstwerke sind dabei einerseits selbst wichtige Elemente eines kollektiven Gedächtnisses, andererseits stellen sie Beiträge zum Metadiskurs über Formen des Erinnerns dar, der bei Weitem nicht nur in den Geistes- und Sozialwissenschaften, sondern auch in der breiteren Öffentlichkeit geführt wird.

Krieg und Aufarbeitung im Libanon: Das Thema rückt insbesondere im Zusammenhang mit politischen Krisen ins Zentrum der Aufmerksamkeit. Für die (deutsche) Arabistik war die Aufarbeitung des libanesischen Bürgerkriegs (1975–1990), die seit den 1990er Jahren ein wichtiges Thema für libanesische Kunstschaffende ist, von großer Bedeutung. Insbesondere den Literat/innen wurde, angesichts des Unwillens der ökonomischen und politischen Eliten, sich mit der Vergangenheit auseinanderzusetzen, eine wichtige Rolle bei der Bewahrung der Erinnerung an den Krieg zugeschrieben. Zahlreiche Studien entstanden, die sich mit der Rolle von Literatur in der kollektiven Erinnerung auseinandersetzten (Mejcher 2001; Nikro 2012; Seigneurie 2011). In ähnlicher Weise wurden auch Filmschaffende (Ayoub 2018; Khatib 2008) und Künstler der *visual arts* ein Gegenstand des Interesses (Célestin 2014).

Eine Besonderheit dieses Diskurses ist die enge Verquickung von akademischen, künstlerischen, medialen und politischen Diskursen, die eine interessante Parallele zur Klassenfrage in der Kulturproduktion der Linken von den 1950er bis in die 1970er Jahre darstellt (s. Kap. 12). Der Romancier Elias Khoury (Ilyās Ḫūrī, geb. 1948) etwa thematisiert die Erinnerung in seinen Romanen ebenso wie in zahlreichen Zeitungsartikeln, die er als Verantwortlicher der Kulturbeilage der Tageszeitung *al-Nahār* publizierte. Gleichzeitig lehrte er an Universitäten und veröffentlichte schon Ende der 1970er Jahre mit *Das verlorene Gedächtnis (aḏ-Ḏākira al-mafqūda,* 1990*)* eine essayistische Abhandlung zum Thema. Dieser Beitrag zu einer arabischen Debatte, der, lange vor dem *memory boom,* die Freilegung eines verschütteten Sprachgedächtnisses forderte, das den unterdrückten Teilen der Bevölkerung wie Palästinensern und Schiiten wieder zu einer Stimme im politischen Diskurs verhelfen sollte, erwies sich in der Folge als in hohem Maße anschlussfähig an die oben skizzierten ‚westlichen' Erinnerungs- und Gedächtnistheorien.

Der regionale Einfluss dieses Diskurses zeigte sich in Zusammenhang mit dem Konflikt in Syrien. Zahlreiche syrische Kunstschaffende sahen ihre Aufgabe in einer Dokumentation der Geschehnisse: Romanciers wie Samar Yazbak (geb. 1970) wandten sich reportagehaften Textformen zu (s. Abschn. 2.1.4), Filme, die sich mit dem Konflikt beschäftigen, sind ganz überwiegend Dokumentarfilme (s. Kap. 6). Auch hier zeigt sich ein Zusammenspiel von hegemonialer Erinnerungsnorm – die etwa in der Finanzierung durch europäische Stiftungen und NGOs deutlich wird – und künstlerischen Formen.

Regimewechsel und Aufarbeitung: Marokko und Syrien: Die Aufarbeitung von Kriegen und Bürgerkriegen wie im Libanon, in Algerien oder Syrien bildet einen Schwerpunkt der arabistischen Forschung. Die Beschäftigung mit den Verbrechen autoritärer Regime ist ein weiteres wichtiges Feld. In Marokko markiert das Ende der Regentschaft des Königs Hassan II den Beginn der Auseinandersetzung mit den repressiven Praktiken der sogenannten bleiernen Jahre, die von den 1960er bis in die 1980er Jahre dauerten. Gefängnismemoiren politischer Häftlinge, wie Fatna El Bouihs *Talk of Darkness* (2008) oder Ahmed Marzoukis *Tazmamart. Cellule 10* (2000) sind ein wichtiger Forschungsgegenstand der Arabistik (vgl. El Guabli 2018; Menin 2014; Slyomovics 2012; auch Orlando 2009). Auch in Syrien folgt auf den Machtwechsel von Hafiz auf Bashar al-Assad eine Teilamnestie und politische Öffnung, die einige Gefängnismemoiren hervorbrachte (vgl. Cooke 2011; Haugbolle 2008).

Palästina: Der dritte Schwerpunkt arabistischer Forschung zur Gedächtnisthematik liegt in der palästinensischen Kunst. Durch die Vertreibung von hunderttausenden Palästinensern aus ihren Dörfern infolge der *nakba* 1948 ist die Erinnerungsarbeit seit Jahrzehnten ein zentraler Topos palästinensischen Kunstschaffens. So liegen die Anfänge des palästinensischen Kinos in der Produktion von Dokumentationen, die nostalgisch die Zeit vor 1948 beschwören (Gertz/Khleifi 2008). Die Erinnerung im Werk des palästinensischen Dichters Mahmud Darwish (Maḥmūd Darwīš, 1941–2008) spielt etwa in Stefan Milichs Monographie über diesen Autor eine wichtige Rolle (Milich 2005).

In all diesen Fällen erfüllen arabische Künstler/innen nicht eine vom ‚Westen' auferlegte Erinnerungsnorm, sondern schreiben sich in globale Diskurse ein, denen diese hegemoniale Norm entspringt, und prägen sie dabei durchaus. Die Trennung zwischen hegemonialen und gegenhegemonialen Positionen verläuft hier nicht zwischen ‚dem Westen' und ‚der arabischen Welt', sondern eher zwischen verschiedenen Bildungsschichten oder sozialen Milieus.

Daneben existiert ein literaturwissenschaftlich geprägter Diskurs zur Erinnerung, der sich jenseits der Aufarbeitungsthematik mit der Erinnerung in literarischen Texten auseinandersetzt (vgl. Tawfīq 2005; Šuḥayyid 2011).

9.3 Beispiel: Das Projekt *Atlas Group Archive* von Walid Raad (1989–2004)

Das *Atlas Group Archive* ist ein Projekt des libanesischen Künstlers Walid Raad, das Ende der 1990er Jahre entstanden ist. Es handelt sich um ein Archiv von Fotos, Aufzeichnungen und anderen Gegenständen die, so der Webauftritt des Projekts, der Dokumentation und der Erforschung der libanesischen Geschichte und speziell des Bürgerkriegs dienen – erst bei genauerer Lektüre der Begleittexte wird deutlich, dass die Personen, denen Aufzeichnungen zugeordnet sind, fiktional sind, und auch die im Archiv versammelten Bilder nach dem Krieg produziert und/oder bearbeitet wurden. Das Archiv existiert einerseits als Online-Archiv, in dem Videos und Bilder zugänglich gemacht sind (https://www.theatlasgroup.org/), andererseits werden Teile des Bestandes im Kontext von Ausstellungen und Performances gezeigt.

Walid Raads Archiv ist einerseits ein Beitrag zur Konstruktion eines (Gegen-)Gedächtnisses des libanesischen Bürgerkriegs: Wenn die Dokumente auch fiktional sind, verweisen sie doch auf reale Probleme. Etwa das Notizbuch *Let's be Honest, The Weather Helped,* in dem Raad seine Sammlung von Kugeln der Kalaschnikow vom Typ AK47 beschreibt und sie verschiedenen Herstellern in den USA, Frankreich und anderen westlichen Ländern zuordnet: Hier werden die internationale Dimension des Konflikts und die Interessen der europäischen Rüstungsindustrie deutlich. Auch die Thematisierung des Konflikts ganz allgemein steht der vom libanesischen Staat und den politischen Eliten betriebenen Geschichtspolitik entgegen. Mit Aleida Assmann könnte man sagen, dass Raad den Versuch unternimmt, Wissen über den Bürgerkrieg aus dem Speichergedächtnis zurück ins Funktionsgedächtnis zu holen.

Andererseits thematisiert dieses Projekt auf einer Metaebene das Archiv als Form des Gedächtnisses und der Wissensproduktion. Nicht nur die Erinnerung selbst erscheint als (fiktionales) Konstrukt – auch der soziale Rahmen, in dem sich diese Erinnerung entfaltet, die Menschen, deren ‚Spuren' die einzelnen Dokumente darstellen, ebenso wie etwa die Familienangehörigen, die die Dokumente dem Archiv übergeben haben, sowie die Archivare sind eine Erfindung, eine Konstruktion. Damit stellen sich Fragen nach der ‚objektiven' Realität von Erinnerungen ebenso wie nach der Funktion des Archivs als Instanz der Legitimation, die in Frage gestellt wird.

Mit Foucault ließe sich fragen, ob Fiktionalität im Libanon der 1990er Jahre ein bestimmendes Merkmal für das ist, was über den Krieg gesagt werden kann. Und wenn das so ist, sollten wir das ‚fiktionale' Gedächtnis, das auch in der Literatur und im Film konstruiert wird, als kollektives Gegengedächtnis verstehen, das unter den gegebenen Bedingungen nicht anders artikuliert werden kann?

Literatur

Assmann, Aleida: *Erinnerungsräume: Formen und Wandlungen des kulturellen Gedächtnisses.* München 1999.

Assmann, Jan: *Das Kulturelle Gedächtnis: Schrift, Erinnerung Und Politische Identität in Frühen Hochkulturen.* München 2007.

Ayoub, Joey: „The Civil War's Ghosts. Events of Memory Seen Through Lebanese Cinema". In: Norman Saadi Nikro/Sonja Hegasy (Hg.): *The Social Life of Memory. Violence, Trauma, and Testimony in Lebanon and Morocco.* Cham 2018, 55–82.

Callahan, Vicki (Hg.): *Reclaiming the Archive. Feminism and Film History.* Detroit 2010.

Célestin, Roger et al. (Hg.): „War, Memory, Amnesia: Postwar Lebanon". In: *Contemporary French and Francophone Studies* 18/5 (2014).

Cooke, Miriam: „The Cell Story. Syrian Prison Stories after Hafiz Asad". In: *Middle East Critique* 20/2 (2011), 169–187.

Connerton, Paul: *How Societies Remember.* Cambridge 1989.

Derrida, Jacques: *Dem Archiv verschrieben. Eine Freudsche Impression.* Berlin 1997 [1994].

Ebeling, Knut/Günzel, Stephan (Hg.): *Archivologie. Theorien des Archivs in Wissenschaft, Medien und Künsten*. Berlin 2009.

El Bouih, Fatna: *Talk of Darkness*. Übers. von Mustapha Kamal und Susan Slyomovics. Texas 2008 [2001].

El Guabli, Brahim: „Testimony and Journalism. Moroccan Prison Narratives". In: Norman Saadi Nikro/Sonja Hegasy (Hg.): *The Social Life of Memory. Violence, Trauma, and Testimony in Lebanon and Morocco*. Cham 2018, 113–144.

Foucault, Michel: *Archäologie des Wissens. III*, 5: Das historische Apriori und das Archiv. Frankfurt a. M. 1981 [1969], 183–190.

Gertz, Nurith/Khleifi, George: *Palestinian Cinema. Landscape, Trauma and Memory*. Edinburgh 2008.

Halbwachs, Maurice: *Das Gedächtnis und seine sozialen Bedingungen*. Frankfurt a. M. 2006.

Haugbolle, Sune: „Imprisonment, Truth Telling and Historical Memory in Syria". In: *Mediterranean Politics* 13/2 (2008), 261–276.

Ḫūrī, Ilyās: *aḏ-Ḏākira al-mafqūda: dirāsāt naqdiyya*. Beirut 1990.

Kastner, Fatima: *Transitional Justice in der Weltgesellschaft*. Hamburg 2015.

Khatib, Lina: *Lebanese Cinema. Imagining the Civil War and Beyond*. London/New York 2008.

Lachenal, Perrine: „Fake Martyrs and True Heroes. Competitive Narratives and Hierarchized Masculinities in Post-Revolutionary Tunisia". In: *Men and Masculinities* 81/5 (2019), 1–19.

Marzouki, Ahmed: *Tazmamart. Cellule 10*. Paris 2000.

Mejcher, Sonja*: Geschichten über Geschichten. Erinnerung im Romanwerk von Ilyās Ḫūrī*. Wiesbaden 2001.

Menin, Laura: „Rewriting the World. Gendered Violence, the Political Imagination and Memoirs from the "Years of Lead" in Morocco". In: *International Journal of Conflict and Violence* (IJCV) 8/1 (2014), 45–60.

Milich, Stephan/Darwisch, Mahmud: *Fremd meinem Namen und fremd meiner Zeit. Identität und Exil in der Dichtung von Mahmud Darwisch*. Berlin 2005.

Nikro, Norman Saadi: *The Fragmenting Force of Memory. Self, Literary Style, and Civil War in Lebanon*. Newcastle upon Tyne 2012.

Nora, Pierre: *Zwischen Geschichte und Gedächtnis*. Berlin 1990.

Olick, Jeffrey K./Robbins, Joyce: „Social Memory Studies: From "Collective Memory" to the Historical Sociology of Mnemonic Practices". In: *Annual Review of Sociology* 24 (1998), 105–140.

Orlando, Valérie: *Francophone Voices of the "new" Morocco in Film and Print. (Re)presenting a Society in Transition*. New York 2009.

Seigneurie, Ken: *Standing by the Ruins. Elegiac Humanism in Wartime and Postwar Lebanon*. New York 2011.

Simić, Olivera: *An Introduction to Transitional Justice*. Abingdon/Oxon/New York, NY 2017.

Slyomovics, Susan: „Fatna El Bouih and the Work of Memory, Gender, and Reparation in Morocco". In: *Journal of Middle East Women's Studies* 8/1 (2012), 37–62.

Šuḥayyid, Ǧamāl: *aḏ-Ḏākira fī ar-riwāya al-ʿarabiyya al-muʿāṣira*. Beirut 2011.

Tawfīq, Maǧdī Amal: *aḏ-Ḏākira al-ǧadīda*. Kairo 2005.

Winter, Jay: „The Memory Boom in Contemporary Historical Studies". In: *Raritan* 21/1 (2001), 52–66.

Trauma

10

> **Leitfragen** Was ist Trauma? Eine klinische Diagnose? Ein soziales Konstrukt? Kann eine Gesellschaft traumatisiert sein? Was für ein Trauma-Konzept verwendet die Kunst- und Literaturwissenschaft? Wie stellen Trauma-Theorien einen Zusammenhang zwischen Kunstwerk und Gesellschaft her?

Der Begriff des Traumas ist in westlichen gesellschaftlichen Diskursen inzwischen allgegenwärtig. Wir sprechen von Kindheitstraumata, von traumatischen Erfahrungen, vom kollektiven Trauma des Holocaust. Traumatisierte Personen sind Thema von zahllosen Filmen, Romanen, Liedern; zahllose Psychiater/innen und Psycholog/innen leben von der Diagnose und Behandlung von Traumata, Hilfsorganisationen widmen sich den traumatisierten Opfern von Kriegen und Naturkatastrophen. Ein Begriff wie ‚Trauma', der so eng mit unserer Alltagssprache verbunden, und damit ungeheuer vielschichtig ist, läuft immer Gefahr, zu vieles zugleich zu bezeichnen. Um das Trauma für eine fruchtbare, wissenschaftliche Auseinandersetzung mit Kunstwerken und Texten nutzbar zu machen, müssen wir wissen, was wir meinen (und was nicht) wenn wir von ‚Trauma' sprechen. Wie jeder andere Begriff ist Trauma gesellschaftlich konstruiert. Kein Begriff ist unschuldig oder neutral, sondern alle sind das Produkt des Zusammenspiels und Widerstreits von Interessen verschiedener Akteure und haben eine oft wechselvolle Geschichte.

10.1 Geschichte

Trauma als klinische Diagnose: Als Konzept in den Literatur- und Kulturwissenschaften hat sich ‚Trauma' erst Mitte der 1980er Jahre etabliert. Als klinische Diagnose hingegen existiert Trauma bereits seit dem 19. Jh. Wie Ruth Leys in ihrer umfassenden Geschichte des Trauma-Begriffs beschreibt

Y. Albers et al., *Arabistik*, https://doi.org/10.1007/978-3-476-05681-8_10

(Leys 2000), wurde seit 1860 das Auftreten spezifischer Symptome (wie etwa Zittern, Albträume, Schlaflosigkeit, Depression – für eine ausführlichere Auflistung vgl. ebd., S. 84) bei Überlebenden von Eisenbahnunglücken untersucht.

Trauma im Ersten Weltkrieg: Gegen Ende des 19. Jh.s wandten sich vermehrt Psychologen der Problematik zu. Hauptgegenstand des Interesses war die ‚Hysterie', eine Erkrankung mit ähnlicher Symptomatik, deren Ursache Sigmund Freud und andere Psychologen in verdrängten traumatischen Erfahrungen sahen. Der nächste wichtige Schritt in der Entwicklung von Trauma als klinischer Diagnose ergab sich infolge des Ersten Weltkriegs. Zahlreiche, an der Front eingesetzte Soldaten zeigten Symptome, die als Kriegsneurose zusammengefasst und als spezifische Form traumatischer Neurosen klassifiziert wurden. Die Symptomatik ähnelte stark jener der Hysterie, die bis dato als spezifisch weibliche Erkrankung gesehen wurde. Viele Ärzt/innen griffen auf die Hypnose als wirksamste Form der Behandlung zurück.

Nach dem Ende des Ersten Weltkriegs schwand das öffentliche Interesse am Trauma, auch wenn sich Psychoanalytiker/innen, nicht zuletzt in Zusammenhang mit den Überlebenden des Holocaust, mit einer Weiterentwicklung des Freudschen Modells beschäftigten.

Posttraumatische Belastungsstörung: Das, was wir heute umgangssprachlich als ‚Trauma' bezeichnen, ist maßgeblich durch eine Symptomatik gekennzeichnet, die erstmals 1980 in das *Diagnostic and Statistical Manual of Mental Disorders* (DSM) der American Psychiatric Association aufgenommen wurde. Dieses Handbuch, das seit 1952 herausgegeben wird und eine einheitliche Klassifizierung von psychischen Erkrankungen für die Diagnose durch Psychiater/innen ermöglichen soll, führt in seiner dritten Auflage erstmals die Post-Traumatic Stress Disorder (PTSD, dt.: posttraumatische Belastungsstörung) als Diagnose. Die Symptome, die in der aktuellen Ausgabe, DSM-5, gut zwei Seiten füllen, umfassen vieles, was wir mit Traumata assoziieren: Unwillkürliche Erinnerungen, Stress und körperliche Reaktionen, ausgelöst durch Objekte oder Personen, die mit der traumatischen Erfahrung zu tun haben, sich regelmäßig wiederholende Albträume, eine aktive Vermeidung von Situationen, Objekten und Personen, die solche Erinnerungen auslösen können, Erinnerungslücken, die die traumatische Erfahrung betreffen, sowie Schlafstörungen (American Psychiatric Association 2013, S. 271 f.).

Definition von Trauma als soziopolitischer Prozess: Wie Fassin und Rechtman (2009) eindrücklich gezeigt haben, ist der Vorgang, in dem all diese Symptome in einem Krankheitsbild zusammengefasst und benannt wurden, ein sozialer und politischer Prozess. Der wichtigste Unterschied im Vergleich zur Trauma-Definition, die bis in die 1980er Jahre gängig war, ist, dass nun nicht mehr die Konstitution der Patient/innen (seine/ihre charakterliche Schwäche und Neigung zur Hysterie) als Grund für die Entwicklung der Störung angenommen wird, sondern das traumatische Erlebnis. Vereinfacht gesagt, geht es nicht mehr darum, dass ein Mensch, der in seiner mentalen Konstitution von der Norm abweicht, durch ein ‚normales' Ereignis geschädigt wird, sondern das ein ‚anormales' Ereignis der Grund dafür ist, dass ein ‚normaler' Mensch traumatisiert wird. Diese Neudefinition von Trauma, die 1980 im DSM verankert wurde, ist maßgeblich das Resultat einer politischen Kampagne von Vietnamkriegsveteranen und Opfern von Kindesmissbrauch, die auf diesem Weg eine gesellschaftliche Anerkennung ihrer Leiden erwirkt haben.

Die Anerkennung von psychischem Leid, das, in diesem Modell, durch bestimmte Ereignisse und Erfahrungen hervorgerufen wird, hat im Lauf der 1990er Jahre zu einer immer stärkeren Präsenz der Trauma-Problematik in öffentlichen Diskursen geführt. Psychiater/innen gehören heute fest zum Personal, das zur Leistung Erster Hilfe in Krisensituationen entsandt wird – sei es nach Terroranschlägen oder Naturkatastrophen; in den 1990er Jahren war das noch keineswegs selbstverständlich. Die Anschlussfähigkeit des Trauma-Paradigmas für eine weitere Öffentlichkeit hängt dabei aber auch mit der Wirkung zusammen, die das Trauma als Konzept der Geistes- und Kulturwissenschaften seit den 1990er Jahren entfaltet hat.

Trauma in der Literatur- und Kulturwissenschaft: Die Rezeption von Trauma-Theorien in den Geisteswissenschaften konzentriert sich auf die psychoanalytische Tradition, insbesondere die Werke Freuds, und ist andererseits von den Schriften Theodor Adornos und Jacques Derridas beeinflusst. Die Katastrophe des Holocaust ist dabei der Anfangspunkt des Trauma-Paradigmas (Luckhurst 2008, Introduction): Angesichts der Konzentrationslager stellte sich die Frage, wie man erzählt, was nicht erzählt werden kann. Die Zeugenschaft und die Unmöglichkeit zu bezeugen, was durch seine Grausamkeit jenseits des Vorstellbaren und damit auch jenseits des Darstellbaren liegt, ist der zentrale Widerspruch (in der Literatur spricht man von einer Aporie), der wissenschaftlichen Arbeiten, die mit einem Trauma-Ansatz arbeiten, zugrunde liegt. Romane, Memoiren, Filme – Kunstwerke jeder Art – werden dabei als Versuche der Kunstschaffenden gelesen, sich mit der Darstellung des Nicht-Darstellbaren auseinanderzusetzen.

Cathy Caruths Trauma-Ansatz: Eine der wichtigsten Vertreter/innen und Mitbegründerin dieses Zweiges der Traumaforschung ist die Literaturwissenschaftlerin Cathy Caruth. In ihren Publikationen *Trauma: Explorations in Memory* (1995) und *Unclaimed Experience: Trauma, Narrative and History* (1996) umreißt sie ein Trauma-Modell, das Trauma als überwältigendes Ereignis, das mental nicht verarbeitet werden kann, definiert. Infolgedessen lebt es im Unterbewusstsein fort und äußert sich in Albträumen und unwillkürlichen, wiederholten Handlungen. Zentral für Caruth ist dabei, anders als bei Freud, die Annahme, dass solche Träume und *reenactments* das Ereignis buchstäblich und unvermittelt wiedergeben *(literal memories)*. Während also ‚normale' Erinnerungen relativ unzuverlässig sind, weil sie im Prozess des Erinnerns und Erzählens immer wieder umgeschrieben werden, erscheinen traumatische Erinnerungen unverfälscht und gewissermaßen objektiv.

Diese These ist verschiedentlich kritisiert worden: Ruth Leys etwa hält die Studien für unzureichend, eine solche Annahme zu begründen, wie in ihrer ausführlichen Kritik nachzulesen ist (Leys 2000). In diesem Zusammenhang zeigt sich, dass auch in der Psychiatrie und Psychologie keineswegs Einigkeit über die neuronalen und körperlichen Ursachen von Traumata oder über die Zuverlässigkeit traumatischer Erinnerungen besteht. Kulturwissenschaftliche Trauma-Theorien, wie die von Caruth, beziehen sich meist nur auf einen kleinen Ausschnitt der klinischen Trauma-Forschung, der eine bestimmte Position in innerfachlichen Debatten widerspiegelt.

Trauma-Ästhetik: Trauma ist als Konzept für die Literatur- und Kulturwissenschaften nicht zuletzt darum interessant, weil es hilft, eine Verknüpfung von Form und Inhalt zu denken. Die traumatische Erfahrung, die eben darum traumatisch ist, weil sie nicht erzählt, nicht dargestellt werden kann, schlägt sich in der Form der Kunstwerke nieder – ähnlich wie die Symptome der posttraumatischen Belastungsstörung beim Patienten eine Verkörperung des Ereignisses darstellen, das nicht mental verarbeitet werden kann. Seit den 1980er Jahren hat sich so eine spezifische Trauma-Ästhetik entwickelt, die sich durch bestimmte Stilfiguren und Erzählstrategien auszeichnet. Für die Literatur hat das Anne Whitehead in ihrem Buch *Trauma Fiction* beschrieben: Sie sieht Intertextualität, Wiederholungen und eine fragmentierte Erzählung als zentrale Elemente von Trauma-Literatur (Whitehead 2004, S. 81 ff.). Wie Luckhurst zu Recht bemerkt, gehört es zu den Paradoxien der Trauma-Ästhetik, dass ästhetische Formen, die die Singularität der traumatischen Aporie vermitteln sollen, sich im Lauf der Zeit zu einem Repertoire konventionalisierter Formen entwickelt haben (Luckhurst 2008, S. 89). Trotz dieser Entwicklung bleibt der Versuch, neue Wege zu finden, um zu erzählen, was nicht erzählt werden kann, ein wichtiges Kennzeichen der Trauma-Kunst.

Kollektive Traumata: Soweit es um künstlerische Werke geht, bleiben diese Analysen selten auf die Ebene des Individuums beschränkt. Das Trauma wird im Rahmen der Analyse auf ganze Gesellschaften oder einzelne gesellschaftliche Gruppen ausgeweitet und als kollektives Trauma begriffen (etwa der Holocaust, das Apartheid-System in Südafrika, die *nakba* (s. Abschn. 2.1.2)). Dieser Schritt, in dem kollektive Traumata analog zu persönlichen Traumata konstruiert werden, ist für viele Wissenschaftler/innen aus den Geistes- und Literaturwissenschaften unproblematisch. Aus einer sozialwissenschaftlichen Perspektive jedoch besteht ein fundamentaler Unterschied zwischen individuellen Traumata, die etwa zu einer posttraumatischen Belastungsstörung führen können, und kollektiven Traumata: Letztere sind aus ihrer Perspektive sozial konstruiert und damit Gegenstand von Aushandlungsprozessen und Interessen verschiedener gesellschaftlicher Akteure (vgl. Alexander 2004 für eine Abgrenzung von geisteswissenschaftlichen Trauma-Theorien).

10.2 Arabistische Perspektiven

Die Tatsache, dass Trauma in den letzten Jahren zu einem „Leitbegriff" der Kulturwissenschaften (Assmann 2006, S. 26) avanciert ist, schlägt sich auch in der Forschung zur Kunst und Literatur der arabischen Welt nieder. Das ist insofern nicht verwunderlich, als Kriege, Konflikte und autoritäre Systeme seit Jahrzehnten nicht nur für die Forschung über die Region, sondern auch für die Film-, Literatur- und Kunstproduktion in den Ländern der arabischen Welt zentral sind. Da ist etwa das Segment der Gefängnisliteratur, das sich für eine Analyse mit Trauma-Begriffen anzubieten scheint, aber auch eine Reihe von ‚kollektiven Traumata', von der *nakba* bis zum libanesischen Bürgerkrieg (1975–1990), den ‚bleiernen Jahren' in Marokko (1963–1999) oder dem ‚schwarzen Jahrzehnt' in Algerien, und, nicht zuletzt, Kunst, die das Leid von Frauen an und in den patriarchalischen Gesellschaften der Region zum Thema hat (vgl. Al-Samman 2015).

Palästinensischer Film und libanesische Literatur: Das Trauma-Konzept wurde in der Vergangenheit hauptsächlich für literatur- und filmwissenschaftliche Arbeiten zur Region genutzt (zur Literatur vgl. Milich 2015). Palästina ist der erste wichtige Schwerpunkt für die Trauma-Forschung in der Arabistik. So sehen beispielsweise die Autoren von *Palestinian Cinema* (2008) Nurith Gertz und George Khleifi Trauma als einen Faktor, der die gesamte palästinensische Filmgeschichte strukturiert. Das Trauma der Vertreibung hunderttausender Palästinenser im Zuge der israelischen Staatsgründung 1948 taucht in den Filmen in vermittelter Form wieder auf. Das traumatische Ereignis wird nicht direkt gezeigt – weil es, folgen wir der vorgestellten Definition eines Traumas, nicht darstellbar ist. In der Darstellung des Alltags in Flüchtlingslagern, die wie vom Land losgelöst erscheinen, wird die traumatische Erfahrung gerade durch die Abwesenheit des Moments, in dem die Verbindung der Bevölkerung zu ihrem Land durchtrennt wurde, greifbar.

Ein anderer Schwerpunkt arabistischer Trauma-Forschung hängt mit dem libanesischen Bürgerkrieg (1975–1990) zusammen (vgl. Lang 2016; Mostafa 2009). Die große Anzahl formal innovativer Romane, die während der 1980er Jahre und nach Ende des Kriegs entstanden sind, wurden verschiedentlich mit einem Trauma-Ansatz analysiert. Syrine Hout, die sich mit der englischsprachigen libanesischen Literatur beschäftigt, liefert mit ihrer Analyse von Patricia Saraffian Wards *Bullet Collection* ein typisches Beispiel (Hout 2009).

Trauma als Positionierung: In all diesen Zusammenhängen ist die zentrale Frage der literatur- und kulturwissenschaftlichen Analyse, wie kollektive oder persönliche Traumata auf formaler und inhaltlicher Ebene verarbeitet oder eben auch verkörpert werden. Jenseits einer Analyse der Trauma-Ästhetik kann und sollte sich die Arabistik auch mit der eher sozialwissenschaftlichen Frage befassen, warum Kunstschaffende sich einer Trauma-Ästhetik bedienen, um die Erfahrung menschlichen Leids zu repräsentieren. Die Symptome, die das DSM-5 für PTSD beschreibt, werden in anderen sozialen und kulturellen Zusammenhängen anders eingeordnet, wie sozialanthropologische Trauma- und Erinnerungsforschung zeigt (etwa Antze/Lambek 1996). Wenn Künstler/innen sich der konventionellen Trauma-Ästhetik bedienen, ist das also immer auch eine Wahl, durch die sie sich positionieren. So war die Trauma-Literatur in ihren Anfängen eine Möglichkeit, wie Personen und Gruppen, die im politischen und sozialen Zusammenhang untergeordnete und marginalisierte Positionen einnehmen, sich gegen eine offizielle Geschichte positionieren konnten, die von den Mächtigen geschrieben wird (Whitehead 2004). Im Libanon der 2000er Jahre diente die Trauma-Ästhetik einer Positionierung im literarischen Feld ebenso wie einer politischen Positionierung gegen staatliche und parteipolitische Formen der Kriegserinnerung (vgl. Lang 2016).

Angesichts der Verbreitung der Trauma-Ästhetik in den letzten Jahrzehnten stellt sich jedoch inzwischen die Frage, ob diese Form des Gegengedächtnisses nicht immer mehr im Zentrum hegemonialer Erinnerungsdiskurse steht. Wie Fassin und Rechtman darlegen, ist das Trauma-Idiom mittlerweile ein wichtiges Instrument für gesellschaftliche Gruppen und Aktivist/innen, ihren Anliegen in den Augen (westlicher) Geldgeber Legitimität zu verleihen. Auch im Bereich der Kunst ist es eine Sprache, die die maßgeblichen Akteure, wie etwa Kurator/innen oder Wissenschaftler/innen an amerikanischen Universitäten, kennen und schätzen.

10.3 Beispiel: Der Film *al-Burāq / Pégase* von Mohamed Mouftakir (2010)

Mouftakirs Film spielt zu einem nicht näher bestimmten Zeitpunkt im ländlichen, von der Volksgruppe der Berber bewohnten Süden Marokkos. Eine junge Frau, Rhianna, wird auf der Straße aufgefunden und in eine psychiatrische Anstalt eingeliefert – sie ist geistig verwirrt, schwanger und behauptet, dass der mythische ‚Herr der Pferde' der Vater des Kindes sei. Die psychoanalytisch ausgebildete Schwester Zineb versucht, die junge Frau zu therapieren und ihre Geschichte zu rekonstruieren. Nach und nach stellt sich heraus, das Rhianna von ihrem Vater, einem tyrannischen Patriarchen und leidenschaftlichen Reiter als Junge großgezogen wurde. Als der Vater ihr heimliches Verhältnis mit einem jungen Mann entdeckte, vergewaltigte er seine Tochter, die daraufhin von zuhause floh und schließlich in der Psychiatrie landete.

Im Film finden sich zahlreiche Elemente einer konventionellen Trauma-Ästhetik: Insbesondere Flashbacks, in denen die Misshandlung Rhiannas durch ihren Vater dargestellt wird, und Traumsequenzen. Die Erzählung ist fragmentiert und springt zwischen verschiedenen zeitlichen und räumlichen Ebenen hin und her. Eingeflochten in diese Darstellung finden sich aber auch zahlreiche Symbole und Geschichten aus der volkstümlichen Mythologie, wie die Legende vom ‚Herrn der Pferde', der von seiner Geliebten ermordet wird oder die Figur des geflügelten

Pferdes al-Burāq, das den Propheten Mohammed nach Jerusalem getragen haben soll. Die Rolle solcher lokalen, kulturspezifischen Elemente für das Erzählen des Nicht-Erzählbaren sind ein zentraler innovativer Aspekt in Mouftakirs Film. Eine eingehendere Analyse könnte zeigen, wie der Regisseur solche traditionellen Vorstellungswelten mit der, dem Anspruch nach universellen, Trauma-Theorie verknüpft.

Literatur

Al-Samman, Hanadi: *Anxiety of Erasure: Trauma, Authorship, and the Diaspora in Arab Women's Writings*. Syracuse 2015.

Alexander, Jeffrey C.: „Toward a Theory of Cultural Trauma". In: Jeffrey C. Alexander et al. (Hg.): *Cultural Trauma and Collective Identity*. Berkeley 2004, 1–30.

American Psychiatric Association: *Diagnostic and Statistical Manual of Mental Disorders*. Arlington [5]2013.

Antze, Paul/Lambek, Michael (Hg.): *Tense Past: Cultural Essays in Trauma and Memory*. New York 1996.

Assmann, Aleida: „Die Kollektivschuldthese – ein deutsches Trauma". In: Andrea Horváth (Hg.): *Gedächtnis–Identität–Interkulturalität Ein Kulturwissenschaftliches Studienbuch*. Deberecen/Budapest 2006, 26–41.

Caruth, Cathy (Hg.): *Trauma: Explorations in Memory*. Baltimore 1995.

Caruth, Cathy: *Unclaimed Experience: Trauma, Narrative and History*. Baltimore 1996.

Fassin, Didier/Rechtman, Richard: *The Empire of Trauma: An Inquiry into the Condition of Victimhood*. Princeton 2009.

Gertz, Nurith/Khleifi, George: *Palestinian Cinema: Landscape, Trauma and Memory*. Edinburgh 2008.

Hout, Syrine C.: „Revisiting Lebanon: Testimony, Trauma, and Transition in Patricia Sarrafian Ward's The Bullet Collection". In: *Middle Eastern Literatures* 12/3 (2009), 271–288.

Lang, Felix: *The Lebanese Post-Civil War Novel: Memory, Trauma, and Capital*. Houndmills/Basingstoke/Hampshire/New York 2016.

Leys, Ruth: *Trauma: A Genealogy*. Chicago 2000.

Luckhurst, Roger: *The Trauma Question*. London/New York 2008.

Milich, Stephan: „Narrating, Metaphorizing or Performing the Unforgettable? The Politics of Trauma in Contemporary Arabic Literature". In: Friederike Pannewick/Georges Khalil/Yvonne Albers (Hg.): *Commitment and Beyond: Reflections on/of the Political in Arabic Literature Since the 1940s*. Wiesbaden 2015, 285–301.

Mostafa, Dalia: „Literary Representations of Trauma, Memory, and Identity in the Novels of Elias Khoury and Rabīʿ Jābir". In: *Journal of Arabic Literature* 40 (2009), 208–236.

Whitehead, Anne: *Trauma Fiction*. Edinburgh 2004.

Postkoloniale Identitäten 11

▶ **Leitfragen** Was ist Orientalismus und was hat der Orientalismus mit dem Orient zu tun? Ist Identität ein fester innerer Kern oder ein ständig im Werden befindlicher Prozess? Und inwiefern wird das Eigene durch das Andere konstruiert?

11.1 Geschichte

Identität ist ein wichtiger und zugleich umstrittener Begriff. Wie wird das Eigene bestimmt und in welchem Zusammenhang steht es mit einem Gegenüber? Das Konzept der Identität ist eng mit postkolonialen Theorien verbunden. Unter ‚Postkolonialismus' versteht man eine Bandbreite an theoretischen Ansätzen, die sich kritisch mit historischen und gegenwärtigen Machtverhältnissen auseinandersetzen, die sich im Kontext des europäischen Kolonialismus herausgebildet haben. Dabei stehen vor allem Ideen, Denkmuster und Narrative im Mittelpunkt, die den Kolonialismus ideologisch legitimierten. Postkoloniale Ansätze machen ein Verständnis von etablierten Machtstrukturen stark, welche sich raumzeitlich nicht auf eine bestimmte Zeit nach dem Kolonialismus und auf die Kolonien beschränkt. Das ‚post' im Postkolonialismus steht also nicht für die Zeit nach dem Kolonialismus, sondern erforscht die ideologische Durchdringung kolonialen Handelns und dessen kontinuierliche, aber sich verändernde Fortschreibungen. Ebenso wenig geht es um die alleinige Aufarbeitung des schweren kolonialen Erbes in den kolonialisierten Regionen und um eine Sichtweise, den Kolonialismus als einen Ausrutscher der leuchtenden europäischen Epoche der Aufklärung zu beschreiben. Vielmehr geht es darum, den Kolonialismus als konstituierendes Moment der europäischen Aufklärung zu erkennen und andauernde globale Machtungleichheiten zu thematisieren.

Y. Albers et al., *Arabistik*, https://doi.org/10.1007/978-3-476-05681-8_11

Edward Said: *Orientalismus*: Zu einem der Grundlagenwerke zählt das 1978 erschienene Buch *Orientalismus* von Edward Said (1935–2003). Auf Grundlage einer diskursanalytischen Betrachtung von sowohl wissenschaftlichen (historischen, philologischen und politologischen) als auch literarischen Texten von britischen und französischen Autoren zeichnet Said die Darstellung des Orients als das minderwertige, naive Andere europäischer Expansionspolitik nach. Diese kulturelle Konstruktion wird als essentielle Verschiedenheit des Orients wahrgenommen, wodurch diese Region als unvergleichbar und prinzipiell verschieden erscheint.

Edward Said schrieb mit *Orientalismus* ein äußerst erfolgreiches und zugleich kontroverses Werk. Die Kritik richtete sich vor allem gegen die historisch beliebig wirkende Auswahl an Texten und Quellen, auf denen Saids Thesen basieren, gegen den methodischen Teil, der ebenfalls als zu willkürlich beschrieben wird und gegen einen zu journalistisch anmutenden Schreibstil (Ibn Warraq 2007; Varisco 2007; Hallaq 2018). Andere Kritiker warfen ihm eine Fixierung bzw. Festschreibung des „Orientalen", vor, weil Said nicht die vielfältigen Stimmen und Praktiken der Menschen in der Region aufzeige.

Homi Bhabha: *Die Verortung der Kultur*: Die Kritik an der Darstellung der Menschen im „Orient" ohne individuelle Handlungsmacht greift indirekt Homi Bhabha auf, dessen Werke ebenfalls zu den Grundlagen der postkolonialen Ansätze zählen. Der Literaturwissenschaftler etabliert in seinem 1994 erschienenen Buch *The Location of Culture (Die Verortung der Kultur)* den Begriff der Hybridität. Dies meint keinesfalls lediglich den Zustand kultureller Vermischung, sondern es geht um kulturelle Formationen, „die in einer [...] deutlich hierarchisierten, asymmetrischen Konstellation entstehen und diese Konstellation zugleich destabilisieren" (Kerner 2012, S. 126). Das Moment der Vermischung ist nie eines der reinen Übernahme oder Assimilation, sondern immer durch Verschiebungen geprägt. Dadurch entsteht laut Bhabha ein „dritter Raum" (s. auch Kap. 13), der Subversionspotential und Handlungsmacht hat.

Gayatri Chakravorty Spivak: „Can the Subaltern Speak?": Gayatri Chakravorty Spivaks Arbeiten setzen hier an; sie fragt, ob die Subalternen überhaupt sprechen und agieren können. „Can the Subaltern Speak?" (2008) ist der Titel ihres bekannten Aufsatzes. Subalterne sind dabei, mit Rückgriff auf Antonio Gramsci, Bevölkerungsgruppen und Personen, die nicht Teil der herrschenden Elite und nicht politisch organisiert sind. Sie sind im doppelten Sinn stumm, da sie über keine eigene politische Stimme verfügen und sie von den Eliten auch nicht gehört werden. Frauen unterliegen laut Spivak einer mehrfachen Marginalisierung aufgrund von patriarchalen und ökonomischen Strukturen. Laut Spivak ist es ihnen nicht möglich, sich in ihren vielfältigen Subjektpositionen wahrnehmbar zu machen und sich erfolgreich zu repräsentieren. Dies verweist auf die spannenden Fragen um Repräsentation: Wer repräsentiert wen? Wer spricht für wen?

Identität als umkämpfter Begriff: Bei Spivak ebenso wie bei Bhabha und bei vielen anderen postkolonialen Theoretiker/innen fällt ein Identitätsbegriff auf, der sich von dem Verständnis einer kohärenten, inneren Essenz verabschiedet und die Bricolage (Herumbasteln), also die Vielschichtigkeit und das Nebeneinander betont. Im Gegensatz zu immer noch sehr einflussreichen Kulturtheorien, wie beispielsweise Samuel Huntingtons Kampf der Kulturen, nach denen man zu einem bestimmten Gebiet mit starren Grenzen und einer festen Identität zugehörig ist, betonen postkoloniale Ansätze das Prozesshafte, Grenzüberschreitende. Paul Gilroy hebt in seinem Klassiker postkolonialer Literatur, *The Black Atlantic* (1993), die Rolle des Atlantiks als fluiden Raum des Sklavenhandels hervor, als einen transnationalen Raum, der durch Interaktionen und Kontakte geprägt ist. Er beschreibt Identität als *route* im Sinn von Weg im Gegensatz zu *roots* mit der Bedeutung von Wurzeln (Gilroy 1993, S. 19).

Gloria Anzaldúa spielt auch formalistisch das Vermischtsein und Identitäten im Plural durch, in dem sie in ihrem Buch *Borderlands/La frontera* (1987) verschiedene Sprachen (Englisch, Spanisch, Spanglish, Nahuatl) und Textformen kombiniert. Das macht Leerstellen und Unverständnis deutlich und weist daraufhin, dass das Neben-, Auf- und Miteinander immer auch ein konflikthafter Prozess ist.

Stuart Hall (1932–2014) unterstreicht in seinem Aufsatz „Who needs identity?" (2013), dass Differenz (und nicht Gleichheit) unabänderlicher Bestandteil jeder Identitätskonstruktion ist. Die Differenz ist, in Anlehnung an Jacques Derridas Begriff der *différance,* ständig in Bewegung. *Différance,* so die Wortschöpfung Derridas, trägt erstens die Bedeutung von unterscheiden, abweichen und zweitens von aufschieben, vertagen in sich.

Alterität: Der Begriff der Alterität beschreibt, dass die eigene Identität immer in Abgrenzung zu etwas Anderem gedacht und gemacht wird. Jedoch geschieht das Denken in binären Kategorien nicht in einem machtfreien Raum, sondern das Eigene wird gegenüber dem Anderen privilegiert. Dabei ist das norm- und definitionsgebende Subjekt oft unsichtbar, nur die negative Abweichung von der gesetzten Norm wird als minderwertig, irrational, passiv markiert. Das Andere wird zum handlungsunfähigen, homogenen Objekt. Das Zuschreiben oftmals negativer Eigenschaften wird *Othering* (das Andersmachen) genannt. Dieser Prozess des *Othering* basiert auf binären Zuschreibungen bei gleichzeitiger Hierarchisierung der Merkmale und Festigung der Vormachtstellung des Eigenen, wie der Orient im Orientalismus. Allerdings müssen die Zuschreibungen nicht ausschließlich negativ sein, es gibt auch Formen des positiv besetzten Andersmachens. Hinsichtlich der arabischen Welt geschieht das durch das Betonen eines farbenfrohen, sinnlichen, duftenden Orients. Das Andere wird hier ebenso homogenisiert wie exotisiert.

Ein Ziel postkolonialer Forschung liegt in der Aufdeckung und Dekonstruktion der den Denkmustern zugrundeliegenden binären Oppositionen und deren Machtmechanismen. Ähnlich wie bei Edward Said wird anhand diskursanalytischer Arbeiten gezeigt, wie über das Schreiben von Alterität diese erst performativ geschaffen wird. Europa und Nordamerika sollen als normgebende, aber unsichtbare Instanz sichtbar gemacht werden oder aber als Ort der Wissensproduktion etc. „provinzialisiert", also nicht als Zentrum gedacht werden, siehe Dipesh Chakrabartys einflussreiches Buch *Provincialising Europe. Postcolonial Thought and Historical Difference* von 2000.

Dekolonialität: Dieser Debatte entspringt auch das Konzept der Dekolonialität. Hierunter versteht Walter D. Mignolo (2012) ein kritisches Gegenprojekt, um die diskursiven Machtstrukturen u. a. durch Rückgriff auf das Grenzdenken aufzubrechen, d. h. koloniale Begriffe umzudeuten und indigenes Wissen zu integrieren. Indigene Wissenssysteme sollen sichtbar und verständlich gemacht werden, auch wenn sie nicht mit der gegenwärtigen Wissenschaftslandschaft kompatibel scheinen. Um globale Machtungleichheiten auszubuchstabieren, sollen gerade die Subalternen, die sich oftmals nicht selbst vertreten können, in den Blick genommen werden. Spivak spricht hierbei von einem „strategischen Essentialismus" (Kerner 2012, S. 107), um deren Positionen und Anliegen sichtbar zu machen.

Für die Literaturwissenschaften ist das 1989 erschienene Buch mit dem Titel *The Empire Writes Back. Theory and Practice in Post-Colonial Literature* maßgebend. Die Autor/innen (Ashcroft/Griffiths/Tiffin) legen nach Analyse der in postkolonialen Kontexten entstandenen literarischen Werke innerhalb des Empires eine Kritik an der eurozentristischen Vorstellung von Sprache und Literatur vor. Wichtige Fragen werden gestellt: Was sind überhaupt nationale Literaturen und welche Rolle spielt die Sprache?

11.2 Arabistische Perspektiven

Algerien war seit 1830 französisch besetzte Siedlungskolonie und erlangte seine Unabhängigkeit erst 1962 nach einem blutig geführten Konflikt mit vielen Opfern. Frantz Fanon (1925–1961) war Psychiater und Schriftsteller und selbst im algerischen Unabhängigkeitskrieg aktiv. Mit seinen auch für die postkoloniale Theoriebildung relevanten Werken *Schwarze Haut, weiße Masken* (1952) und *Die Verdammten dieser Erde* (1961) setzt er sich intensiv mit Rassismus und Kolonialgewalt auseinander. Er beschreibt, dass die „schwarzen Menschen" in einen neurotischen Zustand gedrängt werden, indem ihre Identität als minderwertig beurteilt wird und zugleich die Errungenschaften „der Weißen" als unbedingt nachahmenswert festgeschrieben werden. Auch Albert Memmi (geb. 1920), ein tunesischer Autor, setzt sich in seinen Werken mit der französischen Kolonialgewalt auseinander und thematisiert Unterdrückung und Entwurzelung. 1957 erscheint der *Der Kolonisator und der Kolonialisierte* (frz. *Portrait du colonisé précédé du portrait du colonialisateur*), in dem er die psychologischen Auswirkungen des Kolonialismus auf beide Gruppen beschreibt. Auch in seinem sehr berühmt gewordenen, autobiographischen Roman *Die Salzsäule* (frz. *La statue de sel*, 1953) setzt er sich damit auseinander.

Ägypten war bis zu seiner Unabhängigkeit unter britischer Herrschaft. Lord Cromer, der von 1883 bis 1907 britischer Generalkonsul in Ägypten war, unterstreicht in seiner Abschlussrede die materiellen und moralischen Fortschritte, die Ägypten unter britischer Herrschaft gemacht habe und spielt auf die Undankbarkeit der ägyptischen Bevölkerung an. Aḥmad Šawqī (1868–1932), ein wichtiger ägyptischer Dichter, wählt die Form klassischer Qasidendichtung und stellt sich dem Einschreiben kolonialer Denkmuster entgegen (vgl. Kadhim 2004).

Auch die Grenzziehungen im Nahen Osten sind Ergebnis europäischer Kolonialpolitik im 19. und 20. Jh. Vor allem Frankreich und England steckten in der Levante ihre Interessensgebiete fest. Viele der in der Region lebenden ethnischen Minderheiten werden politisch unsichtbar oder bei der Gründung der Nationalstaaten nach europäischem Vorbild aufgeteilt. Zudem versuchen die neugegründeten Nationalstaaten, homogene identitätspolitische Narrative zu schaffen. Auch im andauernden Nahost-Konflikt nehmen die Fragen nach (identitäts-)politischer Selbstbestimmung und Repräsentation einen wichtigen Platz ein. Der berühmte palästinensische Dichter Mahmud Darwish (Maḥmūd Darwīš, 1941–2008) setzt sich in seinem Werk immer wieder mit der palästinensischen Identität bzw. Identitäten auseinander; ganz früh (1964) mit dem Gedicht „Biṭāqat huwiyya" („Identitätskarte"), aber auch beispielsweise in einem Gedicht von 1995, „Li-māḏā tarakta al-ḥiṣān waḥīdan?" („Warum hast du das Pferd allein gelassen?") (vgl. Milich 2005).

Rezeption von *Orientalismus* in der arabischen Welt: Und natürlich ist Edward Said selbst eine wichtige arabistische Referenz, zumal er in den Jahren des Erscheinens von *Orientalismus* (1978) seine wachsende palästinensische, arabische Identität thematisiert, was er später literarisch in seiner Autobiographie *Out of Place* (1999) aufgreift.

Dabei ist die Rezeption des Werks *Orientalismus* in der Region sehr ambivalent. Viele arabische Autoren setzen sich dezidiert mit Saids Werk auseinander und es gab und gibt eine kritische Auseinandersetzung mit dem nordamerikanisch-europäischen Orientalismus ebenso wie mit Saids Darstellung eines homogenen essentialistischen Orients (al-ʿAzm 2000; Ḥimmīš 2011; Schmitz 2008). In diesem Zusammenhang wird auch auf eine sehr polarisierende Übersetzung von *Orientalismus* ins Arabische verwiesen sowie auf die Adressierung des Buches an ein nordamerikanisches, europäisches akademisches Publikum, weshalb Said von einigen arabischen Rezipienten auch als Vertreter eben dieser Elite wahrgenommen wird. Saids Werk löste zur Zeit seines Erscheinens zudem eine innerarabische Diskussion über die Frage der Selbst-Orientalisierung aus, die bis heute fortwirkt. Protagonisten dieser Debatten waren u. a. Sadiq Jalal al-Azm (Ṣādiq al-ʿAẓm, 1934–2016) und Adonis (Adūnīs, geb. 1930).

Vor dem Hintergrund der Rezeption in der arabischen Welt gewinnt auch der Begriff Okzidentalismus, als Stereotypisierung und Abwertung ‚westlicher' Gesellschaften und Werte an Bedeutung (vgl. u. a. Hanafi 1991).

Neo-Orientalismus: Neben den Begriff des Orientalismus tritt der des Neo-Orientalismus, der vor allem die seit den Anschlägen vom 11. September 2001 anhaltende Darstellung des Islam als permanente Gefahr umreißt (vgl. Fitzpatrick 2009). Gerade vor der sich zuspitzenden Debatte um Migration und Rassismus in Europa werden koloniale Deutungsmuster wieder aufgegriffen und fortgeschrieben. Im Diskurs um die Übergriffe auf Frauen in der Silvesternacht 2015 in Köln ist zu beobachten, wie sprachliche und bildliche Differenzkonstruktionen und Essentialisierungen zunehmen und der gefährliche, schwarze, arabische, islamische Mann, unfähig seine Vernunft zu gebrauchen, die säkulare, weiße, westliche Frauen bedroht – ein Narrativ, das seine Wurzeln in kolonialen Kontexten hat (Biskamp 2016; Hark/Villa 2017).

11.3 Beispiel: Das Buchcover der Studie *Orientalism* (1978)

Auch wenn Edward Said die kunsthistorische Epoche des Orientalismus im 19. Jh. bei seiner Analyse des Orientalismus ausschließt, erweist sich die Übertragung von Saids Orientalismuskonzept auf Gemälde als sehr produktiv (Abb. 11.1). Gerade vor diesem Hintergrund scheint eine paratextuelle Betrachtung des Covers der Originalausgabe von *Orientalism* interessant. Der Bucheinband besteht aus einem Ausschnitt des Gemäldes *Der Schlangenbeschwörer* von Jean-Léon Gérôme von 1880. Zu sehen ist ein nacktes Kind mit einer um sich gewickelten Schlange im Bildvordergrund und das ihn beobachtende, ausschließlich männliche Publikum im Bildhintergrund, welches vor einer aus Ornamenten und arabischer Kalligraphie verzierten Wand sitzt.

Der Blick desjenigen, der sich das Bild anschaut, nimmt eine übergeordnete Perspektive ein: den Blick auf das befremdliche Vergnügen der ‚orientalischen' Zuschauer und auf den Akt der Schlangenbeschwörung selbst. Dabei wird der Topos des geheimnisvollen, sexuell aufgeladenen Orients zitiert und zugleich geschaffen. Aber auch der weiße, europäische Blick ist anwesend, nicht nur in Form heimlicher Schaulust als voyeuristisches Moment dieses Arrangements oder enthüllendes Moment dieser Szene, sondern vor allem als die Instanz, die diese orientalische Welt erschafft und für den das Bild gemalt wurde. Der Logik des Abwesenden folgend fällt auf, dass, wie vielen Gemälden dieser Epoche, eine zeitliche Verortung fehlt, d. h. zugespitzt formuliert: Die Zeit steht still in der orientalischen Welt. Sie verändert sich nicht und wird nicht berührt von Veränderungen. Dass es so ist, wird durch einen naturalistischen Stil unterstrichen.

Linda Nochlin stellt hinsichtlich des Gemäldes *Der Schlangenbeschwörer* fest: „[…] it may most profitably be considered as a visual document of 19th-century colonialist ideology, an iconic distillation of the Westerner's notion of the Oriental couched in the language of a would-be transparent naturalism" (1983, S. 119).

Abb. 11.1 Buchcover der Erstausgabe von Orientalism. (Said 1978, Foto: Anna Christina Scheiter)

Literatur

Al-ʿAzm, Sadik Jalal: „Orientalism and Orientalism in Reverse". In: Alexander L. Macfie (Hg.): *Orientalism. A Reader*. Kairo 2000.

Anzaldúa, Gloria: *Borderlands/La frontera. The new mestiza*. San Francisco 1987.

Ashcroft, Bill/Griffiths, Gareth/Tiffin, Helen: Th*e Empire Writes Back. Theory and Practice in Postcolonial Literature*. London 1989.

Bhabha, Homi: *Die Verortung der Kultur*. Tübingen 2000 (engl.: *The Location of Culture*, 1994).

Biskamp, Floris: *Orientalismus und demokratische Öffentlichkeit. Antimuslimischer Rassismus aus Sicht postkolonialer und neuerer kritischer Theorie*. Bielefeld 2016.

Chakrabarty, Dipesh: *Provincialising Europe. Postcolonial Thought and Historical Difference*. Princeton 2000.

Fanon, Frantz: *Schwarze Haut, weiße Masken*. Wien 2013 (frz.: *Peau noire, masques blancs*, 1952).

Fanon, Frantz: *Die Verdammten dieser Erde*. Frankfurt a.M. 2015 (frz.: *Les damnés de la terre*, 1961).
Fitzpatrick, Coeli: „New Orientalism in Popular Fiction and Memoir. An Illustration of Type“. In: *Journal of Multicultural Discourses* 4/3 (2009), 243–256.
Gilroy, Paul: *The Black Atlantic. Modernity and Double Consciousness*. Harvard 1993.
Hall, Stuart: „Who needs identity?“. In: Stuart Hall/Paul du Gay: *Questions of Cultural Identity*. London 2013, 1–17.
Hallaq, Wael B.: *Restating Orientalism. A Critique of Modern Knowledge*. Columbia 2018.
Hanafi, Hassan: *Muqaddima fī ʿilm al-istiġrāb*. Kairo 1991.
Hark, Sabine/Villa, Paula-Irene: *Unterscheiden und herrschen. Ein Essay zu den ambivalenten Verflechtungen von Rassismus, Sexismus und Feminismus in der Gegenwart*. Bielefeld 2017.
Ḥimmīš, Bin-Sālim: *al-ʿArab wa-l-Islām fī marāyā al-istišrāq*. Kairo 2011.
Ibn Warraq: *Defending the West. A Critique of Edward Said's "Orientalism"*. Amherst, N.Y. 2007.
Kadhim, Hussein N.: *The Poetics of Anti-Colonialsm in the Arabic Qasidah*. Leiden 2004.
Kerner, Ina: *Postkoloniale Theorien zur Einführung*. Hamburg 2012.
Memmi, Albert: *Die Salzsäule*. Frankfurt a. M. 1985 (frz.: *La statue de sel*, 1953).
Memmi, Albert: *Der Kolonialisator und der Kolonialisierte. Zwei Portraits*. Hamburg 1994 (frz.: *Portrait du colonisé précédé du portrait du colonialisateur*, 1957).
Milich, Stephan: *Fremd meinem Namen, fremd meiner Zeit. Identität und Exil in der Dichtung von Mahmud Darwisch*. Berlin 2005.
Mignolo, Walter D.: *Epistemischer Ungehorsam. Rhetorik der Moderne, Logik der Kolonialität und Grammatik der Dekolonialität*. Wien 2012.
Nochlin, Linda: „The imaginary orient“. In: *Art in America* (1983), 119–191.
Said, Edward W.: *Orientalismus*. Frankfurt a. M. 2009 (engl.: *Orientalism*, 1978).
Said, Edward W.: *Am falschen Ort. Autobiographie*. Berlin 2000 (engl. *Out of place. A memoir*, 1999).
Schmitz, Markus: *Kulturkritik ohne Zentrum*. Bielefeld 2008.
Spivak, Gayatri Chakravorty: „Can the Subaltern Speak?“ In: dies.: *Can the Subaltern Speak? Postkolonialität und subalterne Artikulation*. Wien 2008 (engl.: 1988).
Varisco, Daniel Martin: *Reading Orientalism. Said and the Unsaid*. Washington 2007.

Klasse/Sozialstruktur

12

> **Leitfragen** Was zeichnet eine gesellschaftliche Klasse aus? Was hat Klassenzugehörigkeit z. B. mit Musikgeschmack zu tun? Beschäftigen wir uns nur mit der Kunst gesellschaftlicher Eliten?

12.1 Geschichte

Das Konzept der Klasse in einer Einführung in die Arabistik aufzugreifen, stellt nicht nur eine wissenschaftliche, sondern eine politische Positionierung dar. Anders als ‚Raum' oder ‚Trauma' ist das Konzept der Klasse in der Forschung zu künstlerischen Werken nicht Gegenstand eines aktuellen Trends oder gar eines ‚*Turns*'. Gerade im deutschsprachigen Raum hat das Wort einen fast anachronistischen Klang. Während die Arbeiterklasse und der Klassenkampf in der DDR ein allgegenwärtiges Konzept zur Legitimation der Herrschaft der SED waren, wurde in der BRD schon in den 1950er Jahren die Existenz von Klassen insgesamt infrage gestellt (vgl. Dahrendorf 1953) und das Konzept fristete ein Nischendasein in einer linken Forschungstradition der Politik- und Sozialwissenschaften. Im Zuge der Herausbildung einer kritischen, an linke Positionen und angelsächsische Cultural Studies anschließenden Arabistik, ist es an der Zeit, den Begriff der Klasse für die Verwendung in Forschung und Lehre nutzbar zu machen.

‚*Class*' und Cultural Studies: Im angelsächsischen Raum, und besonders in Großbritannien, ist *Class* ein auch in der Alltagssprache verbreitetes Konzept, das mit dem Aufkommen der Cultural Studies einen festen Platz in der Kulturwissenschaft gefunden hat. Damit wurde dem Umstand Rechnung getragen, dass die Produktion von Kunst, ebenso wie ihre Erforschung, in einem gesellschaftlichen Zusammenhang stattfindet, der sich durch eine bestimmte Sozialstruktur

Y. Albers et al., *Arabistik*, https://doi.org/10.1007/978-3-476-05681-8_12

auszeichnet, in der Hierarchien und Machtungleichgewichte zwischen verschiedenen Gruppen existieren.

Als Ergebnis blieb die Kunst der ‚niederen' sozialen Schichten, die Kunst des ‚einfachen Volkes', von den etablierten Disziplinen wie Literaturwissenschaft und Kunstgeschichte ausgeschlossen; was in den Schulen und Universitäten gelehrt wurde, war – und ist es auch heute zu großen Teilen – die Kunst und Literatur der Wohlhabenden und Gebildeten, die Kunst der gesellschaftlichen Eliten.

In der Arabistik mangelt es noch weitgehend an einer Reflexion der eigenen sozioökonomischen Position, wie der Position der Künstler/innen, die den Gegenstand des Forschungsinteresses bilden, während ein Bewusstsein für postkoloniale Machtungleichgewichte relativ ausgeprägt ist.

Klasse als ökonomische Kategorie: Raymond Williams, einer der Begründer der britischen Cultural Studies, hat in seinem Werk *Keywords* (2011) einen Eintrag zum Begriff der ‚Klasse' veröffentlicht, der sich gut für eine erste Einordnung verschiedener Klassenbegriffe eignet. Williams unterscheidet drei grundlegende Bedeutungen. Erstens bezeichnet ‚Klasse' eine Gruppe von Menschen, die bestimmte ökonomische Merkmale teilen. In dieser Hinsicht ist die Existenz einer Klasse und die Zuordnung Einzelner zu diesen Klassen objektiv zu bestimmen. Welche Merkmale man heranzieht, um die Klasse zu definieren, bleibt dabei erst einmal offen.

Eine der vielleicht einflussreichsten Definitionen von ‚Klasse' stammt von Karl Marx und Friedrich Engels und findet sich im *Manifest der Kommunistischen Partei* (1890): Hier ist es das Eigentum an den Produktionsmitteln, das zum definierenden ökonomischen Merkmal wird, und die Gesellschaft in zwei Klassen teilt: zum einen die Bourgeoisie, deren Mitglieder das Kapital, die Maschinen, Fabriken und Werkzeuge besitzen, und zum anderen das Proletariat, das nichts als seine Arbeitskraft besitzt und auf die Maschinen und Werkzeuge der Bourgeoisie angewiesen ist, um Produkte herstellen zu können. Max Weber, der die zweite grundlegende Klassentheorie entworfen hat, sieht ökonomische Verhältnisse ebenfalls als zentral, fügt aber mit dem Begriff der sozialen Klasse noch eine Dimension hinzu, die über einen ökonomischen Determinismus hinausgeht (Weber 1980 [1921]).

Klasse und Habitus: Eine gehobene gesellschaftliche Stellung geht demnach häufig auch mit einem gewissen Wohlstand einher, doch wird die Stellung nicht ausschließlich von ökonomischen Faktoren bestimmt. Fragen der Bildung, des Geschmacks und des Verhaltens ganz allgemein spielen eine wichtige Rolle. In diesem Zusammenhang ist Pierre Bourdieus Klassenbegriff und der enge Zusammenhang zwischen einer bestimmten Position innerhalb der Sozialstruktur und Vorstellungen von Kunst und künstlerischem Wert interessant. Mein Kunstgeschmack, meine Kleidung, meine Art zu sprechen und alltägliche Verhaltensweisen, selbst die Art, wie ich mich bewege, geben Auskunft darüber, aus welchen sozialen Verhältnissen ich komme und welcher Gruppe ich zugehöre – damit trägt der ‚Habitus', wie Bourdieu diese Gesamtheit von Vorlieben und Verhaltensmustern nennt, dazu bei, die Klassenstruktur der Gesellschaft zu festigen, indem er kenntlich macht wo ‚der Platz' jedes Einzelnen ist, und Übertritte (wie etwa sozialen Aufstieg) erschwert (Bourdieu 2008). Darum sieht Bourdieu nicht nur Einkommen und Vermögen als Kapital, sondern führt die Begriffe des kulturellen Kapitals (z. B. in Form von Bildung) und des sozialen Kapitals (z. B. ein Netzwerk von einflussreichen Bekannten) ein (vgl. Bourdieu 1983).

Die Darstellung dieser feinen Unterschiede in künstlerischen Werken bietet einen wichtigen Zugang für die Analyse der dargestellten Sozialstruktur, also zum Beispiel für das Verhältnis bestimmter Figuren zueinander. Außerdem ist ein Bewusstsein für diese Mechanismen wichtig für unsere Positionierung als Wissenschaftler/innen. Häufig erforschen wir Kunst, die uns persönlich anspricht. Und das ist, bei Kunst aus der arabischen Welt, häufig die Kunst der Eliten. In der Literatur hat das nicht zuletzt mit dem Markt für Übersetzungen zu tun, der ‚Trivialliteratur' und Populärkultur erst seit den Aufständen von 2011 als relevant und für ein europäisches Publikum interessant erkannt hat.

Klasse und Gruppenidentität: Die Stiftung einer Gruppenidentität ist die dritte Ebene, auf der die Klasse als Konzept relevant ist. Hier geht es nicht mehr um objektive ökonomische Gemeinsamkeiten oder den gesellschaftlichen Status, der Angehörigen einer bestimmten Gruppe zugeschrieben wird, sondern darum, das Konzept der Klasse zur Selbstbeschreibung und zur Identifikation und Abgrenzung zu anderen gesellschaftlichen Gruppen zu nutzen. Auf dieser Ebene kann man vielleicht am ehesten von einem Verschwinden der Klasse ausgehen. In vielen Gesellschaften haben andere Kategorien, wie Gender oder *Race* in den letzten Jahrzehnten eine größere identitätsstiftende Wirkung entfaltet. Während man also, von ökonomischen Merkmalen ausgehend, in vielen Gesellschaften durchaus von der Existenz einer Arbeiterklasse sprechen kann, ist sie als Selbstbeschreibung einer Gruppe mit einer eigenen Geschichte, eigenen Werten und Bräuchen weit weniger relevant.

Milieu: Mit Bourdieus Begriff des Habitus und der Frage der Gruppenidentität nähern wir uns einem anderen Begriff, der in der Sozialstrukturanalyse – also der Analyse systematischer Ungleichheit zwischen Gruppen in einer Gesellschaft – seit den 1980er Jahren vermehrt verwendet wurde: das Milieu. Milieus werden nicht allein über die ökonomische Lage charakterisiert, sondern berücksichtigen auch Fragen des Lebensstils und des subjektiven Weltbilds. Milieus werden in verschiedener Weise nach den Vorlieben, Gewohnheiten und Ansichten der einzelnen Menschen eingeteilt und sind besonders auch für die Markt- und Wahlforschung wichtig (vgl. Müller/Zimmermann 2018).

Diese grobe Einordnung des Klassenbegriffs gibt nur einen allgemeinen Überblick über die Formen, in der er in der Arabistik relevant wird – zur Vertiefung vgl. Solga et al. (2009). Für eine grundlegende Untersuchung zur arabischen Gesellschaften vgl. Barakat (2008).

12.2 Arabistische Perspektiven

Warum nun sollte sich die Arabistik mit der Darstellung von sozialen Klassen in der Kunst oder der Klassenzugehörigkeit der Kunstschaffenden beschäftigen?

Werkimmanente Perspektiven: In vielen Bereichen der modernen arabischen Kunst, besonders aber im Film und in der Literatur, nimmt die Frage der Klassengegensätze in der Zeit vom Ende des Zweiten Weltkriegs bis zum Beginn der 1980er Jahre eine wichtige Stellung ein. Klassenfragen, die soziale Ungerechtigkeit und die Sozialstruktur arabischer Gesellschaften werden vor dem Hintergrund (neo-) marxistischer und anderer linker Theorien ganz explizit thematisiert; sei es in den Romanen des Syrers Hanna Mina (Ḥannā Mīna), die sich mit der Ausbeutung der Landbevölkerung beschäftigen, oder den zahlreichen Filmen, deren Regisseur/innen sich einem sozialen Realismus verpflichtet sahen (s. Kap. 6). Ähnlich wie in der DDR oder den Ländern des Ostblocks schreiben sich diese Kunstwerke also in einen regional dominanten politischen Diskurs ein. Viele dieser Kunstschaffenden sind zu dieser Zeit Teil eines staatlichen antiimperialistischen, linken und emanzipatorischen Projekts, das, nach der Unabhängigkeit von den Kolonialmächten, in einem Großteil der arabischen Welt verfolgt wird.

Aber auch jenseits der programmatischen Sozialkritik der frühen Phase der Unabhängigkeit (1950er/1960er Jahre) sind Unterschiede in der sozialen Stellung von Charakteren ein wiederkehrendes und häufig zentrales Thema, von den Musikfilmen der 1930er Jahre bis zu kommerziellen Serien und Romanen der Gegenwart. Ein Beispiel dafür ist die in unzähligen Variationen verfilmte Liebesaffäre zwischen zwei Personen aus unterschiedlichen sozialen Klassen. Auch diese Genres in Hinblick auf die Darstellung sozialer Klassen zu untersuchen, eröffnet neue Deutungsmöglichkeiten: Der triviale Kitsch des kommerziellen Kinos mit seinen oft unglaubwürdigen Handlungen entpuppt sich als Spiegel der sozialen Realität der ‚niederen' sozialen Klassen, deren Leben von gesellschaftlichen Verhältnissen bestimmt wird, die arbiträr und unergründlich erscheinen. Eine Sensibilität für die Lebenswelten verschiedener sozialer Schichten hilft uns zu erkennen, wo Maßstäbe künstlerischen Werts dazu dienen, die Kunst marginaler und subalterner gesellschaftlicher Gruppen zu diskreditieren und so die Dominanz der gesellschaftlichen Eliten zu festigen.

Bei einer Analyse in Hinblick auf die Darstellung der Sozialstruktur in der Kunst erweist sich Bourdieus Klassenbegriff als besonders hilfreich. Während wir in den seltensten Fällen präzise Informationen über das Einkommen und Vermögen fiktionaler Charaktere erhalten, sind kulturelles und soziales Kapital, ebenso wie das, was Bourdieu den ‚Habitus' nennt (s. o.), stets sichtbar und zentral für die Charakterisierung von Figuren. So kann man bei der Analyse zum Beispiel darauf achten, welche Gegenstände, Verhaltensweisen und Eigenschaften mit reichen oder armen Charakteren, mit Bauern oder Staatsbediensteten assoziiert werden. Auch auf formaler Ebene kann es lohnend sein zu betrachten, wie Charaktere aus unterschiedlichen Schichten dargestellt werden: Mit welchem

Vokabular werden sie beschrieben, in welchen Kameraeinstellungen werden sie gefilmt? In Nagib Mahfuz‘ (Naǧīb Maḥfūẓ) Roman *Die Midaq-Gasse* spiegelt z. B. die Lage der Wohnung der einzelnen Charaktere ihre gesellschaftliche Stellung wider (s. Beispielanalyse in Kap. 13 und vgl. Deeb 1983).

Kunstproduktion als Klassenfrage: Die Relevanz des Klassenbegriffs für werkimmanente Analysen lässt sich also einfach begründen. Doch warum sollte uns der sozioökonomische Hintergrund der Künstler/innen interessieren? Dabei geht es im Kern darum, dem Alleinvertretungsanspruch der gesellschaftlichen Elite in der kulturellen Produktion zu begegnen und sich als Wissenschaftler/in nicht unreflektiert für die Festigung dieser hegemonialen Positionen vereinnahmen zu lassen. Ein Fokus auf die Klassenverhältnisse erhellt eine in diesem Zusammenhang wichtige transnationale Dynamik in der Kunstproduktion: Viele Künstler/innen aus der arabischen Welt gehören, ebenso wie die Arabist/innen (westlicher) Universitäten, die ihre Werke erforschen, und die Galerist/innen, Verleger/innen und Produzent/innen, die die Werke ausstellen, veröffentlichen und finanzieren, einer kosmopolitischen, privilegierten Mittelschicht an und bilden ein in sich geschlossenes Bezugssystem. Die Kunst anderer sozialer Schichten, die sich jener Mittelschicht nicht unmittelbar erschließt, weil sie mit ihrer Ästhetik und ihren Themen nicht vertraut ist, wird damit systematisch ausgeschlossen. Die Klassenfrage bietet eine wichtige Möglichkeit, solche Ausschlussmechanismen zu erkennen und gegenhegemoniale Positionen sichtbar zu machen.

Die gesellschaftlichen Bedingungen künstlerischer Produktion in der Gegenwart sind erst in den letzten Jahren zum Gegenstand arabistischer Forschung geworden. Speziell in der französischen Forschung gibt es eine große Anzahl von kultursoziologischen Arbeiten. Der von Richard Jacquemond und Felix Lang herausgegebene Band *Culture and Crisis in the Arab World* (2019) versammelt eine Reihe solcher Aufsätze mit dem Fokus auf Zeiten politischer Krisen, in denen die sozioökonomische Lage der Künstler/innen eine wichtige Rolle spielt (vgl. Eickhof 2019). Ein anderes Beispiel ist Karin van Nieuwkerks ethnographische Studie *A Trade Like Any Other. Female Singers and Dancers in Egypt* (2008), die die gesellschaftliche Stellung von Tänzerinnen und Musikerinnen untersucht. Im Bereich des arabischen Kinos findet sich Viola Shafiks Band *Popular Egyptian Cinema* (2007), in dem sie sich ausführlich mit Fragen der Klasse in der ägyptischen Filmproduktion beschäftigt. Eine sozialwissenschaftlich präzise Zuordnung von Künstler/innen zu einer Schicht oder Klasse findet sich in diesen Publikationen kaum. Die arabistische Forschung arbeitet meist mit eher unscharfen Klassendefinitionen, die grob zwischen Ober-, Unter-, und Mittelschicht unterscheiden. Aber auch dabei ist es wichtig, explizit zu machen, aufgrund welcher Merkmale diese Unterscheidung getroffen wird. So ist beispielsweise ein Studienabschluss von den kostspieligen privaten Universitäten der Region oder gar europäischen und amerikanischen Hochschulen typischerweise ein zuverlässiges Zeichen für die Zugehörigkeit zu einer privilegierten Schicht.

Die Rolle des Intellektuellen als Klassenfrage: Zum Bereich der künstlerischen Praxis im weiteren Sinn gehört auch die Frage nach der Rolle der Künstler/innen, und insbesondere der Intellektuellen, in der Gesellschaft. Die Klassenzugehörigkeit der Intellektuellen wird dabei in der Frage des Verhältnisses zwischen Intellektuellen und ‚dem Volk' thematisiert. Können Intellektuelle das Sprachrohr der Marginalisierten und Unterdrückten sein oder stellen ihre Interventionen letztlich eine Entmündigung und Bevormundung jener Gruppen dar? So setzt sich Randa Aboubakr mit dem Unterschied zwischen den Intellektuellen der arabischen Bildungselite und *popular intellectuals* wie Dichtern, die sich des ägyptischen Dialekts und mündlicher Formen der Überlieferung bedienen, auseinander (Aboubakr 2015). Eine Diskussion über diese Problematik entspann sich zuletzt infolge der Ereignisse des Arabischen Frühlings: Warum, so die häufig gestellte Frage, hatten die Intellektuellen die Proteste nicht vorausgesehen? Und warum haben sie bei diesen Ereignissen, die die herrschende Ordnung grundsätzlich in Frage stellten, eine so geringe Rolle gespielt? Schließlich münden diese Überlegungen in die Frage, ob die privilegierte Gruppe der Intellektuellen das Verständnis für die Belange der breiteren Bevölkerungsschichten verloren hat (für einen Überblick über die Debatte vgl. Kassab 2014).

12.3 Beispiel: Libanesische Nachbürgerkriegsromane

In zahlreichen Romanen libanesischer Autor/innen, die nach dem Ende des Bürgerkriegs (1975–1990) erschienen sind, ist die Aufarbeitung der Gewalt und Zerstörung ein zentrales Thema. Dabei gehen viele Publikationen zum Thema davon aus, dass eine Beschäftigung mit den Gräueln des Kriegs eine gewissermaßen ‚natürliche' Reaktion sei, die darum hauptsächlich in der Kunst und Literatur stattfinden muss, weil sich die politischen Akteure einer offiziellen Aufarbeitung verweigern. Ein Blick auf den sozialen Hintergrund der wichtigsten Autor/innen – etwa Elias Khoury (Ilyās Ḫūrī), Rashid al-Daif (Rašīd aḍ-Ḍaʿīf), Hoda Barakat (Hudā Barakāt), Rabee Jaber (Rabīʿ Ǧābir) oder Hyam Yared (Hiyām Yārid) – verändert die Perspektive.

In Interviews mit den Autor/innen und einer Beschäftigung mit dem Umfeld, in dem sie sich beruflich bewegen, fällt auf, dass diese Gruppe in vielerlei Hinsicht sehr homogen ist. Die Autor/innen sind sämtlich einer säkularen, politisch liberalen, kosmopolitischen und relativ wohlhabenden oberen Mittelschicht zuzurechnen. In den Romanen und dem Erinnerungsdiskurs in den Feuilletons produziert diese Gruppe ihre eigene Form der Erinnerung, die weder ‚natürlich' noch repräsentativ für das ganze libanesische Volk, sondern für ein bestimmtes Segment der Mittelschicht ist.

Auch die spezielle Form dieses Erinnerungsdiskurses ist mit der gesellschaftlichen Stellung der Autor/innen verknüpft. Vorstellungen von Trauma und Aufarbeitung spielen in diesen Werken eine große Rolle, nicht zuletzt darum, weil sie die Kernelemente eines in den 1990er Jahren von internationalen Akteuren und NGOs propagierten Vorgehens zur Friedenssicherung nach Bürgerkriegen und gewaltsamen Konflikten waren. Nur ihre Bildung und ein gewisser materieller Wohlstand versetzen die Autor/innen in die Lage, sich diese globalen Diskurse anzueignen und sie in ihrer Kunst zu verarbeiten. Damit ist Trauma und Aufarbeitung eben nicht (nur) ein unmittelbares persönliches oder gesamtgesellschaftliches Bedürfnis, sondern auch ein Produkt der Sozialstruktur der Autor/innen und der Logik des literarischen Felds (vgl. Lang 2016).

Literatur

Aboubakr, Randa: „The Egyptian Colloquial Poet as Popular Intellectual: A Differentiated Manifestation of Commitment". In: Friederike Pannewick/Georges Khalil/Yvonne Albers (Hg.): *Commitment and Beyond. Reflections on/of the Political in Arabic Literature since the 1940s*. Wiesbaden 2015, 29–44.

Barakāt, Ḥalīm: *al-Muǧtamaʿ al-ʿarabī al-muʿāṣir: baḥṯ fī taġayyur al-aḥwāl wa-l-ʿalāqāt*. Beirut 2008.

Bourdieu, Pierre: „Ökonomisches Kapital, kulturelles Kapital, soziales Kapital". In: Reinhard Kreckel (Hg.): *Soziale Ungleichheiten*. Göttingen 1983, 183–198.

Bourdieu, Pierre: *Die feinen Unterschiede. Kritik der gesellschaftlichen Urteilskraft*. Frankfurt a. M. 2008 [1979.]

Dahrendorf, Ralf: „Gibt es noch Klassen?" In: Bruno Seidel (Hg.): *Klassenbildung und Sozialschichtung*. Darmstadt 1968 [1953], 279–296.

Deeb, Marius: „Najib Mahfuz's Midaq Alley: „A Socio-Cultural Analysis"". In: *Bulletin (British Society for Middle Eastern Studies)* 10/2 (1983), 121–130.

Eickhof, Ilka: „Class and Creative Economies: The Cultural Field in Cairo". In: Richard Jacquemond/Felix Lang (Hg.): *Culture and Crisis in the Arab World. Production and Practice in Conflict*. London 2019, 193–212.

Jacquemond, Richard/Lang, Felix (Hg.): *Culture and Crisis in the Arab World. Production and Practice in Conflict*. London 2019.

Kassab, Elizabeth Suzanne: „Critics and Rebels. Older Arab Intellectuals Reflect on the Uprisings". In: *British Journal of Middle Eastern Studies* 41/1 (2014), 8–27. https://doi.org/10.1080/13530194.2014.878504.

Marx, Karl/Engels, Friedrich: *Manifest der Kommunistischen Partei*. Berlin [55]1988 [1890].

Lang, Felix: The *Lebanese Post-Civil War Novel. Memory, Trauma, and Capital*. Houndmills/Basingstoke/Hampshire/New York, NY 2016.

Müller, Stella/Zimmermann, Jens: „Milieu Revisited. Eine Einleitung". In: Stella Müller/Jens Zimmermann (Hg.): *Milieu – Revisited. Forschungsstrategien der qualitativen Milieuanalyse*. Wiesbaden 2018, 1–18.

Nieuwkerk, Karin van: *A Trade Like Any Other. Female Singers and Dancers in Egypt*. Austin 2008.

Shafik, Viola: *Popular Egyptian Cinema. Gender, Class and Nation*. Cairo 2007.

Solga, Heike/Powell, Justin/Berger, Peter A. (Hg.): *Soziale Ungleichheit: Klassische Texte zur Sozialstrukturanalyse*. Frankfurt a.M. 2009.

Weber, Max: „Stände und Klassen". In: Max Weber: *Wirtschaft und Gesellschaft. Grundriss der verstehenden Soziologie*. Tübingen 1980 [1921], 177–180.

Williams, Raymond: *Keywords. A Vocabulary of Culture and Society. Revised Edition*. New York 2011 [1983].

Raum

13

Leitfragen Geographische Räume, soziale Räume, imaginäre Räume – wie erklärt sich das heutige Forschungsinteresse am Raum? Inwiefern sind Räume nicht einfach ‚gegeben', sondern ‚gemacht'? Welchen Einfluss haben Flucht und Migration, Vertreibung und Krieg auf Raumkonzepte in arabischer Literatur, Theater, Film und bildender Kunst?

13.1 Geschichte

Der Raum als Begriff ist in unserem Leben allgegenwärtig. Wir unterscheiden Räume nach Funktionen, wie Seminarräume oder Aufenthaltsräume. Räume können groß oder klein, hell oder dunkel sein. Wir sprechen von geographischen und sozialen Räumen, vom europäischen Kulturraum. Wir nehmen Raum ein, geben Raum oder schaffen Freiräume. Angesichts dessen ist es beinahe erstaunlich, dass sich in den Sozial- und Kulturwissenschaften erst in den 1990er Jahren ein fächerübergreifendes Interesse am Raum als Konzept durchgesetzt hat. Dieser *spatial turn* ist eng mit der Ablösung eines absoluten Raumbegriffs durch einen relationalen verknüpft, der Räume nicht mehr als Container oder physisch abgezirkelte Territorien, sondern als soziale Produkte erfasst.

Das bis weit ins 20. Jh. vorherrschende Raumkonzept, das meist als euklidisch oder absolut bezeichnet wird, nimmt den Raum als etwas an, das dem Sozialen vorausgeht – das ‚Behältnis', in dem Menschen und Dinge ihren Platz finden. Dieses Raumverständnis liegt auch einer langen Tradition wissenschaftlicher Arbeiten zugrunde, die davon ausgehen, dass die Grenzen des politischen, sozialen und ökonomischen Raums zusammenfallen. Hier wird häufig der Nationalstaat als gewissermaßen ‚natürlicher' Raum angenommen, in dem sich das Leben der Menschen in seinen verschiedenen Dimensionen entfaltet. Auch der ‚Orient' bildet, wie Edward Said gezeigt hat, einen solchen sozial und diskursiv konstruierten Raum, eine *imagined geography*, die ‚naturalisiert', also als gegeben

Y. Albers et al., *Arabistik*, https://doi.org/10.1007/978-3-476-05681-8_13

angenommen wird und große Auswirkungen etwa im Feld der Politik hat (Said 2017; s. auch Kap. 11).

Soziale Herstellung des Raums: Erst mit dem Poststrukturalismus wurde diesem Raumkonzept die Vorstellung sozial konstruierter Räume entgegengestellt. Henri Lefebvres *La production de l'espace (1974)* (engl. *The Production of Space* (1991), ‚Die Herstellung des Raums') stellt die soziale Herstellung des Raums erstmals in den Mittelpunkt.

Lefebvre unternimmt den Versuch, physikalischen, mentalen und sozialen Raum zusammenzudenken. Er unterscheidet dabei zwischen drei Ebenen des Raums: Die Raumpraxis umfasst den Raum, wie er im alltäglichen Handeln wahrgenommen, als Teil einer sozialen Praxis erlebt wird – wir empfinden ein Zimmer als groß oder klein, eine Mauer oder einen Fluss als Begrenzung des Raums, in dem wir uns bewegen können. Die Repräsentationen des Raums umfassen Theorien und Konzepte von Raum: akademische, wie jene, die in diesem Kapitel besprochen werden und sich in der Architektur und der Stadtplanung niederschlagen, oder auch allgemeinere, wie etwa Straßenkarten. Der Raum der Repräsentationen schließlich wird durch Bilder und Symbole hergestellt und ist stark mit künstlerischen Praktiken verknüpft: Wenn wir uns im städtischen Raum bewegen, bilden etwa Werbeplakate, Schriftzüge auf Geschäften, aber auch Verkehrszeichen und Graffiti diesen Raum.

Diese Ebenen des Raums stehen in einer komplexen Wechselwirkung zueinander. Der hergestellte Raum ist nicht statisch, sondern in einem ständigen Prozess des Werdens und Vergehens begriffen: Architekten etwa orientieren sich an den sozialen Praktiken, wenn sie ein Gebäude planen, gleichzeitig lassen diese Gebäude dann auch nur bestimmte Formen der Praxis zu. Durch die Nutzung der Räume und Gebäude entstehen Verbindungen zum Raum der Repräsentationen: Bilder werden aufgehängt, Möbel und Waren werden in einer Weise arrangiert, die nicht nur durch die räumlichen und materiellen Gegebenheiten bestimmt sind, sondern auch von der Vorstellung und Vorlieben der Mieter, Pächter und Eigentümer die sich aus einem breiten kulturellen Repertoire von Bildern, Texten und anderen Symbolen speisen.

Heterotopien: Während Lefebvres Buch ab den 1990er Jahren eine wichtige Rolle für den *spatial turn* der Geistes- und Sozialwissenschaften spielt, waren in den 1970er und 1980er Jahren andere, vornehmlich dem Poststrukturalismus zuzuordnende Autoren prägend für die Auseinandersetzung mit dem Begriff des Raums in den Sozialwissenschaften und den im Entstehen begriffenen Kulturwissenschaften. Michel Foucault ist vor allem durch seinen Aufsatz *Die Heterotopien* (2013 [1966]) zu einem wichtigen Namen in dieser Debatte geworden. Foucault sieht das 20. Jh. als „Zeitalter des Raumes" (Foucault 1998, S. 34), wobei ihm insbesondere das Nebeneinander vieler verschiedener Räume, und ihre jeweilige Verortung in Bezug auf andere Räume (ein relationales Raumverständnis) zentral scheint. Dabei interessiert sich Foucault vor allem für Utopien und Heterotopien. Während unter Utopien imaginierte, d. h. nicht real existierende

Orte mit meist idealistischer Ausprägung verstanden werden – man könnte sie in Lefebvres Sinn dem Raum der Repräsentationen zuordnen – bezeichnet Foucault mit dem Begriff der Heterotopie Orte, die real existieren, aber von anderen sozialen Räumen abgespalten sind und Gegenorte darstellen. Diese Orte und die Praktiken, durch die diese Räume hergestellt werden, zeichnen sich dadurch aus, dass sie jene Menschen versammeln, die eine Abweichung von der gesellschaftlichen Norm darstellen – Sanatorien, Gefängnisse oder Friedhöfe. In seinem Aufsatz plädiert Foucault für eine vermehrte Untersuchung dieser Orte, die er als Möglichkeit sieht, mehr über unsere Gesellschaften und mögliche Widerstandspotentiale zu erfahren.

Literaturwissenschaft und Semiotik: Während die bisher vorgestellten Ansätze aus der Arbeit an allgemeinen sozial- und kulturwissenschaftlichen Fragen hervorgegangen sind, haben Arbeiten aus der Literaturwissenschaft und der Semiotik eine große Bedeutung für das Raumverständnis, insbesondere dort, wo es um die Analyse künstlerischer Werke geht. Jurij Lotmans Arbeiten, wie jene zur Raumsemantik, die er in *Die Struktur literarischer Texte* (1993 [1970]) entwirft, gehen davon aus, dass sich über die Darstellung des Raums in literarischen Texten Aufschlüsse über das Weltbild einer Gesellschaft ergeben können. Die Anordnung und Beziehung zwischen Objekten – oben/unten, links/rechts – werden auf nicht-räumliche Beziehungen übertragen und mit Eigenschaften wie gut/schlecht belegt. Die Bewegung von Figuren im Raum, und das Überschreiten von Grenzen zwischen verschiedenen (symbolischen) Räumen ist in Lotmans Augen konstitutiv für das literarische Werk – erst durch diese Überschreitungen entsteht eine Handlung, oder, wie Lotman sagt, ein Sujet. Diese Rolle des Raums aus narratologischer Perspektive ist durchaus auf andere Kunstformen, wie z. B. Filme oder bestimmte Formen von *visual arts* übertragbar.

Wie vielleicht deutlich geworden ist, ist die Geschichte des Raums als theoretisches Konzept stark fragmentiert. Erst unter dem Eindruck des vom Humangeographen Edward Soja ausgerufenen *spacial turn* wurde und wird sie geschrieben. Das verstärkte Interesse an Räumen bedient sich unterschiedlichster Theoretiker aus einer Reihe von verschiedenen Disziplinen, die letztlich wenig mehr vereint als ein grundlegendes Verständnis vom Raum als wandelbar, konstruiert und relativ (vgl. Günzel 2010).

13.2 Arabistische Perspektiven

Fragen des Raumes sind für die Arabistik von großer Bedeutung – das beginnt mit ihrem Forschungsgegenstand: Was ist eigentlich die ‚arabische Welt'? Unter welchen Voraussetzungen ist es sinnvoll, 22 Staaten und Millionen von Menschen unterschiedlichster ethnischer, sprachlicher und religiöser Gruppen in einem solchen Raum zusammenzufassen? Dies sind Fragen, die sich nicht nur europaischen, sondern auch arabischen Wissenschaftler/innen und Intellektuellen immer wieder stellen, wenn es gilt, sich über ‚den arabischen Film' oder ‚das arabische Denken‘ zu äußern. Hier geht es um die (selbst-)reflexive Konstruktion eines Raumes, sei es in Form transnationaler Felder (Leperlier 2019; Lang 2019) oder eines *cultural imaginary,* das geteilte Symbole, Werte und Narrative umfasst (ʿUmarī 2010).

Methodologischer Nationalismus: Auch auf der Ebene des Nationalstaats erscheint Forscher/innen die Gefahr groß, dem ‚methodologischen Nationalismus‘ anheim zu fallen, dem der Nationalstaat als ‚natürlicher‘ und unhinterfragter Rahmen für eine wissenschaftliche Untersuchung erscheint: Eine syrische Literatur, tunesische *visual arts,* gibt es das überhaupt? Immer wieder weisen Autor/innen auf die zahlreichen regionalen und internationalen Verknüpfungen hin, bleiben dann aber doch häufig einem nationalen Rahmen verhaftet (Pflitsch 2000/2001; Kahf 2001).

Die Fragilität dieser staatlichen Gebilde und der kolonialen Grenzen prägt bis heute den Alltag für einen großen Teil der Bevölkerung: Der Israel-Palästina-Konflikt, der libanesische Bürgerkrieg, der Irak-Krieg, der Krieg in Syrien und der Zerfall der staatlichen Einheit Libyens hatten Migrationsbewegungen zwischen arabischen Staaten und darüber hinaus nach Europa und in die USA zur Folge. Zahlreiche arabische Kunstschaffende haben ihren Lebensmittelpunkt außerhalb der arabischen Welt, Fragen von Exil und Diaspora sind zentrale Themen vieler Forschungsarbeiten (Bayeh 2015).

Umkämpfte Räume und Street Art: Gerade auch in Zusammenhang mit politischen und sozialen Konflikten ist die Herrschaft über den öffentlichen Raum und die Aneignung und Besetzung von Räumen ein wiederkehrendes Thema. Ein wichtiger Fall ist die langanhaltende Kontroverse um den Wiederaufbau des Stadtzentrums von Beirut nach dem Bürgerkrieg. Der von der libanesischen Regierung in den 1990er Jahren durchgesetzte vollständige Abriss der verbliebenen Gebäude und die Rekonstruktion des Stadtzentrums als Flaniermeile für die Wohlhabenden bedeutet für viele Künstler/innen die Übertragung der politischen Weigerung, sich mit der Erinnerung an den Krieg auseinanderzusetzen und des damit einhergehenden neoliberalen politischen Projekts in die Sphäre des physischen Raums (Saghieh 2019).

Mit dem Arabischen Frühling 2011 ist die Besetzung öffentlicher Räume – wie der Tahrir-Platz in Kairo – wieder ein wichtiger Gegenstand arabistischer Forschung geworden. Künstlerische Praktiken, vor allem verschiedene Formen der Street Art – von Graffiti über Slogans und Gesänge – sind wichtige Mittel für die Besetzung, Markierung und Konstruktion von Räumen. Mona Abaza etwa beschreibt, wie Regimegegner in Kairo Graffiti einsetzten, um sich öffentlichen Raum anzueignen und ihn symbolisch zu besetzen (Abaza 2011). Auch in Samia Mehrez‘ Sammelband *Translating Egypt's Revolution* (2012) finden sich eine ganze Reihe von Kapiteln zu Street Art. Diese Form der Aneignung von Raum mit Hilfe von Graffiti findet sich unter anderen Vorzeichen auch im Bürgerkriegslibanon, wo verschiedene Milizen und andere Gruppen ihre Territorien durch an die Wände gemalte Schriftzüge markierten.

Doch auch jenseits großer politischer Umwälzungen finden sich solche Praktiken der künstlerischen Aneignung von Raum, etwa in der marokkanischen Parkour-Szene, die Ines Braune beschreibt (2014), oder in der Arbeit des libanesischen Künstlerkollektivs Dictaphone Group, deren Performance *This Sea is Mine* (2012) die Öffentlichkeit zur Erkundung der Eigentumsverhältnisse an der Beiruter Uferpromenade einlädt (vgl. Toukan 2019).

Literatur: In der arabischen Literaturwissenschaft ist die Darstellung von Raum seit langer Zeit ein Thema (vgl. Halasā 1989). Der von Ken Seigneurie herausgegebene Band *Crisis and Memory* (2003) analysiert Raum in Zusammenhang mit Krieg, Vertreibung und Erinnerung. Mara Naamans *Urban Space in Contemporary Egyptian Literature* (2011) beschäftigt sich mit der Darstellung Kairos in der ägyptischen Literatur. Barbara Wincklers *Grenzgänge* (2014) nutzt Raumkategorien zur Analyse des Romanwerks der libanesischen Schriftstellerin Hoda Barakat (Hudā Barakāt, geb. 1952).

Ein anderer Sammelband jüngeren Datums, herausgegeben von Sebastian Günther und Stephan Milich (2016), widmet sich der Rolle des nuancenreichen Begriffs *waṭan* – meist als Heimat- oder Vaterland übersetzt – in der arabischen Literatur. In einer anderen Arbeit untersucht Milich Fragen des Exils in der irakischen und palästinensischen Literatur (Milich 2009). Fragen des Exils, der Heimat sind auch häufig Thema in der Forschung zum palästinensischen Nationaldichter Mahmud Darwish (Maḥmūd Darwīš, 1941–2008) (Eid 2016; Milich 2005). Jumana Bayehs *Literature of the Lebanese Diaspora* (2015) ist ein Beispiel für die Forschung zur arabischen Literatur in der Diaspora.

Über die in diesen Publikationen behandelten Beispiele hinaus ist die Verhandlung von Räumen auf unterschiedlichen Ebenen ein zentraler Topos der arabischen Kulturproduktion im 20. und frühen 21. Jh. Das Haus oder Viertel als Abbild der Gesellschaft etwa findet sich über verschiedene Kunstformen hinweg, wie z. B. in der syrischen Ramadan-TV-Serie *Bāb al-Ḥāra* (2006–19, s. Kap. 6) oder in Nagib Mahfuz' (Naǧīb Maḥfūẓ, 1911–2006) Roman *Die Midaq-Gasse* (1947).

Ein anderer wichtiger Topos ist das Verhältnis zwischen öffentlichem und privatem Raum und die Überwindung ihrer binären Dichotomie durch das Aufspüren von halböffentlichen Räumen wie etwa in Khaled al-Khamissis (Ḫālid al-Ḫamīsī, geb. 1962) Erzählungen *Im Taxi* (2011 [2006]). Insbesondere die Transgression weiblicher Charaktere in den männlich konnotierten Raum ist ein Element vieler Filme und Romane, die sich mit der Stellung der Frau in der Gesellschaft beschäftigen.

Der Gegensatz zwischen Stadt und Land wird ebenso häufig thematisiert, wobei die beiden Pole durchaus unterschiedlich konnotiert sind: Einmal wird das Land mit Rückständigkeit der arabischen Gesellschaften auf dem Weg in eine westliche Moderne gleichgesetzt, in einem anderen Zusammenhang, etwa in der Romantik des frühen 20. Jh.s, erscheint es als Zufluchtsort vor dem übermächtigen Prozess einer Modernisierung nach westlichem Vorbild. Im sozialen Realismus wird zwar auch die Rückständigkeit der Landbevölkerung thematisiert, sie stellt dort aber auch das revolutionäre Subjekt dar, das den Übergang zum Sozialismus erkämpft.

13.3 Beispiel: Der Roman *Zuqāq al-Midaqq* von Naǧīb Maḥfūẓ (1947)

Der Roman *Die Midaq-Gasse* des Ägypters Nagib Mahfuz ist ein klassisches Beispiel für ein Subgenre der arabischen Literatur, in dem Häuser und Viertel als gesellschaftlicher Mikrokosmos im Zentrum stehen. Ganz im Sinn einer Lotmanschen Raumsemantik reflektieren die Wohnungen der einzelnen Charaktere ihre gesellschaftliche Stellung: Eine gehobene gesellschaftliche Stellung korrespondiert mit einer Wohnung in den oberen Stockwerken. So lebt Sanija Afifi, die in der Gasse zwei Häuser und ein Geschäft besitzt, im obersten Stockwerk eines der Häuser. Der wohlhabende Parfum-Händler wohnt bezeichnenderweise überhaupt nicht mehr in der Gasse, sondern betreibt dort nur ein Geschäft. Doktor Buschi hingegen, der – ohne Ausbildung – als Zahnarzt arbeitet, lebt im Erdgeschoss. Und Zita, die ihr Geld damit verdient, Bettler zu verkrüppeln, um ihnen höhere Einnahmen zu bescheren, und auf der sozialen Leiter wohl am weitesten unten anzusiedeln ist, lebt nicht in einem der eigentlichen Häuser, sondern in einem Anbau.

Eine zweite wichtige räumliche Achse in diesem Roman verläuft entlang der Unterscheidung von innen und außen: Die Midaq-Gasse als ‚Innen'-Raum kontrastiert in ihrer Beschreibung stark mit dem Außen eines wohlhabenden, modernen Kairoer Stadtviertels. In der Gasse ist es dunkel, eng und schmutzig, außerhalb gibt es Häuser, deren Eingang breiter ist als der Eingang zur Gasse, Menschen in eleganten Kleidern und glitzernde Lichter. Erst durch den Gegensatz zwischen diesen Räumen erhält der Weg der jungen Frau Hamida eine zusätzliche Bedeutungsebene: Nachdem ihr Plan, den Parfum-Händler zu heiraten, gescheitert ist, der einen sozialen Aufstieg innerhalb der Gasse bedeutet hätte, verlässt Hamida die Midaq-Gasse, um in den besseren Vierteln als Prostituierte zu arbeiten. Aus dem dunklen, von der Tradition bestimmten Innen-Raum bewegt sie sich in die glitzernde Welt der Moderne. Doch wird der klare Gegensatz der Räume – hier das Dunkle, Alte, dort das Glitzernde, Neue – nicht auf der Ebene der moralischen Wertung reproduziert: Die Menschen in beiden Welten sind gleichermaßen fragwürdig in ihrem Tun und einander moralisch ebenbürtig.

Die hier angedeutete Analyse zeigt, wie die Darstellung des Raums die diskursiven Dichotomien von Moderne und Tradition herausarbeitet. Gleichzeitig stellt sie ein zentrales Element dieser binären Logik dadurch in Frage, dass die moralische Wertung nicht diesem räumlichen Schema unterworfen ist. Über die Analyse der Raumdarstellung gelangt man in diesem Fall zu einer Interpretation, die den Roman als eine Stellungnahme in einem gesellschaftlichen Diskurs verortet, der weit über die Literatur hinausgeht.

Literatur

Abaza, Mona: „The Field of Graffiti and Street Art in Post-January 2011 Egypt“. In: Jeffrey Ian Ross (Hg.): *Routledge Handbook of Graffiti and Street Art*. London 2016, 318–333.

Bayeh, Jumana: *The Literature of the Lebanese Diaspora. Representations of Place and Transnational Identity*. London 2015.

Braune, Ines: „Parkour: Jugendbewegung im urbanen Raum“. In: Jörg Gertel/Rachid Ouaissa (Hg.): *Jugendbewegungen. Städtischer Widerstand und Umbrüche in der arabischen Welt*. Bielefeld 2014.

Chamissi, Chalid al-: *Im Taxi. Unterwegs in Kairo*. Übers. von Kristian Bergmann. Basel 2011/ Ḫamīsī, Ḫālid al-: *Tāksī: Ḥawādīt al-mašāwīr*. Kairo 2007.

Eid, Muna Abu: *Mahmoud Darwish. Literature and the Politics of Palestinian Identity*. London 2016.

Foucault, Michel: „Andere Räume“. In: Karlheinz Barck (Hg.): *Aisthesis: Wahrnehmung heute oder Perspektiven einer anderen Ästhetik; Essais*. Leipzig 1998, 34–47.

Foucault, Michel: *Die Heterotopien. Les hétérotopies*. Unter Mitarbeit von Michael Bischoff und Daniel Defert. Berlin 2013.

Günther, Sebastian/Milich, Stephan: *Representations and Visions of Homeland in Modern Arabic Literature*. Hildesheim 2016.

Günzel, Stephan (Hg.): *Raum. Ein interdisziplinäres Handbuch*. Stuttgart 2010.

Halasā, Ġālib: *al-Makān fī ar-riwāya al-ʿarabiyya*. Damaskus 1989.

Lang, Felix: „Bourdieu, Latour and Rasha Abbas: The Uses of ANT for Studying the Field(s) of Cultural Production in the Middle East and North Africa“. In: *Cultural Sociology* (2019), 428–443.

Leperlier, Tristan: „The Algerian Literary Field in the ‘Black Decade’. A Reinforced Polarization“. In: Richard Jacquemond/Felix Lang (Hg.): *Culture and Crisis in the Arab World. Production and Practice in Conflict*. London 2019, 129–144.

Lefebvre, Henri: *The Production of Space*. Transl. Donald Nicholson-Smith. Oxford 1991.

Lotman, Jurij M.: *Die Struktur literarischer Texte*. Übers. von Rolf-Dietrich Keil. München 1993 [1970].

Kahf, Mohja: „The Silences of Contemporary Syrian Literature“. In: *World Literature Today* 75/2 (2001), 224–236.

Maḥfūẓ, Naǧīb: *Zuqāq al-Midaqq*. Kairo 1947/Machfus, Nagib: *Die Midaq-Gasse*. Übers. von Doris Kilias. Zürich 2007.

Mehrez, Samia (Hg.): *Translating Egypt's revolution. The language of Tahrir*. Kairo/New York 2012.

Milich, Stephan/Darwisch, Mahmud: *Fremd meinem Namen und fremd meiner Zeit. Identität und Exil in der Dichtung von Mahmud Darwisch*. Erstausg. Berlin 2005.

Milich, Stephan: *Poetik der Fremdheit. Palästinensische und irakische Lyrik des Exils*. Wiesbaden 2009.

Naaman, Mara: *Urban Space in Contemporary Egyptian Literature. Portraits of Cairo*. New York 2011.

Pflitsch, Andreas: „Die libanesische Literatur. Über die Schwierigkeit des Versuchs ihrer Definition“. In: *Beiruter Blätter* 8/9 (2000/2001), 115–119.

Saghieh, Khaled: „1990s Beirut: Al-Mulhaq, Memory, and the Defeat“. In: *e-flux journal* (97) (2019).

Said, Edward: *Orientalismus*. Frankfurt a.M. 2017.

Seigneurie, Ken (Hg.): *Crisis and Memory: The Representation of Space in Modern Levantine Narrative*. Wiesbaden 2003.

Toukan, Hanan: „Liberation or emancipation? Counter-hegemony, performance and public space in Lebanon“. In: *International Journal of Cultural Studies* 44/7 (2019), 264–281.
ʿUmarī, ʾAmīr: *Ittiǧāhāt fī al-sīnimā al-ʿArabiyya*. Alexandria 2010.
Winckler, Barbara: *Grenzgänge. Androgynie – Wahnsinn – Utopie im Romanwerk von Hudā Barakāt*. Wiesbaden 2014.

14 Emotion / Affekt

> **Leitfragen** Was ist Emotion im Unterschied zu Affekt? Welche Aspekte eines künstlerischen Werks kann man mit der Analyse von Emotion und welche mit der von Affekt untersuchen? Inwiefern kann man bei der Analyse von ‚individuellen' Emotionen und Affekten auch übergeordnete soziokulturelle Themen behandeln?

Unter dem Schlagwort ‚postfaktisches Zeitalter' begegnen uns seit einigen Jahren Phänomene wie Wutbürger, aufstachelnde Tweets und gefühlte Wahrheiten. In der öffentlichen Debatte stehen Emotionen und Affekte nicht mehr für Authentizität und Individualität, vielmehr werden ihre politische Manipulierbarkeit und soziokulturelle Relevanz betont: Ohne Emotion und Affekt kann man die zeitgenössische Politik, Gesellschaft und Kultur nicht mehr verstehen. In den Geisteswissenschaften erlebt die Beschäftigung mit Emotionen etwa seit den 1990er Jahren einen Aufschwung. Emotion wird hier vor allem in Verbindung mit Gesellschaft und Kognition diskutiert. In den letzten Jahren ist ein starkes Interesse an Affekten hinzugekommen. Affekt wird in diesem Zusammenhang als soziale Kraft für Wandelprozesse verstanden.

14.1 Geschichte

Es gibt keine einheitliche Definition von Emotion. In den neueren sozial- und kulturwissenschaftlichen Theorien dominieren zwei Grundannahmen, die davon ausgehen, dass die Gesellschaft Emotionen prägt und Denken mit Emotion zusammenhängt (Hitzer 2011).

Biologische Grundlagen: Emotionen werden demnach erstens nicht (mehr) als biologisch unveränderliche und historisch-kulturell universelle Formen menschlicher Erfahrung verstanden. Vielmehr geht man davon aus, dass Emotionen in

Y. Albers et al., *Arabistik*, https://doi.org/10.1007/978-3-476-05681-8_14

unterschiedlichen Zeiten an unterschiedlichen Orten von Gemeinschaften anders präfiguriert und somit vom Individuum auch dementsprechend anders verstanden, praktiziert und erlebt werden. In jeder Gesellschaft gibt es unterschiedliche „emotional communities" (Rosenwein 2006), in denen gemeinsame Normen und Praktiken für Emotionen von den Mitgliedern geteilt werden. Eine literatur- und kulturwissenschaftliche Analyse der Emotionen bedarf daher immer auch einer raumzeitlichen intersektionalen Analyse: Wie werden Emotionen in dieser Zeit an diesem Ort zu dieser Zeit gewertet und gelebt? Welche intersektionalen, d. h. sich überschneidenden Identitätskonstituenten (z. B. Geschlecht, Schicht, Religion) sind für die Zugehörigkeit zu einer emotionalen Gemeinschaft relevant? Wie präfigurieren diese das emotionale Erleben?

Denken und Gefühl: Emotionen werden zweitens nicht mehr als Gegensatz zum Denken verstanden, sondern als Teil menschlicher Kognition, nämlich als Produkte von Wahrnehmung, Erinnerung, Bewertung und Planung (vgl. Scheve 2012, S. 117 ff.). Diesen Standpunkt vertritt vor allem die „appraisal theory", nach der Emotionen primär durch kognitive Einschätzungen (*appraisals*) erzeugt werden. Ein Beispiel: Trennt sich ein Paar, dann ruft erst die Bewertung dieser Trennung eine distinkte Emotion hervor. Je nachdem, ob man die Trennung als positiv oder negativ wahrnimmt, fühlt man etwa Freude oder Trauer (Scherer/Schorr/Johnstone 2001, S. 4). Dieser Theorie wurde gelegentlich der Vorwurf gemacht, den fühlenden Menschen doch wieder nur als rationalen Menschen zu verstehen, was aber am komplexen Verständnis der Einschätzungsprozesse vorbeigeht, das nicht nur hochgradig reflektierte Einschätzungen umfasst, sondern auch unterschwellige sinnliche Wahrnehmungen (Kappas 2001).

In der literatur- und kulturwissenschaftlichen Analyse sind dabei die unterschiedlichen kognitiven Einschätzungen des emotionalen Individuums herauszuarbeiten: Welche impliziten und expliziten Wahrnehmungen und Bewertungen sind mit der Entstehung einer Emotion verbunden? Und wie werden die Emotionen implizit oder explizit dargestellt? Die individuellen Emotionen sind zugleich auch soziokulturelle Produkte, da kognitive Einschätzungen und emotionale Ausdrucksformen sozial geprägt sind.

Affektforschung: Während in der gegenwärtigen Literatur- und Kulturwissenschaft mit Emotion also meist die der Emotion vorgelagerte individuelle Kognition und soziokulturelle Prägung untersucht werden, setzt die Affektforschung einen anderen Schwerpunkt. Sie untersucht unbewusste, nur teilweise oder nachträglich erfassbare körperliche Intensitäten bzw. energetische Zustände, die sich zwischen einem Körper (s. Kap. 18) und anderen Körpern (z. B. ein Körper in einer Menschenmasse) oder Gegenständen (z. B. ein Körper in einem gläsernen Büro) entwickeln und zwischen ihnen zirkulieren (Mühlhoff 2018). Affekte sind vielfältige „forces of encounter" (Gregg/Seigworth 2010, S. 2), die auf den Körper als Teil eines „affective arrangement" (Slaby 2019, S. 109), einer Konstellation von Körpern und Gegenständen, einwirken. Der so affizierte Körper vermag seinerseits die anderen Körper und Gegenstände zu affizieren (z. B. als elektrisierter oder gehemmter Körper), sodass Affizierung auch als eine Veränderung körperlicher Handlungsfähigkeit beschrieben wird (Massumi 2015, S. 48 ff.).

Ein Beispiel: Man sitzt in einer Bar mit Live-Musik. Plötzlich merkt man, dass man schon seit einiger Zeit mit dem Bein im Takt der Musik wippt. Man ist von der Musik affiziert. Man steht auf, um zu tanzen. Nach und nach beginnen auch andere Zuhörende zu tanzen. Im affektiven Arrangement von mitreißender Live-Musik und elektrisierten Zuhörenden wird der eigene Körper nicht nur affiziert, sondern affiziert auch andere Körper durch das Aufstehen und Mittanzen. Die Affekte zirkulieren unter den Zuhörenden hin und her. Sie heben (oder senken) die Handlungsfähigkeit, etwa die Bereitschaft zum Tanzen.

Die Affektforschung interessiert sich für relationale Energieströme zwischen Körpern, für unterschwellige körperliche Dynamiken und die daraus resultierenden sichtbaren Handlungen. Obwohl die Analyse meist auf der körperlichen Mikroebene erfolgt, ergeben sich daraus größere soziokulturelle Fragestellungen, wenn etwa affektive Dynamiken bei der Bildung von Protestgruppen oder Affizierungspotentiale in den neuen Medien untersucht werden. In der literatur- und kulturwissenschaftlichen Analyse sind dabei folgende Fragen zu stellen: Welche Körper und/oder Dinge bilden ein affektives Arrangement? Wie werden die unterschwelligen körperlichen Affizierungen und die damit verbundenen Wandlungsprozesse beschrieben? Zu welchen sichtbaren Handlungen führen sie und welche soziokulturelle Bedeutung ergibt sich daraus?

14.2 Arabistische Perspektiven

Arabistische Emotionsforschung: In der europäisch-nordamerikanischen Arabistik wird die Rolle von Emotion und Affekt zunehmend diskutiert, während sich in der arabischsprachigen Arabistik nur wenige Studien explizit mit diesem Thema auseinandersetzen (für Ausnahmen vgl. Naǧīb 1983; Maḥmūd 2020). Die Erforschung von Emotion und Affekt fragt vor allem nach der gelebten individuell-sozialen Erfahrung der Menschen in ihrer Zeit und danach, wie diese in der arabischen Literatur und Kunst dargestellt und verhandelt wird. Bei der Analyse ist einerseits auf mögliche raumzeitliche Differenzen zu achten (Schahadat 2016), andererseits darf daraus keine essentielle emotionale Andersartigkeit abgeleitet werden, wie dies der Orientalismus mit der Vorstellung vom rachsüchtigen Orientalen und der sinnlichen Orientalin tat (Said 1995, S. 111 ff.).

Debatten und Medien: Debatten über Gefühle verhandeln Normen und Funktionen von Emotion und Affekt in einer Gesellschaft. Im Rahmen der Nahḍa bildeten sich etwa „Emotionsregime“ (Bashkin 2015, S. 142) heraus, die Emotionen in den Dienst der Zivilisierungsbemühungen des langen 19. Jh.s stellten, etwa die Liebe zu den eigenen Kindern, dem Gatten oder dem Vaterland in den Debatten von Emanzipation und Nationalismus. Welche große Bedeutung hierbei Raum und Zeit haben, zeigt Joseph Ben Prestels Studie über die „emotionalen Städte" Berlin und Kairo um 1900 (Prestel 2017). Medien spielen eine große Rolle bei der Erzeugung und Dynamik von Emotion und Affekt. Während der Proteste auf dem Tahrir-Platz entfalteten die Tweets in ihrer Mischung aus politischen Nachrichten und persönlichen Erlebnissen eine elektrisierende Wirkung, die die einzelnen Demonstrierenden zu einer „affektiven Öffentlichkeit" (Papacharissi 2015, S. 115 ff.) verschmelzen ließ, die Bilgin Ayata und Cilja Harders als „Midān moments" beschreiben (Ayata/Harders 2019, S. 289 ff.).

Darstellungen und Praktiken: In den unterschiedlichen Künsten finden sich zahlreiche Darstellungen von Emotionen, die innerhalb ihrer soziopolitischen Kontexte und ästhetischen Darstellungsformen analysiert werden können (Guth 1997; Junge 2011). Praxeologische Ansätze lenken dabei den Blick von der ästhetischen Darstellung der Gefühlsinhalte hin zur soziokulturellen Praxis des Gefühlsausdrucks. In der beduinisch-ländlichen Gemeinschaft Awlād ʿAlī im Westen Ägyptens wurden in den 1980er Jahren *ġinnāwa* (Liedchen) gedichtet, kurze Stegreifgedichte in Alltagssituationen, die oft die romantische Liebe und eigene Verletzlichkeit thematisieren. Diese sind nicht spontaner Ausdruck einer individuellen Emotion, sondern Ergebnis soziokultureller Praktiken einer emotionalen Gemeinschaft und Werkzeug ihrer tribalen „Politik des Sentiments" (Abu-Lughod 2016, S. 248 ff.). Bei einer religiösen Gedichtrezitation (*inšād*) ist die affektive Interaktion zwischen Rezitator/in und Publikum, die sich u. a. in Zwischenrufen und Körpergesten äußert, wichtiger Bestandteil des spirituellen Erlebnisses (Weinrich 2018; s. Kap. 16).

Rhetorik und Ästhetik setzen oft gezielt Emotionalisierungs- und Affizierungsmechanismen ein, um eine Botschaft zu übermitteln oder eine Reaktion zu erzeugen. Die Analyse verbaler (und nonverbaler) Ausdrucksformen etwa in den Reden von Saddam Hussein kann Auskunft darüber geben, wie bei den Zuhörenden beispielsweise Nationalstolz erzeugt werden soll (Stock 1999, S. 168 ff.). In Kunst und Literatur lässt sich die Poetik von Emotion und Affekt untersuchen, also ihre Darstellungs- und Funktionsweisen. In einem Reisebericht aus dem 19. Jh. schildert der libanesische Reisende Aḥmad Fāris aš-Šidyāq (ca. 1805–1887) etwa seine affektiven Aversionen gegen das englische Essen, das seinem Geschmack nach ungenießbar ist und damit den zivilisatorischen Überlegenheitsanspruch dieser Kolonialmacht in Frage stellt (El-Ariss 2013, S. 53 ff.) oder wie die erotischen Wortlisten in seinem literarisch-lexikographischen Werk *al-Sāq* Teil seiner „affektiven Philologie" (Junge 2020, S. 101) werden, bei der Worterkenntnis und Worterfahrung zusammenfallen.

Trotz einzelner Studien lässt sich das Potential der Analyse von Emotion und Affekt für die Arabistik noch nicht klar überblicken. Eine vielversprechende Forschungsperspektive liegt in der Analyse der soziokulturellen Transformationsprozesse aus Sicht der Emotionen und Affekte, eine andere eröffnet sich durch die Verbindung mit der Gewalt- und Traumaforschung.

14.3 Beispiel: Der Erzählband *Tāksī* von Ḫālid al-Ḫamīsī (2007)

Vor dem Hintergrund der erstarkenden politischen Graswurzelbewegung „Kifāya" (‚Jetzt reicht's'), die sich ab 2004 offen für einen politischen Wandel in Ägypten einsetzte, verfasste der ägyptische Journalist Khaled al-Khamissi (Ḫālid al-Ḫamīsī, geb. 1962) den dokufiktionalen Erzählband *Im Taxi. Unterwegs in Kairo* 2011 (*Tāksī. Ḥawādiṯ al-mašāwīr*, 2007), der ein mosaikartiges Panorama unterschiedlicher Ansichten und Gefühlslagen der Kairiner Bevölkerung vermittelt. In kurzen Erzählungen, meist im ägyptischen Dialekt gehalten, berichtet er von Begegnungen mit Taxifahrern in Kairo, die einen tiefen Einblick in die ägyptische Gesellschaft und vor allem in die Nöte der armen Schicht bieten. Untersucht man diesen Text aus der Perspektive von Affekt und Emotion, stehen nicht die soziopolitischen Ansichten der Taxifahrer und die Kommentare des Erzählers im Mittelpunkt der Analyse, sondern die affektiven Intensitäten zwischen Fahrer und Erzähler, ihre kognitiven Einschätzungen und emotionalen Erlebnisse sowie die Normen und Werte ihrer emotionalen Gemeinschaften.

Mit dem Fokus auf Affekt kann das spannungsgeladene Aufeinandertreffen von privilegiertem Intellektuellen und subalternem Fahrer untersucht werden, das im Taxi stattfindet, einem halböffentlichen, abgeschlossenen Raum, der eine intensive Affizierung ermöglicht. Das erschöpfte Zittern der Hand am Lenker, die vor Zorn sprühende Erregung und das ansteckende Lachen der unterschiedlichen Fahrer sind Intensitäten (S. 9, 13, 160), die den Erzähler affizieren. Die damit einhergehen mikroaffektiven Veränderungen kann der Erzähler oft erst in einem nachträglichen Kommentar klar benennen, mit dem einige Erzählungen enden. Vor allem an den Körperbeschreibungen (z. B. geschwollene Adern), Adjektiven (z. B. „knallrot") und Interjektionen (z. B. „Mein Gott") (S. 13, 13, 9), lassen sich die affektiven Zustände ablesen. Die daraus resultierenden Affektdynamiken zeigen sich vor allem durch Handlungsveränderungen, etwa wenn Fahrer und Fahrgast gemeinsam in schallendes Lachen ausbrechen oder aber der Erzähler vor einem Fahrer aus dem Taxi flüchtet (S. 109, 164).

Diese Begegnungen im Taxi sind für den intellektuellen Erzähler oft ein „Schlag ins Gesicht" (S. 15), da er hier zumindest ansatzweise mit der prekären Lebensrealität der einfachen Leute in Kontakt kommt und affektiv von ihr betroffen ist. Tarek El-Ariss bezeichnet dieses affizierende Aufdecken (arabisch *faḍḥ*) als eine „Literatur des Skandals", bei dem der Skandal (arabisch *faḍīḥa*) die Intellektuellen aufrüttelt (El-Ariss 2012, S. 525 f.). In jedem Fall verändert sich der Erzähler nicht nur durch die Ansichten der Taxifahrer, sondern auch durch die Affektdynamiken dieser Gespräche. So widmet er den Erzählband „dem Leben, das den Worten der einfachen Leute innewohnt" (S. 5), nämlich der affektiven Intensität ihrer Worte.

Verschiebt man den Fokus nun auf die Emotion, rücken die unterschiedlichen kognitiven Einschätzungen der Akteure und ihre emotionalen Resultate in den Mittelpunkt der Analyse. Als etwa ein Taxifahrer erzählt, wie er von einem Polizisten regelrecht beraubt wurde und welche Konsequenzen das für seine

Familie hat, drückt der Erzähler im Schlusskommentar sein Mitleid aus. Die Einschätzungen lassen sich in den Bewertungen des Vorfalls durch den Fahrer (z. B. „Ich hätte ihn besser umgebracht, hab eh nichts mehr zu verlieren") und den Protagonisten (z. B. „Das war doch ganz klar ein Rowdy!") ablesen, durch die Beschreibung der Körperzustände und die Benennung von distinkten Emotionen (z. B. Mitleid; S. 14–15). Der Erzähler erkennt in dem Vorfall, an dem der Fahrer selbst keine Schuld trägt, eine existentielle Schwere und ahnt, dass auch ihn ein ähnliches Schicksal im korrupten Ägypten treffen könnte. Dadurch empfindet der privilegierte Intellektuelle mit den subalternen Taxifahrern eine „geteilte Verletzbarkeit" (Junge 2015, S. 260).

Die Gespräche mit den Taxifahrern geben Auskunft über die Gefühlslagen der einfachen Menschen, die besonders unter dem korrupten Regime leiden. Da die Taxifahrer im Schutzraum des Taxis offen sprechen können, sind diese Gespräche oft ein „verborgenes Transkript dissidentischer Emotionen im vorrevolutionären Ägypten" (Junge 2015, S. 259), mit der eine subalterne emotionale Gemeinschaft hier ihrem Zorn ‚Luft' machen kann. Anhand der Analyse von individuellen Emotionen und Affekten lassen sich also übergeordnete gesellschaftliche Machtstrukturen sowie ihre körperlich-kognitiven Auswirkung auf Individuen und deren kulturelle Verarbeitungsstrategien offenlegen.

Literatur

Abu-Lughod, Lila: *Veiled Sentiments. Honor and Poetry in a Bedouin Society*. Oakland [2]2016.

Ayata, Bilgin/Harders, Cilja: „Midān moments". In: Jan Slaby/Christian von Scheve (Hg.): *Affective Societies. Key Concepts*. London 2019, 279–288.

Bashkin, Orit: „Journeys between Civility and Wilderness: Debates on Civilization and Emotions in the Arab Middle East, 1861–1939". In: Margit Pernau et al.: *Civilizing Emotions: Concepts in Nineteenth-Century Asia and Europe*. Oxford 2015, 126–145.

Chamissi, Chalid al-: *Im Taxi. Unterwegs in Kairo*. Übers. von Kristian Bergmann. Basel 2011/ Ḫamīsī, Ḫālid al-: *Tāksī: Ḥawādīt al-mašāwīr*. Kairo 2007.

El-Ariss, Tarek: „Fiction of Scandal". In: *Journal of Arabic Literature 43* (2012), 510–531.

El-Ariss, Tarek: *Trials of Arab Modernity. Literary Affects and the New Political*. New York 2013.

Gregg, Melissa/Seigworth, Gregory J.: „An Inventory of Shimmers". In: Dies. (Hg.): *The Affect Theory Reader*. Durham 2010, 1–25.

Guth, Stephan: *„fa-ġrawraqat ʿuyūnuhum bi-d-dumūʿ*. Some Notes on the Flood of Tears in Early Modern Arabic Prose Literature". In: Lutz Edzard/Christian Szyska (Hg.): *Encounters of Words and Texts*. Hildesheim 1997, 111–123.

Hitzer, Bettina: „Emotionsgeschichte – Ein Anfang mit Folgen". *H/Soz/Kult* (2011), https://www.hsozkult.de/literaturereview/id/forschungsberichte-1221 (19.02.2019).

Junge, Christian: „Emotion in Postmodernism and Beyond: Autobiographic Metafiction in Two Egyptian Novels of the 1990s (Nūrā Amīn and Muṣṭfā Dhikrī)". In: Stephan Guth/ Gail Ramsay (Hg.): *From New Values to New Aesthetics. Turning Points in Modern Arabic Literature*. Wiesbaden 2011, 139–165.

Junge, Christian: „On Affect and Emotion as Dissent: The *Kifāya* Rhetoric in Pre-Revolutionary Egyptian Literature". In: Friederike Pannewick/Georges Khalil/Yvonne Albers (Hg.): *Commitment and Beyond: Reflections on/of the Political since the 1940s*. Wiesbaden 2015, 253–271.

Junge, Christian: „Exposing the Eroticism of Words. How al-Shidyāq Turned a Lexicon into Literature." In: Frédéric Lagrange/Claire Savina (Hg.): *Les Mots du désir. La langue de l'érotisme arabe et sa traduction*. Marseille 2020, 72–104.

Kappas, Arvid: „A Metaphor is a Metaphor is a Metaphor: Exorcising the Homunculs from Appraisal Theory". In: Klaus Scherer/Angela Schorr/Tom Johnstone (Hg.): *Appraisal Processes in Emotion: Theory, Methods, Research*. New York 2001, 157–172.

Maḥmūd, Bāsim: „Kayfa nadrus al-infiʿālāt wa-l-mašāʿir sūsīyūlūǧiyyan? al-Infiʿālāt wa-š-šuʿūr bi-l-bayt fī siyāq al-hiǧra al-qasrīya namūḏaǧan". In: *Iḍāfāt* 49 (2020), 170–194.

Massumi, Brian: *Politics of Affect*. Cambridge 2015.

Mühlhoff, Rainer: *Immersive Macht. Affekttheorie nach Spinoza und Foucault*. Frankfurt a.M. 2018.

Naǧīb, Nāǧī: *Kitāb al-aḥzān: Fuṣūl fī at-tārīḫ an-nafsī al-wiǧdānī wa-l-iǧtimāʿī li-l-fiʾāt al-mutawassiṭa al-ʿarabiyya*. Beirut 1983.

Papacharissi, Zizi: *Affective Publics. Sentiment, Technology, and Politics*. Oxford 2015.

Prestel, Joseph Ben: *Emotional Cities: Debates on Urban Change in Berlin and Cairo, 1860–1910*. Oxford 2017.

Rosenwein, Barbara H.: *Emotional Communities in the Early Middle Ages*. Ithaca 2006.

Said, Edward: *Orientalism. Western Concepts of the Orient*. London 1995.

Schahadat, Schamma: „Kulturelle Codierungen. Soziologie, Ethnologie, Kultursemiotik". In: Martin von Koppenfels/Cornelia Zumbusch (Hg.): *Handbuch Literatur & Emotion*. Berlin 2016, 122–139.

Scherer, Klaus/Schorr, Angela/Johnstone, Tom: „Appraisal Theory: Overview, Assumptions, Varieties, Controversies". In: Dies. (Hg.): *Appraisal Processes in Emotion: Theory, Methods, Research*. New York 2001, 3–19.

Scheve, Christian von: „Die sozialen Grundlagen der Emotionsentstehung: Kognitive Strukturen und Prozesse". In: Annette Schnabel/Rainer Schützeichel (Hg.): *Emotionen, Sozialstruktur und Moderne*. Wiesbaden 2012, 115–137.

Slaby, Jan: „Affective Arrangements". In: Jan Slaby/Christian von Scheve (Hg.): *Affective Societies. Key Concepts*. London 2019.

Stock, Kristina: *Sprache als ein Instrument der Macht. Strategien der arabischen politischen Rhetorik im 20. Jahrhundert*. Wiesbaden 1999.

Weinrich, Ines: „Strategies in Islamic Religious Oral Performance: The Creation of Audience Response". In: Sabine Dorpmüller/Jan Scholz/Max Stille/Ines Weinrich (Hg.): *Religion and Aesthetic Experience. Drama – Sermons – Literature*. Heidelberg 2018, 233–256.

Sprachdenken

15

> Welche Rolle spielt Sprache für Kultur, Gesellschaft und Politik? Welche Vorstellungen von Sprache entwickeln Literat/innen, Künstler/innen und Intellektuelle und wie prägt diese ihr Denken, Schaffen und Wirken? Wie lassen sich Sprachreflexion, Sprachpraxis und Sprachpolitik im künstlerischen Werk und soziokulturellen Diskurs analysieren?

‚Unsere schöne Sprache' – *Luġatunā al-gamīla,* so lautete der Titel einer beliebten Radiosendung des ägyptischen Dichters Fārūq Šūša (1936–2016), in der er anhand der arabischen Dichtung über die arabische Sprache nachdachte. Warum aber ist die arabische Sprache für Šūša eigentlich schön? Warum wird *gamīla* im Titel der ansonsten hochsprachlichen Sendung mit dialektalem *gīm* statt *ǧīm* ausgesprochen? Welche soziokulturelle Funktion hatte diese Radiosendung für ihre Zuhörer/innen? Unter dem Konzept des Sprachdenkens lassen sich Theorien und Methoden bündeln, die Vorstellungen von Sprache untersuchen und zugleich auf die Diskursivität der Sprache eingehen. Sie analysieren, wie Sprache in unterschiedlichen Werken und Kontexten gedacht wird und wie sie das Denken der Welt prägt. Innerhalb der Arabistik können mit dem Konzept die lange philologische Tradition und soziokulturelle Bedeutung der arabischen Sprache (und anderer Sprachen) untersucht werden.

15.1 Geschichte

Der Begriff ‚Sprachdenken' wurde maßgeblich vom deutschen Romanisten Jürgen Trabant (geb. 1942) in Auseinandersetzung mit europäischen Sprachphilosophen, darunter vor allem Wilhelm von Humboldt (1767–1835), entwickelt (vgl. Trabant 1998). Im Sinn einer historischen Anthropologie der Sprache verstehen Brigitte Jostes und Jürgen Trabant darunter einerseits das Nachdenken bzw. *„Sprechen […] über Sprache"* und andererseits *„die Beziehung von Sprache zu*

Y. Albers et al., *Arabistik,* https://doi.org/10.1007/978-3-476-05681-8_15

anderen anthropologischen Universalien“ (Jostes/Trabant 2005, S. 11; kursiv im Original), darunter Liebe, Nation und Religion. Die historisch-anthropologische Auseinandersetzung mit dem Nachdenken über Sprache zielt also nicht auf eine sprachwissenschaftliche Beschreibung der Sprache, sondern untersucht anhand der Vorstellung von Sprache die Auseinandersetzung mit der Welt. Während Trabant das Konzept ‚Sprachdenken‘ im engeren Sinn prägte, kann es im weiteren Sinn als Dachbegriff für eine Vielzahl von Theorien dienen, in denen Sprache eine zentrale Rolle für das Weltverständnis spielt. Im Zuge des *linguistic turn* der Geisteswissenschaften in den 1960er Jahren, nach der Sprache nicht mehr ein reines Medium für die Darstellung der Welt ist, sondern vielmehr an ihrer Bedeutungskonstitution Teil hat (vgl. Posselt/Flatscher 2016, S. 257 ff.), lässt sich Sprachdenken etwa als Schlüssel für Handlungsmacht in Kultur, Gesellschaft und Politik verstehen.

Pluralität und Ideologie des Sprachdenkens: In *Mithridates im Paradies. Kleine Geschichte des Sprachdenkens* zeichnet Trabant die Vielfalt des Sprachdenkens von der biblischen Schöpfungsgeschichte durch das Wort Gottes über die politische Sprachreform der Französischen Revolution bis hin zu Benjamin Lee Whorfs (1897–1941) sprachlichem Relativismus nach, nach dem das Denken der Menschen durch die verwendete Einzelsprache radikal determiniert wird. Für die Untersuchung des Sprachdenkens ist es dabei zweitrangig, ob die explizit formulierten Ansichten oder implizit vorgenommenen Annahmen über die Sprache nach dem Stand der heutigen Sprachwissenschaft richtig oder falsch sind. So wurde etwa Whorfs These, dass die Sprache der Hopi-Indianer kein Tempus habe, und ein Hopi-Indianer daher völlig anders denke als ein Europäer, linguistisch widerlegt (vgl. Trabant 2003, S. 276). Mit dem Konzept des Sprachdenkens lässt sich vielmehr Whorfs Exotisierung nicht-europäischer Sprachen und Kulturen kritisch nachzeichnen, die die vielfältigen Beziehungen zwischen Sprachverständnis und Ideologie offenlegen. In diesem Sinn arbeitete etwa Maurice Oleander (geb. 1946) das Rassendenken in der europäischen Philologie des 19. Jh.s heraus (Oleander 2008 [1989]).

Die poetische Sprache: Sprachdenken spielt auch für das Verständnis von Literatur eine große Rolle, etwa in der Debatte über die poetische Sprache (vgl. Trabant 2008, S. 276 ff.). Demnach zeichne sich Literatur vor allem durch eine nicht-alltagssprachliche Verwendung von Sprache aus. So forderte etwa Victor Šklovskij (1893–1984) vom literarischen Kunstwerk eine sprachliche Verfremdung *(ostranenie)*. Durch die Verwendung z. B. von Metaphern und Archaismen solle die alltägliche Wahrnehmung der Sprache entautomatisiert werden, „denn der Wahrnehmungsprozeß ist in der Kunst Selbstzweck und muß verlängert werden; die Kunst ist ein Mittel, das Machen einer Sache zu erleben; das Gemachte hingegen ist in der Kunst unwichtig“ (Šklovskij 1994 [1919], S. 15). Dagegen untersucht Roland Barthes (1915–1980) in der Literatur die subversiven Neuordnungen der Sprache, die die gängige Sprache und Kultur in Frage stellen (vgl. Barthes 2010 [1973], S. 14 f.).

Differenz und Dekonstruktion: Auch für die Interaktion des Menschen mit Kultur und Gesellschaft kann Sprachdenken bedeutsam sein, wie etwa im Fall der Dekonstruktion. Im Zuge des Poststrukturalismus entwickelte Jacques Derrida (1930–2004) u. a. in „La différance" (dt. „Die différance") ein Verständnis von Sprache, nach dem die Bedeutung eines sprachlichen Zeichens niemals eindeutig und abgeschlossen ist, sondern durch den Verweis auf andere Zeichen immer uneindeutig und unabgeschlossen bleibt (vgl. Posselt/Flatscher 2016, S. 215 ff.; Derrida 1976). Dieses Spiel der Differenzen nutzt die Dekonstruktion, indem sie in subversiver Weise auf innere Widersprüche und unabgeschlossene Bedeutungsordnungen hinweist. Aus dem Sprachdenken der Dekonstruktion wird dabei häufig eine machtkritische, emanzipatorische Handlungsfähigkeit des Menschen abgeleitet. Darauf aufbauend interessiert sich etwa Judith Butler (geb. 1956) für die soziale und politische Dimension von Sprache und entwickelt dabei ein Verständnis von Sprechen als körperlichem Akt, der auch den gewaltsamen und verletzenden sprachlichen Charakter mitdenkt. In diesem Sinn untersucht sie z. B. in *Excitable Speech* (dt. *Haß spricht*) mit dem Konzept *hate speech* rassistische Sprechakte (vgl. Posselt/Flatscher 2016, S. 239 ff.; Butler 2006).

15.2 Arabistische Perspektiven

Arabisches Sprachdenken und Weltphilologie: In der Arabistik öffnet das Konzept den Blick für die lange und intensive kulturelle, soziale, politische und religiöse Beschäftigung mit der arabischen Sprache (vgl. Weigelt 2020). Das Sprachdenken der *fiqh al-luġa,* der genauen ‚Kenntnis der Sprache', wie Philologie auf Arabisch heißt, findet sich in Form von Gedankensplittern bis hin zu komplexen Theoriegebäuden in ganz unterschiedlichen Texten aus den Bereichen der Literatur, der Literatur- und Kulturwissenschaft sowie der Philosophie und Theologie (vgl. Suleiman 2013). Bei der Analyse des Sprachdenkens ist das im Text vermittelte Verständnis von der arabischen Sprache (oder einer anderen Sprache) herauszuarbeiten, um darauf aufbauend die Bedeutung zu analysieren, die dieser Sprache für die arabische Kultur und Gesellschaft zugeschrieben wird.

In der Literatur mündet das Sprachdenken oft in metapoetische Reflexion über die Beschaffenheit und Bedeutung der Sprache im literarischen Text. So entwirft und praktiziert der syrische Dichters Adonis (Adūnīs, geb. 1930) in seinem 1961 publizierten Gedichtband *Aġānī Mihyār ad-dimašqī* (*Die Gesänge Mihyārs des Damaszeners,* 1998) eine revolutionäre poetische Sprache, die ein neues Denken ermöglichen solle (Weidner 2009). Diese poetische Sprache macht Anleihen bei Koran und Bibel, der Dichtung al-Mutanabbīs (915–967) und der Philosophie Friedrich Nietzsches (1844–1900) und formt daraus eine schillernd-hermetische Sprache, die etwas Neues verkündet: „Seht, er schreitet unter dem Schutt voran / In der neuen Buchstaben Bleibe / […] / Denn er ist die Sprache, die unter Masten wogt / Denn er ist der Ritter fremder Worte" (Adonis 1998 [1961], S. 14).

In diesem Sinn sollte das moderne Sprachdenken immer auch vor dem Hintergrund der langen vormodernen Tradition des arabischen Sprachdenkens und der transregionalen Verflechtung mit anderen Philologien verstanden werden, die *fiqh al-luġa* als Teil einer transnationalen „Weltphilologie" (Dayeh 2016, S. 401) sichtbar macht. Im Kontext der postkolonialen Studien untersucht Shaden Tageldin etwa sprachlich-kulturelle Aushandlungsprozesse zwischen ägyptischen, französischen und britischen Philologen in der Nahḍa (vgl. Tageldin 2011). Die Mehrsprachigkeit des Maghrebs, im dem u. a. die arabische Hochsprache und regionale Dialekte, Tamazight- bzw. Berbersprachen, Französisch, Englisch und Spanisch gesprochen werden, bildet dagegen den Hintergrund eines sprachphilosophischen Dialogs zwischen dem marokkanischen arabo- und frankophonen Schriftsteller Abdelkebir Khatibi (ʿAbd al-Kabīr al-Ḫaṭībī, 1938–2009) und dem in Algerien geborenen jüdisch-frankophonen Jacques Derrida, in dem beide über die Bedeutung von Sprache für die Identität nachdenken (vgl. Khatibi 2019 [1983]; Derrida 2003 [1996]).

Die Weltlichkeit der Sprache: Neben der expliziten Sprachreflexion kann mit einem weiten Verständnis von Sprachdenken auch die Diskursivität der Sprache analysiert werden. In seinem Essay „The Return to Philology" plädiert Edward Said für eine Lektüre der Sprache im Text, die die Weltlichkeit *(worldliness)* der Sprache, d. h. ihre ökonomische, politische, soziale und kulturelle Situiertheit berücksichtigt. „Ein wahrhaft philologisches Lesen ist aktiv, d. h. es verlangt in den Prozess der Sprache, der bereits in den Wörtern stattfindet, einzudringen, damit die Sprache offenlege, was in unseren vorliegenden Texten möglicherweise verborgen, unvollständig, überdeckt oder verzerrt ist. Nach diesem Sprachverständnis sind Wörter [...] ein integraler, prägender Bestandteil der Realität selbst" (Said 2004, S. 59). Eine Analyse der Weltlichkeit des Sprachdenkens fragt nach der diskursiven Sprachpraxis, also danach, wie Sprache in unterschiedlichen Diskursen verwendet wird, etwa in politischen und religiösen Diskursen (vgl. Høigilt 2011; ʿAbd al-Laṭīf 2020), die u.a. mit Jägers Kritischer Diskursanalyse (KDA) erfasst werden kann (s. Kap. 7).

Ein zentrales Thema ist hierbei die enge Verzahnung von Sprachideologie und Identitätspolitik (vgl. Baʿalbakkī et. al 2013). In diesem Kontext kann die Sprache als eine „symbolische Ressource" (Suleiman 2013, S. 1) analysiert werden, die der Schaffung von Gemeinschaften dient. In den Schriften von Taha Hussein (Ṭāhā Ḥusayn, 1889–1973) und Salāma Mūsā (1887–1958) zeigt sich etwa, welche zentrale Rolle die arabische Sprache für die Entwicklung des ägyptischen Nationalismus Anfang des 20. Jh.s spielte (vgl. Suleiman 2003, S. 162 ff.). Wesentlich komplexer dagegen erweist sich das arabische Sprachdenken in Israel. Aus postkolonialer Sicht zeichnet Ismāʿīl Nāšif hier die vielfältigen Beziehungen zwischen Sprachpolitik und Machtpolitik im israelischen Staat nach (Nāšif 2018).

Neben der bereits erwähnten Mehrsprachigkeit spielt auch die Diglossie für das arabische Sprachdenken eine wichtige Rolle, also das oft konfliktreiche Verhältnis zwischen dem Hocharabischen als Normsprache und den unterschiedlichen regionalen arabischen Dialekten als Alltagssprachen. Die Soziolinguistik untersucht dabei die gesellschaftliche, politische und kulturelle Bedeutung der Sprachpraxis, etwa die Verwendung des Dialekts, der Hochsprache und des Code-

Switching zwischen beiden in bestimmten Situationen (vgl. Bassiouney 2009; Høigilt/Mejdell 2017). Als etwa Disney beschloss, den Animationsfilm *Frozen* (dt. *Die Eiskönigin – Völlig unverfroren,* 2013) nicht wie vorherige Animationsfilme im ägyptischen Dialekt zu synchronisieren, sondern in der arabischen Hochsprache, rief dies kontroverse Reaktionen hervor. In der Debatte wurden u. a. Fragen nach dem kulturellen Mehrwert des Dialekts, der Ideologie der Hochsprache und dem Wert der arabischen Sprache auf dem internationalen Filmmarkt diskutiert. Darüber hinaus luden Fans auf YouTube eigene Synchronfassungen der Lieder in unterschiedlichen arabischen Dialekten hoch (vgl. Muhanna 2014). Eine soziolinguistisch geöffnete Analyse des Sprachdenkens könnte die in der Debatte geäußerten Sprachreflexionen zusammen mit der in den YouTube-Videos sich manifestierenden Sprachpraxis analysieren, um zu zeigen, welche Rolle die Wahl einer Synchronsprache für die kulturelle und soziale Identität unterschiedlicher Zuschauer/innen spielen kann.

15.3 Beispiel: Das Prosawerk *as-Sāq* von (Aḥmad) Fāris aš-Šidyāq (1855)

Inmitten der hitzigen Debatten des 19. Jh.s um die Rolle der Sprache für die arabische Kultur und Gesellschaft veröffentlichte der aus dem Libanon stammende (Aḥmad) Fāris aš-Šidyāq (ca. 1805–1887) sein umfangreiches Werk *as-Sāq ʿalā as-Sāq* (engl. *Leg over Leg,* 2013–2014). Es erzählt vom Leben des Protagonisten al-Fāriyāq, diskutiert den Zeitgeist arabischer und europäischer Gesellschaften und listet ausgefallene arabische Wörter auf. Ein Ziel des Buchs nämlich sei es, so der Autor im Vorwort, den Leser/innen die Besonderheiten der klassischen arabischen Sprache nahezubringen. Mit dem Konzept des Sprachdenkens kann man den klassischen literaturwissenschaftlichen Analysefokus von der Erzählung auf die Sprache lenken, um die philosophische Sprachreflexion und diskursive Sprachpraxis des Werks zu untersuchen.

In *as-Sāq* meditiert der Erzähler an vielen Stellen über die sprachlich-kulturelle Tiefgründigkeit der arabischen Sprache, darunter die ihrer zahlreichen Synonyme. Dabei schließt er sich Ibn Fāris al-Luġawī (gest. 1004) an, nach dem das Arabische keine vollständig bedeutungsgleichen Wörter kenne. Vielmehr unterschieden sich die vermeintlichen Synonyme durch feine Bedeutungsnuancen, die zugleich Ausdruck einer scharfen Beobachtungsgabe der alten Araber *(al-ʿarab)* seien. In diesem Sinn verstand aš-Šidyāq die klassische arabische Sprache als ein hochgradig differenziertes Denksystem, durch dessen Brille er die zeitgenössischen Modernisierungsprozesse eingehend untersuchte und mitunter gegen den Strich bürstete. Andere zeitgenössische Intellektuelle dagegen sahen in den Synonymen eher einen nutzlosen Ballast für die gegenwärtigen Debatten oder gar ein sprachlich-kulturelles Modernehindernis, das ein neues Denken verhindere (vgl. Junge 2019, S. 246 ff.).

Eine der zentralen Debatten der Nahḍa drehte sich um die Rolle der Frau in der Gesellschaft. Indem *as-Sāq* zahlreiche Begriffe aus dem Wortfeld für Frauen in langen Listen aufführt und diskutiert, nahm es aktiv an diesen Debatten teil.

Neben Synonymen zählen dazu etwa misogyne Wörter für hinterlistige Frauen, die der Erzähler positiv umdeutet, wie etwa im Fall von *mufassila*. Dieses ausgefallene Wort bezeichnet laut dem Wörterbuch von al-Fīrūzābadī (gest. 1415) „eine Frau, die ihrem Mann, wenn sie Sex haben soll, sagt: ‚Ich habe meine Tage', um ihn abzuweisen" (al-Shidyāq 2013, S. 316). In diesem Wort findet der Erzähler bereits eine weibliche Handlungsfähigkeit und sexuelle Selbstbestimmung angelegt, wie er sie für die Frauen des 19. Jh.s explizit einfordert (vgl. Junge 2019, S. 128 ff.). Mit Roland Barthes gesprochen, unternimmt der Text eine subversive Neuordnung der klassischen Sprache (vgl. Barthes 2010 [1973], S. 14 f.), die im Kontext seiner Zeit zu teils neuartigen Standpunkten führt, wie etwa das Recht der Frau auf sexuelle Lusterfüllung oder die Forderung nach einer aktiven Vaterrolle des Manns. Durch aš-Šidyāqs Sprachdenken können solche Standpunkte aus der klassischen arabischen Sprache herausgearbeitet werden, die ihm als Inspirationsquelle für seine Gesellschaftskritik diente. Damit plädierte aš-Šidyāq in den arabischen Debatten für die anhaltende sprachlich-kulturelle Relevanz der klassischen *ʿarabiyya* im 19. Jh.

Indem er das Werk 1855 in Paris im Umkreis der renommierten Société asiatique veröffentlichte, wendete er sich zugleich gegen das Sprachdenken der europäischen Orientalistik. Während diese sich der arabischen Philologie weit überlegen wähnte, zählte aš-Šidyāq im Anhang von *as-Sāq* ihre zahlreichen sprachlichen Fehler in langen Listen auf. In einem postkolonial anmutenden *writing back* kritisierte er dabei die epistemisch-kulturelle Gewalt der europäischen Orientalisten und sprach ihnen die Deutungshoheit über die arabische Sprache ab (vgl. Junge 2019, S. 273 ff.). Damit lässt sich *as-Sāq* als eine komplexe Verteidigung und Neuordnung der klassischen arabischen Sprache im 19. Jh. lesen. Mit dem Analysefokus des Sprachdenkens kann hier untersucht werden, wie die arabische Sprache in *as-Sāq* zur Bühne einer Kultur- und Gesellschaftskritik wird.

Literatur

ʿAbd al-Laṭīf, ʿImād: *Taḥlīl al-ḫiṭāb as-siyāsī. al-Balāġa, as-sulṭa, al-muqāwama*. Amman 2020.

Adonis: *Die Gesänge Mihyârs des Damaszeners. Gedichte 1958–1965*. Übers. von Stefan Weidner. Zürich 1998 [1958–1965].

Baʿalbakkī, Ramzī et al.: *al-Luġa al-ʿarabiyya wa-l-huwiyya fī al-waṭan al-ʿarabī. Iškāliyāt taʾrīḫiyya wa-ṯaqāfiyya wa-siyāsiyya*. Beirut 2013.

Barthes, Roland: *Die Lust am Text*. Übers. und komment. von Ottmar Ette. Frankfurt a. M. 2010 [1973].

Bassiouney, Reem: *Arabic Sociolinguistics*. Edinburgh 2009.

Butler, Judith: *Haß spricht. Zur Politik des Performativen*. Übers. von Katharina Menke und Markus Krist. Frankfurt a. M. 2006 [1997].

Dayeh, Islam: „The Potential of World Philology". In: *Philological Encounters* 1 (2016), 396–418.

Derrida, Jacques: „Die différance". In: Ders.: *Randgänge der Philosophie*. Übers. von Gerhard Ahrens. Frankfurt a. M. 1976 [1972], 6–37.

Derrida, Jacques: *Die Einsprachigkeit des Anderen*. Übers. von Michael Wetzel. München 2003 [1996].

Høigilt, Jacob: *Islamist Rhetoric. Language and Culture in Contemporary Egypt*. London/New York 2011.

Høigilt, Jacob/Mejdell, Gunvor (Hg.): *The Politics of Written Language in the Arab World. Writing Change*. Leiden 2017.

Junge, Christian: *Die Entblößung der Wörter. aš-Šidyāqs literarische Listen als Kultur- und Gesellschaftskritik im 19. Jahrhundert*. Wiesbaden 2019.

Jostes, Brigitte/Trabant, Jürgen: „Historische Anthropologie der Sprache. Eine Ortsbestimmung". In: *Paragrana* 14 (2005), 9–20.

Khatibi, Abdelkebir: *Plural Maghreb. Writings on Postcolonialism*. Übers. von P. Burcu Yalim. London/New York 2019 [1983].

Muhanna, Elias: „Translating 'Frozen' into Arabic" (2014), https://www.newyorker.com/books/page-turner/translating-frozen-into-arabic (25.03.2020).

Nāšif, Ismāʿīl: *al-Luġa al-ʿarabiyya fī an-niẓām aṣ-ṣahyūnī. Qiṣṣat qināʿ istiʿmārī*. Beirut 2018.

Oleander, Maurice: *The Languages of Paradise. Race, Religion, and Philology in the Nineteenth Century*. Übers. von Arthur Goldhammer. Cambridge, Mass. 2008 [1989].

Posselt, Gerald/Flatscher, Matthias: *Sprachphilosophie. Eine Einführung*. Unter Mitarbeit von Sergej Seitz. Wien 2016.

Said, Edward: *Humanism and Democratic Criticism*. New York 2004.

Shidyāq, Aḥmad Fāris al-: *Leg over Leg, or, The Turtle in the Tree. Concerning The Fāriyāq, What Manner of Creature Might He Be*. Bd. 1. Übers. von Humphrey Davies. New York 2013.

Šklovskij, Viktor: „Kunst als Verfahren". In: Jurij Striedter (Hg.): *Russischer Formalismus. Texte zur allgemeinen Literaturtheorie und zur Theorie der Prosa*. Übers. von Jurij Striedter. München 1994 [1919], 3–35.

Suleiman, Yasir: *The Arabic Language and National Identity. A Study in Ideology*. Edinburgh 2003.

Suleiman, Yasir: *Arabic in the Fray. Language Ideology and Cultural Politics*. Edinburgh 2013.

Tageldin, Shaden M.: *Disarming Words. Empire and the Seduction of Translation in Egypt*. Berkeley 2011.

Trabant, Jürgen: *Historische Anthropologie der Sprache*. Frankfurt a. M. 1998.

Trabant, Jürgen: *Mithridates im Paradies. Kleine Geschichte des Sprachdenkens*. München 2003.

Trabant, Jürgen: *Was ist Sprache?* München 2008.

Weidner, Stefan: „Adūnīs – Das lyrische Werk". *Munzinger Online/Kindlers Literatur Lexikon* ^{3}2009. https://www.munzinger.de/document/22000006800_020 (25.03.2020).

Weigelt, Frank: *Die arabische Sprache: Geschichte und Gegenwart*. Hamburg 2020.

Religion

16

Leitfragen Wie lässt sich Religion und Religiosität in Literatur, Musik und anderen künstlerischen Ausdrucksformen untersuchen? Welche Funktionen haben Literatur, Musik und Kunst für religiöse Praktiken? Und welche Funktionen hat die künstlerische Bezugnahme auf Religion für Politik, Gesellschaft und Kultur?

Max Webers Befund einer rationalen „Entzauberung der Welt" (Weber 1978, S. 156) stand lange sinnbildlich für ein säkulares Selbstverständnis der westlichen Moderne. Im Zuge des gegenwärtigen *religious turn* in den Geisteswissenschaften, vor allem nach den Ereignissen des 11. September 2001, entwickelte sich demgegenüber ein postsäkulares Selbstverständnis, das die unterschiedlichen Erscheinungsformen, Funktionsweisen und Denkgebäude der Religion als wichtig für das Verständnis der Moderne erachtet. In diesem Rahmen untersuchen die Literatur- und Kulturwissenschaft einerseits Repräsentationen, Aspekte und Funktionen von Religion in Literatur und anderen künstlerischen Ausdrucksformen. Andererseits analysieren sie die Rolle, die Literatur und andere künstlerische Ausdrucksformen für die Religion spielen. Innerhalb der Arabistik öffnet sich hier ein äußerst vielfältiges Forschungsgebiet, das aber im besonderen Maß einer postkolonial sensibilisierten Herangehensweise bedarf.

16.1 Geschichte

Begriffsbestimmungen von Religion: Religion ist ein schillerndes Konzept, das sehr unterschiedlich definiert wird. Hierbei lassen sich zwei grundlegende Ansätze unterscheiden, die entweder das Besondere der Religion herausstellen oder ihre Verflochtenheit mit anderen gesellschaftlichen Bereichen untersuchen. Gegenstandsorientierte Ansätze untersuchen Religion als ein besonderes und meist eigenständiges Phänomen, das vor allem über zentrale Inhalte bestimmt wird,

Y. Albers et al., *Arabistik,* https://doi.org/10.1007/978-3-476-05681-8_16

etwa die Bezugnahme auf das Heilige in Form eines Gottes oder mehrerer Götter. Kontextorientierte Ansätze verstehen Religion als ein symbolisches Deutungs- und Ordnungssystem, das in Verbindung oder Abgrenzung zu anderen soziokulturellen Systemen steht und sich u. a. durch gewisse Funktionen auszeichnet wie etwa die Umwertung des Tods.

Nahezu alle Ansätze beschäftigen sich jedoch mit dem Verhältnis von Immanenz und Transzendenz. Sie fragen also, welche Erfahrungen und Einsichten dem Menschen möglich sind und welche seinen lebensweltlichen Erfahrungs- und Verstandeshorizont überschreiten. Die Frage, ob man Gott ‚schmecken' oder eine heilige Schrift verstehen kann, wird in verschiedenen Konfessionsgemeinschaften und Religionskonzepten durchaus unterschiedlich beantwortet, für sie alle jedoch ist das Transzendente, wie es sich u. a. im Glauben ausdrückt, ein wichtiger Bestandteil von Religion (vgl. Pollack 2018a).

Dimensionen des Religiösen: In der Religionssoziologie unterscheidet man vier miteinander verbundene Dimensionen des Religiösen, nämlich Wahrnehmung, Orientierung, Körperlichkeit und Handeln. Die Dimension der persönlichen oder gemeinschaftlichen Wahrnehmung erzeugt Gewissheiten wie etwa die, Teil eines größeren Ganzen zu sein. Die Dimension der verstandesmäßigen Orientierung stiftet Sinn wie etwa in Form eines Dogmas bzw. normativen Glaubenssatzes. Die Dimension der individuellen Körperlichkeit und Materialität eines Gegenstandes dient als religiöses Medium etwa für die Kommunikation mit Gott. Die Dimension des ritualisierten Handelns stiftet Ordnungen etwa in Form des Gottesdiensts (vgl. Krech 2018).

Handelt es sich hierbei um Innendimensionen des Religiösen, wird seine Außendimension häufig durch Gegenüberstellung des Säkularen bestimmt. Nach der Säkularisierungsthese nimmt im Zuge der Modernisierung der Stellenwert von Religion und Kirche innerhalb einer Gesellschaft ab, sodass der religiöse Einfluss auf andere Teilbereiche der Gesellschaft wie Politik, Wissenschaft oder Familie weitgehend verlorengeht (Pollack 2018b). Dieses Konzept führt oft zu der problematischen Dichotomie von Religion vs. Moderne, die gerade in Bezug auf die islamisch-geprägte arabische Welt hinterfragt werden muss. Aus postkolonialer Sicht weist Talal Asad etwa auf die Machtstrukturen des Säkularen hin, die das Religiöse erst erschaffen und für sich instrumentalisieren, wie dies etwa durch die britische Kolonialherrschaft in Ägypten geschah (vgl. Asad 2003, S. 205 ff.; Tezcan 2019).

Literatur und Religion: In der Literaturwissenschaft entstand im Zuge des *religious turn* in den letzten Jahren eine Vielzahl an Einführungen und Handbüchern zu diesem Thema (vgl. u. a. Polaschegg/Weidner 2012; Weidner 2016a; Braungart/Jacob/Tück 2019). Dabei werden die Bereiche Literatur und Religion nicht mehr als voneinander getrennt gedacht, sondern auf ihre enge Verflechtung hin untersucht. „Es gilt, in der Literatur religiöse Problematiken und in der Religion literarische Verfahren sichtbar zu machen" (Weidner 2016b, S. vii).

In diesem Sinn werden die Darstellungen und Verhandlungen religiöser Diskurse, Figuren und Texte in der Literatur ebenso behandelt wie literaturwissenschaftliche Theorien in der theologischen Hermeneutik oder rhetorische, ästhetische und literarische Verfahren in religiösen Praktiken. Dies zeigt sich auch in der doppelten Lesart der Bibel, bei der die Wirkung der Bibel auf die Literatur und die Wirkung der Bibel als Literatur untersucht wird (vgl. Polaschegg/Weidner 2012).

Kunst und Religion: Ein verstärktes Interesse an Religion lässt sich auch in der kunst- und kulturwissenschaftlichen Auseinandersetzung mit anderen Künsten wie Theater, Film und bildende Kunst finden. Im Spannungsfeld von Musik und Religion werden etwa Arnold Schönbergs (1874–1951) Oper *Moses und Aron* ebenso untersucht wie kirchenmusikalische Praktiken von Wort und Sound (vgl. Dober/Brinkmann 2019).

16.2 Arabistische Perspektiven

Islam und Moderne: Während die Relevanz des Konzepts ‚Religion' für die Arabistik in vieler Hinsicht naheliegend ist, hält ihre Analyse viele Fallstricke bereit. Diese bestehen u. a. in reduktionistischen, homogenisierenden, essentialisierenden und dichotomisierenden Herangehensweisen an den Islam als ‚die' Religion der arabischen Welt. Vielmehr existieren innerhalb des Islams in der arabischen Welt unterschiedliche Konfessionen und Ausprägungen und neben dem Islam zahlreiche weitere Religionen wie das Christentum, Judentum, Bahaitum und Jesidentum. Mit ihren seit langem miteinander verflochtenen Traditionen müssen aus postkolonial sensibilisierter Perspektive gängige Vorstellungen u. a. vom Konfessionalismus *(ṭāʾifiyya)* in Frage gestellt werden (vgl. Makdisi 2000). Während man die arabische Welt also nicht einfach als islamisch, wohl aber als islamisch geprägt bezeichnen kann, dürfen säkulare und atheistische Strömungen u. a. im Feminismus weder übersehen noch als radikal von religiösen getrennt betrachtet werden (vgl. Badran 2009, S. 300 ff.).

Als besonders problematisch erweist sich die bereits erwähnte Säkularisierungsthese, die oft zur Dichotomie von Islam vs. Moderne führt. Diese verbindet den ‚Orient' u. a. mit Tradition, Religion und Islam, während sie den ‚Okzident' u. a. mit Moderne, Säkularismus und Menschenrechten assoziiert. Vor diesem Hintergrund muss nicht nur die Vorstellung von Religion, sondern auch von damit einhergehenden Vorstellungen u. a. von Moderne, Säkularismus, Gender und Subjekt auf den Prüfstand gestellt werden (vgl. Krämer 2019). Mit dieser Stoßrichtung führt etwa Saba Mahmood den Ansatz von Talal Asad weiter, indem sie Formen weiblicher Handlungsfähigkeit anhand einer islamistischen Moscheebewegungen in Kairo herausarbeitet, die nicht in das Bild eines säkularliberalen Feminismus passen (Mahmood 2005).

Koran und Literaturwissenschaft: Für das Verständnis arabischer Ästhetik und Literaturtheorie ist die enge Verbindung von Koranexegese und

Literaturwissenschaft von Bedeutung. Als Teil einer Erneuerungsbewegung *(taǧdīd)* analysierten etwa Amīn al-Ḫūlī (1895–1966) und ʿĀʾiša ʿAbd ar-Raḥmān alias Bint aš-Šāṭiʾ (1913–1998) die Literarizität des Korans und fragten nach theologisch-hermeneutischen Konsequenzen (Salama 2018). Naṣr Ḥāmid Abū Zayd (1943–2010) entwickelte diese enge Synthese von Koran- und Literaturwissenschaften mit seiner Studie *Mafhūm an-naṣṣ* (‚Das Verständnis des Texts', 1990) weiter, während er von konservativen Korangelehrten der Apostasie bezichtigt und ins Exil gedrängt wurde.

Wie der koranische Text und die islamischen Lesepraktiken im Gegenzug das ästhetische Verständnis moderner arabischer Literatur prägen, zeigt etwa Hoda El Shakry in ihrer Studie über die Literatur des Maghreb, die die ästhetische Relevanz des „literarischen Koran" (El Shakry 2020, S. 2) herausstellt und dabei zugleich die Dichotomie zwischen säkularer frankophoner und religiöser arabischer Literatur in Frage stellt. Im Rahmen des Corpus Coranicum Projekts wird darüber hinaus deutlich, wie die historisch kritische Erforschung des Koran als moderne „politische Philologie" (Neuwirth 2014, S. 1) wirken kann.

Religion in den Künsten: In der arabischen Literatur und anderen künstlerischen Ausdrucksformen reicht die Beschäftigung mit Religion von der Darstellung religiöser Praktiken und mystischer Erfahrungen bis hin zur Auseinandersetzungen mit interkonfessionellen Konflikten und politischer Instrumentalisierung des Religiösen. Im Mittelpunkt stehen dabei weniger die großen innertheologischen Debatten, für die sich eine gegenstandorientierte Religionswissenschaft interessiert, als vielmehr die alltäglichen Formen von Religiosität in Interaktion mit dem soziokulturellen und politischen Umfeld, die eine kontextorientierte Religionswissenschaft untersucht (vgl. Enderwitz 2016; Al-Musawi 2009). In diesem Sinn muss etwa die häufig anzutreffende künstlerische Bezugnahme auf das islamische Märtyrerkonzept mit der Analyse sozialer, politischer ökonomischer Kontexte versehen werden, um die moderne Spielart dieser Blutzeugenschaft *(istišhād)* zu verstehen (vgl. Pannewick 2012).

Die Wiederentdeckung und Aufwertung des Sufismus, der islamischen Mystik, spielte für die Entwicklung der Künste vor allem des 20. Jh.s eine wichtige Rolle. Elemente wie die intensive ästhetisch-körperliche Erfahrung des Religiösen und den oft demonstrativen Bruch mit orthodoxen Dogmen machten den Sufismus für Kunstschaffende und Intellektuelle attraktiv, die ihn auf unterschiedliche Art und Weise adaptierten (Elmarsafy 2012; az-Zāhī 1999). Während der syrische Dichter Adonis (Adūnīs, geb. 1930) die sufistische Dichtung als Pendant des europäischen Surrealismus entdeckte (s. Abschn. 1.1), schuf der irakische Künstler Dia al-Azzawi (Ḍiyāʾ al-ʿAzzāwī, geb. 1939) als Teil der *ḥurūfiyya*-Bewegung eine sufistisch inspirierte kalligraphische Kunst (s. Abschn. 1.3).

Die oft konfliktreiche Auseinandersetzung zwischen dem religiösen und dem künstlerischen Feld (vgl. Hafez 2015; van Leeuwen 2018) lassen sich wohl am deutlichsten anhand von Nagib Mahfuz' (Naǧīb Maḥfūẓ, 1911–2006) *Awlād ḥāratinā* (1959, dt. *Die Kinder unseres Viertels,* 1990) nachzeichnen. Der Roman erzählt in allegorischer Weise die Geschichten von Adham (Adam), Ǧabal

(Moses), Rifāʿa (Jesus), Qāsim (Mohammed) und schließlich ʿArafa, der das säkulare Wissen verkörpert und der am Ende aus Versehen Ǧabalāwī (Gott) tötet. Auf Druck der konservativen sunnitischen al-Azhar-Universität war die Veröffentlichung des Buchs bis 2006 in Ägypten verboten. Darüber hinaus wurde Mahfuz im Fahrwasser der Todesfatwa gegen den britisch-indischen Schriftsteller Salman Rushdie (geb. 1947) durch einen islamistischen Extremisten schwer verletzt (vgl. Snir 2017, S. 116 ff.; Allan 2016, S. 19 ff.).

Künste in der Religion: Obgleich die Felder von Religion und Kunst sich oft überschneiden und bisweilen nicht voneinander trennen lassen, ist die Bedeutung künstlerischer Verfahren in der Religion bislang eher wenig untersucht. In der Literatur reicht die Bandbreite etwa vom islamischen Realismus im Werk von Naǧīb al-Kīlānī (1931–1995) bis hin zur dschihadistischen Dichtung im sogenannten Islamischen Staat (al-Qāʿūd 1996; Gatt 2020). In der Musik lassen sich die Formen ‚zielgerichteter Kunst' *(fann hādif)* etwa im Orchester der libanesischen Hisbollah ebenso untersuchen wie die sufische Gnawa-Musik aus Marokko (s. Kap. 1.4). Mehr Aufmerksamkeit erhält die islamische Jugend- und Populärkultur, wie sie sich etwa in Form von Superhelden-Comics, Popmusik und Kassetten-Predigten ausdrückt (vgl. Hirschkind 2006; Enderwitz 2011). Ein gutes Beispiel dafür sind Studien zu Rhetorik und Rezeption der TV-Predigten des ägyptischen Predigers Amr Khaled (ʿAmr Ḫālid, geb. 1967; vgl. Scholz 2018), der damit u. a. Jugendliche in Deutschland anspricht, die als „Pop-Muslime" (Gerlach 2006, S. 34) konservative Religiosität und popkulturellen Lebensstil mitverbinden wollen.

16.3 Beispiel: Der islamische *inšād*

Aufbauend auf Feldforschung in sunnitischen Gemeinschaften in Libanon und Syrien untersucht Ines Weinrich interaktive Gedichtrezitationen während eines nicht-sufischen *inšād*. Unter *inšād* versteht man eine kunstvolle Rezitation verschiedener religiöser Textformen. Dabei setzen die Rezitierenden Stimme und Körper ein, um den Zuhörenden den Text sinnlich-ästhetisch nahezubringen. Ein wichtiges Element ist dabei der Zustand körperlich-affektiver Ergriffenheit *(infiʿāl)* (s. Kap. 14). Nach dem islamischen Gelehrten al-Ġazzālī (gest. 1111) ist das Ohr eine privilegierte Schnittstelle zwischen Welt und Herz, das die Handlungen der Gläubigen zu Gott lenken kann.

In ihrer Fallstudie untersucht Weinrich die Rezeptionsästhetik von vier Halbversen auf unterschiedlichen *inšād*-Veranstaltungen. Die Verse stammen aus einem Lobgedicht auf den Propheten Mohammed, das ein unbekannter Dichter des 9. Jh.s anlässlich eines Besuchs am Prophetengrab rezitiert haben soll. Sie preisen u. a. den Wohlgeruch seiner Gebeine und beschreiben die vorbildlichen Eigenschaften des Propheten.

Mit einem philologisch-kulturwissenschaftlichen Ansatz arbeitet sie zunächst geläufige Veränderungen beim *inšād* heraus, etwa die Hinzufügung eines

Halbverses über Mohammed als Fürsprecher *(šafīʿ)*. Diese kontextualisiert sie mit religiösen Praktiken, zu denen der Besuch von Heiligengräbern *(ziyāra)* und die fromme Fürbitte *(šafāʿa)* zählen.

Danach untersucht sie mit einem musikethnographischen Ansatz, wie der Rezitator den Text musikalisch-körperlich interpretiert und wie das Publikum darauf musikalisch-körperlich reagiert. Der Rezitator trägt mit intensiv tonalansteigender Stimme zunächst den gesamten Halbvers und dann einzelne Wortgruppen daraus in Wiederholung vor, etwa „*fa-anta š-šafīʿu*" (denn Du [Mohammed] bist der Fürsprecher) (Weinrich 2018, S. 244).

Dies erfolgt in ständiger Interaktion mit der Zuhörerschaft, die sich daran mit frommen Zwischenrufen beteiligt, etwa „*ṣalli ʿalayh*" (Gesegnet sei er [der Prophet]!) oder „*āh…Allāh*" (Oh … Gott!) (ebd., S. 244) und dabei u. a. die Arme streckt oder die Hand zum Schwur hebt. Dabei handelt es sich durchaus um teilhabitualisierte Körpertechniken, da es eine Etikette für geübte Zuhörende *(samīʿ)* gibt, nach der man weder durch zu viel noch durch zu wenig Interaktion auffallen soll.

Die interaktive Rezitation von Gedichtversen spielt eine wichtige Rolle für ein religiös ergriffenes Zuhören beim *inšād*. Dabei geht es nicht um eine möglichst textgetreue Wiedergabe der Verse, sondern um die Vermittlung ihrer „umfänglichen Bedeutungen und Emotionen" (ebd., S. 252). In diesem Sinn wird beim *inšād* bereits das Zuhören zu einem frommen Akt. Mit welchen ästhetischen Formen hierbei religiöse Erfahrung erzeugt wird, lässt sich dabei nur im interdisziplinären Zusammenspiel von Textwissenschaft und Feldforschung untersuchen.

Literatur

Abū Zayd, Naṣr Ḥāmid: *Mafhūm an-naṣṣ. Dirāsa fī ʿulūm al-Qurʾān*. Kairo 1990.

Allan, Michael: *In the Shadow of World Literature. Sites of Reading in Colonial Egypt*. Princeton 2016.

Al-Musawi, Muhsin: *Islam on the Street. Religion in Modern Arabic Literature*. Lanham 2009.

Asad, Talal: *Formations of the Secular. Christianity, Islam, Modernity*. Stanford 2003.

Badran, Margot: *Feminism in Islam. Secular and Religious Convergences*. Oxford 2009.

Braungart, Wolfgang/Jacob, Joachim/Tück, Jan-Heiner (Hg.): *Literatur / Religion. Bilanz und Perspektiven eines interdisziplinären Forschungsgebietes*. Stuttgart 2019.

Dober, Hans Martin/Brinkmann, Frank Thomas (Hg.): *Religion.Geist.Musik. Theologisch-kulturwissenschaftliche Grenzübergänge*. Wiesbaden 2019.

Elmarsafy, Ziad: *Sufism in the Contemporary Arabic Novel*. Edinburgh 2012.

El Shakry, Hoda: *The Literary Qurʾan. Narrative Ethics in the Maghreb*. New York 2020.

Enderwitz, Susanne: „'The 99'. Islamic Superheroes – a New Species?". In: Christiane Brosius/Roland Wenzlhuemer (Hg.): *Transcultural Turbulences. Interdisciplinary Explorations of Flows of Images and Media*. Wien 2011, 83–96.

Enderwitz, Susanne: „Everyday Islamic Practice in Modern Egyptian Literature". In: Ines Weinrich (Hg.): *Performing Religion. Actors, Contexts, and Texts. Case Studies on Islam*. Beirut 2016, 185–198.

Gatt, Kurstin: *Decoding DĀʿISH. An Analysis of Poetic Exemplars and Discursive Strategies of Domination in the Jihadist Milieu*. Wiesbaden 2020.

Gerlach, Julia: *Zwischen Pop und Dschihad. Muslimische Jugendliche in Deutschland*. Bonn 2006.

Hafez, Sabry: „Islam in Arabic Literatur. The Struggle for Symbolic Power". In: Abir Hamdar/Lindsey Moore (Hg.): *Islamism and Cultural Expression in the Arab World*. London 2015, 31–59.

Hirschkind, Charles: *The Ethical Soundscape. Cassette Sermons and Islamic Counterpublics*. New York 2006.

Krämer, Gudrun: „Spannungsfelder: Der Islam, die Muslime und die säkulare Moderne". In: Friedrich Wilhelm Graf/Jens-Uwe Hartmann (Hg.): *Religion und Gesellschaft. Sinnsysteme im Konflikt*. Berlin 2019, 145–165.

Krech, Volker: „Dimensionen des Religiösen". In: Detlef Pollack/Volkhard Krech/Olaf Müller/Markus Hero (Hg.): *Handbuch Religionssoziologie*. Wiesbaden 2018, 51–94.

Leeuwen, Richard van: „Religion and Arabic Literature. Conflicting Discourses?". In: Peter Dové/Hartmut Fähndrich/Wolfgang W. Müller (Hg.): *Inspiriertes Schreiben? Islamisches in der zeitgenössischen arabischen, türkischen und persischen Literatur*. Basel 2018, 201–244.

Mahmood, Saba: *Politics of Piety. The Islamic Revival and the Feminist Subject*. Princeton 2005.

Makdisi, Ussama: *The Culture of Sectarianism. Community, History, and Violence in Nineteenth-Century Ottoman Lebanon*. Berkeley 2000.

Neuwirth, Angelika: *Koranforschung – eine politische Philologie? Bibel, Koran und Islamentstehung im Spiegel spätantiker Textpolitik und moderner Philologie*. Berlin 2014.

Pannewick, Friederike: *Opfer, Tod und Liebe. Visionen des Martyriums in der arabischen Literatur*. München 2012.

Polaschegg, Andrea/Weidner, Daniel (Hg.): *Das Buch in den Büchern. Wechselwirkungen von Bibel und Literatur*. München 2012.

Pollack, Detlef: „Probleme der Definition von Religion". In: Detlef Pollack/Volkhard Krech/Olaf Müller/Markus Hero (Hg.): *Handbuch Religionssoziologie*. Wiesbaden 2018a, 17–50.

Pollack, Detlef: „Säkularisierung". In: Detlef Pollack/Volkhard Krech/Olaf Müller/Markus Hero (Hg.): *Handbuch Religionssoziologie*. Wiesbaden 2018b, 303–327.

Qāʿūd, Ḥilmī Muḥammad al-: *al-Wāqiʿiyya al-islāmiyya fī riwāyāt Naǧīb al-Kīlānī. Dirāsa naqdiyya*. Amman 1996.

Salama, Mohammad: *The Qur'an and Modern Arabic Literary Criticism. From Ṭāhā to Naṣr*. London 2018.

Scholz, Jan: „Dramatic Islamic Preaching: A Close Reading of ʿAmr Khālid". In: Sabine Dorpmüller/Jan Scholz/Max Stille/Ines Weinrich (Hg.): *Religion and Aesthetic Experience. Drama – Sermons – Literature*. Heidelberg 2018, 149–170.

Snir, Reuven: *Modern Arabic Literature. A Theoretical Framework*. Edinburgh 2017.

Tezcan, Levent: „Talal Asad: Formations of the Secular. Christianity, Islam, Modernity (2003)". In: Christel Gärtner/Gert Pickel (Hg.): *Schlüsselwerke der Religionssoziologie*. Wiesbaden 2019.

Weber, Max: *Gesammelte Aufsätze zur Religionssoziologie*. Bd. 1. Tübingen ^{7}1978 [1920].

Weidner, Daniel (Hg.): *Handbuch Literatur und Religion*. Stuttgart 2016a.

Weidner, Daniel: „Vorwort". In: Ders. (Hg.): *Handbuch Literatur und Religion*. Stuttgart 2016b, vii-viii.

Weinrich, Ines: „Strategies in Islamic Religious Oral Performance: The Creation of Audience Response". In: Sabine Dorpmüller/Jan Scholz/Max Stille/Ines Weinrich (Hg.): *Religion and Aesthetic Experience. Drama – Sermons – Literature*. Heidelberg 2018, 233–256.

Zāhī, Farīd az-: *al-Ǧasad wa-ṣ-ṣūra wa-l-muqaddas fī al-Islām*. Beirut 1999.

17 Subversion

▶ **Leitfragen** Was bedeutet Subversion? Inwiefern beschreibt das Konzept eine spezifische Art des Widerstands gegen Herrschaftsstrukturen? Wie lässt sich mit dessen Hilfe der politische Charakter der heutigen arabischen Kunst und Literatur analysieren?

17.1 Geschichte

Kunst und Dissens: Worin besteht das Verhältnis von Kunst und Politik? Bis in die 1960er Jahre dominierte in Europa und der arabischen Welt die Ansicht, dass Kunst dann als ‚politisch' zu erachten sei, wenn sie sich den Zielen einer bestimmten Interessengruppe verschreibt und diese ihrem Publikum explizit vermittelt. Eine solche Definition politischer Kunst hat sich bis heute gehalten: Auch im 21. Jh. bleibt die Kunst ein Instrument des politischen *Agenda Settings* zur Gewinnung neuer Unterstützer und derart auf der Schwelle zur Propaganda. Als jüngstes Beispiel können hierunter etwa die aufwendig produzierten *Anāšīd*-Videos der islamistischen Gruppierung *Islamischer Staat (IS)* gezählt werden. Politisch ist Kunst in diesem Verständnis also immer dann, wenn sie ein bestimmtes politisches Weltbild oder System bestätigt. Jedoch hat sich zwischen den 1970er und 1990er Jahren eine andere Auffassung herausgebildet, wann Kunst als ‚politisch' zu erachten sei: Dann nämlich, wenn sie nicht inhaltlich, sondern im Rahmen ihrer ästhetischen Form eine Kritik an den bestehenden Verhältnissen formuliert. Diese Kunstformen werden häufig als subversiv bezeichnet.

Die Gründe für diesen Definitionswandel hängen sowohl mit einem Paradigmenwechsel seit der Postmoderne als auch zu einem nicht unbedeutenden Teil mit den Gesetzen eines immer stärker globalisierten Kunstmarktes zusammen (s. Kap. 4). Der Begriff des ‚Politischen', der sich in der politischen Philosophie der späten 1990er Jahre herausgebildet hat und es infolge zu einer Karriere in der Kunsttheorie gebracht hat, hat unsere heutige Auffassung, Kunst müsse notwendig

Y. Albers et al., *Arabistik*, https://doi.org/10.1007/978-3-476-05681-8_17

'widerständig' sein, entscheidend geprägt (Rancière 2008). Postmarxistische Theoretiker wie Alain Badiou, Jean-Luc Nancy, Chantal Mouffe und Jacques Rancière gehen davon aus, dass im Gegensatz zur Politik (mit der sie das etablierte Ordnungssystem und dessen Exekutive meinen) das Politische in einer Gemeinschaft dann sichtbar wird, wenn ein unterdrückter Teil ihrer Mitglieder ihr Recht auf Teilhabe an der Herrschaft einfordert. Anstatt also von der Politik als Konsens und ausgleichenden Kompromisses ist also jetzt vom Politischen als Dissens die Rede (Bröckling/Feustel 2010). Diese Begriffsverschiebung eignete sich deshalb so gut für die Übertragung in den Bereich der Ästhetik, da sich hierdurch der Blick auf die Strukturen und Rahmenbedingungen der Kunst selbst richten ließ, die mit den Strukturen und Rahmenbedingungen der Politik äquivalent gesetzt wurden. Kunst und Politik rückten so nicht nur enger zusammen, sondern Kunst wurde auf diese Weise auch zu einer 'besseren Politik', da sie durch ihre Formen sichtbar machen konnte, was die Politik verschleierte: Inhärente Machtstrukturen und die Möglichkeitsbedingungen der politischen Teilhabe. Diese Definition politischer Kunst unterscheidet sich maßgeblich von früheren Definitionen, wie etwa der der Engagierten Literatur, in einem zentralen Punkt: Sie interessiert sich nicht an erster Stelle für den politischen Inhalt des Werks, sondern vor allem dafür, wie durch dessen Form eine politische Handlung vollzogen wird.

Subversion als systemimmanenter Widerstand: Wie aber lässt sich diese Art der politischen Kunst untersuchen? Das Konzept der Subversion bietet eine Möglichkeit, einen Zusammenhang zwischen politischen, sozialen und künstlerischen Widerstandsformen zu denken. Folgende Definition von Manfred Hirsch bietet einen ersten Zugriff: „Subversion ist das Unterwandern oder Untergraben, die Infragestellung einer spezifischen Systemlogik" (Hirsch 2009). Ursprünglich entstammt der Begriff dem politischen Diskurs des 19. Jh.s und beschrieb Einzelpersonen, Gruppen und Strategien, die auf die Zerstörung oder Umkehrung der bestehenden Machtverhältnisse abzielten. Im 20. Jh. wurde er dann auch zu einer Selbstbeschreibung dissidenter Akteure und erhielt eine positive Konnotation. Neomarxistische Theoretiker wie Antonio Negri oder Johannes Agnoli begründen auf dem Begriff ihre politische Theorie. Auch die Soziologie bedient sich des Konzepts der Subversion, etwa um Subkulturen zu analysieren (Stuart Hall; Diedrich Diederichsen) oder die Politik von Alltagspraktiken zu erklären (Michel De Certeau). Eine entscheidende Rolle für die Karriere des Konzepts spielte der Poststrukturalismus: Sei es die Macht bei Michel Foucault, die Differenz bei Jacques Derrida oder das Geschlecht bei Judith Butler, sie alle sehen die Möglichkeit des Widerstands im subversiven Handeln des Subjekts. In deren Theorieansätzen ist von Subversion allerdings auch dann die Rede, wenn das Handeln des Subjekts eine widerständige Wirkung hat, ohne notwendig von diesem Subjekt als Widerstand beabsichtigt gewesen zu sein.

Übertragen auf den Bereich der Kunst befreit diese Perspektive von einer in der Literatur- und Kunstkritik lang herrschenden Überzeugung, dass ein Text oder Kunstwerk nur dann politisch sei, wenn der oder die Autor/in bzw. Künstler/in es als solches intendiert habe. Das Konzept der Subversion wertet dagegen die Rolle des Rezipienten auf: Ein Kunstwerk ist subversiv, wenn es als subversiv erfahren wird – etwa indem es der herrschenden Erwartungshaltung seines Publikums nicht entgegenkommt oder es dieser zuwiderläuft. Gesellschaftskritik artikulierten etwa Situationisten, Fluxus und Happening-Bewegung im Europa der 1960er Jahre nicht *expressis verbis*, sondern sie ‚unterwanderten' dem Publikum vertraute Bilderwelten, indem sie diese nachahmten, um sie anschließend zu verfremden. Diese Formen der künstlerischen „Überidentifikation" in der zeitgenössischen Kunst wurde unter dem Begriff der „subversiven Affirmation" subsumiert (Arns/ Sasse 2006).

Subversion zielt also darauf ab, Widerstand aus dem Inneren des Systems zu leisten. Sie ist kein bestimmtes Stilmittel (wie die Ironie) oder eine bestimmte Gattung (wie die Satire). Gleichwohl aber kann subversive Kunst oder Literatur ironisch sein bzw. die Form der Satire annehmen. Subversion beschreibt eine spezifische Strategie des Kunstwerks, innerhalb des kritisierten Systems dessen herrschende Normen, Werte und Identitäten in Frage zu stellen, indem es die Regeln des Systems nutzt, um diese gegen es selbst einzusetzen. Wie weiter oben in Bezug auf das Politische beschrieben, findet Kritik am politischen System so häufig über eine Äquivalentsetzung mit dem jeweiligen künstlerischen System und dessen Regeln statt. Im ‚System Literatur' kann dies etwa bedeuten, ein bestimmtes etabliertes Narrativ oder herrschende Genreregeln zu ‚subvertieren' (hierzu: Ernst 2010). Im ‚System Musik' kann es bedeuten, eine Diskrepanz zwischen Lyrics und musikalischem Genre herzustellen.

17.2 Arabistische Perspektiven

Staatliche Repression und Widerstand von Innen: Die Karriere des Subversions-Begriffs in den vergangenen Jahrzehnten darf nicht darüber hinwegtäuschen, dass es auch schon früher Kunstwerke gegeben hat, deren Wirkweise man heute als subversiv bezeichnen würde. Dies gilt insbesondere für solche Kontexte, in denen Kulturproduktion unter massiv repressiven Bedingungen stattfand und Künstler, so sie als solche tätig sein wollten, zu Strategien genötigt waren, mit denen die staatliche Zensur umgangen werden konnte. Für die arabische Welt trifft dies im besonderem Maß zu: Arabische Literat/innen und Künstler/innen haben im 20. Jh. Mittel und Wege finden müssen, Kritik jenseits direkter politischer Konfrontation zu üben, oft in humoristischer Form (z. B. Parodie, Satire) oder durch narrative Camouflage (z. B. historischer Roman). Im historischen Verhältnis zwischen Literatur (bzw. der Kultur im erweiterten Sinn) und Politik, das bis ins arabische Mittelalter zurückreicht, begründet sich die vermeintliche Bedrohung der herrschaftlichen Autorität, die die Literatur darstellen konnte. Zudem war im Zuge der arabischen Nationalstaatenbildung der Literatur eine zentrale Rolle zugesprochen worden. Das Schlagwort einer politisch „engagierten Literatur" *(al-adab al-multazim)* bestimmte ab den späten 1950er Jahren das Selbstverständnis der Literaten, eine Schlüsselfunktion bei der Ausbildung eines nationalen und revolutionären Volksbewusstseins einzunehmen. Dies änderte sich im Zuge der

1970er Jahre: Als die Militärregimes in Ägypten, Syrien und Irak verstärkt ihren autokratischen und repressiven Charakter offenbarten, verschärfte sich das Vorgehen gegen oppositionelle Stimmen, und auch Künstler/innen riskierten mit einer offenen Kritik mehr als zuvor Haft, Folter oder gar den Tod. Strategien der Subversion, in denen Kritik nicht im künstlerischen Inhalt expliziert, sondern erst in dessen Reibung mit der künstlerischen Form sichtbar wird, nahmen seitdem in der arabischen Literatur zu.

Ein Beispiel für literarische Subversion findet sich in den Werken des syrischen Autors Zakariyya Tamer (Zakariyyā Tāmir, geb. 1931). Peter Dové diskutiert Tamers Erzählung *Yawm ġaḍiba Ǧinkīz Ḫān* (,Der Tag, an dem Dschingis Khan wütend wurde', 1994) als eine Parodie auf die Erzählungen aus Tausendundeiner Nacht, indem Tamer den guten Herrscher Hārūn ar-Rašīd durch den Tyrannen Dschingis Khan ersetzt. Tamer invertiert das Genre des Märchens zu einer „apokalyptischen Welt", in der „willkürliche Gewalt – oft von Seiten des Repressionsapparats – dominiert; es ist eine undurchsichtige, undurchschaubare Welt voller Galgen, Gerichte und Gefängnisse" (Dové 2009, S. 286). Den/die Leser/in erwartet in diesem Anti-Märchen keine für das Genre sonst typische auflösende, befreiende Moral, sondern es lässt ihn bzw. sie verharren in den repressiven Verhältnissen, in denen sich Assads Syrien spiegelt, ohne dass davon die explizit die Rede wäre.

Subversive Kritik innerhalb von arabischer Literatur und Kunst findet eine Entsprechung in individuellen gesellschaftlichen Verhaltensformen in Reaktion auf die Politik arabischer Regierungen in etwa Syrien oder Irak, welchen Bürgern grundlegende Rechte und Privilegien vorenthielten (Pannewick 2012, S. 73). Dabei braucht es nicht notwendig eine repressive Politik, um sich der Subversion zu bedienen, wie das Beispiel Libanon zeigt. Bis auf wenige historische Abschnitte herrschte hier eine schwache staatliche Zensur, die der kritischen Kulturproduktion einen großen Handlungsspielraum ließ. Bereits während, vor allem aber nach dem Bürgerkrieg nahmen Schriftsteller/innen und Künstler/innen Gesellschaftskritik verstärkt über eine Hinterfragung der künstlerischen Form selbst vor – ein Trend, den die Kuratorin Rasha Salti bereits im Jahr 2002 als „Subversion" *(taḫrīb)* definierte (Salti 2003). Hanan Toukan weist jedoch zu Recht darauf hin, dass sich angesichts einer im Libanon und der Region massiv an Bedeutung gewonnenen Kunstförderung durch internationale Organisationen „die Frage eines ,Subversiv-Seins' wem gegenüber" nicht nur an lokale, sondern auch globale Herrschaftsstrukturen richten muss (Toukan 2010, S. 122).

Subversion und Arabischer Frühling: Autokratische Realität und das postmoderne Paradigma, dass kein ,Außerhalb des Systems' existiere, von dem aus man dieses angreifen könne, wurde in der arabischen Welt während der Protestwellen seit 2010, die als ,Arabischer Frühling' zusammengefasst wurden, in Frage gestellt. Politischer Dissens wurde eine Zeit lang offen etwa auf den Straßen Kairos ausgetragen. Nichtsdestotrotz stellte auch während dieser Phase die Praxis der Subversion eine verbreitete Form der politischen Intervention dar. Ein viel diskutiertes Phänomen in diesem Kontext ist die Street Art, ein Sammelbegriff für sämtliche Formen selbstautorisierten, ästhetischen Eingriffs in den urbanen Raum. Mehrheitlich sind dies Graffiti, Stencils oder Wandmalereien. Street Art wirkt vor allem dann subversiv, wenn sie sich allgemein bekannter Ikonographien und/oder Slogans bedient und diese derart verfremdet oder collagiert, dass sie als kritischer Kommentar gelesen werden können. Zu den bekanntesten Beispielen während der Kairiner Proteste gehört ein Stencil des ägyptischen Street Artists Ganzeer (Ganzīr), in dem das Kanonenrohr eines Panzer des Obersten Rats der Streitkräfte (SCAF) auf einen Fahrradfahrer zielt, das bald von anderen Passanten durch weitere Elemente ergänzt wurde.

Die Beispiele geben einen Eindruck des Spektrums künstlerischer Arbeiten, die sich über das Konzept der Subversion als politische oder widerständige Kunst diskutieren lassen, insofern sie durch das Ausspielen von Inhalt und Form einer Ambiguität Raum geben, die den Rezipienten vor die Wahl stellt: Ist das hier schon Regimekritik oder ist das noch harmlos? Durch den Filter der Subversion richtet man den Blick nicht allein darauf, was ein Kunstwerk sagt, sondern wie es etwas sagt. Welche Systeme werden bedient und dann unterbrochen? Welche Referenzen bemüht und dann verfremdet? Subversion überlässt diese Entscheidung in jedem Fall immer dem Rezipienten.

17.3 Beispiel: Die Inszenierung *ʿArḍ ġayr muḫaṣṣaṣ li-l-ǧumhūr al-ʿarīḍ/Not for Public* von Hisham Jaber (2009)

Für seine Theaterarbeit *ʿArḍ ġayr muḫaṣṣaṣ li-l-ǧumhūr al-ʿarīḍ/Not for Public* (2009) erprobt der libanesische Regisseur Hisham Jaber (Ḥišām Ǧābir) eine gewagte Idee: Drei Abende infolge lud er das Publikum ins Theater ein, um einer seriellen Inszenierung beizuwohnen. Der Grund: Die Inszenierung imitiert das Format einer TV-Reality Show nach dem Vorbild von *Star Academy*, und lässt ihr Publikum jeden Tag zur selben Zeit das Schicksal ihrer Kandidaten (zweier Schauspieler) verfolgen. Der durch das Votum des Publikums gekürte „Sieger" wird derjenige sein, der die Zuschauer final davon überzeugen konnte, der glaubwürdigere Schauspieler gewesen zu sein. Die Themen dieses Wettbewerbs sind: Vergewaltigung, Abtreibung und der libanesische Bürgerkrieg. Dabei geht es den beiden Darstellern nicht um Wahrheitsfindung, sondern reine Überzeugungskraft. Der Sieger des Zuschauervotums erhält in einer pompösen Abschlusszeremonie den Geldgewinn; der Verlierer hingegen wird öffentlich ‚exekutiert'.

Ist Jabers Arbeit einfach nur eine überdrehte Persiflage auf ein in den 2000er Jahren weltweit beliebtes Fernsehformat? Oder lässt sie sich über das Konzept der Subversion auch als „politisch" verstehen? Oberflächlich betrachtet spricht die Inszenierung einige der größten Tabus der libanesischen Gegenwartsgesellschaft an. Jedoch geben die zwei Schauspieler bezüglich aller drei Tabuthemen ausschließlich existierende Standpunkte innerhalb des gesellschaftlichen Mainstreams wider. Erst in Verbindung mit der gewählten Form des Zuschauerplebiszits entfaltet sich das gesellschaftskritische Potential: Die Arbeit wird zu einem Kommentar auf die konfessionalistische Gesellschaftsstruktur des Libanon, die sich in dessen politischem System widerspiegelt. In diesem System, in dem Wähler ihre konfessionellen Vertreter wählen, wodurch die immer gleichen Familien die politische Macht behalten, wird die ‚demokratische Wahl' zu einer Farce. Anstatt daher nach Aufklärung zu suchen, konkurrieren verschiedene Geschichtsversionen der Kriegsvergangenheit weiter im politischen und zivilgesellschaftlichen Diskurs um die ‚meisten Stimmen', in denen Identitätspolitik entscheidender ist als die Etablierung einer wahrhaften Demokratie. Politisch wird *Not for Public* so in erster Linie über die gewählte Form: Das System des Theaters spiegelt das System der Herrschaft wider. Der Zuschauer erkennt sich als Bestandteil dieses Systems und einer subversiven Kritik, die ihm auferlegt, sie als solche zu entschlüsseln.

Literatur

Arns, Inken/Sasse, Sylvia: „Subversive Affirmation: On Mimesis as a Strategy of Resistance". In: IRWIN (Hg.): *East Art Map. Contemporary Art and Eastern Europe.* Cambridge/London 2006, 444–455.

Bröckling, Ulrich/Feustel, Robert (Hg.): *Das Politische denken. Zeitgenössische Positionen.* Bielefeld 2010.

Dové, Peter: „Satire und schwarzer Humor im Werk von Zakariyya Tamir". In: Georges Tamer (Hg.): *Humor in der arabischen Kultur.* Berlin 2009, 279–290.

Ernst, Thomas: *Literatur und Subversion. Politisches Schreiben in der Gegenwart.* Bielefeld 2010.

Hirsch, Michael: „Subversion und Widerstand. 10 Thesen über Kunst und Politik". In: *INAESTHETIK* 1 (2009), 7–23.

Pannewick, Friederike: „Dancing Letters. The Art of Subversion in Sinan Antun's Novel *I'jam*". In: Friederike Pannewick/Stephan Milich/Leslie Tramontini (Hg.): *Conflicting Narratives. War, Trauma and Memory in Iraqi Culture.* Wiesbaden 2012, 65–74.

Rancière, Jacques: *Ist Kunst widerständig?* Berlin 2008.

Salti, Rasha: „Framing the Subversive in Post-War Beirut". In: Christine Tohme et al. (Hg.): *Homeworks: A Forum on Cultural Practices in the Region.* Beirut 2003. (Arabisches Original und englische Übersetzung).

Toukan, Hanan: „On Being ‚The Other' in Post-Civil-War Lebanon. Aid and the Politics of Art in Contemporary Cultural Production". In: *Arab Studies Journal* 18/1 (2010), 118–161.

Körper

18

Leitfragen Welche Rolle spielt der Körper im Nachdenken über Kultur und Gesellschaft? In welchem Verhältnis stehen körperliche Merkmale und deren Beschreibung zum Denken und Handeln der Person? Wie werden Körper (und Leiblichkeit) in literarischen Texten, Bildern, Medien dargestellt und was wird aus welchen Gründen tabuisiert?

18.1 Geschichte

Der Körper steht im Zentrum jeglicher menschlichen Existenz, die ohne Körperlichkeit nicht denkbar ist. Der Körper ist Ort von Gefühlen wie Lust oder Schmerz, von Lebensstadien wie Jugend oder Alter. Er verortet uns ganz konkret in Raum und Zeit, aber auch in einer Kultur, Generation oder sozialen Schicht. Dennoch werden im Alltag Körper und Körperlichkeit oft eher verdrängt und mit Stillschweigen übergangen. In Medien und Künsten dagegen ist der Körper zentral, er wird detailliert beschrieben und stilisiert.

Seit den 1980er Jahren hat der Begriff des Körpers eine große Bedeutung in kulturwissenschaftlichen und soziologischen Debatten. Oft geht es dabei um das ‚Andere', um die Auslotung von Grenzen und Differenzen, oder um ‚*agency*' im Sinn von Handlungsfähigkeit, z. B. in Widerstandsdiskursen in postkolonialen oder globalisierungskritischen Zusammenhängen. Einen Körper zu haben, bedeutet hier auch, eine Stimme – und somit die Möglichkeit zu Selbstbestimmung – zu haben, d. h. auch im politischen Sinn eine Chance zu besitzen, in öffentlichen Diskursen gehört und respektiert zu werden (Assmann 2008, S. 93 ff.).

In kulturwissenschaftlichen Forschungsansätzen wird der Beobachtung Rechnung getragen, dass der Körper – z. B. in der ‚Kopftuchfrage' – als der Ort verstanden wird, an dem verschiedene kontrovers diskutierte Körpertechniken,

Y. Albers et al., *Arabistik*, https://doi.org/10.1007/978-3-476-05681-8_18

Körperpraktiken und auch Wissenspolitiken ansetzen. In Fragen zum Körper werden soziale Wahrheiten und soziale Widersprüche gegeneinander ausgespielt (Scheper-Hughes/Lock 1987, S. 19; S. 31).

Biopolitik: Zentral ist hierbei das von Michel Foucault (1926–1984) in seinem Buch *Der Wille zum Wissen* (1977) entwickelte Konzept der Biomacht bzw. Biopolitik. Foucault beschreibt einen Machtmechanismus, der im 18. Jh. entstand. Während bisher die Macht des Souveräns darin bestand zu befehlen, wer sterben müsse und wer am Leben gelassen wird, sich also über den Tod bestimmte, ging es nun um „eine Macht, leben zu *machen* oder in den Tod zu *stoßen*" (Foucault 1977, S. 165; Hervorheb. im Original). Foucault zeigt auf, wie diese „strategisch-produktive" Macht nicht nur einzelne Menschen, sondern ganze Bevölkerungsgruppen disziplinierte, z. B. indem körperliche Prozesse wie Geburten- und Sterblichkeitsrate oder die Fortpflanzung geregelt wurde. Biopolitik ist also vor allem eine Form wissensbasierter Machtpolitik, der Körper steht im Spannungsfeld von Wissen und Macht.

In späteren Schriften entwickelt Foucault dann den Begriff der Technologien des Selbst, die in konkreten Handlungsstrategien und Möglichkeiten der Lebensgestaltung bestehen, die zu einer Konstituierung des Selbst führen können (z. B. Körperpflege oder Sport und damit einhergehende Disziplinartechniken, die sich in den einzelnen Körper einschreiben). Diese Praktiken einer ‚Regierung der Körper' geschehen immer im Kontext der historischen und gesellschaftlich spezifischen Verortung des Individuums, sind also Folgen der Macht, die auf die Menschen einwirkt (zu Praktiken s. Kap. 7). Der Umgang mit sich selbst, mit dem eigenen Körper, ist also ein wichtiges Forschungsfeld; Körpergeschichte bildet einen essentiellen Teil einer politischen Analyse moderner Gesellschaften.

Embodiment: Ähnlich zentral ist auch das Konzept von Embodiment (‚Verkörperung') geworden. Dieser bisher noch nicht einheitlich definierte Begriff kann als interdisziplinärer Dachbegriff für das Zusammenspiel von Körper/Leib und Geist verstanden werden. Das Konzept des Embodiment wird als Wende in der Kognitionswissenschaft angesehen, da im Gegensatz zur klassischen Interpretation des Bewusstseins davon ausgegangen wird, dass Bewusstsein einen Körper hat. Embodiment umschreibt verschiedene Phänomene, in denen es um „die Wechselwirkung von Körper und psychologischen Prozessen wie Denken und Fühlen (Gefühl, Emotionen) sowie Handeln" geht (Bermeitinger 2019). So können z. B. die Augen als Wahrnehmungsorgan nicht isoliert werden – der ganze Körper nimmt wahr (und verspannt sich z. B. bei einem erschreckenden Anblick). Psychische Zustände drücken sich „nonverbal" im Körper z. B. durch Körperhaltung, Gestik oder Mimik aus, und gleichzeitig haben solche Körperhaltungen oder körperliche Ausdrucksformen nicht nur Auswirkungen auf unsere Urteile oder Meinungen (also die Kognition), sondern auch auf unsere Emotionalität (s. Kap. 14). Wenn am Körper äußerliche Veränderungen vorgenommen werden, z. B. durch Kleidungswechsel, kann dadurch das Selbstempfinden verändert werden. Die neue Kleidung vermittelt so ein neues Körperbild und Identitätsgefühl

(z. B. als König durch Aufsetzen einer Krone und Überziehen eines prächtigen Kostüms).

In literaturwissenschaftlichen Studien zur Rolle des Körper-Seins und Körper-Habens geht es um Fragen wie: Wie stehen körperliche Merkmale und deren literarische Darstellung zum Denken und Handeln der Person? Welcher Sprache bedienen sich Autoren und Autorinnen, stehen Beschreibungen des Körpers eher im Mittelpunkt oder werden sie auffällig beschwiegen oder übergangen? Wie bewegen sich Körper im Raum, wer steht im Mittelpunkt, wer ist eher unsichtbar? Natürlich sind bei solchen Fragestellungen auch Gender-Perspektiven sehr wichtig. Deswegen gründeten einige literaturwissenschaftliche Ansätze ihre Argumentation zur Verkörperung auf Judith Butlers Begriff der Performativität, der davon ausgeht, dass geschlechtliche Identität auf körperlich-performativer Ebene produziert wird (Butler 1988, s. Kap. 8).

Auch die in der phänomenologischen Philosophie entwickelte Unterscheidung zwischen Körper und Leiblichkeit ist in diesem Kontext von Bedeutung: Wie ist der Mensch mit und durch den Körper in der Welt situiert? Der Wahrnehmungsphänomenologe Maurice Merleau-Ponty (1908–1961) versteht so den Leib als sogenannte dritte Dimension, die den von Descartes stark gemachten Dualismus von Körper und Geist überwindet (Gugutzer 2004, S. 154). Merleau-Ponty hat aufgezeigt, dass die menschliche Existenz fundamental durch ihre leibliche Verfasstheit und sinnliche Orientierung zur Welt hin gekennzeichnet ist (Gugutzer 2004, S. 155).

Der weibliche Körper erscheint darüber hinaus besonders in der Literatur oft als Austragungsort patriarchaler Diskurse oder auch als Schlachtfeld zwischen Gut und Böse, auf dem die Einschreibung von Machtdiskursen im Körper manifestiert wird. Interessant für die Analyse literarischer Texte ist auch das von Foucault entwickelte Konzept des „diskursiven Körpers“, das besagt, dass der menschliche Körper durch sogenannte diskursive Praktiken hervorgebracht wird. Das heißt, dass der Körper erst dadurch gebildet wird, dass Menschen über ihn sprechen – oder eben auch schreiben, in einem Roman etwa: „Der Körper ist das Produkt – die Materialisierung – der Diskurse, die es über ihn gibt“ (Gugutzer 2004, S. 75). Ganz gleich, welche Art der Körperlichkeit thematisiert wird, für alle gilt, dass ästhetische Repräsentationen von Körpern und Körpererfahrungen aktuelle Debatten, Tabus und Probleme der jeweiligen Ausgangsgesellschaft widerspiegeln. Eine mehrschichtige Analyse solcher pluralen Körperbilder zeigen Wege zum Verständnis dieser Gesellschaften auf.

18.2 Arabistische Perspektiven

Warum sind Fragen von Körperlichkeit und Embodiment in Hinblick auf die arabische Welt zentral? Welche Rolle spielt Körperlichkeit auch in aktuellen politischen Auseinandersetzungen in der Region?

Im Dezember 2010 zündete sich ein junger Tunesier selbst an und entfachte mit dieser öffentlichen Verzweiflungstat die arabischen Aufstände, die sich Anfang 2011 wie ein Lauffeuer durch mehrere arabische Ländern verbreiten sollten. Es ist sicher kein Zufall, dass der Arabische Frühling in Tunesien durch einen spektakulären körperlichen Akt von Selbstverbrennung im Sinn eines Protestsuizids ausgelöst wurde. Dieser Vorfall und seine Folgen zeigen vielmehr die politische Sprengkraft körperlich sichtbaren Protests; der Körper des jungen Mannes in Sidi Bouzid wurde zum Ort der Selbstinszenierung des Individuums und seines dringenden Bedürfnisses, in seiner Verzweiflung und aussichtslosen Lage von anderen wahrgenommen zu werden.

Der Medienwissenschaftler Marwan Kraidy legt deswegen seiner Studie *The Naked Blogger of Cairo. Creative Insurgency in the Arab World* (2016) die These zugrunde, dass es der menschliche Körper, nicht Twitter oder Texte, war, der zum Schlüsselmedium politischen Ausdrucks in den arabischen Aufständen wurde. Kraidy untersucht, wie Technologien mit Menschen, die diese bedienen, interagieren. Er fragt, wie der Aufstieg der digitalen Kultur unser Verständnis des Körpers in revolutionären Zeiten komplizierter macht. Seiner Ansicht nach spielt der Körper auch im digitalen Zeitalter eine Schlüsselrolle, denn die Technologie macht zwar körperlichen Dissens öffentlich, dennoch bleibt der menschliche Körper ein unverzichtbares politisches Medium. Kraidy untersucht den Körper als Schnittstelle zwischen physischem Kampf und virtueller Kommunikation und zeigt damit sehr anschaulich, dass das Internet und die „reale Welt“ fließend ineinander übergehen (Kraidy 2016, S. 12). Als Belege dafür untersucht er die Hintergründe und Debatten nicht nur zur Selbstverbrennung Mohammed Bouazizis (Muḥammad al-Būʿazīzī, 1984–2011) in Tunesien, sondern auch z. B. die öffentliche Selbstdarstellung der ägyptischen Bloggerin Aliaa al-Mahdy (ʿAliyā al-Mahdī, geb. 1991) als Aktmodell im Internet. Seine Studie widmet sich also spektakulären „body acts“, die zentralen Ereignissen der arabischen Aufstände zugrunde lagen. Im Zentrum der sozial-gesellschaftlichen Umbruchprozesse sieht Kraidy den menschlichen Körper als Werkzeug, Medium, Symbol und Metapher (Kraidy 2016, S. 5).

In der Literaturwissenschaft wurden Aspekte des Körpers in arabischen Romanen, Theaterstücken oder Gedichten bisher nur vereinzelt untersucht. Während verschiedene Studien sich seit den 1990er Jahren mit körperlicher Lust, Gender, Krankheit und Sexualität in arabischen Romanen befassen (Massad 2007; Hamdar 2014; Accad 1990; Malti-Douglas 1991), liegen umfassende Untersuchungen zu Körperlichkeit in der arabischen Literatur bisher noch kaum vor. Erste Ansätze bieten Martina Censi (2016), die anhand von Romanen syrischer Schriftstellerinnen zeigt, inwiefern der Körper als symbolischer Ort der Verhandlung nicht nur feministischer Anliegen, sondern auch Fragen der Individualität ganz allgemein in der syrischen Gesellschaft dient, und Charlotte Pardey (2015), die in der tunesischen Literatur im Kontext der arabischen Umbrüche die besondere Rolle von Körperbildern untersucht, um zu zeigen, wie hier die

Sprache des menschlichen Körpers als Medium für narrative, performative und allegorische Bedeutung eingesetzt wird.

Für die arabistische Literaturwissenschaft ist insbesondere eine Untersuchung der Dimensionen von Körper und Gender sowie zum Körper und ‚*agency*' im Kontext postkolonialer Diskurse von Bedeutung (zum Maghreb vgl. Kaiser 2015). Der US-amerikanische Literaturkritiker palästinensischer Herkunft Edward Said hatte in seinem weltberühmten Werk *Orientalism* (1978) gezeigt, wie die sexuelle Inbesitznahme des weiblichen Körpers als ein wichtiges Paradigma diente, um das koloniale Verhältnis zwischen Europa und dem sogenannten Orient zu beschreiben (vgl. auch Khatibi 2002).

In Klassikern der modernen arabischen Literatur wie Tajjib Salichs (aṭ-Ṭayyib Ṣāliḥ, 1929–2009) Roman *Zeit der Nordwanderung* (dt. 1998; ar. 1969) zeichnet der sudanesische Autor einen Protagonisten, der wie eine Verkörperung der Art von psychischen Schäden erscheint, die ein phallozentrischer Kolonialismus verursachen kann. Ein junger Sudanese, der Anfang des 20. Jh.s als Student nach England kommt, verfasst ein Buch mit dem Titel „Die Vergewaltigung Afrikas" und startet schließlich eine Art „sexuellen Kreuzzug" gegen die Briten, um sich an der politischen Entmachtung seiner Heimat durch Verführung, Vergewaltigung und später sogar Ermordung von britischen Frauen zu rächen. Eine Analyseperspektive, die Aspekte des Körpers in postkolonialen Romanen in den Blick nimmt, kann wesentliche Dimensionen von Macht, Körperlichkeit und Geschlecht herausarbeiten und somit einen beachtlichen Korpus arabischer Romane konzeptuell neu erschließen.

18.3 Beispiel: Der Körper als Erinnerungsort und Mahnmal für Menschenrechte in Graffiti

Seit Beginn der Umbrüche in der arabischen Welt gab es viele Schwerverletzte und Todesopfer. Der menschliche Körper erwies sich als verletzlich und gefährdet. Für die Mitglieder der verschiedenen Protestbewegungen demonstriert der Tod auf der Straße die brutale Gewalt des jeweiligen politischen Gegners, der für diese Taten verantwortlich gemacht wird. Viele Aktivisten wie auch Hinterbliebene versuchen, dem Verlust einen Sinn zu geben, und betonen den Opfercharakter dieser Todesfälle. In vielfältigen ästhetischen Ausdrucksformen wird der Toten in der arabischen Öffentlichkeit gedacht. Vielfach knüpft die aktuelle Trauerästhetik an Vorbilder der arabischen Dichtung seit den 1930er Jahren an. Die Opfer werden meist idealisiert, ihr Tod wird dabei aber auch im Kampf um die politische Deutungshoheit instrumentalisiert.

Besonders in Graffiti, die während der Umbrüche z. B. in Ägypten das Straßenbild prägten, spielen Märtyrerfigurationen eine wichtige Rolle (vgl. Pannewick 2020). Ein interessanter konzeptioneller Zugang zur Untersuchung dieses Wettstreits um die öffentliche Deutungshoheit über die Helden und Märtyrer der Revolution besteht darin, die visuelle Gestaltung des Körpers des jeweiligen Opfers in den Blick zu nehmen. In welchem Verhältnis stehen körperliche Merkmale und deren Beschreibung zum Denken und Handeln der Person? Welche Sprache und Bildlichkeit werden für Körperbeschreibungen verwendet?

Mit einem solchen Zugang über den Körper lässt sich z. B. die interessante Entwicklung der öffentlichen Repräsentation eines der wichtigsten Märtyrer der ägyptischen Revolution, Khaled Said (Ḫālid Saʿīd, 1982–2010), analysieren. Nachdem der junge Ägypter im Juni 2010 in Alexandria von Polizisten zu Tode geprügelt worden war, zirkulierten Fotos seines grausam entstellten Gesichts im Internet; eine eigene Facebook-Seite „Wir alle sind Khaled Said" wurde ins Leben gerufen und spielte eine wichtige Rolle in den aufkommenden revolutionären Umbrüchen. Im Zuge dieser Entwicklungen entstanden Hunderte von weiteren Bildern, die mit verschiedensten ästhetischen Mitteln den Körper dieses jungen Mannes darstellten – nun zunehmend idealisiert als Heiliger mit Engelsflügeln, das lockige Haar mit Kalligraphien dekoriert, kurz – eine Identifikationsfigur mit nahezu übermenschlichen Attributen. Erst als die politische Situation zunehmend entgleiste und immer wieder blanke Gewalt die Straßen beherrschte, tauchte Ende 2012 plötzlich wieder ein Wandbild des Graffiti-Künstlers Ammar Abu Bakr (ʿAmmār Abū Bakr, geb. 1980) in der Muḥammad Maḥmūd-Straße in Kairo auf, das auf jede Stilisierung verzichtete und stattdessen die grauenhaft entstellten Züge des Gewaltopfers zeigte. Saids verunstaltetes Gesicht erscheint vor einem roten Hintergrund mit einer langen Reihe weiterer gewaltsam entstellter Gesichter.

Anhand der Entwicklung der bildlichen Darstellung der körperlichen Attribute dieses Revolutionshelden bzw. -opfers lässt sich gut nachvollziehen, wie sich eine Botschaft im Kontext politischer Umbrüche verändern kann: In der Darstellung von 2012 werden Gewalt und Opfertod nicht idealisiert, hier wird die sinnlose Grausamkeit staatlichen Gewaltmissbrauchs angeprangert. Es werden keine Heiligen mehr gezeichnet, deren Opfertod zur Nachahmung aufrufen soll, sondern Opfer von Menschrechtsverletzungen. Gewalt und Tod müssen aufhören und die Schuldigen vor Gericht gestellt werden – das ist bei solchen Bildern die Botschaft im Gegensatz zu Märtyrerikonen mit stilisierten Körpermerkmalen.

Literatur

Accad, Evelyn: *Sexuality and War. Literary Masks of the Middle East*. New York 1990.

Assmann, Aleida: *Einführung in die Kulturwissenschaft. Grundbegriffe, Themen, Fragestellungen*. Berlin ²2008.

Bermeitinger, Christina: „Embodiment". In: Markus Antonius Wirtz (Hg.): *Dorsch – Lexikon der Psychologie*. 2019. Abgerufen am 26.02.2019, von https://portal.hogrefe.com/dorsch/embodiment/.

Butler, Judith: „Performative Acts and Gender Constitution: An Essay in Phenomenology and Feminist Theory". In: *Theatre Journal* 40/4 (1988), 519–531.

Censi, Martina: *Le corps dans le roman des écrivaines Syriennes contemporaines. Dire, écrire, inscrire la différence*. Leiden 2016.

Foucault, Michel: *Der Wille zum Wissen. Sexualität und Wahrheit* 1. Frankfurt a.M. 1977 (frz. 1976).

Gugutzer, Robert: *Soziologie des Körpers*. Bielefeld 2004.

Hamdar, Abir: *The Female Suffering Body. Illness and Disability in Modern Arabic Literature*. Syracuse, New York 2014.

Kaiser, Susanne: *Körper erzählen. Der Postkoloniale Maghreb von Assia Djebar und Tahar Ben Jelloun*. Bielefeld 2015.

Khatibi, Abdelkebir: *Le Corps Oriental*. Paris 2002.

Kraidy, Marwan M.: *The Naked Blogger of Cairo. Creative Insurgency in the Arab World*. Cambridge/London 2016.

Malti-Douglas, Fedwa: *Woman's Body, Woman's Word. Gender and Discourse in Arabo-Islamic Writing*. Princeton/New Jersey 1991.

Massad, Joseph A.: *Desiring Arabs*. Chicago 2007.

Pannewick, Friederike: „Icons of Revolutionary Upheaval: Arab Spring Martyrs". In: Ihab Saloul/Jan Willem van Henten (Hg.): *Martyrdom. Canonisation, Contestation and Afterlives*. Amsterdam 2020, 203–220.

Pardey, Charlotte: „A Body of Dissenting Images: Kamāl al-Riyāḥī's Novel *al-Ghorillā* as Example of Engaged Literature from Tunisia". In: Friederike Pannewick/Georges Khalil/Yvonne Albers (Hg.): *Commitment and Beyond. Reflections on/of the Political in Arabic Literature Since the 1940s*. Wiesbaden 2015, 273–284.

Said, Edward W.: *Orientalismus*. Frankfurt a.M. 2009 (engl. *Orientalism*, 1978).

Salich, Tajjib: *Zeit der Nordwanderung*. Übers. von Regina Karachouli. Basel ^{2}1998 (ar. 1969).

Scarry, Elaine. *The Body in Pain. The Making and Unmaking of the World*. New York/Oxford 1985.

Scheper-Hughes, Nancy/Lock, Margaret M.: „The Mindful Body: A Prolegomenon to Future Work in Medical Anthropology". In: *Medical Anthropology Quarterly*. New Series, 1/1 (1987), 6–41.

Forschungsbibliographie

Fachliteratur

Literatur

Allen, Roger: *The Arabic Novel. An Historical and Critical Introduction*. Syracuse ^{2}1995.

Allen, Roger (Hg.): *Essays in Literary Arabic Biography*. 3 Bde. Wiesbaden 2009/2010/2011.

Badawi, M. M. (Hg.): *Modern Arabic Literature*. Cambridge ^{2}1997.

Dāġir, Šarbil: *aš-Šiʿr al-ʿarabī al-ḥadīṯ*. 4 Bde. Beirut 2012/2014/2015/2018.

Darrāǧ, Fayṣal: *Naẓariyyat ar-riwāya wa-r-riwāya al-ʿarabiyya*. Casablanca ^{2}2002.

Gründler, Beatrice/Verena Klemm/Barbara Winckler: „Arabische Literatur". In: Rainer Brunner (Hg.): *Islam. Einheit und Vielfalt einer Weltreligion*. Stuttgart 2016, 348–378.

Hallaq, Boutros/Toelle, Heidi (Hg.): *Histoire de la littérature arabe moderne*. 2 Bde. Arles 2007/2013.

Jayyusi, Salma Khadra: *Trends and Movements in Modern Arabic Poetry.* Leiden 1977.

Neuwirth, Angelika/Pflitsch, Andreas/Winckler, Barbara (Hg.): *Arabische Literatur, postmodern*. München 2004/Neuwirth, Angelika/Pflitsch, Andreas/Winckler, Barbara (Hg.): *Arabic Literature. Postmodern Perspectives*. London 2010.

Sakkūt, Ḥamdī (Hg.): *Qāmūs al-adab al-ʿarabī al-ḥadīṯ*. Kairo ^{2}2009.

Scott Meisami, Julie/Starkey, Paul (Hg.): *Encyclopedia of Arabic Literature*. Abingdon 1998.

Munzinger Online/Kindlers Literatur Lexikon. ^{3}2009, https://www.munzinger.de/search/query?query.id=query-22.

Munzinger Online/KLfG – Kritisches Lexikon zur fremdsprachigen Gegenwartsliteratur. 2009, https://www.munzinger.de/search/query?query.id=query-18.

Theater

Abū-Haif, ʿAbdallāh: *al-Masraḥ al-ʿarabī al-muʿāṣir. Qaḍāyā wa-ruʾan wa-taǧārub*. Damaskus 2002.

Albers, Yvonne: *Scheiternde Zeugen, machtlose Wähler. Der Zuschauer im zeitgenössischen libanesischen Theater*. Wiesbaden 2011.

Amīn, Ḫālid/Carlson, Marvin A.: *The Theatres of Morocco, Algeria and Tunisia. Performance Traditions of the Maghreb*. Basingstoke 2011.

Bellan, Monique: *Dismember remember: Das anatomische Theater von Lina Saneh und Rabih Mroué*. Wiesbaden 2013.

Y. Albers et al., *Arabistik*, https://doi.org/10.1007/978-3-476-05681-8

Bulbul, Farḥān: *Murāğaʿāt fī al-masraḥ al-ʿarabī. Mundu an-našāʾa ḥatā al-yawma*. Damaskus 2001.
Hemke, Rolf C. Hemke: *Theater im arabischen Sprachraum*. Berlin 2013
Jayyusi, Salma Khadra (Hg.): *Modern Arabic Drama. An Anthology*. Bloomington 1995.
Kamāl, Muḥammad Muṣṭafā: *Mawsūʿat al-masraḥ al-ʿarabī*. Beirut 2013.
Litvin, Margaret: *Hamlet's Arab Journey. Shakespeare's Prince and Nasser's Ghost*. Princeton/Oxford 2012.
Machut-Mendecka, Ewa: *Studies in Arabic Theatre and Literature*. Warschau 2000.
Moreh, Shmuel (Šamūʾīl Mūrīh): *Live Theatre and Dramatic Literature in the Medieval Arab World*. Edinburgh 1992.
Myers, Robert/Saab, Nada: *Modern and Contemporary Theater from the Levant. A Critical Anthology*. Leiden 2018.
Pannewick, Friederike: *Das Wagnis Tradition. Arabische Wege der Theatralität*. Wiesbaden 2000.
Rašīd, Fuʾād: *Tārīḫ al-masraḥ al-ʿarabī*. Kairo 2006
Rubin, Don: *The World Encyclopaedia of Contemporary Theatre. The Arab World*. London 1999.
Saʿīd, Ḫālida: *Al-Ḥaraka al-masraḥiyya fī Lubnān: 1960–1975: taǧārib wa-abʿād*. Beirut 1998.
Snir, Reuven: *Palestinian theatre*. Wiesbaden 2005.
von Brincken, Jörg/Englhart, Andreas: *Einführung in die moderne Theaterwissenschaft*. Darmstadt 2008.
Weiler, Christel/Roselt, Jens: *Aufführungsanalyse. Eine Einführung*. Stuttgart 2017.
Ziter, Edward: *Political Performance in Syria. From the Six-Day War to the Syrian Uprising*. London 2015.

Visuelle Kunst

Ali, Wijdan: *Modern Islamic Art. Development and Continuity*. Gainesville 1997.
Bahnašī, ʿAfīf: *al-Fann at-taškīlī al-ʿarabī*. Damaskus 2003.
Cotter, Suzanne/Sloman, Paul: *Contemporary Art in the Middle East*. London 2009.
Barthes, Roland: „Rhétorique de l'image". In: *Communications* 4 (1964), 40–51.
Brassat, Wolfgang/Kohle, Hubertus: *Methoden-Reader Kunstgeschichte*. Köln 2003.
Eigner, Saeb: *Art of the Middle East. Modern and Contemporary Art from the Arab World and Iran*. London 2015.
Faulstich, Werner: *Bildanalysen. Gemälde, Fotos, Werbebilder*. Bardowick 2010.
Kress, Gunther/van Leeuwen, Theo: *Reading Images. The Grammar of Visual Design*. London 1996.
Lenssen, Annika/Rogers, Sarah/Shabout, Nada (Hg.): *Modern Art in the Arab World. Primary Documents*. New York 2018.
Naef, Silvia: *A la recherche d'une modernité Arabe: l'évolution des arts plastiques en Egypte, au Liban et en Irak*. Genf 1996.

Musik

Burkhalter, Thomas/Dickinson, Kay/Harbert, Benjamin J. (Hg.): *The Arab Avant-Garde. Music, Politics, Modernity*. Middletown 2013.
Frishkopf, Michael (Hg.): *Music and Media in the Arab World*. Kairo 2010.
Nieuwkerk, Karin van/LeVine, Mark/Stokes, Martin (Hg.): *Islam and Popular Culture*. Austin 2016.
Racy, Ali Jihad: *Making Music in the Arab World. The Culture and Artistry of Ṭarab*. Cambridge 2003
Saḥḥāb, Ilyās: *Al-Mūsīqā al-ʿarabiyya fī al-qarn al-ʿišrīn. Mašāhid wa-maḥaṭṭāt wa-wuǧūh*. Beirut 2009.
Touma, Habib Hassan: *Die Musik der Araber*. Wilhelmshaven 1989.

Film

Gugler, Josef (Hg.): *Film in the Middle East and North Africa. Creative Dissidence*. Austin 2011.
Gugler, Josef (Hg.): *Ten Arab Filmmakers. Political Dissent and Social Critique*. Bloomington 2015.
Hagener, Malte/Volker Pantenburg (Hg.): *Handbuch Filmanalyse*. Wiesbaden 2017.
Hickethier, Knut: *Film- und Fernsehanalyse*. Stuttgart 2012.
Shafik, Viola: *Arab Cinema. History and Cultural Identity*. Revised and updated edition. Kairo/New York 2016.
Shafik, Viola: *Popular Egyptian Cinema. Gender, Class and Nation*. Kairo 2007.
ʿUmarī, ʾAmīr: *Ittiğāhāt fī al-sīnimā al-ʿarabiyya*. Alexandria 2010.

Kulturelle Praktiken

Becker, Howard Saul: *Kunstwelten*. Übers. von Thomas Klein und Daniel Kulle. Hamburg 2017.
Bourdieu, Pierre: *Die Regeln der Kunst. Genese und Struktur des literarischen Feldes*. Frankfurt a. M. 2016 [1992].
Flick, Uwe (Hg.): *Qualitative Forschung. Ein Handbuch*. Hamburg 2017.
Geertz, Clifford: *Dichte Beschreibung. Beiträge zum Verstehen kultureller Systeme*. Übers. von Brigitte Luchesi und Rolf Bindemann. Frankfurt a. M. 1983 [1979].
Ġaḏāmī, ʿAbdallāh al-: *an-Naqd aṯ-ṯaqāfī. Qirāʾa fī al-ansāq aṯ-ṯaqāfiyya al-ʿarabiyya*. Casablanca/Beirut 2012 [2000].
Hall, Stuart: „*Cultural Studies*. Zwei Paradigmen". In: Roger Bromley/Udo Göttlich/Carsten Winter (Hg.): *Cultural Studies. Grundlagentexte zur Einführung*. Lüneburg 1999b, 113–138. Originaltext: Stuart, Hall: „*Cultural Studies*. Two Paradigms". In: *Media, Culture and Society* 2 (1980), 57–72.
Jacquemond, Richard/Lang, Felix (Hg.): *Culture and Crisis in the Arab World. Production and Practice in Conflict*. London 2019.
Sabry, Tarik (Hg.): *Arab Cultural Studies. Mapping the Field*. London 2012.

Geschlecht

Amar, Paul: „Middle East Masculinity Studies Discourses of 'Men in Crisis,' Industries of Gender in Revolution". In: *Journal of Middle East Women's Studies* 7/3 (2011), 36–70.
Aḥmad, Laylā ʿAbd al-Laṭīf (Ahmed, Leila): *Women and Gender in Islam. Historical Roots of a Modern Debate*. New Haven 1992.
Butler, Judith: *Das Unbehagen der Geschlechter*. Übers. von KathrinaMenke. Frankfurt a.M. 2003 (Original: *Gender Trouble*, 1990).
El Saadawi, Nawal: *Ich spucke auf euch. Bericht einer Frau am Punkt Null*. München 1984 (arab. *Imraʾatun ʿinda nuqṭat as-ṣifr*, 1977).
Gross, Aeyal: „Post/Colonial Queer Globalisation and International Human Rights. Images of LGBT Rights". In: *Jindal Global Law Review* 4/2 (2013), 98–130.
Nāṣif, Malak Hifnī: *al-Nisāʾiyyāt. mağmūʿat maqālāt nuširat fī al-ğarīda fī mawḍūʿ al-marʾa al-miṣriyyah*. Kairo 1925.

Erinnerung

Assmann, Aleida: *Erinnerungsräume. Formen und Wandlungen des kulturellen Gedächtnisses.* München 1999.

Assmann, Jan: *Das Kulturelle Gedächtnis. Schrift, Erinnerung und Politische Identität in frühen Hochkulturen.* München 2007.

Ebeling, Knut/Günzel, Stephan (Hg.): *Archivologie. Theorien des Archivs in Wissenschaft, Medien und Künsten.* Berlin 2009.

Halbwachs, Maurice: *Das Gedächtnis und seine sozialen Bedingungen.* Frankfurt a.M. 2006.

Haugbolle, Sune: *War and Memory in Lebanon.* Cambridge 2010.

Ḫūrī, Ilyās: *aḏ- Ḏākira al-mafqūda. Dirāsāt naqdiyya.* Beirut 1990.

Saadi Nikro, Norman/Hegasy, Sonja (Hg.): *The Social Life of Memory. Violence, Trauma, and Testimony in Lebanon and Morocco.* Cham 2018.

Trauma

Alexander, Jeffrey C.: „Toward a Theory of Cultural Trauma“. In: Jeffrey C. Alexander et al. (Hg.): *Cultural Trauma and Collective Identity.* Berkeley 2004, 1–30.

Caruth, Cathy (Hg.): *Trauma. Explorations in Memory.* Baltimore 1995.

Caruth, Cathy: *Unclaimed Experience. Trauma, Narrative and History.* Baltimore 1996.

Fassin, Didier/Rechtman, Richard: *The Empire of Trauma. An Inquiry into the Condition of Victimhood.* Princeton 2009.

Gertz, Nurith/Khleifi, George: *Palestinian Cinema. Landscape, Trauma and Memory.* Edinburgh 2008.

Lang, Felix: *The Lebanese Post-Civil War Novel. Memory, Trauma, and Capital.* Houndmills/Basingstoke/Hampshire/New York 2016.

Milich, Stephan: „Narrating, Metaphorizing or Performing the Unforgettable? The Politics of Trauma in Contemporary Arabic Literature“. In: Friederike Pannewick/Georges Khalil/Yvonne Albers (Hg.): *Commitment and Beyond. Reflections on/of the Political in Arabic Literature Since the 1940s.* Wiesbaden 2015, 285–301.

Al-Samman, Hanadi: *Anxiety of Erasure. Trauma, Authorship, and the Diaspora in Arab Women's Writings.* Syracuse 2015.

Postkoloniale Identitäten

Ashcroft, Bill/Griffiths, Gareth/Tiffin, Hellen: Th*e Empire Writes Back. Theory and Practice in Postcolonial Literature.* London 1989.

Chakrabarty, Dipesh: *Provincialising Europe. Postcolonial Thought and Historical Difference.* Princeton 2000.

Hallaq, Wael B.: *Restating Orientalism. A Critique of Modern Knowledge.* Columbia 2018.

Hanafi, Hassan: *Muqaddima fī ʿilm al-istiġrāb.* Kairo 1991.

Said, Edward W.: *Orientalismus.* Frankfurt a. M. 2009 (engl. *Orientalism*, 1978).

Spivak, Gayatri Chakravorty: *Can the Subaltern Speak? Postkolonialität und subalterne Artikulation.* Wien 2008 (engl. 1988).

Klasse

Barakāt, Ḥalīm: *al-Muǧtamaʿ al-ʿarabī al-muʿāṣir. Baḥṯ fī taġayyur al-aḥwāl wa-l-ʿalāqāt*. Beirut 2008.
Bourdieu, Pierre: „Ökonomisches Kapital, kulturelles Kapital, soziales Kapital". In: Reinhard Kreckel (Hg.): *Soziale Ungleichheiten*. Göttingen 1983, 183–198.
Lang, Felix: The *Lebanese Post-Civil War Novel. Memory, Trauma, and Capital*. Houndmills/ Basingstoke/Hampshire/New York, NY 2016.
Marx, Karl/Engels, Friedrich: *Manifest der Kommunistischen Partei*. 55. Aufl. Berlin 1988 [1890].
Nieuwkerk, Karin van: *A Trade Like Any Other. Female Singers and Dancers in Egypt*. Austin 2008.
Williams, Raymond: *Keywords. A Vocabulary of Culture and Society. Revised Edition*. New York 2011 [1983].

Raum

Lefebvre, Henri: *The Production of Space*. Übers. von. Donald Nicholson-Smith. Oxford 1991.
Foucault, Michel: *Die Heterotopien. Les hétérotopies*. Unter Mitarbeit von Michael Bischoff und Daniel Defert. Berlin 2013.
Günzel, Stephan (Hg.): *Raum. Ein interdisziplinäres Handbuch*. Stuttgart 2010.
Seigneurie, Ken (Hg.): *Crisis and Memory. The Representation of Space in Modern Levantine Narrative*. Wiesbaden 2003.
Toukan, Hanan: „Liberation or Emancipation? Counter-Hegemony, Performance and Public Space in Lebanon". In: *International Journal of Cultural Studies* 44/7 (2019).
Winckler, Barbara: *Grenzgänge. Androgynie – Wahnsinn – Utopie im Romanwerk von Hudā Barakāt*. Wiesbaden 2014.

Emotion

Abu-Lughod, Lila: *Veiled Sentiments. Honor and Poetry in a Bedouin Society*. Oakland ^{2}2016.
El-Ariss, Tarek: *Trials of Arab Modernity. Literary Affects and the New Political*. New York 2013.
Gregg, Melissa/Seigworth, Gregory J. (Hg.): *The Affect Theory Reader*. Durham 2010.
Koppenfels, Martin von/Zumbusch, Cornelia (Hg.): *Handbuch Literatur & Emotion*. Berlin 2016.
Papacharissi, Zizi: *Affective Publics. Sentiment, Technology, and Politics*. Oxford 2015.
Pernau, Margit et al.: *Civilizing Emotions. Concepts in Nineteenth-Century Asia and Europe*. Oxford 2015, 126–145.
Prestel, Joseph Ben: *Emotional Cities. Debates on Urban Change in Berlin and Cairo, 1860–1910*. Oxford 2017.
Slaby, Jan/von Scheve, Christian (Hg.): *Affective Societies. Key Concepts*. London 2019.

Sprachdenken

ʿAbd al-Laṭīf, ʿImād: *Taḥlīl al-ḫiṭāb as-siyāsī. al-Balāġa, as-sulṭa, al-muqāwama*. Amman 2020.
Baʿalbakkī, Ramzī et al.: *al-Luġa al-ʿarabiyya wa-l-huwiyya fī al-waṭan al-ʿarabī. Iškāliyāt taʾrīḫiyya wa-ṯaqāfiyya wa-siyāsiyya*. Beirut 2013.
Bassiouney, Reem: *Arabic Sociolinguistics*. Edinburgh 2009.
Høigilt, Jacob/Mejdell, Gunvor (Hg.): *The Politics of Written Language in the Arab World. Writing Change*. Leiden 2017.
Jostes, Brigitte/Trabant, Jürgen: „Historische Anthropologie der Sprache. Eine Ortsbestimmung". In: *Paragrana* 14 (2005), 9–20.
Posselt, Gerald/Flatscher, Matthias: *Sprachphilosophie. Eine Einführung*. Unter Mitarbeit von Sergej Seitz. Wien 2016.
Suleiman, Yasir: *The Arabic Language and National Identity. A Study in Ideology*. Edinburgh 2003.
Suleiman, Yasir: *Arabic in the Fray. Language Ideology and Cultural Politics*. Edinburgh 2013.

Religion

Abū Zayd, Naṣr Ḥāmid: *Mafhūm an-naṣṣ. Dirāsa fī ʿulūm al-Qurʾān*. Kairo 1990.
Al-Musawi, Muhsin: *Islam on the Street. Religion in Modern Arabic Literature*. Lanham 2009.
Dorpmüller, Sabine/Scholz, Jan/Stille, Max/Weinrich, Ines (Hg.): *Religion and Aesthetic Experience. Drama – Sermons – Literature*. Heidelberg 2018.
Elmarsafy, Ziad: *Sufism in the Contemporary Arabic Novel*. Edinburgh 2012.
El Shakry, Hoda: *The Literary Qurʾan. Narrative Ethics in the Maghreb*. New York 2020.
Hamdar, Abir/Moore, Lindsey (Hg.): *Islamism and Cultural Expression in the Arab World*. London 2015.
Mahmood, Saba: *Politics of Piety. The Islamic Revival and the Feminist Subject*. Princeton 2005.
Pannewick, Friederike: *Opfer, Tod und Liebe. Visionen des Martyriums in der arabischen Literatur*. München 2012.
Weidner, Daniel (Hg.): *Handbuch Literatur und Religion*. Stuttgart 2016.
Zāhī, Farīd az-: *al-Ǧasad wa-ṣ-ṣūra wa-l-muqaddas fī al-islām*. Beirut 1999.

Subversion

Ernst, Thomas: *Literatur und Subversion. Politisches Schreiben in der Gegenwart*. Bielefeld 2010.
Hirsch, Michael: „Subversion und Widerstand. 10 Thesen über Kunst und Politik". In: *INAESTHETIK* 1 (2009), 7–23.
Rancière, Jacques: *Ist Kunst widerständig?* Berlin 2008.
Salti, Rasha: „Framing the Subversive in Post-War Beirut." In: Christine Tohme et al. (Hg.): *Homeworks: A Forum on Cultural Practices in the Region*. Beirut 2003, 78–93.

Körper

Ahmed, Leila: „Arab Culture and Writing Women's Bodies". In: Pınar Ilkkaracan (Hg.): *Women and Sexuality in Muslim Societies*. Istanbul 2000, 51–65.

Hilāl, ʿAbd an-Nāṣir: *Ḫiṭāb al-ǧasad fī šiʿr al-ḥadāṯa. Qirāʾa fī šuʿarāʾ as-sabʿīniyāt*. Kairo 2005.

Kréfa, Abir: „The Body and Sexuality in Tunisian Literature. Issues Surrounding Recognition, Costs, and Effects of 'Transgressing'". In: *Travail, Genre et Société* 2 (2011), 105–128.

Lachheb, Monia (Hg.): *Penser le corps au Maghreb*. Tunis 2012.

Zāhī, Farīd az-: *al-Ǧasad wa-n-naṣṣ wa-t-taʾwīl*. Casablanca 2003.

Maṣrī, Šawkat al- : *Šiʿriyyat al-ǧasad. Dirāsa naqdiyya fī aʿmāl Muḥammad ʿĀfīfī Maṭar*. Kairo 2012.

Online-Quellen

Online-Archive und Datenbanken

https://archive.alsharekh.org/ Umfangreiches Archiv für Zeitschriften seit dem 19. Jahrhundert, suchbar u.a. nach Zeitschriften, Autor/innen und Artikeltiteln.

https://projectjaraid.github.io/: Chronologisches Verzeichnis arabischer Zeitungen und Zeitschriften von 1800–1929.

https://dlib.nyu.edu/aco/ Umfangreiche Datenbank von gedruckten arabischen Büchern, darunter auch Werke aus dem 19. und frühen 20. Jahrhundert.

https://platform.almanhal.com/ Das arabische „Jstor": Volltextdatenbank für arabischsprachige Zeitschriftenartikel, allerdings nur mit Bibliothekslizenz voll nutzbar.

https://www.asjp.cerist.dz/ Onlineportal für wissenschaftliche Zeitschriften aus Algerien auf Arabisch, Französisch, Englisch und Tamazight.

https://ashkalalwan.org/ Archiv für zeitgenössische arabische Kunst.

https://metropoliscinema.net/page/theproject/ Filmdatenbank für libanesischen und arabischen Film

Open-Access-Publikationsplattformen

(Monographien, Periodika, Nachschlagewerke/Wörterbücher)

https://www.hindawi.org/books/ Download von klassischen literarischen und akademischen Büchern, die Volltext-durchsuchbar sind.

https://www.nizwa.com/ Literatur- und kulturwissenschaftliche Zeitschrift aus dem Oman.

https://omran.dohainstitute.org/ Sozial- und kulturwissenschaftliche Zeitschrift aus Katar.

https://tabayyun.dohainstitute.org/ Zeitschrift der Cultural Studies und Kritische Theorie aus Katar.

Relevante Webseiten

https://www.menalib.de/vifa/menadoc/ virtuelle Bibliothek für Forschungsliteratur über die MENA-Region.

https://de.qantara.de/ Internetportal der Deutschen Welle für den Austausch zwischen der westlichen und der islamischen Welt.

https://www.dw.com/ar arabische Nachrichtenseite der Deutschen Welle.

https://www.disorient.de/ journalistischer/wissenschaftlicher Blog über Westasien und Nordafrika.

https://www.jadaliyya.com/ Online-Zeitschrift mit thematischem Fokus auf die MENA-Region.

https://raseef22.net/ Medienplattform, auf der arabische und englische Artikel erscheinen.

https://ma3azef.com/ – ein arabisches Online-Magazin, dass sich Musik aus der ganzen Welt widmet, aber einen besonderen Fokus auf aktuelle musikalische Entwicklungen in der arabischen Welt. Daneben auch immer wieder Dossiers zu bestimmten musikalischen Strömungen und Figuren der Vergangenheit.

https://norient.com/ – eine Online Musik-Plattform die Forschung, Journalismus und Praxis zeitgenössischer (under)ground Musik zusammenbringt. Viele Artikel, Interview und Videos zu Musik aus der arabischen Welt.

Wörterbücher

https://de.langenscheidt.com/deutsch-arabisch: Deutsch-arabisches Wörterbuch für das Basisvokabular.

https://www.almaany.com/ Einsprachiges Wörterbuch der modernen Hochsprache mit weiterführendem Verweis auf Lemmata in vormodernen und modernen Wörterbüchern; durch Eingabe des arabischen Wortes + معاني jederzeit direkt aufrufbar und damit ein gutes Standardwerkzeug.

https://www.baheth.info/ Einsprachiges Wörterbuch mit den wichtigsten vormodernen Wörterbüchern in Volltextsuche.

https://arabiclexicon.hawramani.com/ Umfangreiche Sammlung von vormodernen und modernen ein- und mehrsprachigen Wörterbüchern.

Personenregister

A

Abaza, Mona, 252
Abbas, Hassan, 185
ʿAbbās, Luʾay Ḥamza, 47
Abbas, Rasha, 49
Abd al-Nasser, Gamal, 128
ʿAbd al-Quddūs, Iḥsān, 41
Abd al-Wahhab, Muhammad, 141–143, 152
ʿAbd ar-Raḥmān, ʿĀʾiša, 276
Abdelaal, Ghada, 43
ʿAbdülhamit II, 76
Abed al-Jabri, Mohamed, 189
Abirached, Zeina, 44
Abou-Bakr, Omaima, 212
Aboubakr, Randa, 246
Abu Bakr, Ammar, 292
Abu-Lughod, Lila, 11
Abu Saada, Omar, 83, 84
Abū Zayd, Naṣr Ḥāmid, 276
Achour, Lutfi, 84
Adnan, Etel, 52, 108
Adonis, 34, 36, 39, 61, 237, 267, 276
Adorno, Theodor W., 64, 227
Agnoli, Johannes, 282
Ahmed, Leila, 212
Ajram, Nancy, 142–144
al Abnoudi, Attayat, 157
Alaidy, Ahmed, 43
Alameddine, Rabih, 45, 47
Albers, Yvonne, 21
Ali, Kecia, 212
Allouache, Merzak, 154
Alsanea, Rajaa, 41, 42
Amin, Heba, 166
Amin, Nora, 83
Amīn, Qāsim, 211, 212
Anderson, Benedict, 173
Anzaldúa, Gloria, 235
Appiah, Kwame Anthony, 65
Aristoteles, 58, 89
Asad, Talal, 274, 275
Ashcroft, Bill, 66
Assad, Bashar al-, 221
Assad, Hafiz al-, 21, 110, 221
Assadi, Jawad al-, 95, 96
Assaf, Roger, 80, 82, 89
Assmann, Aleida, 218, 222
Assmann, Jan, 218
Aswani, Alaa al-, 41, 42
ʿAṭṭār, Ḥasan al-, 28
Attar, Mohammad al-, 83, 84
Attrache, Farid al-, 141, 153
Ayata, Bilgin, 260
Azm, Sadiq Jalal al-, 109, 237
ʿAzzām, Samīra, 35
Azzawi, Dia al-, 276

B

b. ʿUmar, Ḥamāda, 58
Badarneh, Muhammad A., 118
Badawi, Muhammad Mustafa, 78
Badiou, Alain, 282
Bahoora, Haytham, 47, 63
Barakat, Hoda, 38, 45, 246, 253
Barlas, Asma, 213
Barthes, Roland, 65, 118, 170, 266, 270
Bayeh, Joumana, 253
Bayyātī, ʿAbdalwahhāb al-, 59
Beauvoir, Simone de, 209
Becker, Howard Saul, 136, 181, 185
Belting, Hans, 103, 120, 121
Ben Ali, Zine El Abidine, 84
Ben Mabrouk, Néjia, 156
Bentley, Eric, 87, 88

Y. Albers et al., *Arabistik,* https://doi.org/10.1007/978-3-476-05681-8

Bhabha, Homi, 234, 235
Bint Sa'īd, Salāma, 29, 48
Blāsim, Ḥassān, 47
Boëx, Cécile, 185
Bonaparte, Napoleon, 28
Bouamari, Mohamed, 154
Bouazizi, Mohammed, 218, 290
Boullata, Kamal, 108, 110
Bourdieu, Pierre, 22, 23, 66, 180–185, 242–244
Braune, Ines, 21, 199, 253
Brecht, Bertolt, 51, 79, 81, 87, 89
Breidenstein, Georg, 190
Breton, André, 107
Brook, Peter, 79, 87, 88
Butler, Judith, 180, 210, 211, 267, 282, 289

C
Callon, Michel, 181
Camus, Albert, 66
Caruth, Cathy, 227, 228
Celan, Paul, 39
Censi, Martina, 290
Chahine, Youssef, 152, 153, 155, 156
Chakrabarty, Dipesh, 236
Charrat, Edwar al-, 36
Choukri, Mohamed, 38
Chouman, Hilal, 51
Connerton, Paul, 218
Corm, Daoud, 105

D
Daif, Rashid al-, 45, 246
Damir, Maalem Said, 145
Danckwart, Gesine, 97
Daoud, Kamel, 66
Darwish, Mahmud, 35, 39, 237, 253
Daynes, Sarah, 190
De Certeau, Michel, 282
Delacroix, Eugène, 105
Derki, Talal, 158
Derrida, Jacques, 219, 227, 235, 267, 268, 282
Diederichsen, Diedrich, 282
Djebar, Assia, 37, 54, 156
Don Karl a.k.a. Stone, 166
Doueihi, Saliba, 106
Dové, Peter, 284
Dumas, Alexandre, 30

E
Eagleton, Terry, 64
El-Ariss, Tarek, 261
El Bouih, Fatna, 221
El Saadawi, Nawal, 38, 212
El Sadda, Hoda, 211
El Shafee, Magdy, 44
El Shakry, Hoda, 276
Engel, Antke, 210
Engels, Friedrich, 64, 242

F
Fāḍil, Suhayl, 48
Fahmi, Ahmed, 103
Fanon, Frantz, 236
Fārābi al-, 136
Farroukh, Mustapha, 106
Fārūq, Nabīl, 41, 64
Fatah, Sherko, 48
Faulstich, Werner, 114
Fawwāz, Zaynab, 212
Fāyiz, Sāmiḥ, 66
Fayrouz, 21
Firat, Alexa, 184
Fīrūzābadī al-, 270
Fischer-Lichte, Erika, 181
Foucault, Michel, 65, 196–198, 219, 222, 250, 251, 282, 288
Freud, Sigmund, 226, 227

G
Gaddafi, Muammar al-, 121
Ganzeer, 285
Ġazzālī al-, 277
Geertz, Clifford, 65, 191
Genette, Gérard, 51, 53, 168
Gérôme, Jean-Léon, 113, 238
Gertz, Nurith, 229
Ghadhami, Abdullah al-, 189
Gibb, Hamilton A. R., 76
Gibran, Kahlil, 33
Gilroy, Paul, 235
Goldman, Jean-Jacques, 214
Gramsci, Antonio, 234
Greenblatt, Stephen, 65
Griffiths, Gareth, 66
Gründler, Beatrice, 3
Grunebaum, Gustav E. von, 1
Guapa, Saleem Haddad, 45

Guène, Faiza, 48
Gugler, Josef, 151
Günther, Sebastian, 253

H
Habibi, Emil, 37
Hadi, Muhaned al-, 82, 97
Ḥādiq, ʿUmar, 44
Ḥakīm, Tawfīq al-, 32, 33
Ḫāl, Yūsuf al-, 34
Halbwachs, Maurice, 217, 218
Hall, Stuart, 235, 282
Hamada, Khaled, 154
Ḥaqqī, Yaḥyā, 32
Harders, Cilja, 260
Haydar, Haydar, 155, 168
Helfer, Joachim, 45
Henein, Georges, 107
Hirsch, Manfred, 282
Horkheimer, Max, 64
Hout, Syrine, 229
Ḫūlī, Amīn al-, 276
Humboldt, Wilhelm von, 265
Huntington, Samuel, 235
Ḫūrī, Ḫalīl al-, 29
Hussein, Saddam, 260
Hussein, Taha, 31, 64, 268

I
Ibn Dāniyāl, 78
Ibrāhīm, Ḥāfiẓ, 33
Idrīs, Suhayl, 35
Idrīs, Yūsuf, 78
Issiakhem, Muhammed, 104, 105

J
Jaber, Hisham, 285
Jaber, Rabee, 246
Jacir, Emily, 112
Jacobi, Renate, 2
Jacquemond, Richard, 184, 245
Jäger, Siegfried, 65, 198, 268
Jostes, Brigitte, 265
Jrifani, Muhamad, 140
Junge, Christian, 22
Jurt, Joseph, 181

K
Kahf, Mohja, 47
Kalthoum, Ziyad, 158
Kāmil, Aḥmad Šafīq, 142
Kanafani, Ghassan, 35, 64
Kant, Immanuel, 102
Kapp, Caram, 166
Karasholi, Adel, 48
Kerchouche, Dalila, 48
Khal, Helen, 109
Khal, Yussuf, 108
Khaled, 213
Khalid, ʿAmr, 277
Khalifa, Sahar, 39
Khamissi, Khaled al-, 253, 261
Khan, Dschingis, 284
Khatibi, Abdelkebir, 268
Khedive Ismāʿīl, 77
Khider, Abbas, 48
Khleifi, George, 229
Khoury, Elias, 38, 62, 183, 220, 246
Kīlānī, Naǧīb al-, 277
Klemm, Verena, 3
Korn, Lorenz, 102
Kraidy, Marwan, 189, 290

L
Labaki, Nadine, 143
Lachenal, Perrine, 218
Lahn, Silke, 53
Lang, Felix, 22, 66, 184, 199, 200, 245
Laroui, Abdallah, 189
Latour, Bruno, 181
Law, John, 181
Lefebvre, Henri, 250, 251
Lehmann, Hans-Thies, 97, 98
Lepenies, Wolf, 16
Leperlier, Tristan, 184
Leys, Ruth, 225, 228
Lichtenstein, Roy, 111
Lord Cromer, 33, 52
Lotman, Jurij, 251
Luckhurst, Roger, 228
Luġawī, Ibn Fāris al-, 269
Lukács, Georg, 64

M
Mahdī, Ibrāhīm ibn al-, 127
Mahdy, Aliaa al-, 290
Mahfuz, Nagib, 34, 35, 54, 56, 57, 155, 245, 253, 254, 276, 277
Mahmood, Saba, 275
Majdalanie, Lina, 98
Malāʾika, Nāzik al-, 34
Maleh, Nabil, 154–156, 168

Malinowski, Bronislaw, 190
Mansour, Sliman, 116, 121, 122
Martínez, Matías, 53
Marx, Karl, 64, 242
Marzouki, Ahmed, 221
Massad, Joseph, 213
Mawṣilī, Isḥāq al-, 127
Mead, Margaret, 191
Mehrez, Samia, 65, 185, 211, 252
Meister, Jan Christoph, 53
Memmi, Albert, 236
Mer-Khamis, Juliano, 83
Merleau-Ponty, Maurice, 289
Mernissi, Fatima, 212
Miḍḥat Pāšā, 75
Migdadi, Fathi, 118
Mignolo, Walter D., 236
Milich, Stephan, 253
Mina, Hanna, 244
Momani, Kawakib Al-, 118
Mosteghanemi, Ahlam, 42
Mouffe, Chantal, 282
Mouftakir, Mohamed, 230, 231
Moussallem, Jessy, 162
Mroué, Rabih, 83, 113
Mukhtar, Mahmud, 104
Munīf, ʿAbdarraḥmān, 44
Murād, Laylā, 141
Mūsā, Salāma, 268
Mutanabbī al-, 267
Muwayliḥī, Muḥammad al-, 30

N
Naef, Silvia, 102–104, 108
Naǧm, Aḥmad Fuʾād, 39
Nancy, Jean-Luc, 282
Naqqāš, Mārūn an-, 77
Nāšif, Ismāʿīl, 268
Nāsif, Malak Hifnī, 212
Nasiri, Rafa, 108
Naṣr, Aḥlam an-, 58
Nawfal, Hind, 31
Negri, Antonio, 282
Neuwirth, Angelika, 2, 4
Nietzsche, Friedrich, 267
Nieuwkerk, Karin van, 127, 192, 245
Nitsch, Hermann, 79
Nochlin, Linda, 238
Nora, Pierre, 218

O
Oleander, Maurice, 266

P
Palahniuk, Chuck, 43
Pannewick, Friederike, 2, 5, 23
Panofsky, Erwin, 115
Pardey, Charlotte, 290
Pavis, Patrick, 93
Peirce, Charles Sanders, 117
Pepe, Teresa, 51
Pfister, Manfred, 90
Pflitsch, Andreas, 4
Prestel, Joseph Ben, 260
Prophet Mohammed, 101

Q
Qabbānī, Aḥmad Abū Ḫalīl al-, 75–77
Qabbānī, Nizār, 39

R
Raad, Walid, 221, 222
Rabah, Khalil, 121, 122
Rakha, Youssef, 42
Ramadan, Dina, 117
Rancière, Jacques, 282
Rašīd, Hārūn ar-, 75, 284
Reckwitz, Andreas, 197
Renov, Michael, 170
Ruete, Emily, 29, 48
Rushdie, Salman, 277

S
Saab, Jocelyne, 156
Saadawi, Ahmed, 63
Šābbī, Abū al-Qāsim aš-, 33, 38
Sabry, Tarik, 188
Saʿdāwī, Aḥmad, 47
Ṣaffār, Muḥammad aṣ-, 29
Said, Edward, 8, 10, 50, 63, 65, 66, 113, 197, 234, 235, 237, 238, 249, 268, 291
Salamandra, Christa, 173, 189
Salhab, Ghassan, 157
Salich, Tajjib, 37, 53, 291
Salti, Rasha, 284
Saneh, Lina, 83, 98, 99

Ṣanūʿ, Yaʿqūb, 77, 78
Šaʿrāwī, Hudā, 212
Sartre, Jean-Paul, 35, 64
Satrapi, Marjane, 44
Saussure, Ferdinand de, 117, 118
Šawqī, Aḥmad, 33, 52, 237
Šayḫ Imām, 40
Sayigh, Samir, 108
Sayyāb, Badr Šākir as-, 34, 59
Schami, Rafik, 48
Schielke, Samuli, 66
Schmid, Wolf, 53
Schmitz, Lilo, 194
Schönberg, Arnold, 275
Scott, Joan, 211
Scott, Walter, 30
Seigneurie, Ken, 253
Selim, Jawad, 108
Shafik, Viola, 151, 161, 245
Shalem, Avinoam, 102
Shaw, Wendy, 102, 103
Shawky, Wael, 112, 113
Shehata, Mukhtar Saad, 66
Ṣiddīqī, aṭ-Ṭayyib aṣ-, 78
Šidyāq, Aḥmad Fāris aš-, 30, 51, 260, 269, 270
Siris, Nihad, 46, 49
Šklovskij, Victor, 266
Soliman, Hassan, 110
Sophokles, 84
Soueid, Mohamed, 157
Spivak, Gayatri Chakravorty, 234–236
Stanislawskij, Konstantin, 87
Stanzel, Franz, 53
Ṣubḥī Pāšā, 75
Šūša, Fārūq, 265

T

Tageldin, Shaden, 268
Ṭahṭāwī, Rifāʿa Rāfiʿ aṭ-, 29, 212
Taïa, Abdallah, 45
Tamer, Zakariyya, 36, 46, 284
Taymur, Aisha, 212
Taymūr, Maḥmūd, 32
Telmisany, Kamel, 107
Thomas, Stefan, 190
Tiffin, Helen, 66
Tolbi, Abdelaziz, 154
Toukan, Hanan, 112, 284
Touma, Habib Hassan, 126, 134
Towfik, Ahmed Khaled, 13, 41, 51, 179
Trabant, Jürgen, 265

U

Umm Kulthum, 21, 128, 142–144, 152
ʿUrsān, ʿAlī ʿUqla, 79

W

Wadud, Amina, 213
Wali, Najem, 49
Wannous, Dima, 46
Wannūs, Saʿdallāh, 80, 91, 92, 95
Warburg, Aby, 115
Warhol, Andy, 111
Weber, Max, 242, 273
Weinrich, Ines, 277
Whitehead, Anne, 228
Whorf, Benjamin Lee, 266
Williams, Raymond, 242
Williams, Terry, 190
Wilms, Marco, 171
Winckler, Barbara, 4, 253

Y

Yared, Hyam, 246
Yassin Hassan, Rosa, 46, 49
Yazbak, Samar, 45, 220
Yāziǧī, Nāṣīf al-, 30
Younan, Ramses, 107

Z

Ẓāhir, Kāẓim aẓ-, 39
Zaydān, Ǧurǧī, 30, 31
Ziryāb, 127
Ziyāda, Mayy, 31, 212

The manufacturer's authorised representative in the EU is Springer
Nature Customer Service Centre GmbH, Europaplatz 3, 69115 Heidelberg,
Germany. If you have any concerns regarding our products, please
contact ProductSafety@springernature.com

Printed and bound by CPI Group (UK) Ltd, Croydon, CR0 4YY
25/03/2026
02078231-0006